现代国家成长研究丛书

述职评议

——与地方人大的制度空间

倪春纳 ◎ 著

江苏人民出版社

图书在版编目(CIP)数据

述职评议与地方人大的制度空间/倪春纳著. —南
京:江苏人民出版社,2023.12
(现代国家成长研究丛书)
ISBN 978 - 7 - 214 - 27754 - 1

Ⅰ.①述…　Ⅱ.①倪…　Ⅲ.①地方各级人民代表大会
-工作-研究-中国　Ⅳ.①D624

中国版本图书馆 CIP 数据核字(2022)第 241448 号

书　　名	述职评议与地方人大的制度空间
著　　者	倪春纳
责任编辑	黄　山
特约编辑	王暮涵
装帧设计	赵春明
责任监制	王　娟
出版发行	江苏人民出版社
地　　址	南京市湖南路 1 号 A 楼,邮编:210009
照　　排	江苏凤凰制版有限公司
印　　刷	江苏凤凰数码印务有限公司
开　　本	652 毫米×960 毫米　1/16
印　　张	26.5　插页 2
字　　数	355 千字
版　　次	2023 年 12 月第 1 版
印　　次	2023 年 12 月第 1 次印刷
标准书号	ISBN 978 - 7 - 214 - 27754 - 1
定　　价	78.00 元

(江苏人民出版社图书凡印装错误可向承印厂调换)

目　录

导　论

一、问题与缘起

本书将要探讨的是当代中国地方人大的制度空间。具体而言,即试图通过考察 20 世纪 80 年代以来地方人大普遍开展的述职评议活动的兴起、衰退与复兴,进而分析和总结影响和制约地方人大制度空间成长的各种因素。

(一) 人大的制度空间问题

代议制民主是现代民族国家实施民主政治的基本原则和唯一可行的方式。[①] 立法机关发挥的立法、代表和监督等重要职能对于推进和维系民主与善治十分关键。[②] 拥有一个可以代表大多数公民意志和利益的代议机关,是民主国家形成和存在的重要条件和显著标志。它们既是民众情感与意志的表达渠道,同时也是规制国家如何治理的法律的主要来

---

① 燕继荣等:《中国治理:东方大国的复兴之道》,中国人民大学出版社 2017 年版,第 68 页。
② G. Shabbir Cheema, *Buiding Democratic Institutions: Governance Reform in Developing Countries*, Bloomfield: Kumarian Press, 2005, p. 73.

源。这两个作用彰显出它们在民主政治中的重要地位。① 阿伦·利普哈特(Arend Lijphart)和戴维·毕瑟姆(David Beetham)等学者强调,"立法机关应该被视为民主国家最重要的制度机构"②。

　　人民代表大会(以下简称"人大")作为中国的代议机关,同时也是权力机关,在政治生活中扮演着不可替代的角色。从制度设计上看,人大制度作为当代中国的根本政治制度,是我国民主政治的制度载体和组织依托,是其他政治制度和机构派生与运作的重要基础,也是支撑国家治理体系和治理能力的根本政治制度。从法理上看,人大的法定职权包括立法权、监督权、决定权、任免权(绝大多数地方人大及其常委会不享有地方立法权)。这些权力按性质又可以归为立法和监督两大类。"文革"结束以来,地方人大在这两个方面均发生了积极显著的变化。有学者认为其中最主要的变化是:在立法权方面,对《中华人民共和国全国人民代表大会和地方各级人民代表大会选举法》(以下简称《选举法》)的修改取得了重大进步,保证了不论是在城市还是农村,公民在选举人大代表时均享有平等的权利;在监督权方面,各级人大逐渐更为有效地行使权力和发挥功能,尤其是在表决政府工作报告和监督官员行为上。③

　　但是,人大制度长期以来存在的一个突出问题是制度运作的实际状况明显偏离了宪法和法律所预设的轨道。"橡皮图章"之说即反映出这个问题。制度在实际运行中能否发挥预期功能,并不全然依赖于设计者

---

① David M. Olson, *Democratic Legislative Institutions: A Comparative View*, Armonk: M. E. Sharpe, 1994.

② Arend Lijphart, "Foreword: Cameral Change and Institutional Conservatism," in *Two Into One: The Politics and Processes of National Legislative Cameral Change*, edited by Lawrence D. Longley and David M. Olson, Boulder: Westview Press, p. ix. David Beethan, "Do Parliaments have Future?" in *The Future of Representative Democracy*, edited by Sonia Alonso, John Keane and Wolfgang Merkel, Cambridge: Cambridge University Press, 2013, p. 124.

③ Li Jianyong, "The Role of People's Congress System in China's Politics," in *Parliaments in Asia: Institution Building and Political Development*, edited by Zheng Yongnian, Lye Liang Fook and Wilhelm Hofmeister, London and New York: Routledge, 2014, p. 47.

的完美构思。① 许多研究发现,人大制度的理论构想与实际运转中显露出的差异,是其在现有制度空间里未能发挥应有作用所致,人大制度空间不能充分运用与其地位羸弱之间存在因果关联。② 而改变这种状况,则需对人大的制度空间问题给予关注。如浦兴祖提出,可以通过开发人大制度所蕴涵的权力资源与民主潜能,不断转化和开发制度绩效来激活人大的制度空间,从而使"好制度"由文本化为现实。③ 其他一些学者也对人大的制度空间或制度潜能方面作出了相关论述。④

　　既然人大制度存在尚待开发与拓展的制度空间,那么如何达致这一目标呢? 在立法方面,2010 年中国特色社会主义法律体系的形成,表明人大的立法权力已经提升至前所未有的高度。与之形成鲜明对比的是,如何用好宪法赋予人大的监督权一直在探索之中。实践表明,中国的人大制度在理论设计和法律安排上的优先性还没有得到充分彰显。⑤ 如在政治问责中,各级人大普遍存在"集体失语"的现象,⑥而正在开展的各种监督方式中,"虚监"和"弱监"的问题也很突出。这些共同导致了人大监督权力"应然"与"实然"之间的巨大落差。⑦ 有学者指出,落差的形成与地方人大缺乏具体可资使用的监督手段有关。⑧ 事实上,从 20 世纪 80

---

① 周叶中、刘一鎏:《论我国人大质询制度的完善——基于制度建构视角的分析》,载《湖南大学学报(社会科学版)》2017 年第 5 期。
② 杨雪冬:《地方人大监督权的三种研究范式》,载《经济社会体制比较》2005 年第 2 期;吴金群:《论我国权力制约与监督机制的改革战略》,载《江海学刊》2013 年第 2 期。
③ 浦兴祖:《人大"一院双层"结构的有效拓展》,载《探索与争鸣》2009 年第 12 期;浦兴祖、余俊:《"当真"、"用足"人大制度》,载《浙江人大》2014 年第 11 期。
④ 林尚立等:《政治建设与国家成长》,中国大百科全书出版社 2008 年版,第 136 页;张爱军:《人民代表大会制度大有可为》,载《民主与法制时报》2011 年 8 月 1 日;周长鲜、王维国:《论人大在民意表达与疏导中的制度优势及其发挥》,载《新视野》2014 年第 2 期;张爱军、孙贵勇:《代表实质上有权是人大改革的方向》,载《探索与争鸣》2015 年第 1 期;席文启:《论群众路线与人民代表大会制度的关系》,载《新视野》2015 年第 2 期。
⑤ 俞可平主编:《中国如何治理? 通向国家治理现代化的道路》,外文出版社 2018 年版,第 21 页。
⑥ 曹伟:《政府问责:人大怎能集体失语》,载《人大研究》2005 年第 8 期;刘厚金:《我国行政问责制的多维困境及其路径选择》,载《学术论坛》2005 年第 11 期。
⑦ 徐育苗主编:《中外政治制度比较》,中国社会科学文献出版社 2004 年版,第 599 页。
⑧ 高洪成、刘广明:《构建人大在政府绩效评价中的主体地位》,载《河北学刊》2012 年第 5 期。

年代开始,地方人大为扭转和改变这种局面,在监督权力方面进行了许多探索,为监督权力的行使和运用提供了更多的途径与渠道,其中最具影响力与代表性的就是述职评议。

(二) 述职评议的研究意义

本书的研究对象是地方人大的制度空间,通过研究述职评议这一地方人大行使监督权力的制度创新而展开。本研究首先要回应的问题有两个:一是为什么研究地方人大及其监督权力;二是为什么研究述职评议。

为什么研究地方人大及其监督权力? 著名政治学家赵宝煦曾指出,民主作为一种制度,它不是一句空话,而应有其切实的具体内容。[①] 它的一个基本原则就是,政权的合法性要建立在多数公民授权同意的基础之上。如不能定期获得这种建立在自由意志基础上的同意,民主制度便是不合格的。[②] 民主制度普遍运用的现代形态是通过代议制。代议制民主与直接民主相比,具有一系列优势,但是从政治问责的角度来看,它的缺陷是并没有克服政府与被管理者之间的异化状况。[③] 因此,公民通过代议制机构对其代理人的有效制约,使政府行动能够遵从民众意愿,是"民主"所蕴含的重要意涵。[④] 约翰·密尔(John Mill)认为,代议制议会的适当职能就是"监督和控制政府:把政府的行为公开出来,迫使其对人们认为有问题的一切行为作出充分的说明和辩解;谴责那些该受责备的行为,并且,如果组成政府的人员滥用职权,或者履行责任的方式同国民的舆论明显相冲突,就将他们撤职,并明白地或事实上任命其后继人"[⑤]。20 世纪 90 年代兴起的有关"治理"的讨论中,将通过民选代表来监督政

---

① 赵宝煦:《政治学与和谐社会》,北京大学出版社 2009 年版,第 122 页。
② 顾肃:《理想国之后》,江苏人民出版社 2006 年版,第 60 页。
③ 〔美〕格伦·廷德:《政治思考:一些永久性的问题》,王宁坤译,世界图书出版公司 2010 年版,第 130 页。
④ 张紧跟:《民主建设顺序论辨析》,载《探索与争鸣》2013 年第 1 期。
⑤ 〔英〕J. S. 密尔:《代议制政府》,汪瑄译,商务印书馆 1982 年版,第 80 页。

府视为民主治理的核心要义,是实现和强化政府回应性和责任性的重要途径。① 在国外新兴的"民主质量"的研究中,往往也将立法机关对行政权力的横向问责,作为衡量民主质量高低的重要参数。② 国内一些学者同样对人大监督寄予很高的政治期望,因为从法律文本来看,履行监督政府职责的法定权力机构是各级人大及其常委会。他们认为监督权达到人大权力总量的 50％,是人民当家作主、管理国家事务的政治权力。③如杨雪冬认为,人大的监督权力为深化民主与完善法治提供了重要的制度性支持。它能否有效行使不仅可以衡量人民主权理论的实践程度,而且有助于强化政治体系中的整个监督系统,规范行政权力和司法权力的运行。④ 许多学者将人大监督权力的行使作为评判人大制度成长的内在标尺,认为人大监督绩效的提升反映了其制度的成长。⑤ 为什么将视线集中在地方人大层面而非全国人大层面? 这是因为自 20 世纪 80 年代以来,在行使监督权力方面,地方人大最为积极和活跃,尤其是对绝大多数没有立法权的县级人大来说,行使监督权力是其最主要和最经常的工作。

　　为什么研究述职评议? 第一,在《中华人民共和国各级人民代表大会常务委员会监督法》(以下简称《监督法》)施行之前,述职评议是地方人大在实践中广泛开展和普遍运用的一种监督方式,经过短暂的沉寂在党的十八大以后又陆续得到了恢复和发展。在过去的 30 余年间,地方人大在实践中进行了很多探索创新,其中,多数创新主要集中在提升监督权力方面,⑥而

---

① Robert Hislope and Anthony Mughan, *Introduction to Comparative Politics : The State and its Challenges* , New York: Cambridge University Press, 2012, p. 81.

② Larry Diamond and Leonardo Morlino, "The Quality of Democracy: An Overview," *Journal of Democracy* , Vol. 15, No. 4, 2004, pp. 20 - 31.

③ 林伯海:《人民代表大会制度的分析与构建》,中国社会科学文献出版社 2004 年版,第 1 页;程竹汝:《监督权:人大权力总量的百分之五十》,载《山东人大工作》2010 年第 12 期。

④ 杨雪冬:《地方人大监督权的三种研究范式》,载《经济社会体制比较》2005 年第 2 期。

⑤ 何俊志:《中国地方人大制度的研究现状与展望》,载《法制与社会发展》2004 年第 5 期。

⑥ 陈家刚对广东省区县人大的制度创新进行调查,发现广东区县人大的制度创新主要集在监督权力方面,其他权力方面的创新较少。详见陈家刚:《广东省区县人大制度创新的现状综述与分析》,载《人大研究》2011 年第 5 期。叶麒麟也持相同的观点,详见叶麒麟:《双重制度逻辑与县级人大常委会的成长———一种新制度主义视角的解析》,载《宁夏党校学报》2008 年第 5 期。

最具有代表性和影响力的就是述职评议。述职评议在 20 世纪 80 年代中后期破土而出,90 年代初期迅速在全国范围内蔓延开来。[①] 据全国人大常委会办公厅新闻局的调查,截至 1994 年 6 月,全国有 20 多个省级人大常委会开展了述职评议;在市县层面,评议活动则更加普遍。[②] 到 2005 年时,有 28 个省级人大常委会开展了述职评议,[③]部分省市,如北京、山西、湖南等地甚至对副省级干部也进行了评议。在实践中,述职人员未通过评议而被罢免的案例频频出现。如贵阳市白云区六届人大常委会对其任命的 80 多名"一府两院"国家机关工作人员开展述职评议,其中 4 人为优秀,70 余人为合格,多人被免除了职务。[④] 这种"刚性问责"彰显出人大作为国家权力机关的政治权威,一定程度上改变了述职人员对人大的"五年管一天""一朝任命、本届坐定"的观念,使人民赋予与委托的权力得以真正运转起来。

第二,述职评议折射出当代地方人大制度的成长历程,是探究当代地方人大变迁的重要载体。"当代中国政治的每一次重大变迁,都会通过人民代表大会制度的某个方面表现出来"[⑤]。基于域外的经验,强大的立法机关往往能够对行政机关的权力进行有效约束,创造出有利于将民主与法治制度化的分权制衡机制。在中国,各级人大在何种程度上行使宪法权威,也成为衡量政治改革的重要手段之一。[⑥] 夏明指出,政治体系中立法机关的结构与功能,通常被视为政权发展的晴雨表。他认为对省级人大的研究将有助于窥测中国的民主化进程。[⑦] 也正是在这种意义

① 王维国:《改革开放 30 年人民代表大会制度创新回顾》,载《中国社会科学院研究生院学报》2008 年第 6 期。

② 人民代表大会制度研究所:《地方人大常委会 30 年——重大事件回放与点评》,人民日报出版社 2010 年版,第 60 页。

③ 李霞:《2005 年人民代表大会制度发展报告》,载中国法学网,http://www.iolaw.org.cn/showArticle.asp? id=2305。

④ 孙绍林编:《贵阳市宣传人大制度好新闻选:第 1—12 届》,2004 年,第 26—27 页。

⑤ 何俊志:《作为一种政府形式的中国人大制度》,上海人民出版社 2013 年版,第 1—2 页。

⑥ Pei Minxin, *China's Trapped Transition: The Limits of Developmental Autocracy*, Cambridge: Harvard University Press, 2006, p. 57.

⑦ Xia Ming, *The People's Congresses and Governance in China: Toward a Network Mode of Governance*, London: Routledge, 2008, p. 7.

上,欧博文(Kevin O'Brien)认为,我们可以从活跃的地方人大中,探寻出中国政治变迁最初始和最重要的征兆。① 自 20 世纪 80 年代起,地方人大在监督工作上的推陈出新以及适时加以规范,有力地推动了人大政治地位的提高与制度空间的拓展。这种变化可以从其监督权力的消长上体现出来。述职评议的发展过程中带有地方人大制度空间的成长烙印。述职评议的日趋制度化显示出地方人大监督权力边界的扩张、稳定与巩固,而它的衰退过程也反映了地方人大制度空间的回缩、退步与衰减。因而可以说,述职评议的具体实践和演进机理提供了透视地方人大制度成长的一个极佳窗口。

第三,从述职评议中可以洞察当代中国政治生活中政治改革与制度变迁的发生逻辑。地方人大最初以一种积极态度推进述职评议,由于《监督法》的迟迟难以出台,②各地通过制定地方性法规的方式为述职评议提供法理支持。到 2005 年,全国绝大多数省级人大都制定了涉及述职评议的地方性法规。然而,自 2007 年《监督法》开始实施之后,地方人大尤其是省级人大又集体叫停了述职评议。为什么一向以正面形象呈现在主流政治话语中的述职评议会戛然而止? 如此鲜明的态度反差,其背后隐藏的政治逻辑又是什么? 同时,不同的政治权力主体之间的相互权力关系,决定了一种制度规则的建立、内容、发展甚至存废,这在述职评议上也有淋漓尽致的体现。各个政治权力主体如同级党委、人大、"一府一委两院"以及上级人大都对下级人大的述职评议产生了重要影响。探寻这些权力主体在述职评议中所扮演的角色,有利于我们捕捉在中国政治中的制度创新与制度化的发生逻辑,进而深入地理解和把握中国政治发展和制度变迁的内在脉络与基本规律。

第四,研究述职评议还可以为当前强化地方人大监督提供重要的借

---

① Kevin O'Brien, "Local People's Congresses and Governing China," *The China Journal*, No. 61, 2009, pp. 131 - 141.

② 早在 1986 年,全国人大常委会高层就开始酝酿人大监督的制度化和规范化。1988 年,七届全国人大一次会议正式提出制定人大的监督法律,期望以国家立法的形式来为述职评议提供法理依据。

鉴意义。林尚立指出,人大应该成为中国民主化的一个突破口,通过充分落实人大的权力和树立各级人大的权威性,真正把宪法赋予的"国家权力机关"的地位树立起来。[①] 地方人大的述职评议工作历经长期的理论思考与实践探索,无论是在法理规定的制度层面,还是在实际运转的过程之中,都积累了大量丰富的经验。尽管《监督法》并没有对述职评议作出明确说明,使地方人大失去了一种行使监督权力的"法定"方式,但是,在《监督法》实施之后,仍有地方人大在继续开展述职评议,如浙江省宁海县、贵州省习水县、云南省沾益县(今曲靖市沾益区)等;部分地方或将述职评议纳入工作评议或专项工作报告中,或以新的名义使之得以赓续,如满意度测评(如福建省泉州市)、履职评议(如江苏省南京市)、履职报告(如云南省通海县)、履职评价(如贵州省福泉市)、评议测评(如辽宁省葫芦岛市)、述职测评(如浙江省平湖市)、履职测评(如四川省南江县)等。党的十八大之后,地方人大开展述职评议或性质类似工作的热情逐渐高涨,在这种情形下,对述职评议进行系统与深入的梳理、反思与总结,可以为完善人大制度、强化地方人大的监督权力提供有益的参考。

总之,述职评议事实上已经发展成为地方人大行使监督权的一项代表性工作,它将对事的监督与对人的监督结合起来,[②]很大程度上改变了地方人大在权力格局中的政治地位。然而,遗憾的是,述职评议的学术价值与实践意义未能被学术界所真正重视、感知与体认,致使在研究的深度和广度上尚存在缺憾与不足,不过,这一状况也为未来的深入研究提供了广袤的论说空间与发挥余地。

二、文献综述

(一)国内述职评议研究回顾

如前文所述,在《监督法》出台之前,述职评议事实上成为地方各级

---

① 林尚立等:《制度创新与国家成长:中国的探索》,天津人民出版社 2005 年版,第 116 页。
② 刘政、程湘清:《人大监督探索》,中国民主法制出版社 2002 年版,第 40 页。

人大行使监督权力的主要方式。社会舆论曾对此广为关注,报纸和新闻中一度充斥着大量关于"述职评议"的报道。国内学者也对"述职评议"不同程度地有所关注,不过,对述职评议系统而深入的研究尚不多见。整体来看,在有关人大制度研究的著作中,对述职评议只是偶有述及。①人大实务界的理论工作者是积极关注述职评议的另一研究群体,他们从实际工作出发,以地方人大常委会主办的理论刊物为言说平台,对述职评议进行了长期而广泛的讨论。总体来看,在既有文献中,对述职评议的认知分野上,呈现出鲜明的支持与反对两种态度。

1. 对述职评议的积极评价

多数学者积极肯定了述职评议对于推进中国民主建设的重要意义,认为述职评议是强化人大监督权力的有益尝试与探索。②持支持态度的学者往往将述职评议视为一种刚性的权力监督,认为它增强了地方人大在权力架构中应有的政治地位,改善和扭转了长期以来人大监督虚弱无力的负面形象。③如周光辉指出,通过述职评议等监督形式,人大制度已

① 张元坤:《地方人大工作概论》,中国民主法制出版社 1997 年版;全国人大常委会办公厅研究室编:《我国当前法律实施的问题和对策》,中国民主法制出版社 1997 年版;全国人大常委会办公厅研究室文化研究室编:《国家权力机关的监督制度和监督工作》,中国民主法制出版社 1999 年版;于兴隆:《新时期人大工作实践》,内蒙古人民出版社 2001 年版;尹世洪、朱开杨主编:《人民代表大会制度发展史》,江西人民出版社 2002 年版;蔡定剑:《中国人民代表大会制度》,法律出版社 2003 年版;谢世杰:《与时俱进 建设政治文明》,中共中央党校出版社 2003 年版;冼庆彬主编:《加强和完善地方人大监督》,广州出版社 2005 年版;林尚立等:《制度创新与国家成长——中国的探索》,天津人民出版社 2005 年版;何俊志:《从苏维埃到人民代表大会制:中国共产党关于现代代议制的构想与实践》,复旦大学出版社 2011 年版。

② 路江通:《法制建设中的制度创新及其评估》,载《人大研究》1998 年第 2 期;湖南省人大常委会办公厅课题组:《地方人大常委会二十年监督工作回顾》,载《湖湘论坛》2000 年第 1 期;韩大元:《依法治国与完善监督机制的基本思路》,载《法学论坛》2000 年第 5 期;张宝海:《对权力的制约是依法治国的重要方面》,载《马克思主义与现实》2001 年第 4 期;卓越:《地方人大监督机制研究》,人民出版社 2002 年版,第 114—116 页;浦兴祖:《以人大民主为重点继续推进中国民主政治的发展》,载《复旦学报(社会科学版)》2005 年第 5 期;田华:《完善地方人大述职评议制度的探讨》,载《河北法学》2006 年第 5 期;任喜荣:《地方人大监督权论》,中国人民大学出版社 2013 年版,第 183 页;郑广永:《从权力行使看人大的公信力》,载《中州学刊》2014 年第 5 期;黄晔:《近年来全国省级人大常委会开展监督司法工作情况的调研及建议》,载《人大研究》2014 年第 9 期。

③ 唐莹莹、陈星言:《30 年党和国家监督制度的重要发展》,载《人大研究》2009 年第 1 期。

不再是在形式上可有可无的"橡皮图章",而是成为建构中国政治权力合法性的重要制度安排。① 杨光斌认为,述职评议通过将监督人与监督事结合起来,有力地推动了人大开展监督工作的积极性,所采用的信任投票的方式,也加大了监督的力度。② 还有一些学者从构建问责制度、推进责任政府的视角出发,认为加强各级人大对政府工作的监督,推进和完善政府工作人员的述职评议制度,是建设责任政府的可行途径。③ 唐亚林等学者指出,推进行政问责体系建设的一个努力方向,就是落实和强化人大的监督权力。④ 徐湘林主张将扩大和落实人大对政府的监督,作为责任型政府体制改革的重点推进内容。⑤ 张贤明将人大监督视为政治问责链条中的重要环节。他认为,人大作为国家权力机关在宪法意义上的重要地位并未在我国实际政治生活中完全实现,既是导致当前问责制度建设存在诸多不足的根源,同时也是问责实践难以取得突破性进展的主要制约因素。⑥

与国内学术界遥相呼应的是,出于对述职评议过程得天独厚的切身感受,长期以来,人大系统的理论工作者是关注述职评议最为庞大的群体。他们中绝大多数对述职评议给予了积极评价。⑦ 如全国人大常委会

---

① 周光辉、彭斌:《构建现代国家——以组织化、制度化与民主化为分析视角》,载《社会科学战线》2009 年第 6 期。

② 杨光斌:《中国政府与政治导论》,中国人民大学出版社 2003 年版,第 116 页。

③ 何增科:《全球化对国家权力的冲击与回应》,载《马克思主义与现实》2003 年第 6 期;谢庆奎:《服务型政府建设的基本途径:政府创新》,载《北京大学学报(哲学社会科学版)》2005 年第 1 期;王臻荣:《行政监督概论》,高等教育出版社 2009 年版,第 119 页。

④ 唐亚林、鲁迎春、陈水生等:《让权力在阳光下运行》,上海人民出版社 2014 年版,第 138 页。

⑤ 徐湘林:《社会转型与国家治理——中国政治体制改革取向及其政策选择》,载《政治学研究》2015 年第 1 期。

⑥ 张贤明:《当代中国问责制度建设及实践的问题与对策》,载《政治学研究》2012 年第 1 期。

⑦ 罗俊盛:《浅谈个案监督》,载《人大研究》1999 年第 2 期;袁达宏:《规范人大常委会任免工作之管见——从人事任免未通过谈起》,载《人大研究》1999 年第 5 期;刘朝兴:《关于地方人大监督的几个问题》,载《人大研究》1999 年第 9 期;符乔荫等:《地方人大常委会二十年监督工作回顾》,载《人大研究》1999 年第 12 期;王力群等:《国家权力机关监督体制创新与监督立法探讨》,载《人大研究》2000 年第 12 期;张春生:《正确认识人大监督的重要作用》,载《江淮论坛》2002 年第 3 期;姜禽芬、李玉海:《强化人大监督遏制权力滥用和腐败现象》,载《人大研究》2005 年第 2 期。

办公厅研究室的李伯钧认为,一些地方人大建立的干部定期述职评议制度,有助于增强干部的使命感和责任感。① 浙江省人大常委会办公厅研究室的曹玲认为,述职评议使地方人大常委会把任命干部的任前了解与任后监督结合起来,把人事监督与法律监督、工作监督结合起来,有力地强化了人大的监督机制。② 曾长期任职于全国人大常委会研究室的蔡定剑也指出,述职评议开辟了人大加强"对自己负责人员进行经常性监督的一种途径","它对强化一府两院组成人员对人民代表大会的责任,起到了很好的作用"。③

2. 对述职评议的负面认知

需要承认的是,长期以来,无论是在学术界还是人大系统,都不乏对述职评议的质疑之声。相关的批评主要集中在以下三个方面:第一,在规范层面,地方人大开展的述职评议活动不具备相应的法理依据。许多学者对述职评议的合法性提出怀疑,认为述职评议是地方人大在没有具体法律规定的情况下,对监督权力进行的一种自发性的探索和创新。但是,无论是《中华人民共和国宪法》(以下简称《宪法》)还是《中华人民共和国地方各级人民代表大会和地方各级人民政府组织法》(以下简称《地方组织法》)中都没有直接关于"述职评议"的明确规定,并且全国人大从未出台关于述职评议的法律。④ 由于述职评议缺乏鲜明而统一的法理支持,长期面临着"原则有监督,实际无程序"的困境。再加上各地因强调域情不同而在规范和实践上呈现出的显著差异性,致使这种"大路不走走小路"的监督创新没有发挥出预期的监督效力。⑤

---

① 李伯钧:《把握经济建设中心开展人大工作的几个问题》,载《人大研究》1992年第8期。
② 曹玲:《述职评议——一种有效的监督形式》,载《人大工作通讯》1994年第19期。
③ 蔡定剑:《中国人民代表大会制度》,法律出版社2003年版,第402页。
④ 王英君:《规范述职评议工作　增强人大监督实效》,载沈庆彬主编《加强和完善地方人大监督》,广州出版社2005年版,第340页。
⑤ 沈连婕:《构筑人大监督的现实路径——述职评议制度探析》,载《中国党政干部论坛》2005年第6期;田华:《完善地方人大述职评议制度的探讨》,载《河北法学》2006年第5期;王维国:《改革开放以来地方人大制度的发展》,载《北京联合大学学报(人文社会科学版)》2009年第1期。

第二,在政治层面,如何将贯彻党管干部原则与人大通过述职评议行使监督权力结合起来,一直是悬而未决的重要难题。① 尽管在理论上可以很好地理顺述职评议与党管干部原则之间的关系,但是各地的实践纷纷暴露出两者之间同时也存在着明显的张力与冲突。政党的一个重要功能就是通过政治录用将政治精英吸纳进党内,为国家提供治国理政的人才。这种政治录用功能在中国体现为"党管干部原则"。② 可以说,在组织方面,最重要的莫过于"党管干部原则"。③ 但是,地方人大依据评议结果对评议对象进行问责的做法,导致了述职评议与党管干部原则之间有时难以协调,不利于地方国家机关之间的协调配合与和谐运转。④ 如吴邦国曾明确指出,"将干部述职评议扩大到市、县所有由人大及其常委会选举、任免的干部,就有可能冲击现行的干部管理体制"⑤。一些地方人大也认为,述职评议过程中产生了一些"不必要的矛盾和问题",出现了"不和谐因素"。⑥

第三,在实践层面,述职评议并未产生预期的监督绩效,各级人大监督乏力的状况也没有得到实质性的改变。⑦ 从地方人大的实践来看,述职评议中普遍存在公开、民主和透明程度不高,评议的内容过于宽泛,缺乏充分的力量支撑和保障条件等不足。⑧ 同时还有观点认为,由于时间

---

① 张镇洲:《关于地方人大司法监督的几个问题——写在〈监督法〉出台之后》,载《公民导刊》2007 年第 1 期。
② 王长江:《推进"党管干部"的科学化》,载《科学社会主义》2006 年第 6 期。
③ Pierre F. Landry, *Decentralized authoritarianism in China : the Communist Party's control of local elites in the post-Mao era* , New York : Cambridge University Press, 2008;郑永年:《未竟的变革》,浙江人民出版社 2011 年版,第 89 页。
④ 郭林茂:《地方人大监督工作存在的一些问题》,载《人大研究》2000 年第 11 期;李刚:《当前人大工作面临的几个问题》,载《人大研究》2002 年第 3 期;谢蒲定:《规范权力运行维护公平正义》,载《人大研究》2008 年第 3 期。
⑤ 吴邦国:《吴邦国论人大工作》(上),人民出版社 2017 年版,第 279 页。
⑥ 康耀红:《深入学习贯彻监督法加强和规范人大监督工作》,载中国人大网,http://www.npc. gov. cn/npc/zt/qt/dfrd30year/2011 - 03/18/content_1647914. htm,2011 年 3 月 18 日。
⑦ 李秀江:《人大监督困局》,载《小康》2009 年第 11 期;孟宪艮、孔繁军:《人大监督法制化与行政化的反思与启示》,载《东岳论丛》2012 年第 1 期。
⑧ 徐军熠:《提高监督实效的有益探索——浅谈市人大常委会述职评议工作的思路转变》,载《上海人大月刊》2006 年第 6 期;孙彩红:《试论公民参与政府管理是构建和谐社会的基础》,载《南京社会科学》2007 年第 3 期。

和精力有限,地方人大在一届任期内很难将全部法定评议对象都评议一遍,而为了达到全员覆盖采用的书面形式的述职评议又缺乏实际效果。①有鉴于此,许多学者认为,述职评议本质上属于一种虚弱的柔性监督,尽管颇能吸引社会关注且具有舆论轰动效应,但同时也广泛存在"声势大、成效小""评功摆好""走过场""评优不评差""唱赞歌""护短遮丑"等共性的问题。② 甚至有学者指出,人大监督缺乏威慑力,非但不是因为没有开展述职评议,相反,正是由于各级人大及其常委会普遍运用了述职评议、工作评议等较为温和的监督形式,而搁置了质询、罢免、否决和撤职等刚性问责手段导致的。③

3. 为述职评议辩护

2004 年 10 月,在贵阳召开的"人大监督权的有效实现"国际学术研讨会上,与会代表对述职评议较为一致地给予了积极评价,认为"值得倡导"。④ 客观地说,述职评议的拥护者们也意识到了述职评议中存在的诸多不足。但是,他们不赞同述职评议存在致命缺陷的观点,而是更为关心如何进行完善。他们呼吁不仅要从理论上对述职评议的法理困境作出回应,还要将述职评议中成熟的经验适时加以总结,最终将述职评议

---

① 罗述勇:《关于监督法贯彻实施的几个主要问题》,载《人民之友》2015 年第 5 期。
② 陈斯喜:《特委会:深化人大监督之利剑》,载《吉林人大》2001 年第 5 期;侯远长:《地方人民代表大会制度中存在的问题及对策建议》,载《学习论坛》2004 年第 2 期;王力群:《人大对审判、检察机关监督定位和方式探讨》,载《人大研究》2005 年第 5 期;彭春成:《人大要强化对"一府两院"的监督》,载《中州刊刊》2006 年第 4 期;李牧、楚挺征:《地方人大监督不作为及其规制探究》,载《武汉理工大学学报(社会科学版)》2009 年第 6 期。
③ 韩玉玺:《关于人大监督的思考》,载《人大研究》2002 年第 7 期;张卫红:《权力法治·程序正当·体制协调——试论地方人大监督制度创新的三要素》,载《人大研究》2002 年第 11 期;韦以明:《地方人大法律监督新理念、新方法及其评说》,载《广西民族大学学报(哲学社会科学版)》2007 年第 2 期;陆宜峰:《析监督法框架下的质询制度设计及完善》,载《人大研究》2009 年第 5 期;丁长琴:《我国行政异体问责的现状及制度重构》,载《国家行政学院学报》2012 年第 1 期。
④ 陈家刚:《人大监督的制度与实践——"人大监督权的有效实现"国际学术研讨会综述》,载《人大研究》2005 年第 4 期。

塑造成兼具规范性与权威性的监督手段。①

首先,在述职评议是否具备相应的法理依据上,述职评议的拥护者认为,尽管在现有法律中,述职评议这一监督形式确实没有明确具体的规定,但是这种监督形式的实质与宪法法律精神相契合。② 如《宪法》第三条规定,"国家行政机关、审判机关、检察机关都由人民代表大会产生,对它负责,受它监督"(2018 年修订前)。《地方组织法》也规定,"监督本级人民政府和人民法院、人民检察院工作"是县级以上地方各级人大常委会的重要职权之一。这些规定清晰表明,宪法和法律赋予了地方人大及其常委会对由其选举和任命的"一府两院"干部进行监督的权力。③ 另外,1995—2002 年期间,历年全国人大常委会的工作报告都对地方人大的述职评议给予了积极肯定和正面评价。这表明述职评议不仅有宪法和法律的依据,而且还有全国人大的决议作为根据。④ 与此同时,从 20 世纪 90 年代起,部分省级人大如陕西、山西、安徽等地陆续颁行了有关述职评议的条例或办法。这些地方性法规的出台,为地方人大开展述职评议提供了直接而明确的法律支持。

其次,在述职评议是否与党管干部原则相抵牾的问题上,述职评议的拥护者认为,人大依法选任干部并实施监督,把党的主张通过法定程序上升为国家意志,是为了更好地实现党对干部工作的领导,使党管干部原则真正体现人民意志。尽管述职评议与党管干部原则的方式不同,

① 张文麒:《论经济转型时期的人大法律监督》,载《人大研究》1996 年第 1 期;胡正扬:《试论社会主义市场经济条件下地方人大的监督作用》,载《开放时代》1996 年第 6 期;常桂祥:《民主政治建设:当代中国政治发展的主题》,载《齐鲁学刊》2001 年第 2 期;蔡浩然:《对完善人大监督机制的几点思考》,载《人大研究》2002 年第 10 期;崔建华:《地方人大述职评议几个焦点问题的思考》,载《人大研究》2005 年第 1 期;邹平学:《中国代表制度改革的实证研究》,重庆出版社 2005 年版,第 208 页。
② 王金堂:《述职评议还要发展和完善》,载《人大研究》1997 年第 2 期。
③ 沈连婕:《构筑人大监督的现实路径——述职评议制度探析》,载《中国党政干部论坛》2005 年第 6 期。
④ 张文麒:《关于述职评议涉及的法律问题》,载《人大研究》1996 年第 12 期。

但是两者在目标和标准上是一致的。① 在具体过程中,述职评议在同级党委的统一领导下进行,党的领导贯穿于述职评议的各个环节。② 在实际作用上,述职评议可以成为党委管理和考察干部的有益补充,是党委了解干部、正确使用干部的一个重要渠道,使党内监督与国家权力监督更好地结合起来。③ 在评议中,发现述职人员确有违法乱纪行为时,不少地方都采取了先建议党委有关部门进行必要的组织处理,然后再依法定程序对其职务予以撤销或罢免。这种做法使得述职评议非但没有干扰和冲击党管干部原则,而且有利于这一原则的贯彻落实。④ 另有学者指出,在党与人大的领导与监督的关系尚未理清的情况下,人大在行使监督权力的过程中不可避免地会牵扯到党的领导问题,⑤这种潜在的张力与冲突存在于地方人大各项权力的行使过程中。如常士阎发现,人大行使人事任免的选举权也与党管干部原则之间存在某些矛盾。⑥

再次,在述职评议的监督绩效问题上,述职评议的拥护者并不赞同述职评议只是一种软弱无力的形式化监督。他们指出,部分省市的述职评议在实践中日臻完善,其中,较为重大的改进是引入了针对评议对象的投票测评环节。未过半数则意味着地方人大可能会启动撤职、免职等相关问责程序。如《湖南省县级以上人民代表大会常务委员会述职评议工作条例》规定,"述职人员不称职票超过全体人大常委会组成人员半数的,可以由本人提出辞职,也可依法对其提出免职案、撤职案或者罢免案"。尽管述职评

---

① 朱贤栋:《刍议述职评议》,载《人大工作通讯》1995 年第 22 期。

② 卓越:《论述职评议》,载《人大研究》1996 年第 6 期;欧阳克刚:《关于述职评议的几个问题的探讨》,载《人大工作通讯》1997 年第 20 期;沈连婕:《构筑人大监督的现实路径——述职评议制度探析》,载《中国党政干部论坛》2005 年第 6 期。

③ 钟学志:《努力提高述职评议质量》,载《新疆人大》2000 年第 6 期;周国辉、洪开开、肖鹏青:《坚持制度创新,推进述职评议——浙江省人大述职评议工作的回顾与思考》,载《人大研究》2003 年第 5 期;林保罗:《关于"一府两院"领导述职评议的做法与思考》,载《上海人大月刊》2004 年第 12 期。

④ 陈选权、魏永德、齐良如:《浅谈述职评议的意义》,载《法学杂志》1996 年第 4 期。

⑤ 汪中山:《论我国人民代表大会监督制度创新》,载《中州学刊》2006 年第 2 期;任喜荣:《地方人大监督权论》,中国人民大学出版社 2013 年版,第 105 页。

⑥ 常士阎:《党的领导、人民代表大会制度与中国特色的社会主义政治建设》,载《理论探讨》2008 年第 4 期。

议中领导干部被问责的比例不高,但是其蕴含的重大政治意义在于,它标志着地方人大常委会开始了对任命干部的权力监督,并试图保证人民的权力始终在人民的监控下行使。① 此外,制度的实际绩效还受到社会环境因素的制约。② 这意味着,述职评议作为地方人大的一种加强监督权力的创新,其方式因地因时而异,刚柔有别,故不能以一地一时的缺陷与不足对其全盘否定,而是应该深入考察制约其发挥应有监督绩效的各种影响因素。如郭林茂指出,地方人大之所以广泛采用述职评议这种全新的监督方式,正是因为宪法和法律规定的既有监督方式不完善和不健全。不是"大路不走走小路",而是因为"大路难走走小路""大路不通走小路"。③

(二) 国内人大制度空间研究

国内学术界直接述及人大制度空间的系统性论述尚不多见。陈家刚从政治过程、政治产品和政治遗产三个方面,对一届全国人大(1954—1959)进行了分析。他认为,人大的制度空间问题从根本上来说与政治结构密切相关,其中,组织结构、制度结构和权力结构共同构成了人大的结构性空间。④ 张紧跟在研究中发现,改革年代全国人大制度化成长表现出一些明显的特征,如强化常委会功能,完善专门委员会系统,代表与委员专业化与职业化的发展和日益完善内部制度等。但是,全国人大在制度化演进中始终充满着"民主制"逻辑与"科层制"逻辑的内在冲突,过分强调提高人大运作效率的"科层制"逻辑,削弱了人大制度化中的"民主制"逻辑,从而在相当程度上制约了人大职能作用的发挥。⑤ 王彩波则认为,中国人大在

---

① 赵景亮:《与时俱进的地方人大——地方人大常委会行使人事任免权回眸》,载《中国改革(农村版)》2003 年第 9 期。
② [美]罗伯特·帕特南:《使民主运转起来》,王列、赖海榕译,江西人民出版社 2001 年版,第 7 页。
③ 郭林茂:《关于地方人大监督工作的发展问题》,载《政治与法律》2000 年第 2 期。
④ 陈家刚:《现代中国民主制度的建构与运行:第一届全国人大研究》,广东人民出版社 2010 年版,第 283—288 页。
⑤ 张紧跟:《科层制还是民主制?——改革年代全国人大制度化的内在逻辑》,载《复旦学报(社会科学版)》2013 年第 5 期。

制度属性上更多地体现"代议制"属性而缺少"民主制"属性。① 周叶中指出,决定或制约代议制度功效发挥的深层因素,还包括公民的参与意识、文化传统和民族心理等因素。② 还有学者从实证角度,对人大制度空间的背景进行了探讨,认为各个政治主体间的权力关系是人大制度空间得以形成的逻辑前提。③ 总体来看,地方人大制度空间的成长逻辑主要有"竞争冲突说""合作共生说"和"嵌入成长说"等几种观点。

1."竞争冲突说"

持这种观点的学者认为,人大与其他权力主体之间存在此消彼长的零和权力关系。首先,在党与人大之间的关系上,有学者认为,两者之间的关系在当前中国政治结构中具有全局性和决定性的影响,两者关系中存在的问题也是政治体制改革或政治建设中面临的关键问题。④ 基于这种认识,在完善人大制度的诸多论述中,如何厘清两者之间的关系往往被优先加以考虑。⑤ 有学者指出,在理论上,通过相应的制度安排或原则性规定,党与人大之间

① 王彩波、丁建彪:《当代中国政制安排的演进逻辑、完善与优化》,载《社会科学在线》2015年第3期。
② 周叶中:《代议制度比较研究》(修订版),商务印书馆2014年版,第356页。
③ 国内有学者试图从博弈论的角度来分析人大和"一府两院"的监督与被监督关系,详见张鹏、陈建智:《博弈的均衡:人大和"一府两院"的监督与被监督的关系探析》,载《广州大学学报(社会科学版)》2009年第9期。付文广也认为,"述职评议"是县级人大常委会整合体制内外的政治资源与"一府两院"等公权力组织进行权力博弈的表现,目的在于扩充常委会自身权力资源。详见付文广:《县级人大常委会的制度成长模式——以上海市普陀区人大常委会"述职评议"为视角和个案的研究》,复旦大学硕士学位论文,2006年4月。
④ 常士訚:《党的领导、人民代表大会制度与中国特色的社会主义政治建设》,载《理论探讨》2008年第4期;郭定平:《当代中国政党与国家关系模式的重构:比较的视野》,载《社会科学研究》2009年第1期。
⑤ 详见胡伟:《党内民主与政治发展:开发中国民主化的体制内资源》,载《复旦学报(社会科学版)》1999年第1期;林泰、林伯海:《坚持和完善人民代表大会制度探析》,载《清华大学学报(哲学社会科学版)》2002年第5期;陈尧:《党内民主:政治体制改革的引擎》,载《南京社会科学》2003年第9期;朱光磊、周振超:《党政关系规范化研究》,载《政治学研究》2004年第3期;朱光磊、周振超:《"党政关系规范化"与党的执政能力建设》,载《中国党政干部论坛》2005年第1期;李默海:《民主与政治体制改革》,载《当代世界与社会主义》2008年第5期;张桂琳:《关于中国民主发展模式的思考》,载《中国政法大学学报》2008年第6期;李良栋:《执政党应当善于通过国家政权领导国家生活》,载《理论视野》2010年第1期;许耀桐:《论中国共产党反对官僚主义的斗争》,载《理论探索》2011年第4期;杨海峰:《以权利制约权力:政治体制改革的目标取向》,载《科学社会主义》2012年第3期;蒋劲松:《论党委与人大关系之理顺》,载《法学》2013年第8期。

的关系似乎得到了妥善解决。然而在实践中,两者却缺乏一个有法律和制度依据的、具有可操作性的、程序化的问题解决机制,[①]尤其是没有就党的领导权力的内容与范围进行规定,导致党的权力与人大权力在关键部分发生了重合。[②] 这种重合模糊了两者的权力边界,并衍生出一些负面问题。如任剑涛发现,执政党对于国家权力的掌控,决定性地影响了国家权力的具体运行,导致了人大的制度功能不能得到真正发挥。[③] 秦前红也指出,人大的人事任免权与党的干部管理权之间存在冲突,而重大问题决定权又与党政决策权相互纠结。[④] 2012 年 12 月,在北京召开的"未来十年的政治变迁:理想模式之争"学术研讨会上,有学者提出应明确厘定党的权力与人大权力的界线问题。[⑤]

其次,包括行政权力在内的其他权力主体对人大的制度空间施加了影响。有学者发现,在世界范围内,存在政治权力逐渐向行政机关倾斜的普遍性趋势。[⑥]"任何一个政府都想无拘无束,都想拥有广泛的裁量权"[⑦]。安东尼·唐斯(Anthony Downs)甚至陈言,"在现实世界中,政府实际上几乎做了一个组织能够想得到的任何事情"[⑧]。在中国,政治体制设计的初衷是,政府由同级人大产生,对人大负责,受人大监督。但是,行政权力产生后发生的扩张与膨胀,造成了监督主客体关系的逐渐倒置,具有一种摆脱人大监督的强烈倾向。[⑨] 有学者指出,这与我国作为后

---

① 游劝荣:《地方党组织与国家权力机关相互关系运行机制研究》,载《东南学术》2009 年第1 期。

② 董和平:《论我国执政党与国家权力的关系》,载《法学》2008 年第 2 期。

③ 任剑涛:《重申人民主权:国家权力的结构改革》,载《江苏行政学院学报》2012 年第 2 期。

④ 张鹭:《做实人大》,载《法治与社会》2013 年第 6 期。

⑤《未来十年政治变迁:理想模式之争》,载《环球时报》2012 年 12 月 27 日。

⑥ [美]迈克尔·罗斯金等:《政治科学》(第 6 版),林震等译,华夏出版社 2001 年版,第 320 页;景跃进:《政治空间的转换——制度变迁与技术操作》,中国社会科学出版社 2004 年版,第127 页。

⑦ [美]埃尔斯特、[挪]斯莱格斯塔德主编:《宪政与民主——理性与社会变迁研究》,生活·读书·新知三联书店 1997 年版,第 5 页。

⑧ [美]安东尼·唐斯:《民主的经济理论》,姚洋、邢予青、赖平耀译,上海人民出版社 2005 年版,第 20 页。

⑨ 徐湘林主编:《中国国情与制度创新》,华夏出版社 2004 年版,第 3 页。

发国家而选择的政府主导型的发展模式有关。作为公权力主体的政府,凭借其自身所具备的远远强于其他社会主体的组织优势,具有集中调配大量资源的能力,从而使得政府成为推动经济社会快速发展、实现"赶超发展"最强大的推动力。结果导致如何对政府权力加以规范成为一个普遍性的难题。① 人大的制度空间受到行政权力影响的直接例证是,长期以来,各级人大代表中"官员代表"的比例普遍偏高。据统计,在第九届、第十届全国人大代表中,各代表团中来自各级国家机关的代表即"官员代表"占 40% 以上,而"官员代表"中又有 60% 来自行政系统。② 人大代表中官员比例过高,既影响到人大向"一府两院"授权体制的合法性,也不利于人大对"一府两院"开展监督。③ 此外,地方人大与同级"两院"关系也远非纸上文本所反映的那样。如在述职评议中,就暴露出若干司法官员公开质疑甚至拒绝评议的案例。如某市法院一位副院长,对代表在评议中提出纠正的一起重大案件,两次拒绝向市人大常委会汇报情况,在区人大工委对其提出批评后仍拒绝改正。④

2. "合作共生说"

持这种观点的学者认为,人大与其他权力机关之间存在合作共生的关系,人大制度空间的成长与其他权力主体的支持与配合密不可分。唐皇凤对县级人大制度创新的研究揭示,地方人大的制度创新是政治主体之间相互磨合、协商、妥协和折中的过程,同时也是不断寻求各方价值、权力和利益平衡点的过程。"人大监督权的有效行使涉及体制内众多的权力主体,支撑县级人大有效行使监督权的制度创新需要得到执政党的支持与认可,尤其是地方权力枢纽的党委书记的大力支持,以及县级人

---

① 韩旭:《国家治理视野中的根本政治制度——改革开放 40 年来人民代表大会制度的发展逻辑》,载《政治学研究》2018 年第 6 期。
② 赵晓力:《论全国人大代表的构成》,载《中外法学》2012 年第 5 期。
③ 程竹汝:《授权与监督:论完善人民代表大会制度的几个问题》,载《学术月刊》2005 年第 6 期。
④ 刘今定:《国家权力机关与同级其它国家机关并非只有监督与被监督的关系》,载《人民政坛》1996 年第 5 期。

大常委会的主动争取和'一府两院'的配合和协助。"①何俊志等不完全赞同人大制度空间的形成与拓展是权力主体之间竞争、冲突或抗争产物的观点。他在考察地方人大和法院的关系时发现,地方人大与法院之间虽然在规范意义上是监督与被监督的关系,但是吊诡之处在于,代议机关监督权力的强大,除了自身的原因之外,还必须依赖于被监督者的强大,即现代国家权力的成长是一种整体性成长,各个权力主体表面上此消彼长的权力关系实际上是同生共长的关系。② 在实践中,监督对象在某些情况下可能会主动配合甚至是欢迎人大监督,希望借助人大的外部干预来解决工作中存在的难题。如在述职评议工作中,评议对象会将所在部门工作中的困难向地方人大进行反馈,从而有利于问题的解决。③ 因此有学者认为,人大监督权力的发展是在固有体制框架下实现的,是权力能力的加强而非权力变革的过程。这种发展并没有侵入其他政治机构的权力范围,从而改变彼此间的权力关系。④ 还有学者统合了"竞争冲突说"与"合作共生说"两者观点,认为党的既有权力与人大法定权力之间博弈所呈现出的此消彼长格局,只是横断面上的静态剖析;如果从历史纵深来看,党的权力与人大权力则是一个同步增强的过程。⑤

3. "嵌入成长说"

持这种观点的学者认为,地方人大及其常委会作为政治舞台中崭新的行为主体,在法理上虽被赋予广泛的政治权力,然而制度初创与恢复时期的地方人大,在面对其他权力主体时,很难真正履行法定权力,更谈不上权力的有效扩张。因此,早期地方人大的最佳选择并非直接的权力

---

① 唐皇凤:《价值冲突与权益均衡:县级人大监督制度创新的机理分析》,载《公共管理学报》2011年第1期。

② 何俊志、王伊景:《从人大"个案监督"到"代表参与诉讼调解"——地方人大与法院关系的"变"与"常"》,载《国家行政学院学报》2010年第6期。

③ 倪春纳:《地方人大制度空间的成长逻辑》,载《桂海论丛》2017年第3期。

④ 任喜荣:《地方人大预算监督权力成长的制度分析——中国宪政制度发展的一个实例》,载《吉林大学社会科学学报》2010年第4期。

⑤ 阎小波:《应当如何监督权力?》,载《当代中国研究》2003年第2期。

扩张,而是试图不断完善自身的内部制度,内部制度的成熟过程又伴随着与其他权力主体之间联系的增多,这种联系为地方人大的权力运用奠定了现实基础,进而达到提升自主性空间的目的。① 还有学者认为,地方人大的成长沿着"边缘—中心"的轨迹次第展开。如陈明明指出,中国政治中的制度创新,一般发轫于政治中心外围的边缘地带,然后逐渐回馈到政治中心,从而促成改革的全面深入发展。② 弓联兵对地方人大的研究发现,地方人大沿着边际成长的轨迹逐渐展开。地方人大借助法律法规等正式制度性授权和权力关系,以"软性嵌入"的方式主动地进行边际性创新,以此来提高组织合法性和开拓组织的行动空间。他认为,这一路径"既是地方人大制度成长的逻辑使然,也是地方人大在外部环境约束下的现实策略选择"③。林慕华对某个省级人大的预算改革的调研发现,该省级人大在重构预算关系网络时,积极寻求同级党委的政治支持,开展预算监督工作时,始终注意与党委保持一致,并且在预算过程中与政府及其部门形成了较为稳定的合作关系。同时他还发现,人大会主动运用原有资源去开拓新的资源,不断采取较大自主性的行动重新建构预算关系网络,使党委和政府更加重视并尊重人大在预算过程中的作用与权力。④

除了上述几种主要观点之外,还有学者认为,人大制度空间的变迁在受到各个权力主体相互博弈影响的同时,往往还涉及外部宏观社会环境的制约。⑤ 如刘建军认为,人大制度的完善并不完全取决于其自身的

---

① 何俊志:《中国地方人大制度的研究现状与展望》,载《法制与社会发展》2004 年第 5 期。

② 陈明明:《比较现代化·市民社会·新制度主义》,载《战略与管理》2001 年第 4 期;陈明明:《中国政治制度的价值结构:冲突与调适》,载《社会科学研究》2008 年第 2 期。

③ 弓联兵的这一发现事实上与欧博文的早期研究结论相近。详见弓联兵:《地方人大边际性创新与制度成长——以 W 县人大代表述职活动为例》,载《当代中国政治研究报告》(第 9 辑),2011 年,第 61—74 页。

④ 林慕华:《重塑人大的预算权力——基于某省的调研》,载《公共行政评论》2008 年第 4 期。

⑤ 徐国利:《国家与制度变迁——国家在制度变迁中的主体作用和局限的分析》,载《南京社会科学》2002 年第 11 期;杨光斌:《制度范式:一种研究中国政治变迁的途径》,载《中国人民大学学报》2003 年第 3 期。

政治期望和对自身法律地位的追求,而是根源于它与外在情境要素关系模式的变迁之中。① 这些外部的情境要素主要包括社会结构、阶层结构、组织结构等密切相关的因素与情势的总和。程竹汝等发现,政治制度的适应性成长与社会结构变迁已经形成了一种互强的格局与态势。其中,社会阶层结构的变化促进了社会成员个体民主意识的觉醒,为人大制度的变革注入了内在动力,并诱发人大制度变革的发生。② 秦前红等学者在分析推动地方人大行使监督权的动力时,也肯定了社会经济结构变迁所引发的公民参与是一个重要原因。③ 庄文嘉和岳经纶反对以往研究认为地方人大制度空间的扩展是"政治嵌入"的结果。他们对 2006—2009 年地方人大经费支出的省际面板数据的计量分析表明,"政治嵌入"不仅没有带来机构扩权,反而抑制了地方人大的整体性发展。在控制政治嵌入程度等因素后,他们发现,社会力量的壮大和参与显著提升了地方人大在监督方面的经费支出,即"社会嵌入"可以更好地解释地方人大制度空间的扩展。④

(三) 海外中国人大制度研究

2011 年,海外中国研究学者沈大伟(David Shambaugh)所著《中国共产党:收缩与调适》的中译本刚一出版,就引起了国内学者的广泛关注。沈大伟对近 20 年来中国共产党的组织和思想建设进行分析后指出,中国共产党一直处于收缩与调适的动态过程之中。⑤ 事实上,沈大伟的发现同样适用于人大,过去的数十年,地方人大也经历了重大的持续

---

① 刘建军:《人大制度与有序民主:对中国民主化进程的一种思考》,载《毛泽东邓小平理论研究》2009 年第 9 期。

② 徐振光:《论社会转型中的阶层分化与人大制度变革》,载《人大研究》2010 年第 2 期;上官酒瑞、程竹汝:《中国特色政治制度成长的适应性分析》,载《华东理工大学学报(社会科学版)》2012 年第 1 期。

③ 秦前红、孙莹、黄明涛:《地方人大监督权》,法律出版社 2013 年版,第 203 页。

④ 庄文嘉、岳经纶:《政治嵌入,还是嵌入社会——2006—2009 年地方人大经费支出的影响因素分析》,载《学术研究》2014 年第 1 期。

⑤ [美]沈大伟:《中国共产党:收缩与调适》,吕增奎、王新颖译,中央编译出版社 2011 年版。

性变迁,这尤为显著地映射在人大制度空间的消长变迁之上。

在西方的政治话语中,出于意识形态的偏见,鲜有学者相信法律、立法和立法机构在中国具有重要意义。很长一段时期里,他们对中国的立法、立法政治和人大制度缺乏兴趣,认为这些并不是重要的研究主题,[①]同时武断地认定中国的立法机关只是为了维持和保护列宁主义政党国家的统治权力而设置的。[②] 但是,仍有一些学者对人大给予了关注。海外学者对中国人大的探索发轫于 20 世纪 60 年代。由于当时海外学者能够接触的资料极为有限,全国人大的会议公报成为他们唯一能够得到的官方权威数据。早在 1962 年,艾迪(W. A. C. Adie)就指出,在全国人大会议期间的政府工作报告,尤其是经济工作报告,提供了探寻中国过去 10 年间政治变迁过程的最佳数据。[③] 马卡斯·格林(Marcus Green)也认为,尽管每年一度的全国人民代表大会更像一个"全国性集会"而非"议会机构",但是通过人大会议,人大代表可以阐发他们关于国内和国际事务的设想,描述他们关于未来的规划和希望,以及号召民众团结在红旗周围。[④] "文革"结束之后,各级人大逐步得到了恢复、重建和发展。从 1979 年开始,《地方组织法》和《选举法》的相继出台以及对《宪法》的修正,对人大的重建和改革作出新的规定,对国家政权体制进行了重组。[⑤] 在这种宏观的政治背景下,人大本身逐渐进入海外学者的研究视野,其中,他们多数从民主化的视角来检视人大所发生的变化,重点"考

[①] 吴晓云、吕增奎:《西方学者论改革开放以来中国政治的发展》,载《马克思主义与现实》2008 年第 6 期。

[②] Guo Sujian, *Chinese Politics and Government : Power, Ideology and Organization*, London and New York: Routledge, 2012, p. 30.

[③] W. A. C. Adie, "Political Aspects of the National People's Congress," *The China Quarterly*, Vol. 11, 1962, pp. 78 - 88.

[④] Marcus Green, "The National People's Congress," *The China Quarterly*, Vol. 17, 1964, pp. 241 - 250.

[⑤] 徐晓林、王亚平:《人民代表大会制度建设 20 年来的回顾与新世纪的展望》,载《政治学研究》2000 年第 4 期。

察中国人大制度的具体变化及其所体现出的民主意蕴"①。

1. 海外人大研究的兴起

海外早期的人大研究主要集中在全国人大层面。多数海外学者认为,20 世纪 70 年代末肇始的一系列改革措施,使得全国人大逐步成长为更加积极活跃的机构。② 如莫里·特纳(Murray Scot Tanner)指出,在邓小平时代,中国政治制度最重要的变化之一,就是中国的立法机关即全国人大开始表现出与西方学者所认为的列宁主义政治制度下的立法机关相异的特征。③ 通过对全国人大立法过程的研究,特纳发现,改革开放的深化和市场经济的发展所引发的社会事务的复杂化带来了立法过程的复杂化,而立法过程链条的延伸和机构的增多,导致了卷入机构自主性的成长和立法权力的分散。在这种背景下,全国人大在立法过程中的权力得到了强化。④ 特纳认为,全国人大所发生的变化将推动中国发生根本性转变。在特纳看来,全国人大代表和常委会成员是如何产生的,远不如他们的实际作为更为重要。因为即使没有直接的和竞争性选举来塑造代表责任,立法者仍可以在某种程度上思考自身角色。如许多人大代表更多地承担起表达组织、部门、行业和社会利益的作用。特纳特别强调,全国人大在政治系统中地位的切实提高是全国人大中强势领导人积极推动的结果。⑤ 此外,特纳还重点讨论了被学者所忽视的全国人大在政策上的制度化影响力。制度化的影响力是指立法机关在制定政策和治理社会时所拥有的持续和显著影响的能力,它包括对政策和立

---

① 何俊志:《作为一种政府形式的中国人大制度》,上海人民出版社 2013 年版,第 7 页。

② Stephen White, John Gardner and George Schöpflin, *Communist Political Systems: An Introduction*, London: Palgrave Macmillan, 1987, p. 124.

③ Murray Scot Tanner, "The National People's Congress," in *The Paradox of China's Post-Mao Reforms*, edited by Merle Goldman and Roderick MacFarquhar, Cambridge: Harvard University Press, 1999, pp. 100 – 128.

④ Murray Scot Tanner, "The Erosion of Communist Party Control over Lawmaking in China," *The China Quarterly*, No. 91, 1994, pp. 381 – 403.

⑤ Murray Scot Tanner, *The Politics of Lawmaking in Post-Mao China: Institutions, Processes, and Democratic Prospects*, Oxford: Clarendon Press, 1999, p. 233.

法议程的影响力,对法律和政策实施有效的介入或监督,以及对政府行为的监督。① 拉丹尼(Laszlo Ladany)等学者也持相似的看法,认为全国人大制度空间的拓展与彭真的个人努力密不可分。②

　　一些学者认为,全国人大的发展除了强有力的领导推动之外,还有其他更为复杂的原因。如迈克·杜德尔(Michael W. Dowdle)发现,全国人大通过发展重心放在水平关系上的内部结构,积极地从不同的社会利益中寻求信息,进而在中国的政治体系中更好地履行其代议功能。他指出,全国人大制度进步的意义不仅仅在于它获得了相对独立的地位和在政治生活中发挥了更大的作用,更为深远的意义是,不同的社会利益和组织进入了全国人大的立法和监督过程,表明全国人大正在经历深层次的政治转型。杜德尔还发现,与西方议会制民主国家的议会相比,中国人大在某些方面甚至表现出了更高的自主性和独立性。③

　　欧博文是早期海外人大研究的杰出代表。欧博文认为,一个国家的立法机关在制度架构中所处地位的升降可以显著地改变治理模式。在社会主义国家中更是如此。当立法机关软弱甚至被忽略时,其制定法律、监督和代表等活动就变得无足轻重;当立法机关的地位崛起或活跃时,它就能够积极地承担一系列责任,并成为发展和改善治理技术的试验场。④ 基于这种判断,欧博文对中国各级人大产生了浓厚的兴趣。他认为,在1976年之后,全国人大逐步得到了恢复和加强,尤其是在包容性(inclusion)与合理化(rationalization)方面取得了长足的发展,这预示着党与人大之间发生了某种制度性的调适。欧博文还发现,尽管一些长

---

① Murray Scot Tanner, "The National People's Congress," in *The Paradox of China's Post-Mao Reforms*, edited by Merle Goldman and Roderick MacFarquhar, Cambridge: Harvard University Press, 1999, pp. 100 – 128.

② Laszlo Ladany, *Law and Legality in China: The Testament of a China-Watcher*, Honolulu: University of Hawaii Press, 1992, p. 89.

③ Michael W. Dowdle, "The Constitutional Development and Operations of the National People's Congress," *Columbia Journal of Asian Law*, Vol. 11, No. 1, 1997, pp. 1 – 125.

④ Kevin J. O'Brien, *Reform without Liberalization: China's National People's Congress and the Politics of Institutional Change*, Cambridge: Cambridge University Press, 1990, p. 4.

期阻碍人大发展的因素仍未克服,如选举的竞争性、庞大的规模、形式化的全体会议和薄弱的委员会等,但是通过对人员选举、程序以及委员会结构的改革,全国人大在政治制度中逐渐发挥一种咨询性和合法化的角色。① 值得强调的是,欧博文反对将全国人大视为一个保守的政治机构。欧博文认为,必须区分"政策"和"过程"两个不同层面的保守倾向。全国人大对某种改革政策的反对是改革过程的现象之一。结构性改革限制了行政权力,加强了代议制度培育程序性保守主义,鼓励了地方性或民众意见的表达。全国人大为半退休的中央精英、地方领导人和民众代表表达少数群体意见和施加影响提供了重要的制度平台。②

2. "调适论"

秉持"调适论"的学者认为,自改革开放以来,中国人大的权力得到了显著提升,已经不再是以往的"橡皮图章"或"举手机关",而是逐渐朝着"钢铁图章"方向演进。他们指出,各级人大在面对外部环境时,并不是一个消极的被动接受者,而是持续性地通过强化权力来自我"调适",进而不断地拓展制度空间。自20世纪90年代中后期开始,陆续有海外学者察觉到人大在行使权力的过程中变得愈发"自信"。对同级政府和司法机关进行刚性监督的案例不断涌现,同时人大自身的制度建设所取得的成就也给他们留下了深刻的印象。③ 与初期的研究取向不同,这一阶段的海外学者以乐观的基调为主,他们将视线集中在地方人大,认为最活跃的人大并非是全国人大而是在地方层面上。

---

① Kevin J. O'Brien, "The National People's Congress: Continuity and Change in Chinese Legislative Politics," Ph. D. Dissertation, Yale University,1987; Kevin J. O'Brien,"China's National People's Congress: Reform and Its Limits," *Legislative Studies Quarterly*, Vol. 13, No. 3, 1988, pp. 343 - 374; Kevin J. O'Brien, "Legislative Development and Chinese Political Change," *Studies in Comparative Communism*, Vol. 22, No. 1, 1989, pp. 57 - 75.

② Kevin J. O'Brien, "Is China's National People's Congress a 'Conservative' Legislature?" *Asian Survey*, Vol. 30,No. 8, 1990,pp. 782 - 794.

③ Xia Ming, "Political Contestation and the Emergence of the Provincial People's Congresses as Power Players in Chinese Politics: A network explanation," *Journal of Contemporary China*, Vol. 9, No. 24, 2000,pp. 185 - 214.

1997 年 11 月,著名学者罗德里克·麦克法夸尔(Roderick Mac-Farquhar)在对山东省和黑龙江省人大进行调研时发现,省级人大职权的重组如拥有制定法律的权力,主要是为了促进市场经济的发展,但是,影响更为深远之处则是它们对政府进行的监督活动。他认为,这些都表明省级人大已逐渐开始担负起一种制度性的功能。[①] 在考察中国的市级人大时,欧博文发现,市级人大在拓展制度空间时,所采取的策略往往是在"自主性"和"能力"之间进行权衡,即放弃对自主性的追求,通过选择与其他权力主体进行合作,而非直接冲突的方式,将自己嵌入现有的制度体系之中,从而为自己的生存和发展界定空间并积蓄力量。因而,致力于探索自身在纵横两个方向的边界并将之稳定下来,是早期地方人大发展的基础性工作。[②] 也有学者不认同欧博文的论断,如夏明认为,地方人大的自主性和能力之间并不一定是此消彼长的关系,如省级人大通过谨慎地使用"竞争加合作"的"磨合"策略,在扩大立法权时,并没有将其他政治主体变成自己的对立面。[③] 省级人大政治地位的提升,主要是通过发展与其他权力机构和社会力量之间复杂的制度联系,来编织和完善自身的信息网络,从而显著提升各级人大代表到普通公民收集、处理和宣传信息的能力。[④] 赵英男是另一位长期致力于中国人大研究并具有影响力的学者。他认为,地方人大为扩展自身制度空间而采用的"嵌

[①] Roderick MacFarquhar, "Provincial People's Congresses," *The China Quarterly*, Vol. 155, 1998, pp. 656 - 667.

[②] Kevin J. O'Brien and Laura M. Luehrmann, "Institutionalizing Chinese Legislatures: Trade-Offs between Autonomy and Capacity," *Legislative Studies Quarterly*, Vol. 23, No. 1, 1998, pp. 91 - 108; Kevin J. O'Brien, "Chinese People's Congresses and Legislative Embeddedness: Understanding Early Organizational Development," *Comparative Political Studies*, Vol. 27, No. 1, 1994, pp. 80 - 109.

[③] Xia Ming, "Political Contestation and the Emergence of the Provincial People's Congresses as Power Players in Chinese Politics: A network explanation," *Journal of Contemporary China*, Vol. 9, No. 24, 2000, pp. 185 - 214.

[④] Xia Ming, "Informational Efficiency, Organizational Development and the Institutional Linkages of the Provincial People's Congresses in China," *Journal of Legislative Studies*, Vol. 3, No. 3, 1997, pp. 10 - 38.

人"(embeddedness)策略仅适用于20世纪90年代之前。在此之后,地方人大因积累了一定的制度资源,而开始对政府启用抗争性策略,如主动开辟出一些新的监督措施。随着立法和监督权力的加强,地方人大逐渐成为中国政治系统中重要的政治力量之一。与赵英男等学者不同,其他学者将党与人大两者间的权力关系视为研究的焦点,如加茂具树(Kamo Tomoki)通过对各届全国人民代表大会上主要国家机关工作报告的支持率演变(1993—2007)的分析,发现人大的"崛起"已经在事实上从"党的人大"转变为"党的领导伙伴"。① 欧博文对地方人大的研究证实了加茂具树的观点,他认为地方党委和人大之间的关系处于经常性的调整状态,而不是单纯的合作或对抗、服从或争执这类非此即彼的选择。② 傅士卓(Joseph Fewsmith)也将目光放在全国人大上,认为全国人大作为代议机构,其作用与日俱增,图谱了一条渐进的政治转型之路。③

在评估地方人大的监督权力时,夏明认为,述职评议是省级人大监督同级"一府两院"的有效武器,它的广泛运用推进了责任政府的建设。通过述职评议,地方政府变得越来越对地方人大负责。这一监督方式在中国的政治生活中已经得到了制度化。④ 与夏明一样,赵英男也颇为推崇述职评议的积极效应。他认为,"评议"是20世纪90年代以来地方人大对政府部门和官员所进行的最活跃、最具代表性和最有效的监督形式。在述职评议中,地方人大可以根据评议结果免去不称职的述职人员,即使没有被直接免职,负面评价也足以对这些官员的仕途造成致命

---

① [日]加茂具树:《人民代表大会:角色与功能的变迁》,载陈明明、何俊志主编《中国民主的制度结构》,上海人民出版社2008年版,第80—94页。

② Kevin J. O'Brien, "How Authoritarian Rule Works," *Modern China*, Vol. 36, No. 1, 2010, pp. 79 – 86.

③ Joseph Fewsmith, *China Since Tiananmen: The Politics of Transition*, New York: Cambridge University Press, 2004, p. 9.

④ Xia Ming, *The People's Congresses and Governance in China: Toward a Network Mode of Governance*, London: Routledge, 2008, p. 8, p. 222.

的不利影响。① 陈安也指出，述职评议之所以会对官员的政治生命产生重大影响，是因为评议结果和其他相关材料可能会被保存到官员的个人档案，并作为以后任命的参考。②

赵英男在研究人大对法院的监督时发现，在 20 世纪 90 年代晚期，地方人大将监督工作的重心从政府转移到法院。在监督过程中，地方人大和法院都试图利用一切机会来扩展各自的权限，但是，地方人大的监督仍取得了积极的效果。导致这一现象的原因除了地方人大使用了个案监督、述职评议、执法检查等新的监督形式之外，法院的政治地位同人大相比相对较低，民众出于对司法腐败的不满而积极地支持人大对法院开展监督，以及党对人大监督工作的鼓励等，都有力地推动了地方人大监督权力的强化。③ 2008 年，赵英男在《中国地方人民代表大会：发展和转型》一书中再次指出，改革开放以来，地方人大的立法和监督角色的加强，是中国共产党积极推动的结果。党中央在全国范围内推行市场经济和贯彻落实依法治国，是地方人大地位和作用得到提升和强化的基本原因。为了遏制腐败的恶化，党支持和鼓励地方人大对同级政府官员开展严格的监督活动，这导致了地方人大在执法检查和评议政府官员时享有较大的自主权力。通过对天津市 18 个区县人大的研究，赵英男还发现，导致各地人大发展不平衡最重要的因素是政治领袖，而非"现代化理论"所主张的经济发展在政治变革中的基础性作用。④

也有学者发现，不同层级的人大扩展自身制度空间的路径存在差

---

① Young Nam Cho, "From 'Rubber Stamps' to 'Iron Stamps': The Emergence of Chinese Local People's Congresses as Supervisory Powerhouses," *The China Quarterly*, Vol. 171, 2002, pp. 724 – 740.

② An Chen, *Restructuring Political Power in China: Alliances and Opposition, 1978 –1998*, Boulder: Lynne Rienner Publishers, 1999, p. 208.

③ Young Nam Cho, "Symbiotic Neighbour or Extra-Court Judge? The Supervision over Courts by Chinese Local People's Congresses," *The China Quarterly*, Vol. 176, 2003, pp. 1068 – 1083.

④ Young Nam Cho, *Local People's Congresses in China: Development and Transition*, New York: Cambridge University Press, 2008, p. 6, p. 160.

异。如赵英男发现,全国人大的主要任务是进行立法,地方人大则将对同级政府进行监督视为最重要的工作。这意味着,全国人大政治地位的提升主要是通过强化立法权力来实现,而地方人大制度空间的扩张则是通过加强监督权力来达成。詹姆斯·德勒斯(James Derleth)等学者则指出,全国人大和较高层级的人大主要是在政策制定过程中发挥更大作用,而区县人大主要是通过强化作为辖区选民代议机构的政治属性来提升地位。[1]

3."收缩论"

与"调适论"相反,一些学者发现,尽管自 20 世纪 80 年代以来,各级人大的积极变化确实令人鼓舞,但是他们同时也发现,现实经验似乎与先前的研究结论不相符合。他们认为《监督法》施行之后,地方人大的监督权力在某种程度上呈现出弱化趋势,突出表现为一些旨在加强监督权力的制度创新被取消或搁置;与此同时,地方人大在其他权力的行使过程中,如人事任免权上也有衰退的迹象。海外学者将地方人大的权力"消减"与其制度空间的"收缩"联系起来,以往的乐观基调逐渐被一种反省和批判的情绪所取代。

在监督权力方面,夏明曾认为,述职评议作为一种监督方式在中国的政治生活中已经得到了制度化。赵英男也对地方人大普遍借助个案监督开展司法监督给予了高度评价。但是,这些观点遭到了广泛质疑。一方面,夏明和赵英男关注的只是非典型的少数地方人大的零星成功,却对这些监督的实质效果避而不谈,而沉默的大多数地方人大事实上很少会发生"刚性"的监督行动。[2] 另一方面,制度化也不能与制度创新相混淆。人大的成长中有许多非制度化的因素,这给人大的制度化成长带来了许

---

[1] James Derleth and Daniel R. Koldyk, "The District People's Congresses and Political Reform in China," *Problems of Post-Communism*, Vol. 49, No. 2, 2002, pp. 15 - 22.

[2] Sun Ying, "What Drives Reforms in Local People's Congresses? The Dynamics of Local Congressional Developments in PRC: 1979 - 2011," Ph. D Dissertation, University of Hong Kong, 2011, pp. 74 - 75.

多不确定性。如博士卓发现,改革开放以来,很多的制度创新只有极少部分得到了真正意义上的"制度化"。[①] 这一现象同样发生在述职评议和个案监督上。以述职评议为例,尽管其一度得到了地方性法规的肯定,但是这一标志着人大制度空间发生了积极调适的制度创新,并未得到上位法《监督法》的承认,这在事实上推翻了夏明等学者先前的论断。述职评议在《监督法》实施之后的显著衰退表明:人大制度空间的扩展并非不可逆的单向过程。此外,夏明等"调适论"学者还认为,权力地位日益提升的人大将提供一个民主转型的协商场所。欧博文不赞成以盲目乐观的态度将地方人大的发展与可能的政治变迁联系起来。他认为,现有的强化人大监督权力的举措只是机构内部的改革,它可能确实涉及政治制度化和政府部门之间权力的重新洗牌,但这并不会导致全面制衡机制的形成,地方人大更多的仍是一个检查机构(censorate)而非议政机构(parliament)。[②] 布鲁斯·吉雷(Bruce Gilley)也发现,在 20 世纪 90 年代之后,随着几位推动人大制度改革的全国人大领导人的逝世或离职,全国人大逐渐从作为推动人民代表的"开放机构",转变为推动依法治国的"保守机构"。[③] 还有学者对县级人大的研究表明,县级人大要在立法、监督和代表方面发挥重要作用仍有很长的路要走。[④]

人大制度空间的收缩不单是体现在监督权力的消退上,也体现在其他权力的行使过程中。如史天健发现,1987—1988 年间,有 3 个省级人大在选举副省长中否决了党提名的候选人;在 1992 年和 1996 年,省级人大选举中又分别出现了 5 个相似的案例,在这两次选举中,县级层面

---

① Joseph Fewsmith, *The Logic and Limits of Political Reform in China*, New York: Cambridge University Press, 2013, p. 39.

② Kevin O'Brien, "Local People's Congresses and Governing China," *The China Journal*, No. 61, 2009, pp. 131 – 141.

③ Bruce Gilley, "Democratic Enclaves in Authoritarian Regimes," *Democratization*, Vol. 17, No. 3, 2010, pp. 389 – 415.

④ Yang Zhong, *Local Government and Politics in China*, *Challenges from Below*, Hoboken: Taylor and Francis, 2015, p. 64.

共有 700 多名党提名的候选人被地方人大否决。[①] 爱德华·弗里德曼（Edward Friedmen）也被中国南方一些省级人大能够拒绝不受欢迎的官员的现象所鼓舞。[②] 但是，也有研究发现，党委推荐的候选人在各级人大选举中落选比例在变小。如马拉尼·墨宁（Melanie Manion）指出，1997—1999 年间，全国范围内党提名候选人的落选比例在省级人大为 0.94%，市级人大为 2.08%，县级人大为 2.86%；而 2000—2003 年期间，相应层级的比例分别跌至 0.05%、1.33%、1.29%。墨宁认为，地方选举过程中出现了一定比例党提名的候选人落选，并不必然意味着人大地位发生了实质性改变和党执政能力的下降。[③] 因为"对于政府官员候选人的反对投票并不能被认为是对党委的抗议，而只是表明其对某一位特定的候选人表示不满，或者是投票赞成另外一位更加合适的候选人"[④]。

奥斯卡·阿尔门（Oscar Almén）认为，人大越发活跃地履行其职能，它们就变得愈加制度化。[⑤] 但是，他发现，地方人大在制度空间上，尤其是在横向的监督问责方面呈现出退步趋势。阿尔门认为，人大领导的变动和《监督法》的实施是导致人大制度空间发生显著变化最重要的两个原因。一方面，地方创新和实验往往与地方领导干部紧密相连。在实践中，只有最重要的领导（一把手）拥有能力和权威对政治制度实施变革和

---

① Tianjian Shi, "China: Democratic Values Supporting an Authoritarian System," in *How East Asians View Democracy*, edited by Yun-han Chu, et al., New York: Columbia University Press, 2008, p. 212.

② Edward Friedmen, *The Politics of Democratization: Generalizing East Asian Experiences*, Boulder/San Francisco/Oxford: Westview Press, 1994, p. 255.

③ Melanie Manion, "When Communist Party Candidates Can Lose, Who Wins? Assessing the Role of Local People's Congresses in the Selection of Leasers in China," *The China Quarterly*, Vol. 195, 2008, pp. 607–630.

④ ［瑞典］奥斯卡·阿尔门：《地方人大、利益集团与法治的发展》，载陈明明、何俊志主编《中国民主的制度结构》，上海人民出版社 2008 年版，第 25—26 页。

⑤ Oscar Almén, "Authoritarianism Constrained: The Role of Local People's Congresses in China," Ph. D Dissertation, Department of Peace and Development Research, Goteborg University, 2005, p. 106.

创新。当致力于改革的领导因升职或退休而离职时,改革往往会戛然而止。1998—2003 年间,浙江 Z 县人大制度空间的扩展,主要是因为当时的县人大常委会主任拥有行使人大政治权力的能力和意志,他进行了一些使人大更加活跃和在面对县政府时更加自信的改革。然而,当人大常委会的领导发生变动之后,这些改革不是停止了就是被修改了。另一方面,阿尔门发现,地方人大的制度空间以《监督法》的实施为分水岭,前后存在显著差异。《监督法》并未发挥预期的加强人大权力的效果,而是取消了先前实施的旨在加强地方人大权力的一系列制度创新,尤其是削弱了地方人大常委会对政府官员的监督能力。最初的《监督法》草案中含有若干刚性监督的条款,如政府官员的报告两次未能通过人大常委会,地方人大就可以行使罢免权,而最终颁行的《监督法》事实上仅仅重复了《人民代表大会组织法》《选举法》和《代表法》一些已有的规定。虽然《监督法》将执法检查等创新进行了制度化,然而这部法律的重要意义不在于文本中所包含的内容,而是在于它所忽略的部分。在《监督法》通过之前的 20 年间,地方人大在中央的鼓励下,尝试探索不同的监督方式,如评议和个案监督,[1]但是,《监督法》并没有吸纳这些制度创新。《监督法》实施之后,地方人大及其常委会对它所选举或任命的干部缺乏有效监督的状况并没有发生改变。[2]

与夏明和赵英男一样,阿尔门也十分推崇述职评议的积极意义。他将述职评议视为透视人大制度空间消长的重要窗口,认为它赋予了地方人大常委会评价其所有任命干部的权力,所有政府部门主要负责人都必须经历这一常态化而又严格的审查,因而它成为地方人大开展监督的有力工具。不过他认为,述职评议同时也存在一个致命的缺陷:它经常性地与党管干部原则发生抵触。许多海外学者都曾指出过这个问题。如詹姆斯·德勒

---

① Oscar Almén, "Only the Party Manages Cadres: Limits of Local People's Congress supervision and reform in China," *Journal of Contemporary China*, Vol. 22, No. 80, 2013, pp. 237 - 254.

② 李景治:《中国权力结构和运行机制中的人民代表大会》,载《政治学研究》2009 年第 1 期。

斯等在分析区级人大时指出,"党包罗万象的影响力限制了人大的自主性与权力边界,其中最重要的途径就是通过党管干部的原则"①。在阿尔门看来,一般情形下,述职评议与党管干部原则可以很好地衔接起来。在某些地方,党委甚至会主动推动开展评议,将其视为促进干部管理工作和淘汰不称职干部的一种方式。然而,在各地的实践中,相当数量的干部在评议中的评价并不理想,一些人大常委会在评议中甚至直接启动了免职等较为严厉的惩罚措施,这就与党管干部原则产生了冲突,而党委如果忽视人大常委会的决定又会损害人大制度的权威性,这一困境最终导致了述职评议的废止。② 有学者明确指出,述职评议制度未能纳入《监督法》,主要是因为它与党任免国家机构官员的权力相冲突。③

需要指出的是,尽管"调适论"和"收缩论"的观点针锋相对,前者受到了后者的猛烈抨击,但是鲜有"调适论"的学者给予回应。2009 年,赵英男在讨论中国特色民主时指出,"中国目前为止所施行的政治改革表明,中国在可预期的时间内推行更加民主的政治改革的可能性不大,相反,中国仍将致力于维持现有的政治制度"④。赵英男的这番表述在某种程度上与"收缩论"的观点相似。与赵英男不同,夏明则明确改变了自己以往的观点。他指出,许多地方人大早先的改革探索都被废弃了,如评议制度、个案监督等等;同时,新颁行的《监督法》也仅授予地方人大常委会而不是地方人大和普通代表以监督政府的权力。夏明认为,地方民主创新实验的全面萎缩和中断,标志着人大重新具有"橡皮图章化"的趋

---

① James Derleth and Daniel R. Koldyk, "The District People's Congresses and Political Reform in China," *Problems of Post-Communism*, Vol. 49, No. 2, 2002, pp. 15 – 22.

② Oscar Almén, "Only the Party Manages Cadres: Limits of Local People's Congress supervision and reform in China," *Journal of Contemporary China*, Vol. 22, No. 80, 2013, pp. 237 – 254.

③ Sun Ying, "What Drives Reforms in Local People's Congresses? The Dynamics of Local Congressional Developments in PRC: 1979 – 2011," Ph. D Dissertation, University of Hong Kong, 2011, p. 48.

④ Young Nam Cho, "Democracy with Chinese Characteristics? A Critical Review from a Developmental State Perspective," *Issues & Studies*, Vol. 45, No. 4, 2009, pp. 71 – 106.

势。夏明还对人大代表的代表性提出质疑,对富豪充任人大代表的做法进行了批评。①

　　近年来,海外学者对人大研究的热情似乎戛然而止。如人大研究的权威学者欧博文就逐渐将关注的焦点转到社会运动和基层选举上。这种转变固然与"收缩论"学者的研究发现有关,同时也受到国外主流学术界对中国民主前景的悲观论调影响。总体来看,海外多数研究者因长期受到西方价值理念的熏陶和规训,往往带着强烈的道德优越感与意识形态偏见,他们怀有将西方自由民主普世化的诉求和意图,在研究的中立性和客观性上存在着先天的不足和缺憾。如多数海外学者认为,人大的成长是执政党出于治理需要而主动释放制度空间的结果,是在执政党预设的空间之内进行的,而稳定的政治体制从根本上决定了人大制度空间不可能取得实质性的突破。② 如戴维·古德曼(David Goodman)断言:"毫无疑问,中国仍将保持党国体制。同样可以肯定的是,政治竞争的制度化窗口也不会在全国层面出现。"③裴宜理(Elizabeth J. Perry)指出,过去的 30 年里,中国并没有发生根本性的政治变迁,依然保留了列宁主义的政治体制。④ 裴敏欣也认为,由于全国人大和地方人大都不是通过竞争性的直接选举形成的,因而缺少权力基础和民意合法性,这导致它们不可能真正成为具有自主性的立法机关。⑤ 他发现近来的趋势显示,强化地方人大的努力似

---

① 夏明:《点评中国:全国人大更加是"橡皮图章"》,http://www.bbc.co.uk/zhongwen/simp/focus_on_china/2014/09/140915_cr_china_congress.shtml,2014 年 9 月 14 日。

② Bruce J. Dickson, "No 'Jasmine' for China," *Current History*, September 2011, pp. 211 - 216; Bruce Gilley, "Could China Be the Next Wave," *Current History*, November 2011, pp. 331 - 333; Andrw Stark, "Charting a Democratic Future in China," *Dissent*, Summer 2012, pp. 18 - 24.

③ David S. G. Goodman, "Conclusion: News from the Front," in *The Chinese State in Transition: Processes and Contests in Local China*, edited by Linda Chelan Li, London and New York: Routledge, 2009, p. 145.

④ Elizabeth J. Perry, "Studying Chinese Politics: Farewell to Revolution?" *The China Journal*, No. 57, 2007, pp. 1 - 22.

⑤ Pei Minxin, *China's Trapped Transition: The Limits of Developmental Autocracy*, Cambridge: Harvard University Press, 2006, p. 65.

乎陷入了停顿。① 杨大力更是直接道出，立法机关的影响力提升仅发生于特定的环境下，如政治危机期间。② 在这种悲观论调弥漫的氛围下，少数学者针锋相对地指出，地方人大并非处于停滞状态，如海外学者往往忽视了地方人大预算监督的作用。姚洋在对中国民主化路径进行考察时，发现地方人大"追问钱袋子"的财政监督是一个令人鼓舞的发展，对政府支出的监督为民众促使政府负责提供了渠道。③ 此外，诚如前文所述，一些学者将述职评议的取消视为地方人大制度空间发生"收缩"的例证；然而在《监督法》"叫停"述职评议之后，仍有不少地方人大尝试探索了一些与之性质类似的监督活动，以此强化自身的监督权力，如履职评议、满意度测评等。遗憾的是，这些变化并没有得到海外学者的重视。拉里·戴蒙德(Larry Diamond)指出，中国在迈向中等收入国家的过程中，在人均收入、受教育水平等方面不断提升之后，不可避免地要承受民主变革的压力，④而回应变革则需要"赋予全国人民代表大会或其他全国性、省以及更低层级立法机构更多的权威"⑤。沈大伟也赞成这一观点，认为应"提高全国人大的权力和自主，从而形成体制内的某种制衡"⑥。总之，尽管无论持"收缩论"还是"调适论"态度的学者都对人大研究的兴趣日趋衰退，但是，人大作为体现中国民主政治的重要载体，以及支撑国家治理体系和治理能力的根本政治制度，其制度空间的消长与变迁折射出当代中国的政治发展进程，因而仍值得我们继续予以关注。

---

① Pei Minxin, "How Will China Democratize?" *Journal of Democracy*, Vol. 18, No. 3, 2007, pp. 53 - 57.
② Dali L. Yang, *Remaking the Chinese Leviathan: Market Transition and the Politics of Governance in China*, Stanford: Stanford University Press, 2004, pp. 270 - 273.
③ Yang Yao, "A Chinese Way of Democratisation?" *China: An International Journal*, Vol. 8, No. 2, 2010, pp. 330 - 345.
④ Larry Diamond, "The Coming Wave," *Journal of Democracy*, Vol. 23, No. 1, 2012, pp. 5 - 13.
⑤ ［美］拉里·戴蒙德：《评王长江〈中国共产党：从革命党向执政党的转变〉》，载俞可平主编《中国治理评论》第1辑，中央编译出版社2012年版，第75页。
⑥ ［美］沈大伟：《中国共产党：收缩与调适》，吕增奎、王新颖译，中央编译出版社2012年版，第248页。

三、概念与方法

(一) 概念界定

1. 制度和制度化

"政治学源于对制度的研究"[①],"制度自古以来一直就是政治科学关注的问题"[②]。克劳斯·奥菲(Claus Offe)指出,在社会科学中,"制度"是惯常使用的术语之一,却未能得到明确的界定。他将"制度"定义为"适用于行动者未来行为的规则体系,它们禁止或规定了行动者的行为范围和方式"[③]。道格拉斯·诺思(Douglass C. North)认为,制度是"一系列被制定出来的规则、守法程序和行为的道德伦理规范,它旨在约束主体福利或效用最大化的个人行为"。具体而言,制度是由"正规的成文规则和那些作为正规规则的基础与补充的典型非成文准则所组成"。[④]亨廷顿(Samuel P. Huntington)认为,制度外在表现为"稳定的、受珍重的和周期性发生的行为模式"[⑤]。在众多学者的定义中,"制度"呈现出一些共性特征。一方面,制度是通过约束和保障主体行为进而规制社会交往的规则和程序。[⑥] 如林尚立认为,制度是为了保障利益而形成的

---

① [美]B. 盖伊·彼得斯:《政治科学中的制度理论:新制度主义》,王向民、段红伟译,上海人民出版社 2016 年版,第 1 页。
② [美]罗伯特·帕特南:《使民主运转起来》,王列、赖海榕译,江西人民出版社 2001 年版,第 7 页。
③ Claus Offe, "Political Institutions and Social Power: Conceptual Explorations," in *Rethinking Political Institutions: The Art of State*, edited by Ian Shapiro, Stephen, and Daniel Galvin, New York and London: New York University Press, 2006, p. 9.
④ [美]道格拉斯·诺思:《经济史中的结构与变迁》,陈郁译,上海人民出版社 1994 年版,第 225 页;[美]道格拉斯·诺思:《制度、制度变迁与经济绩效》,刘守英译,生活·读书·新知三联书店 1994 年版,第 5 页。
⑤ [美]塞缪尔·亨廷顿:《变化社会中的政治秩序》,王冠华、刘为等译,上海人民出版社 2008 年版,第 10 页。
⑥ Gretchen Helmke and Steven Levitsky, "Introduction," in *Informal Institutions and Democracy Lessons from Latin America*, edited by Gretchen Helmke and Steven Levitsky, Baltimore: The Johns Hopkins University Press, 2006, p. 5.

约束性和保障性有机统一的规则。[①] 另一方面,政治制度的内涵并不局限于正式的组织,它同时还包括政治行动的模式、惯例和博弈规则等。本书中的"制度"是指在一段时间内保持稳定性并对成员行为具有约束力的正式规则程序或非正式的价值规范。[②]

"制度化"是社会学家在研究社会制度时使用较多的一个重要概念,它表示个人或组织的行为与社会规范相符合的程度,[③]后来逐渐成为政治学研究中的高频词汇。约翰·奥尔森(Johan Olson)指出,"制度化"既是组织安排的一个过程,又是其特征之一。作为过程的"制度化"是指组织身份已经形成,同时建立起文化中的认同与合法性。具体而言,制度化包括:行为准则的明确与同意程度的增进,关于行为准则如何描述、解释和调整上共识程度的增进,以及在不同背景下,何为合法性资源和谁拥有权力加以掌控的共同观念的增进。[④] 有学者强调,制度化意味着政治体系的运作取决于愈少的无规律或武断的个人意志决定,愈多地遵循规则与程序。[⑤] 杨光斌将制度化理解为政治组织与程序本身或制度安排的稳定性过程,但是他同时指出,制度化并不必然是一个好的目标,它不能简单地等同于"法治化",也不意味着"现代化"。[⑥] 黄冬娅认为,所谓制度化是指"组织开始具有超出完成任务的技术需要的价值及这种价值稳定化的过程"[⑦]。上述学者对制度化的界定明显受到了亨廷顿的影响。

---

① 林尚立等:《制度创新与国家成长——中国的探索》,天津人民出版社 2005 年版,第 559 页。

② [美]B. 盖伊·彼得斯:《政治科学中的制度理论:新制度主义》,王向民、段红伟译,上海人民出版社 2016 年版,第 31 页。

③ 成振珂、闫岑:《社会学十二讲》,新世界出版社 2017 年版,第 176 页。

④ Johan Olson, "Change and Continuity: An Institutional Approach to Institutions of Democratic Government," in *Comparative Administrative Change and Reform: Lessons Learned*, edited by Jon Pierre and Patricia Ingraham, Ithaca: McGill-Queen's University Press, 2010, pp. 15–47.

⑤ Robert A. Scalapino, "Legitimacy and Institutionalization in Asian Socialist Societies," in *Asian Political Institutionalization*, edited by Robert A. Scalapino, Seizaburo Sato and Jusuf Wanandi, Berkeley, CA: Institute of East Studies, 1986, p. 59.

⑥ 杨光斌:《制度化权利的制度成本》,载《天津社会科学》2005 年第 1 期。

⑦ 黄冬娅:《中国政治制度建设的影响因素:文献综述》,载《公共管理研究》2006 年第 0 期。

本书也借鉴了亨廷顿的观点,将制度化视为组织和程序获取价值观和稳定性的一种进程,具体可以通过组织和程序所具备的适应性、复杂性、自治性和内部协调性等方面来衡量。[1]　需要指出的是,有学者认为,制度化也有其负面效应,如:它会使组织或社会成员安于现状,制约了组织对环境变化的适应性;同时,组织的制度化程度越高,其成员尤其是领导者就越倾向于维护现有组织形式,并以牺牲组织效能和目标为代价来保持既得权力和地位。[2]

2. 制度衰退

"制度衰退"简单地说就是制度化的逆向或反向过程。当某一具体制度的内部与外部有利环境不复存在时,其本身不可避免地受到影响而随之发生改变,那些不能适应新环境的制度就会趋于衰退甚至消亡。有学者以"去制度化"来描述各种原因导致的制度功能无法发挥的制度存在状态。[3]　曹海军等学者进一步对"制度衰朽"和"制度破坏"进行了区分。[4]　比较而言,海外学者对"去制度化"的关注较多。约翰·奥尔森认为,"去制度化"体现在三个方面,既存的制度在边界、身份、规则和实践上,在既有的描述、解释和调整上,以及在资源和权力上,开始涌现争议以至于难以为继。其外在特征是不确定性、无方向性和冲突的与日俱增。[5]　阿勒迈耶胡·阿亚娜(Alemayehu N. Ayana)等学者认为,宽泛意义上的"去制度化"是指,已确立的制度安排因新的观念和利益的出现而

---

① [美]塞缪尔·亨廷顿:《变化社会中的政治秩序》,王冠华、刘为等译,上海人民出版社 2008 年版,第 10 页。

② 司汉武:《制度理性与社会秩序》,知识产权出版社 2011 年版,第 168 页。

③ 李小红:《"去制度化"问题研究——基于风险社会理论的启发》,载《南京社会科学》2011 年第 11 期。

④ 曹海军、霍伟桦:《国家构建与制度建设:转型国家的分析框架》,载《哈尔滨工业大学学报(社会科学版)》2013 年第 3 期。

⑤ Johan Olson, "Change and Continuity: An Institutional Approach to Institutions of Democratic Government," in *Comparative Administrative Change and Reform: Lessons Learned*, edited by Jon Pierre and Patricia Ingraham, Ithaca: McGill-Queen's University Press, 2010, pp. 15 - 47.

遭到削弱和发生动态"制度异化"过程。① 克里斯汀·奥利佛(Christine Oliver)认为,去制度化是指制度化的组织活动或实践受到侵蚀或中断。② 阿瑟·摩尔(Arthur P. J. Mol)也在相近的意义上使用了"去制度化"一词,他将其视为制度发生持续停滞、侵蚀、衰败或消失的过程。③ 本书中的"制度衰退"概念并不完全等同于"去制度化"。在述职评议中,还存在大量的"制度搁置"现象,即有关述职评议的地方性法规仍具有约束效力,未被废止,却被束之高阁,不再开展。本书中的"制度衰退"即包括"去制度化"和"制度搁置"两种情形,概言之,是指既有制度的弱化与消失的过程与趋势。

3. 制度空间

"制度空间"最初是由制度地理学者创造的学术概念,用以描述在全球化冲击下,从国际、国家到地方等各个地理层级型制度的变化与重新配置的空间过程。④ "制度空间"后来被逐渐引介到政治学领域,并被广泛运用。⑤ 如桑玉成在研究基层民主的制度空间时指出,应关注民主政治过程本身的制度化程度和民主政治所赖以发展的外在制度环境。⑥ 他所使用的"制度空间"主要是指制度化的程度及其外在的制度环境。刘迟认为,制度空间是由正式制度与非正式制度共同构建起的

---

① Alemayehu N. Ayana, et al. , "Historical development of forest policy in Ethiopia: Trends of institutionalization and deinstitutionalization," *Land Use Policy*, Vol. 32, 2013, pp. 186 – 196.

② Christine Oliver, "The Antecedents of Deinstitutionalization," *Organization Studies*, Vol. 13, No. 4, 1993, pp. 563 – 588.

③ Arthur P. J. Mol, "Environmental Deinstitutionalization in Russia," *Journal of Environmental Policy and Planning*, Vol. 11, No. 3, 2009, pp. 223 – 241.

④ 魏成、陈烈:《制度厚实、制度空间与区域发展》,载《人文地理》2009 年第 2 期。

⑤ 朱光磊、张志红:《"职责同构"批判》,载《北京大学学报(哲学社会科学版)》2005 年第 1 期;黄卫平、邓杰文:《"公推直选"与基层民主的发展》,载《重庆社会科学》2010 年第 9 期;林尚立:《复合民主:人民民主在中国的实践形态》,载《中共浙江省委党校学报》2011 年第 5 期;沈承诚:《地方政府核心行动者的生成逻辑:制度空间与制度规引》,载《社会科学战线》2012 年第 6 期;曹旭东:《香港政党政治的制度空间》,载《法学》2013 年第 2 期。

⑥ 桑玉成、刘春荣:《拓展民主的制度空间:构建一种新的基层民主发展观》,载《复旦学报(社会科学版)》2008 年第 5 期。

一种以空间形态存在的网络。制度对行动者的作用即是在制度空间中发生，而正式制度与非正式制度的运作和联系进一步扩展了制度空间。① 还有一些学者从静态视角，将制度空间理解为在现有制度架构中进行制度创新的范围、界限、原则或余地。② 如谭希培和高帆提出，制度空间是一种具有约束性的封闭空间，它力图把制度创新约束和限制在既定的空间中进行。③ 也有学者在人大研究中使用了"制度空间"这一概念。如杨雪冬指出，要使人大监督权力真正有效地运转起来，就必须重视对制度空间的利用，以及对监督权行使过程中涉及的诸要素的分析。④ 陈家刚结合对一届全国人大的研究对制度空间作出了界定。他认为，制度空间是指制度的结构和制度发展的可能性。其中，制度结构体现的是制度空间的横向层面，制度发展的可能性则是制度空间的纵向层面，它们分别体现制度空间的空间维度和时间维度。⑤ 申坤认为，制度空间是指制度设计所形成的影响范围，以及建立在此基础上的影响能力，它具体包括制度内在的安排和外在的功能。制度的内在空间是指制度本身在政治体系中所拥有的地位和权威，而制度的外在空间是指制度在整个政治生活中所产生的影响和作用。⑥ 本书借鉴了陈家刚和申坤等学者对人大制度空间的界定，认为人大的制度空间并不单纯等同于结构主义的法理建构，进行静态的制度分析，同时也应从功能主义的角度结合各种非制度性因素来观察，如从人大的权力行使方面来加以衡量。

---

① 刘迟：《基层社区组织权威生成的制度空间研究——以上海 WF 社区为例》，载《兰州学刊》2011 年第 9 期。
② 李永久、王玲：《我国地方政府创新的制度空间与路径选择》，载《党政干部学刊》2008 年第 8 期；傅金鹏、杨继君：《我国地方政府创新的可持续性：影响因素与对策》，载《理论导刊》2010 年第 12 期。
③ 谭希培、高帆：《超越现存：制度创新论》，湖南大学出版社 2002 年版，第 94 页。
④ 杨雪冬：《地方人大监督权的三种研究范式》，载《经济社会体制比较》2005 年第 2 期。
⑤ 陈家刚：《现代中国民主制度的建构与运行：第一届全国人大研究》，广东人民出版社 2010 年版，第 8—9 页。
⑥ 申坤：《中国人民代表大会制度变迁研究》，知识产权出版社 2015 年版，第 31 页。

4. 述职评议

尽管述职评议活动因地域和层级的不同而存在显著差异,但是各地的实践仍表现出一些共性特征。述职评议主要是指地方人大及其常委会选举或任命的"一府两院"(2018 年 3 月后为"一府一委两院")国家机关工作人员向人大常委会述职,并接受后者评议的一种监督活动。在一般情形中,评议主体以人大常委会组成人员为主;评议对象往往为"一府两院"中由人大及其常委会选举和任命的工作人员;评议方法包括书面述职评议和会议(口头)述职评议两种,其中书面述职一般是全面进行,而口头述职则是有选择地重点开展。述职评议的程序具体可分为准备部署、调查研究、会议评议或书面评议以及评议处理等阶段(详见第三章)。党的十八大以来,各地逐渐兴起的"履职评议""履职点评""述职测评"等与述职评议性质相同,因而也被纳入分析范畴之内。

(二) 理论方法

严谨的学术研究始于选择恰当的研究方法。① 制度分析在当代社会科学中占据了显著的地位。本书主要借鉴制度主义(结构主义和新制度主义)的理论分析方法,同时结合实证案例进行分析。

1. 结构主义

传统制度分析方法的一个重要的理论假设就是强调结构的重要性,认为结构决定行为,这种方法着眼于政治体系的主要制度特征,主张如果能够辨别结构的显著特征即可以预见制度的行为。② 结构主义作为一种理论分析框架,被广泛应用于对第三世界国家立法机关的研究中,也是当前研究人大制度的一个基本视角。如欧博文融合了历史与结构的

---

① 赖静萍:《当代中国领导小组制度的变迁与现代国家成长》,江苏人民出版社 2015 年版,第 34 页。
② [美]B. 盖伊·彼得斯:《政治科学中的制度理论:新制度主义》,王向民、段红伟译,上海人民出版社 2016 年版,第 7—8 页。

路径来分析全国人大的历史变化及其主要功能。结构主义路径在探讨既有的立法机关制度时的优点十分明显,因为它能够聚焦于立法机关的主要结构,以及立法机关与其他国家机关尤其是行政机关的相互作用上。赵英男也采用结构主义的方法来考察中国地方人大的发展过程。根据结构主义路径,他调查了地方人大与地方政府、法院以及党委之间的关系和互动等。^① 申坤认为,人大制度的空间问题归因于结构与功能的不协调。制度的结构规制了制度的功能,导致运行机制的矛盾冲突,结构性冲突或结构性矛盾就是这种典型状态。^② 戴维·伊斯顿(David Easton)指出,结构是一个经验性和描述性特质,这种特质涉及研究客体局部之间,或者客体本身之间相对稳定的关系。伊斯顿将政治制度视为政治结构的同义语。他所说的制度同时包括制度化行为,即具有稳定性和指导行为建立的稳定模式的一系列行为的综合。这种行为既涉及过程也涉及结构,即做什么和如何做。^③ 基于伊斯顿的结构主义观,本书既重点考察述职评议的政治过程,同时也考察制约和影响述职评议的政治结构。此外,旧制度主义还强调进行比较分析和规范分析,这也为分析述职评议提供了思路启发。

需要指出的是,没有一种理论能够完美解释所有政治行动。^④ 结构主义倾向于将现有的规范和规则视为给定的事实,而非需要解释的结果。它不能很好地解释为什么某些立法机构以特定的方式发展以及发展背后的推动因素,不能充分阐明非正式的政治关系及其影响,^⑤同时也不能很好地回答制度从何而来的问题,尤其是无法解释政治生活中存在

---

① Young Nam Cho, *Local People's Congresses in China: Development and Transition*, New York: Cambridge University Press, 2008, pp. 6 - 7.

② 申坤:《中国人民代表大会制度变迁研究》,知识产权出版社2015年版,第3—4页。

③ [美]戴维·伊斯顿:《政治结构分析》,王浦劬等译,北京大学出版社2016年版,第70页。

④ [美]B.盖伊·彼得斯:《政治科学中的制度理论:新制度主义》,王向民、段红伟译,上海人民出版社2016年版,第2页。

⑤ Young Nam Cho, *Local People's Congresses in China: Development and Transition*, New York: Cambridge University Press, 2008, pp. 6 - 7.

大量的低效制度。① 就述职评议而言,结构主义范式确实可以说明制约述职评议运转的各种结构性要素,却不能解释述职评议作为一种制度创新,其最初缘起与不断发展变化的原因。此外,结构主义遭遇的一个逻辑困境是从既定的社会结构出发可以观察到确定性的政治变迁结果。② 相较而言,结合新制度主义的视角,则能够更好地解释地方人大的发展历程。③

2. 新制度主义

新制度主义是在弥补以往旧制度主义缺陷的基础上逐渐发展成熟起来的。它反映了旧制度主义理解政治的某些特征,同时也受到行为主义和理性选择分析的影响而在新的理论和经验方向上推进了政治研究。④ 新制度主义谱系内部有不同的流派,如历史制度主义、理性选择制度主义、话语制度主义等等。从新制度主义的理论出发,人大制度的研究不再是纯粹的体系、法律和形式的静态研究,而是关注制度形成和变迁的逻辑以及制度和行为者之间存在的互动关系。⑤ 本书旨在考察 20 世纪 80 年代以来述职评议的变迁,首先需要探究的是述职评议作为一种制度创新如何形成,以及最初的制度创设如何影响其未来走向,因此历史制度主义成为首选和最佳的方法工具。20 世纪 80 年代,"让国家回归"成为历史制度主义产生的先兆。⑥ 历史制度主义是政治学中出现的首个新制度主义流派,也是新制度主义理论中思考政治生活的核心部

① Paul Pierson, "The Limits of Design: Explaining Institutional Origins and Change," *Governance: An International Journal of Policy and Administration*, Vol. 13, No. 4, 2000, pp. 475 – 499.

② 祁玲玲:《制度设计与民主发展》,中国社会科学出版社 2017 年版,第 8 页。

③ 张长东:《在商言政:地方人民代表大会中的民营企业家》,载《学海》2014 年第 2 期。

④ [美]B. 盖伊·彼得斯:《政治科学中的制度理论:新制度主义》,王向民、段红伟译,上海人民出版社 2016 年版,第 1 页。

⑤ 孙哲:《左右未来:美国国会的制度创新和决策行为》(修订版),上海人民出版社 2012 年版,第 9 页。

⑥ [美]罗伯特·古丁、汉斯-迪特尔·克林格曼主编:《政治科学新手册》(上册),钟开斌等译,生活·读书·新知三联书店 2006 年版,第 310 页。

分,它逐渐成为当代西方以经验为基础的政治科学的主流分析范式之一。历史制度主义在批判、吸收和继承了行为主义和理性选择理论的基础上,通过建构一种中层制度的政治理论,来联结和架通宏观层面上的社会经济背景和微观层面上的政治行为,使政治学研究中的宏大制度与具体行为能够得以结合。① 从学术角度视之,当前的历史制度主义已演绎发展成为一套成熟的有关制度生成、延续与变迁的理论,这对于理解述职评议制度的演变有着直接而密切的理论导引作用。同时,历史制度主义强调将制度置于宽广的历史视界内展开分析,认为某种政治制度的形成与变迁需要经历较长的时间周期,这与本书试图通过对述职评议实践历程的历史性分析来把握地方人大制度空间的演变轨迹的主旨相契合。需要指出的是,历史制度主义在解释发生了什么和捕捉大量历史事实组成叙述方面极为有效,但是,有些案例中的制度并没有按照预期的方式发生变迁,历史制度主义分析方法对这些变迁存在失语。此外,历史制度主义也没有充分关注个体与制度的关联,对行动者的角色没有给予清晰的界定,认为一旦在某个时刻作出了决定,它似乎就会自动延续,个体行为就会被制度成员此前的决定所塑造。② 为了弥补历史制度主义的缺陷,本书在分析过程中,同时汲取其他新制度主义流派的方法,如理性选择制度主义对政治过程中个体角色的突出与强调等。

　　总之,本研究试图在充分发掘现有国内外学者既有研究成果的基础上,以结构主义和新制度主义的理论分析方法,通过规范研究和实证研究相结合,对历史档案、报纸、期刊、政府文件、地方志、年鉴、政府网站等大量资源进行筛选、整理和分析,同时对少数地方人大工作者进行了访谈。陈安曾指出,考虑到中国的巨大规模及社会、经济和政治条件巨大的地区差异,任何基于不完全证据的关于地方人大发展的概括都具有误

① 刘圣中:《历史制度主义:制度变迁的比较历史研究》,上海人民出版社 2010 年版,第 2 页。
② [美]B. 盖伊·彼得斯:《政治科学中的制度理论:新制度主义》,王向民、段红伟译,上海人民出版社 2016 年版,第 84 页。

导性。① 所以,本书试图通过对述职评议层级与时空差异格局的呈现,辅之具体深入的实证案例,来揭示当代地方人大制度空间的成长轨迹及其演进过程中的各种影响因素。

四、研究思路、创新与局限

(一) 框架与结构

政治学研究中存在三个递进展开的层次:首先是系统地了解政治现象的状况及其发展过程,通过对现状准确而全面的描述,来回答政治现象"是什么"的问题;其次是解说政治现象何以发生的原因,揭示政治现象之间的因果关联,进而诠释政治现象"为什么"的问题;最后是在分析政治现象现状与因果的基础上,进一步估测政治现象的发展趋势。② 根据这一研究思路,本书的结构布局安排如下:

第一章"发生背景:述职评议的时代动因",主要阐述了述职评议在20世纪80年代中后期兴起的背景因素。具体而言,重点涉及"推进依法治国"和"政治体制改革"两个方面。

第二章"实践历程:述职评议的发展阶段",对述职评议的缘起进行溯源,对全国范围内述职评议的制度创新、制度化、制度衰退和制度调适四个阶段进行宏观描述。

第三章"政治过程:述职评议的全景展呈",主要通过对《监督法》实施之前述职评议的准备部署、评议调查、评议会议及整改落实的详细刻画,全景呈现述职评议实践过程中各个环节的具体实施,并重点讨论其中存在的问题与缺陷。

第四章"内部结构:述职评议的组织基础",侧重于从结构主义的视

---

① An Chen, *Restructuring Political Power in China : Alliances and Opposition*, *1978–1998*, Boulder: Lynne Rienner Publishers, 1999, p. 210.
② 张桂琳:《多重因果路径分析述评》,载《政治学研究》2008 年第 5 期。

角,同时也将非正式的制度性因素考虑在内,剖析《监督法》实施之前地方人大内部的组织结构和外部的非正式联系对述职评议的影响。

第五章"权力关系:述职评议的情境规制",承接第四章,以述职评议为案例,对《监督法》实施之前影响地方人大监督的外部权力关系进行剖析,重点论述横向层面上党与人大的关系、人大与"一府两院"的关系,以及纵向层面上各个权力主体的层级关系等内容。

第六章"政治态度:述职评议的认知差异",结合制度主义的视角,论述《监督法》实施之前中央和地方两个层面上,各方对述职评议的差异性态度及其影响。

第七章"新变化:党的十八大以来的述职评议",论述党的十八大以来述职评议的发展现状以及影响述职评议各种内外因素的新变化。

(二) 创新与局限

1. 研究创新

首先,本研究试图对地方人大开展的述职评议进行较为全面而系统的描述与分析。对研究文献的回顾表明,与述职评议在实际政治生活中的频度与热度相比,系统而规范的学术研究甚为匮乏,对它的认识长期停留在模糊而有争议的状态。更重要的是,学术界尚未察觉到当前各地述职评议的逐步恢复趋势。本书依据大量案例,结合政治问责的相关理论,对述职评议这一制度创新所折射出的地方人大制度空间之变化详加考察,较为全面地展示了自 20 世纪 80 年代以来述职评议的动态变迁图景,以期为后续的深入研究起到抛砖引玉的作用。

其次,本研究试图将"制度衰退""制度空间"等学术概念运用至对地方人大制度的研究中,认为人大监督权力的消长与其制度空间之间存在对应关系。地方人大的发展历程表明,许多旨在加强权力的制度创新有力地推动了地方人大制度空间的扩展。既然这些制度创新的开展、延续与存废与人大的制度空间密切联系在一起,那么如何避免地方人大的监督创新发生"制度衰退"以推动和维系制度空间的不断扩展,则是一个更具有重要意义的现实问题。不过,客观地说,人大"制度空间"等概念能否在更大范围内运用尚有待于进一步探究。

再次,本研究试图增加有关人大研究的知识存量。在当代中国研究中,研究旨趣的高涨造就了大量的研究发现,它们涉及广泛的研究领域。但是只有某些特定的研究领域得到了相对较多的关注和投入。[1] 比较而言,尽管国内的人大研究已经初步形成了一定数量的成果,[2]然而该主题一直不是政治学和中国政治研究领域的重点与显学。本书将地方人大的成长置于宏观的制度框架和长期的时段中,从不同层面对述职评议展开分析,剖析地方人大制度创新及其制度化的空间与前景的制约因素,力图把握当代中国政治发展与制度变迁的脉络和规律。希望对述职评议的初步研究能够引起学术界对人大制度的普遍关切。

2. 研究局限

首先,述职评议作为过去 30 余年间地方人大广泛开展的一项监督活动,其地域和层级差异十分显著,每届地方人大的做法前后也不尽一致。尽管本研究试图以比较研究的视角来呈现这种差异,但是出于获取资料可能性的现实考虑,对述职评议的分析主要立足于省、市、县(区)层级的人大,而选择性地忽视了乡镇层面的述职评议。乡镇人大的述职评议,其产生、发展与变迁的逻辑,不在本书考察范围之内。

其次,诚如学者安德里亚斯·谢德勒(Andreas Schedler)所言,在真

---

[1] 吴德荣:《当代中国研究的成果与局限》,载《复旦公共行政评论》2012 年第 2 期。

[2] 国内学者关于人大制度研究的代表性著作主要有:袁瑞良:《人民代表大会制度形成发展史》,人民出版社 1994 年版;张炜:《人民代表大会监督职能研究》,中国法制出版社 1996 年版;蔡定剑、王晨光主编:《人民代表大会二十年发展与改革》,中国检察出版社 2001 年版;尹世洪、朱开杨主编:《人民代表大会制度发展史》,江西人民出版社 2002 年版;蔡定剑:《中国人民代表大会制度》,法律出版社 2003 年版;林伯海:《人民代表大会监督制度的分析与构建》,中国社会科学出版社 2004 年版;张希坡:《人民代表大会制度创建史》,中共党史出版社 2009 年版;陈家刚:《现代中国民主制度的建构与运行:第一届全国人大研究》,广东人民出版社 2010 年版;何俊志:《从苏维埃到人民代表大会制》,复旦大学出版社 2011 年版;何俊志:《作为一种政府形式的中国人大制度》,上海人民出版社 2013 年版;秦前红、孙莹、黄明涛:《地方人大监督权》,法律出版社 2013 年版;任喜荣:《地方人大监督权论》,中国人民大学出版社 2013 年版。

实的政治世界，许多事情无法直接观察。① 在中国，实际的政治过程也一直是学术研究的"盲区""暗箱""黑匣子"，作为"局外人"的研究人员往往很难了解"局内"的真实运作逻辑。② 述职评议也不例外，其实际的政治过程在很大程度上并不为公众所知晓，个中的复杂唯有"局中人"方能洞察与体会。

再次，为避免学术研究与政治现实之间发生脱节，笔者在写作过程中尽量秉持科学研究的态度，对研究材料进行细致整理和分析，同时与一些地方人大的工作人员进行了交流，在纵向的历时研究与横向的比较研究的基础上，力图使研究结论能够达到客观、真实和准确。但是由于时间精力、知识储备以及研究能力等主客观方面的不足，恐怕难以超脱一时一事一地的局限以真正把握复杂政治现象之间的来龙去脉，书中的偏颇与疏漏亦恐在所难免。

① Andreas Schedler, "Conceptualizing Accountability," in *The Self-restraining State: Power and Accountability in New Democracies*, edited by Andreas Sehedler, Larry Diamond and Marc Plattner, Boulder: Lynne Rienner, 1999, p. 20.

② Rod Wye, "China's Leadership Transition," in *Charting China's Future: Domestic and International Challenges*, edited by David Shambaugh, London and New York: Routledge, 2011, p. 22.

第一章　发生背景：述职评议的时代动因

从前有一种错觉，以为行政和政治管理是神秘的事情，是高不可攀的职务，只能委托给一个受过训练的特殊阶层，即国家寄生虫、俸高禄厚的势利小人和领干薪的人，这些人身居高位，收罗人民群众中的知识分子，把他们放到等级制国家的低级位置上去反对人民群众自己。现在错觉已经消除。彻底清除了国家等级制，以随时可以罢免的勤务员来代替骑在人民头上作威作福的老爷们，以真正的责任制来代替虚伪的责任制，因为这些勤务员总是在公众监督之下进行工作的。①

——恩格斯

研究述职评议需要回答的第一个问题是：它为什么在 20 世纪 80 年代中后期破土而出，而不是出现在其他的历史时期呢？述职评议作为地方人大加强监督权力的一种制度创新，其产生绝非历史的偶然，②而是有着鲜明的时代动因。概言之，它是主观和客观因素相互交织，中央和地方一致推动，内部和外部因素共同作用的结果。改革开放以来，党和国

---

① 《马克思恩格斯选集》第三卷，人民出版社 2012 年版，第 141 页。
② 朱贤栋：《刍议述职评议》，载《人大工作通讯》1995 年第 22 期。

家领导人对"文革"的惨痛教训进行了深刻反思。一方面,在认知态度上,地方人大监督权力的强化,最初源于党和国家领导人的观念转变。反思"文革"错误政治路线的一个重要结果是提出用"法治"取代"人治",用"社会主义法制"结束"革命法制",建立制度化的政治参与渠道,逐步确立民主和社会主义法制。20世纪90年代初期,依法治国理论逐渐形成并上升为治理国家的基本方略,这对述职评议起到了直接的促进作用。落实依法治国基本方略,要求将国家生活和社会生活的基本方面纳入法律的轨道,接受法律的调控与仲裁。这意味着加强立法工作,建立完备的法律体系,成为落实依法治国基本方略的首要任务。在这种背景下,全国人大和地方人大(主要是省级人大)积极活跃的立法工作在某种程度上确实做到了"有法可依"。然而,在现实中如何保证各级行政机关、司法机关真正做到依法行政和公正司法,还需要各级人大的监督权力也能够切实有效地运转起来,对法律的实施状况进行严格监督。总之,实现依法治国既要借助人大为法治建设制定更多的法律,同时也依赖于人大作为推行法治的制度基础。①

　　另一方面,在政治结构上,自上而下的政治体制改革,也为地方人大强化监督权力创造了有利环境。"文革"的十年浩劫充分暴露出了既有政治结构权力过分集中的问题,但是这一弊端并没有随着"文革"的结束而自然消解。有鉴于此,党和国家领导人提出了"党政分开""下放权力""精简机构"等重大的改革措施,试图破除权力过分集中的体制性痼疾。这种变革在政治结构上突出表现为:在横向层面,党的权力发生了收缩,改变了以往对政治生活事无巨细的干预方式;在纵向层面,中央向地方赋权,地方的自主性空间得到显著提升,同时地方政府的机构规模和人员数量也大幅减少。这些积极的变化,为各级人大行使监督权力、发挥更大影响力创造了良好契机。此外,20世纪80

---

① 谢鹏程:《论当代中国的法律权威——对新中国法治进程的反思和探索》,载《中国法学》1999年第6期。

年代中后期开始,腐败滋生、价格上涨、通货膨胀、官僚主义等治理问题也引起了社会舆论的普遍不满,使加强权力监督变得十分紧迫。

一、推进依法治国

改革开放以来,全国人大的制度化成长始于中国共产党对发展社会主义民主与法治的追求。[①] 奥斯卡·阿尔门指出,中央政府致力推动的法治建设,使得人大成为愈加重要的政治机构。[②] 给中国人民带来深重灾难的"文革"之所以能够发生,主要原因是最高领导人的权力不受任何制约和监督。[③] 以邓小平为代表的中央领导人提出,要处理好法治和人治的关系,建立起预防权力滥用的制度保障。邓小平指出,制度方面的问题更重要,更带有根本性、全局性、稳定性和长期性,因而需要制定一系列的法律、法令和条令,从制度上保证党和国家政治生活民主化、经济管理民主化和社会生活民主化。[④] 邓小平认为,"为了保障人民民主,必须加强法制。必须使民主制度化、法律化,使这种制度和法律不因领导人的改变而改变,不因领导人的看法和注意力的改变而改变。现在的问题是法律很不完备,很多法律还没有制定出来。往往把领导人说的话当做'法',不赞成领导人说的话就叫做'违法',领导人的话改变了,'法'也就跟着改变"。针对这种情况,邓小平指出,要"集中力量制定刑法、民法、诉讼法和其他各种必要的法律","做到有法可依,有法必依,执法必

---

① 张紧跟:《科层制还是民主制?——改革年代全国人大制度化的内在逻辑》,载《复旦学报(社会科学版)》2013年第5期。

② Oscar Almén, "Authoritarianism Constrained: The Role of Local People's Congresses in China," Ph. D Dissertation, Department of Peace and Development Research, Goteborg University, 2005, p. 68.

③ 俞可平:《中国的治理改革(1978—2018)》,载《武汉大学学报(哲学社会科学版)》2018年第3期。

④ 乔石:《在第八届全国人民代表大会第五次会议闭幕会上的讲话》,载《中华人民共和国全国人民代表大会常务委员会公报》1997年第2期。

严，违法必究"。① 1980 年 8 月，意大利记者奥琳埃娜·法拉奇提出如何避免或防止"文革"再次发生时，邓小平回答，"要从制度方面解决问题"，"我们现在正在研究避免重复这种现象，准备从改革制度着手"，"要认真建立社会主义的民主制度和社会主义法制。只有这样，才能解决问题"。② 我国社会主义法制的主要奠基人彭真也指出，"文革"的教训"最根本的还是一个制度问题，特别是民主、法制被破坏了。经过'文化大革命'这么一场大灾难，中国历史的发展向我们提出了发展社会主义民主、健全社会主义法制的要求"③。党中央充分认识到建设社会主义民主政治，使民主制度化、法律化的一个重要内容就是坚持和完善人民代表大会制度。1981 年 6 月，党的十一届六中全会通过的《关于建国以来党的若干历史问题的决议》指出，"逐步建设高度民主的社会主义政治制度，是社会主义革命的根本任务之一。建国以来没有重视这一任务，成了'文化大革命'得以发生的一个重要条件，这是一个沉痛教训。必须根据民主集中制的原则加强各级国家机关的建设，使各级人民代表大会及其常设机构成为有权威的人民权力机关"④。1987 年 10 月，党的十三大报告也提出，"人民代表大会制度是我国根本的政治制度。近年来，各级人大的工作取得了很大进展，今后应继续完善人大及其常委会的各项职能，加强立法工作和法律监督"⑤。

法哲学家汉斯·凯尔森（Hans Kelsen）指出，"只有议会制表明自己是一个能够解决当代社会问题的工具时，现代民主才能生存"⑥。换言之，任何组织的存续及其地位之高低，根本上取决于该组织发挥作用的

---

① 《邓小平文选》第二卷，人民出版社 1994 年版，第 146—147 页。
② 《邓小平文选》第二卷，人民出版社 1994 年版，第 348 页。
③ 蔡定剑：《论彭真对民主法制建设的十大贡献》，载《法学》2010 年第 2 期。
④ 《关于建国以来党的若干历史问题的决议》，载《人民日报》1981 年 7 月 1 日。
⑤ 《沿着有中国特色的社会主义道路前进——在中国共产党第十三次全国代表大会上的报告》，载《人民日报》1987 年 11 月 4 日。
⑥ ［意］萨尔沃·马斯泰罗内：《欧洲政治思想史——从十五世纪到二十世纪》，黄华光译，社会科学文献出版社 1992 年版，第 400 页。

社会需求程度。① 就人大而言,人大制度的迅速发展与不断完善,首先与其作为根本制度所具有的重大效用有关。② 在 20 世纪 80 年代,政治现实对人大政治产品的迫切需求,直接导致了人大立法权力的急剧扩张,拥有立法权的各级人大开始履行其立法职能,制定了大量的法律法规。对全国人大立法过程进行深入研究的莫里·特纳发现,立法机关仅在它们成为有用的"工具"或"媒介"时,才会拥有一种制度化的政策影响力;而在 20 世纪 80 年代以前,全国人大之所以被忽视,很大程度上就是因为它对其他政治主体来说所能发挥的作用有限。③

(一) 全国人大及其常委会

党的十一届三中全会以后,停滞了数十年的人大工作重新恢复并取得重大突破。④ 在中央层面,全国人大及其常委会自恢复运转以来,最为显著的变化体现在立法权的强化上。邓小平提出,法律"有比没有好,快搞比慢搞好"⑤。在这一思想的指导下,立法工作很快取得了巨大突破。1994 年 9 月,乔石在首都各界纪念人民代表大会成立四十周年大会上的讲话中指出,改革开放 16 年来,全国人大及其常委会制定了 175 个法律,通过了 77 个有关法律问题的决定;地方人大及其常委会制定了 3000 多个地方性法规。⑥ 全国人大的立法高峰出现在八届全国人大(1993—1998),该届全国人大及其常委会审议的法律和有关法律问题的决定草

---

① 褚晓路:《政治结构功能演进与人大功能"归位"——中国政治现代化的一个基本问题》,载《人大研究》2001 年第 10 期。

② 林尚立:《人大建设铸就法治上海》,载《上海人大月刊》2014 年第 10 期。

③ Murray Scot Tanner, "The National People's Congress," in *The Paradox of China's Post-Mao Reforms*, edited by Merle Goldman and Roderick MacFarquhar, Cambridge: Harvard University Press, 1999, p. 112.

④ 杨海蛟:《30 年来中国特色社会主义民主政治建设回顾》,载《学习与探索》2008 年第 6 期。

⑤ 《邓小平文选》第二卷,人民出版社 1994 年版,第 147 页。

⑥ 乔石:《在首都各界纪念人民代表大会成立四十周年大会上的讲话》,载《人大工作通讯》1994 年第 19 期。

案达到 129 个,通过法律和有关法律问题的决定 118 个。[1] 尤其在 1993 年 3 月至 1995 年 10 月期间,全国人大及其常委会共审议了 81 件法律和关于法律问题的决定草案,通过了 71 件,两年多制定的法律占改革开放 17 年来制定的法律总数 281 件的 1/4(见表 1-1)。[2]

表 1-1　历届全国人大及其常委会审议和通过法律和有关法律问题的决定

单位:件

届别	审议法律和有关法律问题的决定	通过法律和有关法律问题的决定
第六届(1983—1988)	—	63
第七届(1988—1993)	—	87
第八届(1993—1998)	129	118
第九届(1998—2003)	124	113
第十届(2003—2008)	106	100
第十一届(2008—2013)	93	86

注:数据系笔者整理而得。

　　全国人大及其常委会积极立法的努力确实填补了"无法可依"的法律空白。立法活动是地方人大回归法理地位的首要动力。[3] 但是,"徒法不足以自行","法善而不循,法亦虚器而已",要实现"有法必依""执法必严"和"违法必究",还需要保证制定的法律能够真正得到贯彻执行,这就迫切需要加强对法律实施状况的后续监督。"如果我们制定的法律不能施行,等于无法,甚至比没有法律更坏。因为法律一时制定不出来,群众是可以谅解的,但如果有了法律而不执行,那就是无法无天了,群众是不会谅解的,也会影响党和国家的威信。"[4] 从 20 世纪 80 年代开始,宪法和法律制定后的实施与监督缺位的问题逐渐暴露并愈加严峻。当时全国

---

[1] 田纪云:《全国人民代表大会常务委员会工作报告(1998 年)》,载《中华人民共和国全国人民代表大会常务委员会公报》1998 年第 1 期。

[2] 曹志:《在立法工作座谈会上的讲话》,载《人大工作通讯》1996 年第 1 期。

[3] 秦前红、孙莹、黄明涛:《地方人大监督权》,法律出版社 2013 年版,第 207 页。

[4] 田纪云:《发挥人大监督作用　促进民主法制建设》,载《人大工作通讯》1995 年第 12 期。

人大常委会和地方人大常委会的组成人员普遍提出,全国人大常委会对宪法和法律实施的监督工作做得不够完善,强烈要求加强监督工作。① 六届全国人大常委会委员长彭真很重视这些批评和意见。1985 年 11 月,彭真在各省、自治区、直辖市人大常委会负责人座谈会上指出,"从上次代表大会到现在,大家很强调人大常委会要搞好监督。这的确是一个重要问题"②。彭真将人大常委会的监督权力明确划分为法律监督和工作监督两个方面,提出要建立多方面的监督体系。彭真还强调,人大及其常委会与政府的关系不是"唱对台戏",但也不是等因奉此、不问是非的"橡皮图章"。"它遵循的方针是实事求是,按照宪法办事,是就是,非就非。对的,就肯定,就支持;错的,就否定,就纠正。"③

万里当选七届全国人大常委会委员长之后(1988 年 4 月至 1993 年 3 月在任),强调在加强立法的同时,也要求加强监督工作。1988 年 12 月,万里在全国人大常委会在京委员座谈会上要求,人大常委会不仅要加强立法,还要加强法律监督和工作监督,以加强各级干部的法制观念。④ 然而,社会各界对各级人大及其常委会监督乏力的不满并没有改变。1989 年,在全国人大北京团的联组会议上,部分人大代表对全国人大常委会提出了十分尖锐的批评。他们认为,行使监督职权的全国人大常委会对过去一年政府在决策上的重大失误负有重大责任。万里听取了代表们的意见后坦率承认"没有监督好",并对代表们的批评表示欢迎和感谢,"批评对人大常委会的工作是一个促进"。但是,对于如何加强监督,当时还没有清晰的认识。万里表示,他是带着怎样在党的统一领导下发挥人大的监督作用这个问题来向代表们请教的。他希望北京在这方面认真实践,创造经验,解决好这个问题,既发挥人大的监督作用,同时又能

---

① 刘松山:《彭真与宪法监督》,载《华东政法大学学报》2011 年第 5 期。

② 《彭真传》编写组编:《彭真传》第四卷(1979—1997),中央文献出版社 2012 年版,第 1605 页。

③ 《彭真文选(一九四一—一九九〇年)》,人民出版社 1991 年版,第 472 页。

④ 《尽快制定全国人大议事规则 利于人大工作法律化制度化》,载《人民日报》1988 年 12 月 8 日。

处理好与党、与政府的关系。① 1991 年 12 月,万里在谈到加强执法检查问题时强调,一定要抓好法律制定后的贯彻执行,这方面要下大力气进行监督和检查。人大常委会要把制定法律和法律制定后的监督检查放在同等重要地位。② 同月,万里在全国人大常委会委员长会议上说:"为什么我一直强调法律监督? 有的省委书记不知道宪法。××市人大没有选上省委书记指定的市长,省委书记说这是反党反中央。宪法在党委眼里还有什么用? ……有法不办,光吃饭不干事,人大解散算了。"③此外,七届全国人大还对地方人大的述职评议工作明确给予了积极评价。1992 年 9 月,全国人大常委会副委员长彭冲在华东七省市人大常委会主任座谈会上指出,现在所搞的评议活动是在党委领导下,由人大常委会出面组织,依靠代表广泛联系群众,在充分调查研究的基础上进行的。它能够把人大常委会的监督、人大代表的监督、人民群众的监督紧密结合起来,把自上而下的监督与自下而上的监督有机地结合起来。这种监督形式比较灵活,也有一定的深度。④

八届全国人大常委会委员长乔石(1993 年 3 月至 1998 年 3 月在任)也多次要求加强各级人大及其常委会的监督权力,指出各级人大及其常委会在加强法律监督的同时,应进一步强化工作监督。1993 年,乔石在当选八届全国人大常委会委员长后发表看法时,就强调要进一步完善人民代表大会制度,加强人民代表大会及其常委会的立法和监督等职能。⑤在八届全国人大一次会议上,乔石强调,要加强对行政、审判、检察机关的工作监督;要总结监督工作的经验,促进监督工作制度化、程序化。⑥在八届全国人大常委会第一次会议上,乔石指出,"本届常委会在抓紧立

---

① 《人大监督作用不能令人满意》,载《人民日报》1989 年 4 月 1 日。
② 《万里要求重视执法监督检查》,载《人民日报》1991 年 12 月 21 日。
③ 刘政:《人民代表大会制度的历史足迹》(增订版),中国民主法制出版社 2014 年版,第 185 页。
④ 《彭冲谈人大换届选举和人大监督》,载《上海人大月刊》1992 年第 11 期。
⑤ 《进一步加强社会主义法制建设》,载《人民日报》1993 年 3 月 29 日。
⑥ 《在八届全国人大一次会议上乔石委员长的讲话》,载《人民日报》1993 年 4 月 1 日。

法的同时,还必须健全监督机制,做好监督工作"①。1995 年 3 月,在八届全国人大三次会议上,乔石再次要求,"在抓紧立法工作的同时,各级人大及其常委会要切实改进监督工作。要强化对法律实施的监督,加强对行政、审判、检察机关工作的监督,推进国家各项决策和重大部署的落实,维护法律的权威"②。乔石还对地方人大加强监督权力的创新实践给予了明确支持。1995 年 5 月,乔石在八届全国人大常委会第十三次会议上指出,"近几年来,许多地方人大及其常委会创造了一些好的经验和做法",如"对国家权力机关选举、任命的工作人员开展评议","取得了较好的效果"。③ 1996 年 8 月,乔石再次肯定了"地方各级人大及其常委会制定了许多地方性法规,并运用多种形式开展监督工作,也取得了显著成绩"④。此外,从 1995 年开始,全国人大常委会工作报告连续四年对地方人大的述职评议工作给予了积极评价,肯定了述职评议"取得了较好的效果。应当不断总结经验,在实践中进一步完善,使监督工作更富有成效"⑤。

(二) 地方人大及其常委会

地方人大及其常委会在推进依法治国中的重要作用体现在,它们是保证宪法实施的重要主体,监督法律法规的实施是地方人大及其常委会的重要职能。⑥ 地方人大的成长轨迹与全国人大颇为相似,都是从强化立法权力开始再到强化监督权力(无立法权的地方人大除外)。就地方层面而言,1979 年《地方组织法》赋予了省级人大及其常委会制定地方性

---

① 《在八届全国人大常委会第一次会议上乔石同志的讲话》,载《人民日报》1993 年 4 月 2 日。
② 《在八届全国人大三次会议上乔石委员长的讲话》,载《人民日报》1995 年 3 月 19 日。
③ 《在人大常委会第十三次会议上乔石强调保证法律实施》,载《人民日报》1995 年 5 月 11 日。
④ 乔石:《在八届全国人大常委会第二十一次会议上的讲话》,载《人民日报》1996 年 8 月 30 日。
⑤ 田纪云:《全国人民代表大会常务委员会工作报告——1995 年 3 月 11 日在第八届全国人民代表大会第三次会议上》,载《中华人民共和国全国人民代表大会常务委员会公报》1995 年第 3 期。
⑥ 唐河:《关于地方人大及其常委会推进依法治国的思考与建议》,载《山东人大工作》2014 年第 7 期。

法规的权力,自此揭开了地方人大及其常委会立法活动的序幕,大批法律法规的制定为迈向法治国家奠定了基础。① 纵观整个改革年代,地方人大及其常委会立法权的强化是其中最为显著的政治景观之一。1979—1986年间,地方人大共制定修订地方性法规830多个。1987—1992年间,地方人大制定修订1700多个地方性法规,立法速度明显加快。② 地方性法规的数量在1995年前后达到顶峰。如上海市人大及其常委会制定的法律文件,七届(1977—1981)为9件,八届(1981—1988)为32件,九届(1988—1993)为35件,十届(1993—1998)为59件,十一届(1998—2003)为41件,十二届(2003—2008)为23件。③ 山东省人大及其常委会制定的地方性法规数量(不包括具有法规性的决议)也在1994—1995年达到最高值(见图1-1)。

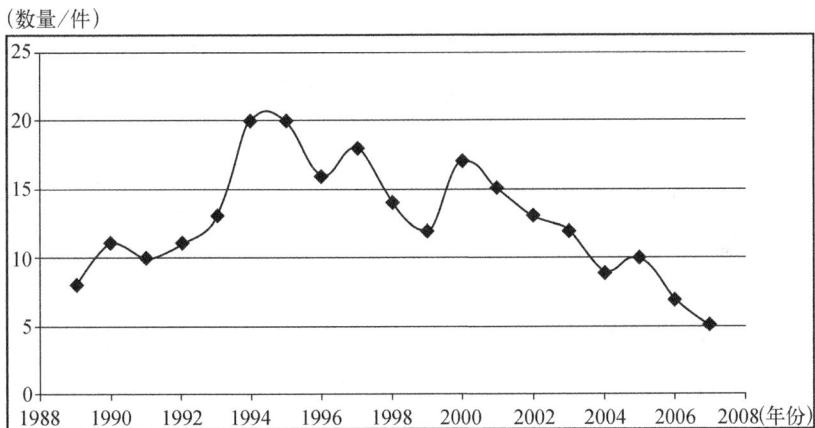

图1-1　山东省人大及其常委会制定的地方性法规数量

注:1998—2001年的数据还包括山东省人大及其常委会修改的地方性法规。

① 褚晓路:《政治结构功能演进与人大功能"归位"——中国政治现代化的一个基本问题》,载《人大研究》2001年第10期。
② 蔡定剑:《地方人大立法的发展、成就和问题》,载《人大工作通讯》1994年第4期。
③ 史建三、吴天昊:《地方立法质量:现状、问题与对策——以上海人大地方立法为例》,载《法学》2009年第6期。

从 20 世纪 90 年代开始,依法治国的理念在理论上逐渐臻于完善和成熟,但是依法治国并不是单纯作为政治口号或理论话语而抽象存在,更重要的是在政治生活中如何付诸实践。1992 年 4 月,新疆维吾尔自治区党委副书记、自治区人大常委会主任阿木冬·尼牙孜在评议司法工作试点单位座谈会上的讲话中指出,"改革开放以来,我国的立法工作成绩显著,以宪法为核心的社会主义法律体系已基本形成","当前突出的问题是有法不依,执法不严","人大常委会对法律实施监督也不够有力,群众对此很有意见"。① 各级人大如何按照宪法和法律规定更好地行使监督权,是健全人大制度、建设具有中国特色的社会主义民主政治,贯彻依法治国、建设社会主义法治国家治国方略的重要内容。② 这可以从省级人大及其常委会陆续通过的依法治省(区、市)的决议或规划里体现出来,其中完善和健全人大制度、强化其监督权力以保障和监督宪法和法律的实施成为各地推进法治的重点内容。1998 年,湖南省委书记、省人大常委会主任王茂林指出,"如何贯彻党中央依法治国的基本方略? 从一个省来讲,就是要切实抓好依法治省。要在全省的范围内,通过加强地方立法和各级人大的监督职能"。"人大的监督,特别是法律监督,是依法治省的重要环节。依法治省能否收到成效,目标能否实现,与人大的监督是否有力,人大对执法机关的制约是否真正发挥了作用,关系很大。可以说,放松人大监督,不注意发挥人大的监督职能,已出台的法律就不可能真正有效地实施,执法、司法过程中以权代法、以言代法、徇私枉法的现象就无法遏止,依法治省就成为一句空话。因此,各级人大及其常委会要强化人大监督职能,尤其是没有立法权的地方国家权力机关要始终突出监督这一重点,加大监督力度,督促本级政府、'两院'依法行政、公正司法,督促国家机关工作人员严格依法办事。"③许多地方党委和人大意识到述职评议在法治进程中所能发挥的巨大助力,认为通过述职

---

① 傅达生、曹羲奕:《新疆人大十五年》,新疆人民出版社 1994 年版,第 332—333 页。
② 吴运浩:《建设法治国家 呼唤监督立法》,载《中国律师》1999 年第 3 期。
③ 王茂林:《贯彻基本方略 推进依法治省》,载《人大工作通讯》1998 年第 9 期。

评议可以督促地方人大及其常委会选举和任命的国家机关工作人员切实履行职责、依法行政和公正司法。1998 年，黑龙江省人大常委会主任孙维本认为，述职评议可以有效促进国家机关依法行政、公正司法；能够增强国家机关工作人员的法律意识，进一步树立起法制的权威；拓宽了人民监督的渠道，强化人大法律监督职能；以及有利于摆正国家机关与人民群众的关系，促进廉政建设。①

在依法治省的过程中，地方人大往往发挥着重要作用。如广东省依法治省的日常工作由省人大常委会负责，依法治省领导小组办公室设在省人大常委会，省人大常委会主任兼任依法治省工作领导小组常务副组长并亲自负责。② 对地方人大来说，举国弘扬依法治国的政治氛围成为自身发展的有利契机。"人大及其常委会如果不抓住依法治国、依法治省，工作就会失去正确方向，失去生机和活力"③。汕头市人大常委会指出，1993 年 6 月汕头市第六次党代会就确定了"海洋活市，工贸富市，科教兴市，法制治市"的战略方针，但由于法制建设长期滞后的影响，一时难以取得重大突破，严格执法、依法办事、遵纪守法的社会风气尚未形成，法制治市尚未破题，经过摸索，他们决定以述职评议为法制治市破题。④ 各省级人大在制定有关加强依法治省（区、市）的决定时，如吉林、湖北、甘肃等地，往往将评议作为行使监督权力的方式之一而加以明确。不过也有例外情形，如 2002 年 10 月，福建省依法治省领导小组办公室组织的"推进依法治省进程座谈会"上，多数与会者认为人大的一些监督工作如代表评议、述职评议等，往往是声势大、成效小。⑤ 这可能是福建

---

① 孙维本：《"两项评议"有利于推进依法治国》，载《人大工作通讯》1998 年第 13 期。
② 侣志广：《积极发挥人大的主导作用　推动依法治省工作不断开拓创新》，载《中国人大》2004 年第 9 期。
③ 孙维本：《贯彻党的十五大精神　发挥权力机关在依法治省中的作用》，载《人大工作通讯》1997 年第 24 期。
④ 汕头市人大常委会：《开展述职评议　推进依法治市》，载《人民之声》1996 年第 3 期。
⑤ 吴长乐：《在法治的应然与实然之间——推进依法治省进程座谈会综述》，载《福建法学》2002 年第 4 期。

省人大常委会没有开展述职评议的原因之一。

如前文所述,推进依法治国、建设社会主义法治国家,需要依托人大作为制度载体,并建立起人大作为国家权力机关的政治权威。"法律的权威离不开立法机关的权威,如果是一个国家只谈法律的权威而不谈立法机关的权威,那么这个国家也只有名义上的法律权威。"①也正因为如此,推进依法治国与坚持和完善人大制度成为一个同步的过程。② 要克服实施依法治国的各种阻力,需要加强对法律实施的有效监督,同时还需要在全社会开展法制教育。邓小平指出,"我们国家缺少执法和守法的传统",需要开展法制教育,在全体人员中树立法制观念。③ 全国人大常委会于 1986 年开始在全国进行法制宣传教育工作。1996 年又通过了法制教育的第三个规划,要求从 1996 年到 2000 年继续进行以宪法、基本法律和社会主义市场经济法制知识为主要内容的法制宣传教育。④ 许多地方人大常委会借助述职评议强化监督权力的同时,也往往利用评议活动向社会广泛宣传人大制度。各地开展的述职评议,从最初的准备阶段到最后的评议和整改,前后持续长达数月之久。在这个过程中,一方面,地方人大常委会组成人员、人大代表和公民直接参与了述职评议活动,使他们明确了参与管理国家事务的权力与责任,增强行使监督权的主动意识,为更好地参与管理国家事务奠定了基础;另一方面,选举和任命的国家机关工作人员向人大常委会述职并接受评议,对这些评议对象来说,是一次关于人大制度的深刻教育,有助于他们认清自身权力的来源,增进他们的公仆意识和主权在民的观念。⑤

总之,理解地方人大为何在 20 世纪 80—90 年代开展述职评议工

---

① 刘嗣元:《论法治条件下人大权威的树立》,载《人大研究》1999 年第 9 期。
② 常桂祥:《强化人大监督:建设社会主义法治国家的内在要求》,载《云南行政学院学报》2002 年第 6 期。
③ 邓小平:《建设有中国特色的社会主义》(修订本),人民出版社 1987 年版,第 135—136 页。
④ 沈宗灵:《依法治国,建设社会主义法治国家》,载《中国法学》1999 年第 1 期。
⑤ 周国辉、洪开开、肖鹏青:《坚持制度创新 推进述职评议——浙江省人大述职评议工作的回顾与思考》,载《人大研究》2003 年第 5 期。

作,要与当时整个人大制度的发展及其时代背景联系起来。正如有学者所注意到的,重新塑造地方人大最初被看成是恢复被"文革"破坏的政治秩序的必要步骤。中央领导人发起自上而下的人大改革,以此建造社会主义民主和法治体系,试图让人大通过制定法律、监督法律的执行将国家与民众联系起来。这种自上而下的改革涉及宏观的制度框架,为地方人大行使监督、立法和代表功能创造了机会窗口。①

二、政治体制改革

党和国家领导人反思"文革"得到的另一个深刻启示是:必须对现有的政治体制进行改革。邓小平指出,"我们过去发生的各种错误,固然与某些领导人的思想、作风有关,但是组织制度、工作制度方面的问题更重要","领导制度、组织制度问题更带有根本性、全局性、稳定性和长期性"。② "文革"结束后,党和国家领导制度的改革迅速提上日程。邓小平指出,"党和国家现行的一些具体制度中,还存在不少的弊端,妨碍甚至严重妨碍社会主义优越性的发挥","主要的弊端就是官僚主义现象,权力过分集中的现象,家长制现象,干部领导职务终身制现象和形形色色的特权现象","已达到令人无法容忍的地步"。③ 但是,在一段时期里,政治体制改革的内涵并不清晰。1986 年 9 月 3 日,邓小平在接见外宾时指出,"政治体制改革的内容现在还在讨论"④。1986 年 9 月 13 日,邓小平在听取中央财经领导小组的汇报时明确指出,"改革的内容,首先是党政要分开,解决党如何善于领导的问题。这是关键,要放在第一位。第二个内容是权力要下放,解决中央和地方的关系,同时地方各级也都有一

---

① Sun Ying, "What Drives Reforms in Local People's Congresses? The Dynamics of Local Congressional Developments in PRC, 1979 – 2011," Ph. D Dissertation, University of Hong Kong, 2011, p. 63.

②《邓小平文选》第二卷,人民出版社 1994 年版,第 333 页。

③《邓小平文选》第二卷,人民出版社 1994 年版,第 327 页。

④《邓小平文选》第三卷,人民出版社 1993 年版,第 176 页。

个权力下放问题。第三个内容是精简机构,这和权力下放有关"①。此后,政治体制改革的路线图逐渐清晰起来。

(一) 党政分开

在改革开放以前,中国的政治体制是党政一体,党政不分与以党代政是常态。② 党的十三大报告指出,"政治体制改革的关键首先是党政分开"。"党政分开"是基于改革开放前"党政不分"的现象提出的,其实质是要解决权力过分集中所形成的"以党代政"的问题。③ 1980 年 8 月,邓小平在《党和国家领导制度的改革》中明确指出,"权力过分集中的现象,就是在加强党的一元化领导的口号下,不适当地、不加分析地把一切权力集中于党委,党委的权力又往往集中于几个书记,特别是集中于第一书记,什么事都要第一书记挂帅、拍板。党的一元化领导,往往因此而变成了个人领导。全国各级都不同程度地存在这个问题"④。邓小平认为,政治改革的内容"首先是党政要分开,解决党如何善于领导的问题。这是关键,要放在第一位","党政要分开,这涉及政治体制改革。党委如何领导? 应该只管大事,不能管小事"。⑤ 邓小平指出,首先要在宪法文本中体现出不允许权力过分集中的原则,改善人民代表大会制度;其次,"今后凡属政府职权范围内的工作,都由国务院和地方各级政府讨论、决定和发布文件,不再由党中央和地方各级党委发指示、作决定"⑥。邓小平提出的党政分开旨在解决权力过分集中的问题,改变党对国家事务进行事无巨细的干预的传统方式,是在政治领域中的功能性分开,并不涉

---

① 《邓小平文选》第三卷,人民出版社 1993 年版,第 177 页。
② 任剑涛:《宏观避险、中观着力与微观搞活:中国治理体系现代化的转变》,载《政治学研究》
  2019 年第 1 期。
③ 林尚立:《政党制度与中国民主:基于政治学的考察》,载《武汉大学学报(哲学社会科学版)》
  2010 年第 3 期。
④ 《邓小平文选》第二卷,人民出版社 1994 年版,第 328—329 页。
⑤ 《邓小平文选》第三卷,人民出版社 1993 年版,第 177 页。
⑥ 《邓小平文选》第二卷,人民出版社 1994 年版,第 339 页。

及结构性的改变。① 1986 年 11 月，邓小平在会见日本首相中曾根康弘时指出，政治体制改革的目标之一是"克服官僚主义，提高工作效率"。邓小平认为，"效率不高同机构臃肿、人浮于事、作风拖拉有关，但更主要的是涉及党政不分，在很多事情上党代替了政府工作，党和政府很多机构重复"②。党的十三大报告对邓小平的这一思想进行了系统阐述，指出"党政分开即党政职能分开"，具体而言，即"各级党委不再设立不在政府任职但又分管政府工作的专职书记、常委。党委办事机构要少而精，与政府机构重叠对口的部门应当撤销，它们现在管理的行政事务应转由政府有关部门管理"③。江泽民进一步发展了十三大有关党政分开的论述，强调了"党的领导主要是政治、思想、组织领导"④。"党不能代替人大行使国家权力。党的政治领导、思想领导、组织领导，要通过政治原则、政治方向、重大决策的领导和思想政治工作、向政权机关推荐重要干部等来实现"⑤。总之，党政分开的实质在于改变权力过分集中的局面，合理划分权力界限，实现对权力的有效监督与制约。⑥

党政分开的政治体制改革对人大的制度成长具有显著意义。在体制层面，党政分开旨在破除限制人民民主发展的制度藩篱，使国家权力与制度体系重回宪法和法律的空间；在价值层面，党政分开也彻底破解了以"阶级专政"形式呈现出来的党的一元化领导模式，使人民民主的价值取向得以从"阶级专政"回归到"人民当家作主"的本质内涵上。党政分开所产生的这种制度上和价值上的双重效应，大大扩展了人民民主的

---

① 林尚立：《党政关系建设的制度安排》，载《理论参考》2002 年第 8 期。
② 《邓小平文选》第三卷，人民出版社 1993 年版，第 179 页。
③ 《沿着有中国特色的社会主义道路前进——在中国共产党第十三次全国代表大会上的报告》，载《人民日报》1987 年 11 月 4 日。
④ 江泽民：《在党中央举行的法制讲座开始前的讲话》，载《人民日报》1994 年 12 月 11 日。
⑤ 江泽民：《关于坚持和完善人民代表大会制度》，载《上海人大月刊》1991 年第 3 期。
⑥ 赵晖、梁剑：《"政治与行政二分"及"党政分开"思想的政治智慧与实践》，载《理论探讨》2014 年第 5 期。

发展空间。① 在经历了 20 世纪 80 年代党政分开的制度变革之后,各级政权机关及其工作人员的专业化水平有所提升,他们所拥有的技术知识和信息优势,有利于保持自身的相对独立性。② 同时,自 1980 年起,省级层面的党政交叉兼职减少,省委书记一般不再兼任政府职务,初步改变了党委书记和常委都在政府兼职的局面。③ 党政分开客观上为人大开展监督创造了有利的制度空间。④ 全国人大常委会常委、副秘书长乔晓阳在回忆《监督法》的制定过程时指出,《监督法》从 1986 年就开始酝酿,但是很快发现当时党政不分的情况比较严重,研究监督政府很大程度就是监督党,考虑到当时中央正在研究党政分开的问题,最后全国人大决定等党中央把党政分开研究清楚之后再行制定《监督法》。⑤ 陈安认为,党政分开和人大权力的扩张是改革年代最为关键的制度变革。各级党委退出了政策执行过程,党委的合法权力被明确为"政治领导"和重大问题的施政建议上。与此同时,政府不再单纯作为同级党委的附属物,而是成长为在处理各个领域的政府事务时享有高度自治权力的真正意义上的行政机关。伴随这一发展的是人大也逐渐成为决策机构,在政策执行领域起到了强大的监督作用。⑥

(二) 权力下放

拉里·戴蒙德指出,在最近数十年里,中央向地方的权力分散是世

---

① 林尚立:《政党制度与中国民主:基于政治学的考察》,载《武汉大学学报(哲学社会科学版)》2010 年第 3 期。

② 何增科:《改革开放以来我国权力监督的重要变化和进展》,载《当代中国政治研究报告 VI》,第 15—33 页。

③ 陈红太:《从党政关系的历史变迁看中国政治体制变革的阶段特征》,载《浙江学刊》2003 年第 6 期。

④ 刘智峰:《中国政府机构存在的主要问题》,载《战略与管理》1999 年第 5 期。

⑤ 中和:《监督法立法耗时 20 年 明年起正式施行》,载《中国改革报》2006 年 10 月 26 日。

⑥ An Chen, *Restructuring Political Power in China : Alliances and Opposition*, *1978 - 1998*, Boulder: Lynne Rienner Publishers, 1999, pp. 230 - 231.

界民主化过程中最强有力的趋势之一。① 在中国,对地方人大监督权的研究,也难以摆脱中央与地方关系这一制度背景及其内在的权力运行逻辑。② 长期以来,高度中央集权的政治体制严重压制和束缚了地方政府的灵活性与自主性。为了激发地方政府致力于经济发展的积极性,中央政府向地方政府下放了部分政治和经济权力,③这成为 20 世纪 80 年代政治体制改革的重要内容。邓小平主张通过权力下放来建立健全社会主义民主制度。④ 他认为,"权力过分集中,妨碍社会主义民主制度和党的民主集中制的实行,妨碍社会主义建设的发展,妨碍集体智慧的发挥,容易造成个人专断,破坏集体领导,也是在新的条件下产生官僚主义的一个重要原因"⑤。他指出要"解决中央和地方的关系,同时地方各级也都有一个权力下放问题"⑥。党的十三大报告强调,"权力过分集中的现象,不仅表现为行政、经济、文化组织和群众团体的权力过分集中于党委领导机关,还表现为基层的权力过分集中于上级领导机关","基层缺乏自主权,人民群众的积极性难以充分调动。克服这一弊端的有效途径是下放权力","凡是适宜于下面办的事情,都应由下面决定和执行,这是一个总的原则。在中央和地方的关系上,要在保证全国政令统一的前提下,逐步划清中央和地方的职责,做到地方的事情地方管,中央的责任是提出大政方针和进行监督"。⑦

权力下放的目标是彻底改变中央集权的状况,实现制度创新,从而调动

---

① Larry Diamond, *The Spirit of Democracy: The Struggle to Build Free Societies throughout the World*, New York: Times Books/Henry Holt and Co., 2008, p. 162.

② 任喜荣:《地方人大监督权论》,中国人民大学出版社 2013 年版,第 2 页。

③ Yongnian Zheng and Cuifen Weng, "Why Does China's Reform Start in the Provinces? De facto Federalism and Its Limits," in *Democratization in China, Korea, and Southeast Asia*, edited by Kate Xiao Zhou, Shelley Rigger, and Lynn T. White III, London and New York: Routledge, 2014, p. 113.

④ 薄贵利:《深刻理解权力下放的价值取向》,载《中国行政管理》1998 年第 5 期。

⑤《邓小平文选》第二卷,人民出版社 1994 年版,第 321 页。

⑥《邓小平文选》第三卷,人民出版社 1993 年版,第 177 页。

⑦《沿着有中国特色的社会主义道路前进——在中国共产党第十三次全国代表大会上的报告》,载《人民日报》1987 年 11 月 4 日。

各个方面的积极性。在权力下放过程中,党和政府采取了一系列措施,使中央和地方政府的事权划分发生了较大的变化,主要是:扩大了地方政府在经济和社会文化事业方面的管理权限,如扩大了地方的财权、投资决策权、物价管理权、计划分配权、物资调配权、企业管理权以及办学自主权等;扩大了地方对外开放的权限,特别是沿海开放城市和开放地区扩大了利用外资、建立外汇调剂市场的审批权和外贸企业审批权;注意发挥中心城市的作用,赋予它更大的经济管理权;等等。[1] 以中央放权、地方扩权为主要特征的政治体制改革,确实激发了地方政府推动经济发展的能动性,但客观上也在很大程度上削弱了中央政府的宏观调控能力,造成了中央政治权威的急剧流失。自20世纪80年代末开始,权力下放带来的负面问题逐渐显性化,出现了中央对地方控制衰减、监督乏力和地方主义膨胀等现象,这引起了中央的高度重视。1988年9月,党的十三届中央委员会第三次全体会议的报告中指出,"近几年来,中央把一部分权力下放给地方,调动了地方的积极性,这是正确的。今后,中央仍将尊重和照顾地方的利益。但是,应当属于中央的权力,必须集中,不得分散和削弱"[2]。1989年11月,江泽民在党的十三届五中全会上的讲话中特别强调了如何正确处理中央与地方、上级与下级的关系问题,他指出,各地方、各部门"不能各行其是,不能借口自己的'特殊性'做出同中央《决定》相抵触的某些规定,更不能阳奉阴违、另搞一套"[3]。

根据现代公共权力运行法治化的要求,权力的扩张必须与对权力的监督携手共进,从而使中央与地方以及同一层级不同类型的权力之间能够达成适度平衡。[4] 但是,20世纪80年代以来的权力下放在削弱中央对地方政府的管控的同时,并没有建立起强化地方政府对民众的责任机制。[5]有学者指出,权力下放的过程中形成了所谓的"地方的新集权性"。权力

---

[1] 陈兆德:《权力下放和加强宏观调控》,载《中共中央党校学报》1997年第2期。

[2] 《在中国共产党十三届三中全会上的报告》,载《求实》1988年第S2期。

[3] 《江泽民在党的十三届五中全会上的讲话》,载《中华人民共和国最高人民检察院公报》1989年第4期。

[4] 任喜荣:《地方人大监督权论》,中国人民大学出版社2013年版,第24页。

[5] 郑永年、王旭:《论中央地方关系中的集权和民主问题》,载《战略与管理》2001年第3期。

从中央向地方转移,从政府向社会转移,这个权力转移过程中产生了新的集权现象,即原先的中央集权为许许多多的地方政府集权所取代。地方和基层政权往往在权力下放后形成新的问题,即地方的新集权性。权力高度集中往往成为腐败滋长的温床,而外部监督机制的不完善也使得权力集中掌握者更加肆无忌惮地进行腐败。① 根据历届《最高人民检察院工作报告》及相关资料统计,1979—1982 年间,全国各级检察机关查处的贪污贿赂等腐败案件总数为 98225 件;1988—1992 年间则增至214318 件。② 腐败的滋生与蔓延以及官员的权力滥用,严重阻碍了依法治国的进展。③ 邓小平在向第三代领导集体作政治交代时,提出党要做几件使人民满意的事情,"主要是两个方面,一个是更大胆地改革开放,另一个是抓紧惩治腐败"④。有学者认为,导致腐败蔓延的一个重要原因就是,以权力下放为主要特征的改革措施未能辅之以有效的监督制约。⑤ 而在各种监督中,"人大作为国家权力机关的监督是最高层次的监督"的重要地位,又使得加强地方人大对同级"一府两院"的监督与制约成为控制和预防腐败的现实选择。在这种背景下,述职评议作为地方人大的一种监督制度创新而得到普遍关注。如广东省人大常委会原副主任方苞指出,评议监督具有综合性、人民性、民主性、权威性和公开性等特征,是"一种遏制腐败的较好的监督形式"⑥。总之,在权力下放过程中滋生的问题,使更多人意识到在调整纵向权力结构的同时,横向的权力关系也需加以变革,即需要将纵向分权与横向分权结合起来。这也意味着扩大地方自主权,不单

---

① 任高丽:《权力制衡视角下的腐败控制思考——基于"权力下放"后的腐败问题分析》,载《知识经济》2011 年第 5 期。
② 何增科:《中国转型期的腐败与反腐败问题研究:一种制度分析》,载《马克思主义与现实》1999 年第 5 期。
③ 张永桃:《关于依法治国几个问题的思考》,载《南京大学学报(哲学·人文科学·社会科学)》2000 年第 1 期。
④《邓小平文选》第三卷,人民出版社 1993 年版,第 313 页。
⑤ 陈国权:《强化人大立法监督:我国政治民主化的现实选择》,载《社会科学》2000 年第 8 期。
⑥ 方苞:《人大评议是遏制腐败的有效监督形式》,载《人大工作通讯》1994 年第 16 期。

纯是扩大地方政府的权力,还包括扩大地方各级人大及其常委会的
权力。①

(三) 精简机构

　　精简机构是 20 世纪 80 年代以来政治体制改革的另一项重要内容。
为适应改革开放以来复杂的社会经济生活管理的需要,各级政府短时期
内增设了大量新的机构,政府规模开始急剧膨胀。1977—1981 年间,国
务院的机构数量由 52 个迅速增至 100 个,其中绝大多数是经济管理部
门。1978 年 12 月,邓小平在中共中央工作会议闭幕会上指出,"机构臃
肿,层次重叠,手续繁杂,效率极低。政治的空谈往往淹没一切"②。1980
年,他再次指出,目前党和国家领导制度中存在机构臃肿、人浮于事、办
事拖拉、不讲效率、不负责任、互相推诿等现象。③ 邓小平极其重视精简
机构的重要意义。他指出,"精简机构是一场革命","如果不搞这场革
命,让党和国家的组织继续目前这样机构臃肿重叠、职责不清,许多人员
不称职、不负责,工作缺乏精力、知识和效率的状况,这是不可能得到人
民赞同的"。④ 1986 年 12 月 19 日,邓小平指出,"现在机构臃肿,有的部
委据说有上万人,必须精简。否则,这么多人,就要当'婆婆',揽权"⑤。

　　1982—2000 年间,以精简机构为重要内容的大规模机构改革先后进
行了四次。1982 年的机构改革中,国务院各部委、直属机构、办事机构的
数量由 100 个减至 61 个,省、自治区的政府工作部门从 60 个减为 40 个
左右,市政府机构从 60 个左右减为 45 个左右,县政府部门从 40 多个减

① 薄贵利:《中央与地方权限划分的再调整》,载《中国行政管理》2001 年第 7 期;薄贵利:《深化
　　行政管理体制改革的核心和重点》,载《中国行政管理》2009 年第 7 期;上官莉娜:《合理分权:
　　内涵、地位及路径选择——以中央与地方关系为视角》,载《中南民族大学学报(人文社会科
　　学版)》2014 年第 1 期。
② 《邓小平文选》第二卷,人民出版社 1994 年版,第 150 页。
③ 《邓小平文选》第二卷,人民出版社 1994 年版,第 327 页。
④ 《邓小平文选》第二卷,人民出版社 1994 年版,第 396 页。
⑤ 《邓小平文选》第三卷,人民出版社 1993 年版,第 192 页。

为 25 个左右。人员编制按 25% 进行精简,国务院各部门从原来的 5.1 万人减为 3 万人左右,省级机关人员从 18 万减为 12 万;市县机关工作人员约减 20%。由于当时经济体制改革尚未全面展开,未能推动政府职能发生转变,因此本轮机构精简之后不久,机构规模再度发生膨胀。与此同时,政治体制改革过程中,中央权力下放过多造成地方分散,机构改革也因此受阻。① 此后,1988 年、1993 年和 1998 年又进行了三次大规模的机构改革,对各级行政机构进行精简。其中,在 1998 年的机构改革中,国务院的组成部门由 40 个锐减为 29 个,部门内设的司局级机构减少 200 多个;全国地方省级政府机构人员精简幅度达到了 47%。② 1998 年的机构改革是四轮机构改革中机构变动最大、人员精简最多和改革力度最大的一次,其主要内容涉及转变职能、调整部门分工和精简机构编制。③ 1999 年开始,省级党委和政府的机构改革分别有序展开。2000 年底,市县乡机构改革也全面开始启动。尽管改革开放以来的数次机构精简之后,政府机构和人员均不同程度地出现反弹,④但是与改革开放初期相比,政府职能部门的数量已经大幅锐减,同时职能交叉重叠、多头管理的弊端在很大程度上得到克服,权责清晰,这为地方人大行使监督权创造了有利条件。如在述职评议中,地方人大及其常委会选举和任命的"一府两院"工作人员均为法定的评议对象,如果数量过多会对述职评议造成巨大压力。在述职评议过程中,往往可以发现,那些处于恢复阶段、机构力量十分薄弱的地方人大,事实上无法要求所有的政府组成部门主要负责人均到会进行口头述职并接受评议,但是为了实现监督对象的全覆盖,不得不作出妥协而采用效果不佳的书面形式进行评议。如呼和浩

---

① 胡伟、王世雄:《构建面向现代化的政府权力——中国行政体制改革理论研究》,载《政治学研究》1999 年第 3 期。

②《全国地方省级政府机构人员精简幅度达 47%》,载《中国统一战线》2000 年第 9 期。

③ 王澜明:《改革开放以来我国六次集中的行政管理体制改革的回顾与思考》,载《中国行政管理》2009 年第 10 期。

④ 潘小娟、吕芳:《改革开放以来中国行政体制改革发展趋势研究》,载《国家行政学院学报》2011 年第 5 期。

特市人大常委会于 1995 年开展述职评议,认为"效果比较好",但是"由于常委会的精力有限",不可能对所有任命的干部都进行完全意义上的述职评议。[1]

三、本章小结

20 世纪 80 年代,党中央通过对政治体制进行修复性的改革,恢复了被"文革"破坏的政治体制,[2]在思想上和制度上作出了一系列重大改革。一方面,党和国家领导人认识上的转变是人大制度空间得以扩展的第一步。依法治国政治理念的提出宏观上推动了各级人大制度的逐步恢复和完善,各级人大开始活跃地行使宪法和法律赋予的政治权力。全国人大和地方人大(主要是省级人大)积极活跃的立法工作在某种程度上确实做到了"有法可依"。然而,在现实中如何保证各级行政机关、司法机关真正做到依法行政和公正司法,还需要各级人大的监督权力也能够切实有效地运转起来,对法律的实施状况进行严格监督。另一方面,以党政分开、权力下放和精简机构等为主要内容的政治体制改革,客观上为地方人大行使监督权力提供了有利的外部环境。党政分开旨在解决权力过分集中的问题,改变党对国家事务进行事无巨细的干预,避免了监督政府就是监督党的困境。权力下放的改革未能建立起有效的监督体制,滋生的腐败问题要求将纵向分权与横向分权结合起来,即扩大地方人大的监督权力。几轮精简机构使得地方政府的机构规模和人员数量大幅削减,同时政府职能交叉重叠、多头管理的弊端在很大程度上得到克服,为地方人大行使监督权力创造了有利条件。

需要指出的是,腐败加剧、价格上涨和通货膨胀等治理问题引起社会各界的普遍关注,社会舆论强烈要求切实加强人大的监督工作。1984年底,全国范围出现了严峻的通货膨胀,部分政府官员利用价格双轨制

---

[1] 郭瑞主编:《新时期人大工作理论与实践》(下卷),人民日报出版社 2003 年版,第 1159 页。
[2] 林尚立:《中国共产党与国家建设》,天津人民出版社 2017 年版,第 81 页。

大肆非法牟利,党风、政风和社会风气出现了前所未有的问题。[①] 邓小平严肃地指出,"风气如果坏下去,经济搞成功又有什么意义?会在另一方面变质,反过来影响整个经济变质,发展下去会形成贪污、盗窃、贿赂横行的世界"[②]。面对这些问题,在全国人大,加强人大监督工作的呼声逐渐高涨起来。1985年3月,六届全国人大常委会举行第十次会议讨论全国人大常委会工作报告时,委员们在分组会上提出很多批评意见,主要涉及改革开放中出现的一些新的不正之风,已制定的法律没有得到很好实施,人大常委会的监督不够有力等问题。彭真委员长召开委员长会议进行研究,决定延长会期继续听取委员们的意见。在联组会上,苏步青、熊复等委员在发言中揭露了一些新的不正之风,并要求人大常委会负起监督的责任。4月4日,在六届全国人大三次会议上,代表们对人大常委会监督工作也提出了尖锐的批评。不少代表认为,全国人大常委会工作的最大不足是监督不力,有法不依的现象突出,执法不严、违法不究的问题更严重,人大常委会应当负起监督的责任。[③] 面对这些批评和意见,彭真承认目前工作还存在欠缺和不足,同时也强调,"光全国人大常委会不够,要各地人大常委会一齐监督才行","全国和地方人大、人大常委会把法制方面的监督工作抓起来,对民主法制会大大地推动"。[④] 在这种背景下,述职评议作为地方人大监督制度的一种创新应运而生。

[①] 王力:《邓小平政治体制改革思想演变的逻辑进程》,载《理论学刊》2015年第4期。

[②]《邓小平文选》第三卷,人民出版社1993年版,第154页。

[③] 刘政:《一次民主求实的会议——六届全国人大三次会议纪实》,载《中国人大》2005年第4期。

[④] 彭真:《论新时期的社会主义民主与法制建设》,中央文献出版社1989年版,第334—335页。

第二章　实践历程：述职评议的发展阶段

正是苏维埃同劳动"人民"的亲密关系，造成一些特殊的罢免形式和另一种自下而上的监督，这些现在应该大力加以发展。[1]

——列宁

在述职评议的缘起上，理论界和实务界普遍提出述职评议最初由"代表评议"或"工作评议"演变而来（多数情况下代表评议等同于工作评议），它们在内容和程序上基本相同，仅在评议主体、对象和效力等方面略有差别。具体而言，代表评议或工作评议一般是由地方人大常委会组织人大代表对"一府两院"的工作进行评议。述职评议虽然也会吸收一定数量的人大代表参与其中，但主体是人大常委会组成人员，在少数情形下是人大常委会主任会议或专门委员会；代表评议或工作评议一般将部门或机构整体作为评议对象，同时还包括了不属于人大常委会任命的政府职能部门，如政府直属机构和在本行政区域内的上级垂直领导机构，而述职评议中的述职人员主要为人大及其常委会选举和任命的"一府两院"的国家机关工作人员；在评议处理上，部分地方人大常委会开展的述职评议具有较为严厉的惩戒措施，与代表评议相比显得更为刚性。

---

[1]《列宁选集》第三卷，人民出版社 2012 年版，第 506 页。

在述职评议之前，各地存在名目繁多的各种评议，如"代表评议""工作评议""执法评议""司法评议""检查评议""视察评议""民主评议"等，但多数是对"一府两院"的部门或机构进行的工作监督，而非对部门或机构主要负责人的人事监督，往往不涉及具体个人。在实践中，部分地方人大的代表评议与述职评议性质相同，只是评议主体是人大代表而非人大常委会。如1994年，青岛市人大常委会首次组织人大代表对任命的政府组成人员进行述职评议。①

代表评议是地方人大较早探索的一种评议形式。20世纪80年代初期，黑龙江省肇源县、湖南省炎陵县、上海市普陀区等地，均先后组织了人大代表评议县、乡政府及其部门的工作，成为代表评议的先行者。② 紧随其后，辽宁省阜新市、湖南省长沙市、河南省平顶山市舞钢区（今舞钢市）等地方人大也纷纷开展了这种制度创新。到1990年时，全国绝大多数省、市、县（区）人大常委会都开展了代表评议工作。③ 代表评议的探索为述职评议积累了重要经验。如山西省人大常委会于1989年组织了部分省人大代表对晋中地区中级人民法院的工作进行评议。此后，山西省人大常委会不断改进评议方式。1995年，在以往代表评议的基础上开展了述职评议，④评议成为山西省各级人大常委会行使监督权的一种重要形式。⑤ 深圳市人大常委会自1992年开始进行代表评议。从1996年开始，评议工作重点转向述职评议为主。⑥ 1987年，杭州市下城区人大常委会开始酝酿述职评议，并于次年正式开展。1989年，下城区人大常委会又制定了关于干部述职评议的试行办法。下城区人大对述职评议的

① 曲虹：《中共青岛市委积极支持人大常委会依法行使职权》，载《山东人大工作》2002年第2期。
② 尹世洪、朱开杨主编：《人民代表大会制度发展史》，江西人民出版社2002年版，第327页。
③ 田必耀：《"面对面"监督——中国地方人大"两评"演练的评价与展望》，载《民主与法制时报》2004年5月18日。
④ 何涛、吴临芳：《山西省人大常委会35年发展纪事》，载《人民代表报》2014年10月2日。
⑤ 卢功勋：《认真总结评议经验 不断完善评议工作》，载《人大工作通讯》1995年第15期。
⑥ 深圳市地方志编纂委员会编：《深圳市志·政党政权卷》，方志出版社2009年版，第242—245页

探索在当时引起了广泛关注。

除了代表评议之外,地方人大还开展了与述职评议性质相似的"政绩考核""政绩考评""政绩考察"等监督活动。如 1984 年,重庆市南岸区人大常委会在全国率先开展了对任命干部的政绩考核。这一举措在全国引起较大的舆论反响,新华社《内参选编》、《瞭望》、《人民日报》(海外版)等新闻媒体先后对其进行了宣传报道。① 1986 年,辽宁省朝阳市人大常委会为加强人事任免权力而制定了政绩考核制度。② 同年 10 月,浙江省海宁县(今海宁市)人大常委会决定对所有由人大选举和任命的国家机关工作人员进行政绩考察,在一个月的时间内对包括县长、副县长在内的 85 名干部进行了政绩考察,其中进行了信任投票。③ 1987 年 12 月,河南省人大常委会首次对其任命的国家机关工作人员开展政绩考评。④ 这些地方人大零星开展的对其选举或任命官员的政绩考核或考评活动,与述职评议相比,仅是称谓上的区别而已。一些地方的政绩考核带有强烈的"刚性"色彩。如 1987 年,辽宁省铁岭市人大常委会在对任命干部的政绩考察中,免去了市中级人民法院代理院长、市公安局局长和市政府办公室主任 3 人的职务。⑤ 1988 年 3 月,吉林省梅河口市人大常委会对"一府两院"31 名领导干部进行政绩考核,6 人被调整职务,2 人被免除职务。⑥ 客观而言,代表评议确实是述职评议的主要渊源,但并不是唯一滥觞,部分地方人大如浙江省就是同时开展了代表评议和述职评议两项工作。遗憾的是,在既有的述职评议研究中,多数学者并没有对地方人大早期的政绩考核等性质相似的监督活动加以重视,而是认定述

① 洪丰、刘蜀山:《评议工作:在探索中前行》,载《公民导刊》2006 年第 3 期。
② 包益勤主编:《朝阳年鉴》,辽宁大学出版社 1987 年版,第 173—174 页。
③《海宁市人民代表大会志》编纂委员会编:《海宁市人民代表大会志(1949.10—2007.2)》,上海社会科学院出版社 2008 年版,第 800 页。
④ 河南省地方史志编纂委员会编:《河南年鉴(1988)》,河南年鉴 1988 年版,第 160 页。
⑤ 魏运亨、王辅捷:《铁岭市居民说,新鲜事:人大不仅管"戴帽"还管"摘帽"》,载《新闻周刊》1987 年第 45 期。
⑥ 梅河口市地方志编纂办公室编:《梅河口年鉴(1988—1989)》,吉林文史出版社 1989 年版,第 273 页。

职评议肇始于杭州市下城区。① 通过对文献资料的梳理发现，在此之前或同一时间里，已有部分地方人大明确以"述职评议"的名义开展了监督活动。如为了加强对干部的任后监督，江西省分宜县人大常委会自 1986 年起即开始了述职评议工作。南京市是较早开展述职评议的地方之一。1988 年，南京市人大常委会安排政府组成人员向人大常委会进行述职。② 1989 年又对市计委等政府部门的主要负责人进行了述职评议。③ 南京市多个区县人大也先后探索了述职评议。如 1987 年 9 月，南京市六合县（今六合区）十一届人大常委会通过了《关于干部述职的办法（试行）》，并在同年 12 月对 5 名政府组成人员开展了述职评议。④

　　学术界关于如何划分述职评议的发展阶段存在一定的认知分歧。如田必耀和付文广将述职评议划分为三个阶段：萌芽探索期（20 世纪 80 年代），这一时期的述职评议很难与代表评议相区分，这种状况在 80 年代后期有所改变。引导推进期（20 世纪 80 年代末至 90 年代中期），从 90 年代开始，全国人大和省级人大对评议工作给予了积极鼓励和引导，促进了其在全国"较大范围比较经常地开展"，地方人大对如何开展述职评议也逐渐有了较为清晰的认识。理性发展期（20 世纪 90 年代中期以后），标志性事件是 1995 年，陕西、山西和安徽省人大常委会颁布了有关述职评议的工作条例，推动了此后的评议工作步入"程序清晰、形式灵活、深度监督、凸现权威的演练轨迹"。⑤ 由于两位作者在进行写作时，《监督法》尚未出台，所以他们的划分没有涉及述职评议的后续变化。袁卫东认为，述职评议的发展存在四个阶段：萌芽时期（1979—1986），各地尚未

① 毛卉：《监督职能与监督权的行使》，载《人大研究》2007 年第 7 期。

② 马昭宏：《加强监督工作发挥监督职能》，载《江苏社联通讯》1989 年第 4 期。

③《30 年，我们这样走过——人大代表深情回忆地方设立人大常委会 30 年来的光辉历程》，载《南京日报》2009 年 11 月 12 日。

④《六合人大志》编纂委员会编：《六合人大志》，方志出版社 2013 年版，第 398 页。

⑤ 田必耀：《"面对面"监督——中国地方人大"两评"演练的评价与展望》，载《民主与法制时报》2004 年 5 月 18 日；付文广：《县级人大常委会的制度成长模式——以上海市普陀区人大常委会"述职评议"为视角和个案的研究》，复旦大学硕士学位论文，2006 年。

形成有关"述职评议"的统一概念;引导推进时期(1987—1994),述职评议的基本运作模式已固定成形,并发展为全国性的"监督热潮";依"规"勃兴时期(1995—2006),各地人大及其常委会通过制定地方性法规,使述职评议步入更为理性和规范的轨道;衰退时期(2007——),以《监督法》的实施为分水岭,由于《监督法》没有对述职评议作具体的规定,导致各地述职评议工作日益衰退,甚至消失。[1] 姚洪春也认同"四阶段"的划分方法,但又有所不同。具体而言,他将人大评议的历程分为产生、兴起、低谷和再生四个阶段。产生阶段即述职评议的雏形时期;兴起阶段是指从 20 世纪 80 年代后期至 2003 年间,述职评议自下而上、由点到面逐步兴起的阶段,在法律规范和政治实践中均呈现出强劲的发展势头;低谷阶段是指《监督法》出台之后,人大评议未纳入地方人大监督形式范畴而陷入低谷;再生阶段是指部分省市为贯彻《监督法》而制定的新的监督条例再次肯定了人大的评议工作,人大评议以专项工作评议或报告等其他面目和形式得到继续探索。[2] 段小钢的划分与姚洪春基本一致,只是在时间跨度上略有差异。[3]

表 2-1　全国省级人大常委会开展述职评议的时间

省(区、市)	时间
甘肃省	1990 年
贵州省	1994 年
湖南省	1994 年
陕西省	1994 年
新疆维吾尔自治区	1994 年
浙江省	1994 年
安徽省	1995 年
河南省	1995 年

[1] 袁卫东:《述职评议:地方人大监督权消长初探》,南京大学硕士学位论文,2013 年,第 20 页。
[2] 姚洪春:《人大专项工作评议初探》,载重庆人大网,http://www.ccpc.cq.cn/rdcy/201312/t20131226_68162.html,2013 年 12 月 26 日。
[3] 段小钢:《地方人大常委会专项工作评议初探》,湘潭大学硕士学位论文,2010 年,第 2 页。

续表

省(区、市)	时间
广西壮族自治区	1995 年
青海省	1995 年
山西省	1995 年
山东省	1995 年
广东省	1996 年
湖北省	1996 年
辽宁省	1997 年
海南省	1998 年
上海市	1998 年
北京市	1999 年
重庆市	1999 年
江苏省	1999 年
四川省	2000 年
宁夏回族自治区	2000 年
黑龙江省	2001 年
吉林省	2001 年
江西省	2001 年
云南省	2001 年
内蒙古自治区	2001 年
河北省	2003 年
西藏自治区	2006 年
天津市	没有开展
福建省	没有开展

＊数据系笔者根据各省区市人大常委会网站、年鉴和相关报纸整理而得,不含港澳台地区。

以上研究主要是基于全国范围内来讨论述职评议,这种做法的优点是,可以对全国的述职评议进程有较为直接而宏观的整体性把握,有助于拓展和放宽分析的视界。如多数研究者都敏锐地观察到1995年前后是述职评议发展的关键节点。他们指出,自此之后,地方各级人大的述职评议得到了制度化的规范,并涌现出大量的实证案例。如以省级人大常委会开展述职评议的时间来看,这一判断有着充分而确凿的证据(见表2-1)。如1994年,浙江省97个市县区中有88个开展了述职评议,①辽宁省各市县(区)人大常委会也"普遍地开展了评议工作"②。1994年,陕西省95%以上的市县人大开展了述职评议,对552名国家机关工作人员进行了评议,其中省人大常委会对18名省级国家机关工作人员进行述职评议(包括1名副省长和1名省高级人民法院院长)。③ 1995年,福建省58.8%的县级人大开展了工作评议或述职评议,④新疆维吾尔自治区96个县级人大中有93个开展了评议工作。⑤ 1992年,安徽省的人大评议工作开始试点;1995年,安徽省召开全省人大评议工作经验交流会,述职评议在全省范围内得到普遍开展。⑥ 不过,这种分析存在的不足也很明显,容易受到大量有关述职评议的新闻报道的冲击而产生错觉,尤其是忽视和掩盖了区域与层级之间的巨大差异。

首先,在中央层面,乔石、李鹏、田纪云等全国人大常委会领导人多次对地方人大常委会开展的述职评议给予积极评价,认为述职评议值得深入探索和进一步完善。如李鹏在海南考察时曾指出,多年来,地方各级人大及其常委会就如何依法开展监督工作进行了积极探索,在一些方面走在了前面,值得我们学习。⑦ 然而,全国人大自始至终并没有开展过

---

① 人民代表大会制度研究所:《地方人大常委会30年——重大事件回放与点评》,人民日报出版社2010年版,第7页。

② 于希岭、刘观义:《关于人大代表评议"一府两院"工作的几个问题》,载《人大工作通讯》1994年第4期。

③ 刘政、程湘清:《民主的实践》,人民出版社1999年版,第330页。

④ 叶勇鹏:《忽如一夜春风至 千树万树梨花开——来自八闽大地的评议报道》,载《人民政坛》1996年第2期。

⑤《新疆人大概述》,载新疆维吾尔自治区人大常委会网站,http://www.xjpcsc.gov.cn/xjrd/rmdbdh/201209/t4028a89239b45d750139b50cc1770104.html,2012年9月11日。

⑥ 孟富林:《地方人大工作探索》,中共中央党校出版社1999年版,第154页。

⑦《李鹏在海南考察工作时强调依照宪法法律的规定积极稳妥推进监督工作》,载《人民日报》2002年1月17日。

述职评议或类似的监督活动,也没有制定任何直接涉及述职评议的相关法律。

其次,在地方层面,述职评议的制度规范与政治实践之间存在着显著的落差,所谓的依"规"勃兴其实并不具有代表性。多数地方有关评议的制度规范的出台,并不意味着述职评议实践活动的同步开展。以省级人大中较早开展述职评议的贵州省为例。贵州省人大常委会自1994年开始探索述职评议,并于1999年9月制定了《贵州省人民代表大会常务委员会述职评议工作条例》。但是,根据统计,贵州省八届人大常委会评议了7名政府职能部门主要负责人;省九届人大常委会评议了省高级人民法院院长、省人民检察院检察长和3位厅长;省十届人大常委会共评议了4位厅长。除了在评议数量上的下降之外,贵州省人大常委会在换届年份也都暂停了述职评议。① 1999年,江苏省九届人大常委会首次开展述职评议,省教委主任和省水利厅厅长向省人大常委会进行述职并接受评议。2001年,有10位省政府部门主要负责人接受了评议。而江苏省十届人大常委会仅在2004年对省高级人民法院和省审计厅主要负责人开展了述职评议,"之后根据有关方面精神"停止了述职评议。② 又如西藏自治区于2002年11月即已颁布了《西藏自治区人民代表大会常务委员会评议工作条例》,然而,西藏自治区人大常委会的述职评议工作直到2006年3月才真正启动,而且仅在开展了对卫生厅厅长和教育厅厅长的评议之后便宣告终结,此后再未组织过述职评议。③ 市县层面的情形也基本相似。如河南省鹤壁市六届人大常委会对17人开展了述职评议,而市七届人大常委会任期内仅开展了1次述职评议,共评议了2人。④

再次,述职评议的区域与层级差异也十分显著,集中体现在开展时

---

① 数据系笔者根据贵州省历年年鉴和省人大常委会工作报告整理而得。

② 赵晓明:《历史的跨越:为人民用好权、管好权(下)——改革开放以来江苏省人大常委会监督工作纪实》,载《人民与权力》2018年第11期。

③ 西藏年鉴编辑委员会编:《西藏年鉴(2005)》,西藏人民出版社2006年版,第33页。

④ 鹤壁市人民代表大会志编纂委员会编:《鹤壁市人民代表大会志》,河南人民出版社2006年版,第244、271页。

间、频率、评议主体和对象、程序、处理等多个方面。如河南省人大常委会在1995年便开始了述职评议,而河北省则晚至2003年才实施。即便是相同年份开展了述职评议的省份,此后的发展轨迹也截然不同。如湖南省、陕西省、浙江省和新疆维吾尔自治区人大常委会均在1994年开始述职评议,但是在评议数量和连续性等方面表现出了极大的差异性(见图2-1)。在评议人数上,各地差异尤为显著。如截至2005年,山西省人大常委会共评议了22人,[①]北京市人大常委会的评议数量不足20人。[②] 1995—2004年间,河南省人大常委会共评议了34人,而湖南省人大常委会评议了66人。[③] 1994—2003年,陕西省人大常委会评议了79人。[④] 具体从一省内部来看,差异同样显著。以江苏省为例,徐州市十一届人大常委会(1993年3月至1998年1月)共对市政府组成部门主要负责人12人进行了述职评议。南通市十届人大常委会(1993年3月至1998年1月)评议了包括市中级人民法院院长、市人民检察院检察长、副市长在内的27人。扬州市三届人大常委会(1993年3月至1998年1月)则对包括副市长在内的56人开展了述职评议。[⑤] 从每一年份的横断剖面来看,述职评议在某些年份还出现了断裂的情形(见图2-1)。如江苏省徐州市人大常委会于1989年首次开展述职评议,但是此后数年未再进行,直到1995年才重新开展。

---

① 李强:《两次投票不满意免职 解析〈山西省人大常委会述职评议工作办法〉》,载《山西日报》2005年5月19日。

②《随机取案监督执行难》,载《北京青年报》2007年1月21日。

③ 杨小娴:《深化述职评议 中南6省(区)人大常委会主任座谈》,载《三湘都市报》2004年10月21日。

④ 刘子云:《民主的足音——省人大常委会设立30周年回顾之三:监督篇》,载《民生报》2009年12月4日。

⑤《徐州市人民代表大会志》编纂委员会编:《徐州市人民代表大会志(1949—2008)》,方志出版社2009年版,第325页;《南通市人大志》编纂委员会编:《南通市人大志》,方志出版社2012年版,第620页;《扬州市人民代表大会志》编纂委员会编:《扬州市人民代表大会志(1983—2004)》,2004年,第229—232页。

(评议人数/人)

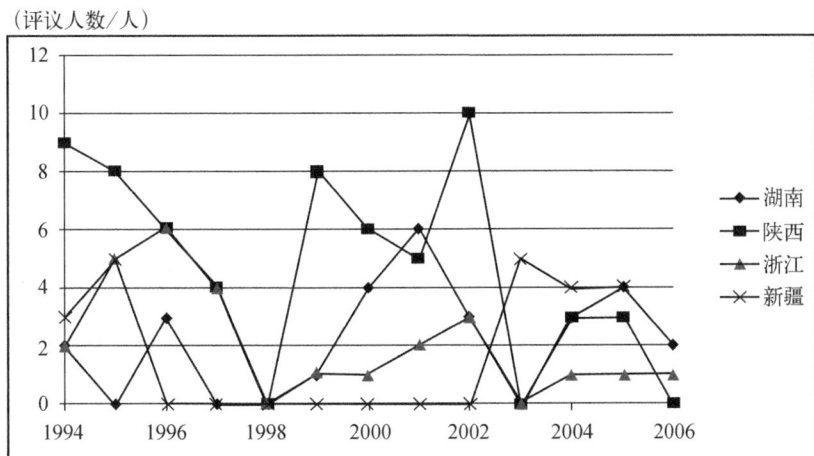

图 2 - 1　湖南省、陕西省、浙江省、新疆维吾尔自治区人大常委会述职评议的评议人数
注:数据系笔者根据四省区历年年鉴整理而得。

　　在述职评议的发起原因上,各地也千差万别。如在江苏省,部分地方人大自发开展了述职评议,并在实践中主动进行探索;而其他地方则在收到省级人大的"建议"之后方开展这项工作。① 对一省内部的不同层级而言,从全国范围来看,市县级人大常委会的述职评议始于 20 世纪 80 年代中后期,省级人大常委会的述职评议则从 90 年代中后期才开始。② 以黑龙江省下辖的 13 个地级市为例,仅从开展时间上来看,黑龙江省人大常委会在 2001 年开始了述职评议,而地级市中除鸡西市和七台河市是在 2001 年之外,其他各市开展述职评议的时间介于 1993—2005 年之间(见表 2 - 2)。上海市各区县人大常委会的述职评议工作早于市人大常委会,但是在 1998 年换届之前尚不普遍。③

---

① Oscar Almén, "Authoritarianism Constrained: The Role of Local People's Congresses in China," Ph. D Dissertation, Department of Peace and Development Research, Goteborg University,2005, p. 69.

② 孙维本:《"两项评议"有利于推进依法治国》,载《人大工作通讯》1998 年第 13 期。

③ 岩楚:《市人大常委会党组深入区县调研人大工作》,载《上海人大月刊》2000 年第 9 期。

表 2-2　黑龙江省地级市人大常委会开展述职评议的时间

市（地区）	时间
哈尔滨市	1993 年
齐齐哈尔市	1993 年
大庆市	1994 年
鹤岗市	1999 年前
牡丹江市	1999 年前
黑河市	1999 年
鸡西市	2001 年
七台河市	2001 年
伊春市	2002 年
佳木斯市	2003 年
绥化市	2003 年
双鸭山市	2004 年
大兴安岭地区	2005 年

注：数据系笔者根据黑龙江省各市年鉴、社会经济统计年鉴、地方志和当地报纸整理而得。

综上所述，对述职评议的分析需要根据具体的实际情况，不能忽略区域与层级差异，而在全国范围内宽泛而论。与此前的研究不同，本书从制度空间的视角出发，将述职评议的发展历程分为制度创新、制度化、制度衰退和制度调适四个阶段。

一、制度创新

作为公共产品的制度，其供给有限而稀缺，由此导致的制度短缺现象成为人类社会政治生活的一种常态。因此，仅有在制度供给与需求达成均衡时，制度体系才能保持稳定；反之，当制度供给无法满足需求时，就会出现"制度创新"以使得制度体系的供给能够满足需求。① 述职评议最初被地方人大创造出来,就是因为它在某种程度上满足和顺应了地方人大行使监督权力的现实需要。

一般来说,制度创新是指在制度安排上发生的正向而积极的变动与革新,它意味着更有效率的制度安排的形成。② 在西方新制度经济学派中,多数研究者并没有对"制度创新"和"制度变迁"进行严格区分;而国内学者在进行制度分析时,则倾向于认为两者之间存在差异,将制度创新视为制度变迁过程中的某个特定阶段。③ 如虞崇胜等认为,"从价值层面讲,制度创新代表一种成功的制度变迁,它特指一种成功的、效率更高的制度替代原有的制度"。同时他限定了制度变迁的发生范围,"制度变迁仅仅是指某个特定制度安排的变迁,而不是指整个结构中每个制度安排的变迁"。④ 总之,在国内学者看来,制度创新内含进化与发展的含义,而制度变迁更强调变化的状态。⑤

述职评议作为一种制度创新,表现为程序创新(侧重于实践)和文本创新(侧重于法理)两种形式。程序创新是指,地方人大在实践中开始尝试探索述职评议;文本创新则是指地方人大制定和出台有关述职评议的条例或办法。在现实中,程序创新与文本创新可能同步进行,也可能存在时间错位。如在制定了有关述职评议地方性法规的省级人大中,安徽、山西、广东、四川和海南5省,在开展述职评议的当年就制定了述职

① 李放:《现代国家制度建设:中国国家治理能力现代化的战略选择》,载《新疆师范大学学报(哲学社会科学版)》2014年第4期。

② 郭小聪:《中国地方政府制度创新的理论:作用与地位》,载《政治学研究》2000年第1期;李景治:《当代中国政治发展中的制度创新》,载《社会科学研究》2007年第3期;杨雪冬:《简论中国地方政府创新研究的十个问题》,载《公共管理学报》2008年第1期;唐丽萍:《地方政府竞争中的制度创新及异化分析》,载《上海行政学院学报》2011年第1期。

③ 贾英健:《社会哲学视野中的制度创新》,载《山东师范大学学报(人文社会科学版)》2002年第2期。

④ 虞崇胜、罗宾:《当代中国政治制度创新的路径选择——基于新制度主义政治学的考察》,载《行政论坛》2011年第1期。

⑤ 范志海:《论中国制度创新中的"内卷化"问题》,载《社会》2004年第4期。

评议的地方性法规;贵州、湖南、陕西、新疆、河南和北京 6 地,程序创新与文本创新的时间跨度为 1—8 年不等。以新疆为例,1994 年 11 月,新疆维吾尔自治区人大常委会首次开展了对自治区公安厅厅长等 3 人的述职评议工作;1995 年 2 月,《新疆维吾尔自治区各级人民代表大会常务委员会监督条例》对地方人大开展述职评议的权力予以确认;①2000 年 9 月,《新疆维吾尔自治区各级人民代表大会常务委员会评议工作条例》的出台,标志着新疆维吾尔自治区的述职评议工作成为有章可循、于法有据的监督行为。与新疆不同,浙江省人大常委会述职评议的两种创新间隔较短。浙江省人大常委会也于 1994 年开展了述职评议工作;1997 年 11 月,浙江省人大常委会主任会议通过了《浙江省人民代表大会常务委员会评议工作办法》,对述职评议工作作出具体规定。

二、制度化

制度化是制度研究的一个重要概念。一些学者从社会学的角度出发,认为制度化是指社会本身以及人的活动方式模式化、定型化和规范化的过程,是人类社会行动都被纳入明确制度轨道的过程。② 盖伊·彼得斯(B. Guy Peters)指出,将制度化视为立法机关的一个根本性特征来加以讨论,已经成为学术界的惯例。③ 亨廷顿则提出了衡量制度化水平的具体标准,认为制度化的程度可以根据组织和程序所具备的适应性、复杂性、自治性和内部协调性来衡量。④ 他提出,如果在制度化的标准和测量方式上能够形成共识,那么对一般政治制度或具体政治组织的比较研究就成为可能。但是,在有关立法机关的研究中,对于什么是制度化的核心特征却存在尖锐的分歧。1968 年,尼尔森·波尔斯比(Nelson

---

① 《新疆维吾尔自治区各级人民代表大会常务委员会监督条例》,载《新疆人大》1995 年第 4 期。

② 宋惠芳编:《现代社会学导论》,山东人民出版社 2015 年版,第 133 页。

③ B. G. Peters, *Institutional Theory in Political Science*, London: Pinter, 1999, p. 85.

④ [美]塞缪尔·亨廷顿:《变化社会中的政治秩序》,王冠华、刘为等译,上海人民出版社 2008 年版,第 10—19 页。

W. Polsby)对该主题作出了开拓性贡献,他以美国众议院为例对立法机关的制度化进行了详尽的实证分析。尽管波尔斯比在研究中并没有对制度化的概念予以界定,不过他认为制度化的组织应具备三个特征:第一,组织具有自主性,组织与其环境之间的边界相对清晰;第二,组织内部相对复杂,其功能运作具有内在独立性;第三,在执行内部事务时,组织往往遵循程序性的政策制定过程,而非一种随意的方式。在对美国众议院的成员延续性、领导录用、内部复杂性以及具体角色等方面的变化进行分析之后,波尔斯比发现,在美国众议院历史发展过程中,其制度化水平不断提升。[1]

　　波尔斯比的研究很快引起了其他学者的关注与回应。1970 年,道格拉斯·查菲(Douglas Chaffey)指出,波尔斯比的研究翔实地展示了一幅立法机关随着时间推进而在专业化上不断提升的图景。但是,通过对蒙大拿州和威斯康星州两地众议院的比较研究,查菲发现,美国众议院在制度化过程中所呈现出来的特征并不具有典型性和代表性。[2] 理查德·西森(Richard Sisson)试图根据立法机关的环境适应性来解释立法机关的内部组织发展。他提出,外部环境与内部组织之间的关系可以通过结构性、文化性和依从性三个指标来衡量,其中结构性指标又可细分为机构自主性和组织复杂性。[3] 1979 年,格哈德·洛温伯格(Gerhard Loewenberg)和萨缪尔·帕特森(Samuel Patterson)在对立法机关的比较研究中,讨论了立法机关的构成、发展以及承担功能,并分析了立法机关的成员录用、内部组织、决策过程以及与其相联系的政治环境。其中,

---

① Nelson W. Polsby,"The Institutionalization of the US House of Representatives,"*American Political Science Review*,Vol. 62,No. 1,1968,pp. 144 - 168.

② Douglas C. Chaffey,"The Institutionalization of State Legislatures: A Comparative Study,"*The Western Political Quarterly*,Vol. 23,No. 1,1970,pp. 180 - 196.

③ Richard Sisson," Comparative Institutionalization: A Theoretical Explanation," in *Legislatures in Comparative Perspective*,edited by A. Kornberg,New York: David McKay Company,1973,pp. 17 - 38.

他们依据习惯性行为和组织复杂性来定义制度化。① 罗伯特·莱昂纳迪（Robert Leonardi）等学者在关于意大利国会制度化的研究中指出，分析国会行为必然涉及其制度化的问题。他们将制度化定义为：国会在制定公共政策时拥有自主性，以及在国会内部的决策制定规则和程序上取得共识。② 菲利普·诺顿（Philip Norton）在前人研究的基础上，缩小了制度化的内涵，而仅将规则性和结构明确性视为制度化的基本特征。③

通过对国外立法机关制度化研究的简要回顾可以发现，海外学者们一般均认同制度化涉及组织内部发展和与外部环境相区分这两个过程，但是对制度化最关键特征是什么存在争论。同时，对制度化结束的关键节点，即在立法机关完全制度化的标准上也缺少共识。有学者在对立法机关早期的制度化研究中发现，波尔斯比所指出的美国众议院制度化的相关特征，在国会创建时期即显著地展现出来了。④ 这一发现启发了之后的学者，如戴维·贾奇（David Judge）认为，应对立法机关确立边界而成为制度的过程与其成为制度之后如何继续发生变迁的过程进行区分。⑤ 这也意味着对立法机关的制度化研究可以分解为立法机关成为一种制度的过程以及制度在组织上变得更为复杂的过程。

贾奇等学者对立法机构制度化过程的两分法，对述职评议的研究起到了极大的启发作用。本书认为，述职评议的制度化是指，述职评议在实践中得到法律法规的支持、规范和引导，并不断获得巩固与完善的进

---

① Gerhard Loewenberg and Samuel C. Patterson, *Comparing Legislatures*, Boston: Little, Brown, 1979, p. 22.

② Robert Leonardi, Raffaella Nanetti and Gianfranco Pasquino, "Institutionalization of Parliament and Parliamentarization of Parties in Italy," *Legislative Studies Quarterly*, Vol. 3, No. 1, 1978. pp. 161 – 186.

③ Philip Norton, *Parliaments and Governments in Western Europe*, London: Frank Cass, 1998, p. 8.

④ Jack R. Van Der Slik, "The Early Institutionalization of Congress," *Congress & the Presidency*, Vol. 16, No. 1, 1989, pp. 1 – 10.

⑤ David Judge, "Legislative Institutionalization: A Bent Analytical Arrow?" *Government and Opposition*, Vol. 38, No. 4, 2003, pp. 497 – 516.

程。述职评议获得合法性的形式有两种，一种是通过"嵌入"的形式成为制度。所谓"嵌入"，即在一般性规范性文本如监督条例、办法或决议中，通过条款嵌入的形式，在原则上对述职评议进行比较笼统宽泛的肯定，但没有从操作性的角度就如何具体实施进行建章立制。在开展述职评议的29个省级人大中，有19个是通过"制度嵌入"的方式来赋予述职评议合法性的。另一种是通过有关述职评议的地方性法规如评议条例或办法来赋予其合法性。回顾述职评议的实践历程，这两种形式并非时间上的先后次序关系。在部分省级人大中，述职评议并没有同时经历这两个阶段。根据统计，1999—2003年间，在19个最初通过"嵌入"开启述职评议的省级人大中，有10个后来并没有制定有关述职评议的地方性法规。同一时期，全国共有19个省级人大先后制定了有关述职评议的单行条例或办法，其中约半数先前也没有"嵌入"作为准备和过渡。此外，还有11个省级人大是在制定地方性法规之后才开展述职评议的，而并非学术界所认为的，地方人大的述职评议往往是首先通过实践积累大量经验，而后再进行立法加以总结和规范。如云南省1995年便通过"嵌入"的方式肯定了述职评议作为人大常委会的监督手段，但直到2001年，云南省人大常委会才真正启动述职评议工作。许多学者将地方人大出台有关述职评议的条例或办法视为述职评议制度化或规范化的显著标志。[①] 事实上，这种观点存在局限，如前文所述，许多地方的程序创新与文本创新之间并不存在密切的对应关系，出台有关述职评议的地方性法规不能等同于述职评议已经制度化，如新疆维吾尔自治区人大常委会于2000年即已制定了评议工作条例，然而在2000—2003年间却并没有开展述职评议。总体来看，不论是从稳定性还是认同度来看，述职评议的制度化水平均不高，这也为《监督法》出台后述职评议一度陷入困境埋下伏笔。

---

① 王彦钊：《述职评议：督促公仆勤政廉洁》，载《检察日报》2002年10月21日。

三、制度衰退

艾伦·罗森塔尔(Alan Rosenthal)指出,如果从立法机关成员或领导的准入与退出所形成的人员差异,将立法者与其他群体相区别的行为规范,以及立法机关拥有决定自身结构、过程和执行的自主权力三个方面来衡量立法机关的边界,那么 20 世纪 70—80 年代美国各州立法机关并没有像波尔斯比所认为的那样,而是发生了显著的制度衰退。[①] 制度衰退简单地说就是制度化的逆向或反向过程。在中国,制度化可能确实导致政治结构中发生了许多渐进和不可逆的变化,[②]但是,这一论断在用于分析微观领域的变革时值得商榷。正如亨廷顿所指出的,政治变革不会将自己归放到整齐划一的历史箱子之中,[③]制度化也并不必然是不可避免的、不可逆的、单向性的和无变化的。[④] 述职评议的发展不是一个单向度的增量过程。述职评议的衰退不仅体现在开展频率和规模的"缩水"之上,更突出表现在相关地方性法规的废止与修正上。有学者认为,述职评议的沉寂与衰退是《监督法》没有给予支持导致的:以《监督法》的实施为界,确实可以发现述职评议的衰退愈加显性化,如省级人大常委会在此之后全部停止了述职评议,这种时间上的"接踵"很难以偶然性来解释。事实上,述职评议的衰退迹象在《监督法》漫长的制定过程中即已显露端倪。《监督法》屡次被修改、搁置和推迟的一个重要原因是各方在

[①] Alan Rosenthal, "State Legislative Development: Observations from Three Perspectives," *Legislative Studies Quarterly*, Vol. 21, No. 2, 1996, pp. 169 - 198.

[②] Jing Huang, "Institutionalization of Political Succession in China: Progress and Implications," in *China's Changing Political Landscape: Prospects for Democracy*, edited by Cheng Li, Washington, D. C.: Brookings Institution Press, 2008, p. 94.

[③] [美]塞缪尔·亨廷顿:《第三波:20世纪后期的民主化浪潮》,欧阳景根译,中国人民大学出版社 2013 年版,第 11 页。

[④] Johan Olson, "Change and Continuity: An Institutional Approach to Institutions of Democratic Government," in *Comparative Administrative Change and Reform: Lessons Learned*, edited by Jon Pierre and Patricia Ingraham, Ithaca: McGill-Queen's University Press, 2010, p. 24.

述职评议上存在严重分歧。当时,对述职评议是否给予立法规范存在两种针锋相对的态度:持赞成态度的人认为,述职评议是对人大及其常委会选举和任命干部的一种监督方式,促进了依法办事和廉洁自律,进行立法时应给予肯定;持反对立场的则认为,述职评议是地方人大在实践中的全新做法,尚处于探索阶段,各地情况和做法存在较大差异,在法律中作出统一规定的时机还不成熟,以不作规定为宜。① 最终结果是反对立场占上风,述职评议最终被排除在《监督法》之外。全国人大常委会法工委副主任在对《监督法》的解释中比较了述职评议和工作评议,认为后者更能体现人大常委会监督的特点,更能发挥监督优势。首先,工作评议可以把对工作监督和对人监督统一起来。政府组成人员和法官、检察官等的违纪违法问题,应当分别由党的机关、行政机关、司法机关去处理,并已形成一整套行之有效的制度。也就是说,述职评议可能涉及的人事处理与现行体制存在重合和冲突。其次,工作评议不仅可以评议本级政府及其组成部门,还可以评议政府直属机构和在本行政区域内的上级垂直领导机构。言外之意是,述职评议在监督覆盖面上存在盲区。再次,工作评议可以围绕改革发展稳定大局和群众切身利益、社会普遍关注的重大问题进行评议,而不是不问必要与否,将每个人都评议一遍。这意味着,所有地方人大及其常委会选举和任命的"一府两院"工作人员届内都进行评议的做法没有必要。②

尽管李鹏等全国人大常委会领导人多次强调,即使《监督法》未对述职评议进行规定,地方人大常委会进行述职评议仍然有充分的法律依据。如 2002 年 8 月 26 日,李鹏在参加全国人大常委会会议对监督法草案的审议时,明确指出"述职评议未写入监督法不等于没有法律地位,因为今年人大常委会工作报告决议已明确述职评议等监督方式可以继续探索,这也给地方人大开展述职评议提供了法律依据"③。然而,《监督

---

① 杨景宇主编:《监督法辅导讲座》,中国民主法制出版社 2006 年版,第 221 页。
② 杨景宇主编:《监督法辅导讲座》,中国民主法制出版社 2006 年版,第 67—69 页。
③ 李鹏:《立法与监督:李鹏人大日记》,新华出版社 2006 年版,第 559—560 页。

法》制定过程中在述职评议问题上的激烈争论与分歧,以及《监督法》最终对述职评议的摒弃,极大地挫伤了地方人大继续开展述职评议的积极性。1996 年 12 月,全国人大举办的高层次人大工作研讨班上,与会的省级人大常委会负责人一致要求,希望《监督法》能够对这些年来各地在实践中探索和创造的一些切实有效的、比较成熟的监督形式和做法进行肯定并加以规范,其中就包括述职评议。① 但是,省级人大推动述职评议规范化的积极性在 2003 年之后发生了明显转变。在此之后,多数省级人大放弃了通过制定地方性法规来为之提供法理规范,而是以将评议"嵌入"监督条例或其他法规的形式作为合法性依据,如河北省、浙江省和黑龙江省等。在 2003 年之前,已经以"嵌入"方式开展评议的省级人大则继续维持现状,也没有专门出台有关述职评议的地方性法规,如甘肃省、湖北省和广西壮族自治区等均是如此。

有学者指出,制度创新在以后的运行中,如果不能在广度和深度方面进行新的拓展,必然会遭遇危机。② 述职评议的转折发生在十届全国人大期间。从 2004 年开始,全国人大对述职评议明显持否定态度(详见第六章),这直接影响了地方人大开展述职评议的积极性。2005 年 7 月下旬,北京市人大常委会主任在接受记者采访时强调,"述职评议要搞更好还需要继续探索,逐渐改进"。但是,到 2006 年 3 月,北京市人大常委会却明确表示"不再进行述职评议"③。其他省级人大常委会的述职评议工作也从 2006 年开始停止。2006 年 8 月,十届全国人大常委会通过了《监督法》,并于 2007 年 1 月 1 日开始施行。有研究者指出,《监督法》的出台是述职评议基本结束的标志,此后述职评议明显进入了消退的阶段。④《监督法》开始实施之后,多数地方人大以其没有对述职评议进行

---

① 韧岩:《强化人大监督职能 加快依法治国的步伐——全国人大工作研讨班述评》,载《新疆人大》1997 年第 2 期。

② 高新军:《地方政府创新如何持续》(下),载《南风窗》2010 年第 24 期。

③《北京市人大今年停止述职评议 改为专项工作评议》,载中国人大网,http://www.npc. gov. cn/npc/xinwen/dfrd/bj/2006 - 03/03/content_345582. htm,2006 年 3 月 3 日。

④ 张春生、席文启:《关于述职评议的几个问题》,载《新视野》2017 年第 2 期。

规定为由,对述职评议的相关法规进行了清理和修改。客观而言,《监督法》本身没有直接否定述职评议,那种认为缺乏《监督法》规定的监督实践都是于法无据的或者必须由《监督法》正式授权才能实施监督的观点明显是不正确的。① 但是,考虑到制定《监督法》的初衷是为了将地方人大常委会行使监督权力纳入法制轨道,而且它明确规定的各种监督形式中确实没有包括述职评议,在这种情况下,未被确定为法定监督形式的述职评议逐渐淡出了公众视野。② 《陕西省志·人民代表大会志》指出,陕西省不再进行述职评议是"根据监督法有关规定"③。山西省不再组织述职评议也是基于相同的原因。④ 2007 年 8 月,河南省人大常委会在审议关于废止省人大常委会述职评议工作条例的议案时,一方面肯定了述职评议"对于加强人大常委会的监督工作,促进'一府两院'依法行政和公正司法,发挥了积极作用",另一方面也委婉地传达出废止的原因:《监督法》规定了地方人大常委会对"一府两院"工作人员的监督,主要采取听取和审议专项工作报告、执法检查和询问、质询、特定问题调查、撤销职务等形式和手段,因此决定废止述职评议的工作条例。江苏省人大工作理论研究会的研究人员也指出,"因新修订的监督法颁布实施,这项工作又一度被叫停。从省十届人大至十一届人大期间,地方各级人大对选任人员的监督工作基本处于停滞状态"⑤。笔者对安徽、浙江、贵州等地部分区县人大工作人员的访谈也证实了这种情形。受访者均强调,地方人大要"依法监督",既然《监督法》没有规定述职评议,因而不宜开展。一项制度创新能否持续开展并得到制度化的一个重要条件是"立法主体

---

① 秦前红、孙莹、黄明涛:《地方人大监督权》,法律出版社 2013 年版,第 132 页。
② 徐振光:《当代中国社会转型与县级人大制度研究——以 L 区人大为例》,上海人民出版社 2010 年版,第 83 页。
③ 陕西省地方志编纂委员会编:《陕西省志·人民代表大会志(1991—2008 年)》,陕西人民出版社 2011 年版,第 292 页。
④ 何涛、吴临芳:《山西省人大常委会 35 年发展纪事》,载《人民代表报》2014 年 10 月 2 日。
⑤ 江苏省人大工作理论研究会:《关于国家权力机关对选举任命人员工作监督的研究》,载《人民与权力》2020 年第 7 期。

的共同认可和支持"①,而述职评议显然并不具备这一条件。

四、制度调适

　　制度调适简言之就是组织和制度规则在实际运行中适应外界各个变量而作出的动态调整过程。② 述职评议在《监督法》实施之后的制度调适目前尚未得到学术界的重视。有研究者指出,地方人大关于国家权力行使方式的制度创新,其生命最终取决于能否被基本法律和制度接纳。③ 由于未能得到《监督法》的认可,地方人大开展述职评议变得顾虑重重,积极性骤然下降。④ 虽然仍有部分地方人大继续开展评议工作,但是,由于"缺乏顶层设计和统一规范,实践中依然存在思想认识不统一、工作机制不完善等问题,影响了监督效果"⑤。部分地方人大在寻求述职评议的法理依据时甚至绕过了《监督法》,直接诉诸《宪法》或《地方组织法》。如浙江省海宁市人大常委会对任命干部开展述职,是根据"《中华人民共和国地方各级人民代表大会和地方各级人民政府组织法》、《海宁市人民代表大会常务委员会任免国家机关工作人员办法》等有关规定"⑥。2019 年 1月,《准格尔旗人民代表大会常务委员会任命的国家机关工作人员述职评议工作办法》在阐明评议依据时也指出,"根据《中华人民共和国地方各级人民代表大会和地方各级人民政府组织法》《鄂尔多斯市各级人民

---

① 陈书全:《论我国立法后评估启动的常态化》,载《法学论坛》2012 年第 3 期。

② 申坤:《中国人民代表大会制度变迁研究》,知识产权出版社 2015 年版,第 32 页。

③ 谢蒲定:《制度创新必须符合社会主义宪政和法治原则》,载《人大研究》2009 年第 8 期。

④ 刘兵:《地方人大常委会开展述职评议的若干思考》,载常德市人大网,http://rd.changde. gov.cn/art/2018/11/5/art_145_1328535.html,2018 年 11 月 5 日。

⑤《省十二届人大常委会五年工作回顾之三》,载江苏省人大常委会网站,http://www.jsrd. gov.cn/bmzy/bm_yjs/bm_yjs_jh/201804/t20180426_495157.shtml,2018 年 4 月 26 日。

⑥《海宁市人民代表大会常务委员会任命干部述职测评办法(试行)》,载海宁人大常委会公共信息网,http://www.hnsrd.gov.cn/wzxt/show.asp? id=6028,2014 年 10 月 14 日。

代表大会代表评议工作条例》的有关规定,结合我旗工作实际,制定本办法"[1]。

　　总体来看,在《监督法》开始实施至党的十八大之前,省市层级的述职评议工作已经基本停止,仅有少数县级人大继续坚持开展,如重庆市云阳县,四川省旺苍县,江西省婺源县,浙江省缙云县、宁海县,云南省宁洱县、陆良县、沾益县(今曲靖市沾益区)、景谷县、南华县、孟连县,等等。需要指出的是,云南省有较多的县级人大在《监督法》实施之后仍继续开展述职评议,其中一个重要原因是作为开展述职评议重要法理依据的《云南省人民代表大会常务委员会关于加强对省人大及其常委会选举任命的国家行政、审判、检察机关工作人员监督的决定》并没有被废止,至今依然有效。同时有部分地方变更名目继续开展与述职评议性质相似的监督工作。许多地方人大客观上接受了述职评议被叫停的"事实";但是通过对监督工作的"制度创新",兼具对人和对事性质的监督工作仍得以继续,其中最具代表性的是"履职评议"(履职测评、履职情况报告、履职考核、履职点评等)和"满意度测评"。如从 2013 年开始,浙江省全面展开了针对法官和检察官的履职评议。浙江省的履职评议最早发起于台州市。台州市人大常委会主任指出,《监督法》没有规定对"两院"的个案监督,但是司法监督工作"不能不加强",因此积极探索出了一条"切实有效"的司法监督方式,即履职评议。台州市加强司法监督的探索,很快得到了浙江省人大常委会的肯定和其他地方人大的认可,[2]此后在宁波、杭州、温州、湖州、金华、衢州、丽水等市也相继得到开展。"满意度测评"从 2009 年开始进入舆论视野,成为全国遍地开花的监督创新。[3] 地方人大在审议专项工作报告、常委会任命人员履职报告、常委会审议意见落

---

[1] 《准格尔旗人民代表大会常务委员会任命的国家机关工作人员述职评议工作办法》,载准格尔旗人大常委会网站,http://www.zgerd.gov.cn/rdzs/rdzd/201904/t20190406_2352667.html,2019 年 1 月 6 日。

[2] 谢翠鸣等:《"两官"评议:人大监督司法创新实践》,载《法治与社会》2014 年第 7 期。

[3] 邹庆键、曾文生、温一鹤:《人大满意度测评的若干分析》,载《人大研究》2014 年第 10 期。

实等情况时可以进行满意度测评。2009 年 4 月,宁夏回族自治区对自治区高级人民法院和人民检察院提交的专项工作报告进行了满意度测评,在省级人大中首开先河。少数省级人大对满意度测评进行了规范,如 2010 年 3 月,四川省人大常委会通过了《四川省〈中华人民共和国各级人民代表大会常务委员会监督法〉实施办法》。① 一般说来,经两次满意度测评仍不满意的,述职单位或个人将会被问责。如《安徽省人民代表大会常务委员会听取和审议专项工作报告及满意度测评办法》规定,测评结果为不满意的,应当在下次常委会会议上重新报告,再次进行满意度测评仍为不满意的,常委会应当根据不同情况作下列处理:对有关机关或者工作人员进行通报批评;责成有关机关或者工作人员向常务委员会作出书面检查;责成有关机关、单位对责任人员给予行政处分;对常务委员会任命的国家机关工作人员依法决定免职、撤职;对人民代表大会选举的国家机关工作人员向本级人民代表大会提出罢免案。

党的十八大是述职评议发展过程中又一个重要的分水岭。自 2013 年以来,地方人大的述职评议又发生了新的转机,全国不少地方陆续恢复了述职评议工作。② 首先,在省级人大层面,2014 年 5 月,安徽省人大常委会通过《关于省人民政府、省高级人民法院、省人民检察院工作人员任前审查和任后监督的规定》,要求省人大常委会任命的“一府两院”人员“每年应当向省人大常委会书面述职;经主任会议研究,也可以在省人大常委会会议上口头述职”③。安徽省人大常委会从 2015 年开始组织人大常委会任命的“一府两院”工作人员向常委会述职,并将其列入年度监督工作计划中。2015 年,河北省计划对常委会任命的部分“两院”工作人员进行述职评议。④ 2015 年,陕西省人大常委会制定了《关于“一府两

① 《四川省〈中华人民共和国各级人民代表大会常务委员会监督法〉实施办法》,载《四川日报》2010 年 4 月 26 日。
② 席文启:《近年来人大监督在北京的实践》,载《人大研究》2017 年第 4 期。
③ 《安徽省人民代表大会常务委员会关于省人民政府、省高级人民法院、省人民检察院工作人员任前审查和任后监督的规定》,载《安徽日报》2014 年 6 月 26 日。
④ 《河北省人大:2014 年任免国家机关工作人员 107 人》,载《河北日报》2015 年 1 月 11 日。

院"有关负责人向省人大常委会报告履职情况的实施意见》。陕西省十二届人大常委会任期内共组织 20 名"一府两院"组成人员向常委会报告履职情况。[1] 山西省人大常委会提出要进一步完善"一府两院"被选举任命人员任期履职报告制度。[2] 四川省十二届人大常委会建议新一届省人大常委会"着力抓好"的工作包括"探索听取履职情况报告、开展述职评议等方式,加强对被任命人员的任后监督"[3]。福建、江西省人大常委会在监督工作中都开展了满意度测评。部分省级人大重新启动述职评议,为述职评议在全省范围内的开展创造了有利条件。郑永年等学者发现,在中国,省级层面在某种改革的发起和维持上起到关键性作用。[4]《监督法》出台前的实践表明,省级人大对述职评议在本省的全面开展起到了重要的推动作用。

表 2-3　2019 年安徽省各市人大常委会开展评议工作情况

市	主要内容
合肥市	加强对国家机关工作人员任前审查和任后监督,严格执行宪法宣誓制度,推进任后述职工作,促进被任命人员尊宪崇法、恪尽职守、勤政廉政。
芜湖市	落实好市政府组成部门向市人大常委会或有关专委会报告年度工作制度。选择相关议题,适时组织专题询问和满意度测评。
蚌埠市	开展所任命的"两院"工作人员向市人大常委会述职并接受评议活动。
淮南市	2019 年 5 月,《淮南市人大常委会述职评议暂行办法》经市委常委会研究同意后实施。2019 年 7 月,对市商务局、市交通运输局、市水利局主要负责同志进行了述职评议。

---

[1] 胡悦:《陕西省人民代表大会常务委员会工作报告》,载《陕西日报》2018 年 2 月 3 日。

[2]《山西省人民代表大会常务委员会关于加强和改进人大监督工作的决定》,载《山西日报》2015 年 1 月 25 日。

[3] 陈光志:《四川省人民代表大会常务委员会工作报告》,载《四川日报》2018 年 2 月 9 日。

[4] Yongnian Zheng and Cuifen Weng, "Why Does China's Reform Start in the Provinces? De facto Federalism and Its Limits," in *Democratization in China, Korea, and Southeast Asia*, edited by Kate Xiao Zhou, Shelley Rigger, and Lynn T. White III, London and New York: Routledge, 2014, p. 111.

续表

市	主要内容
马鞍山市	加强任后监督,强化被任命人员的宪法意识、责任意识和公仆意识。
淮北市	加强对市政府组成部门依法履职情况的监督,有计划地对政府组成部门开展工作评议。
铜陵市	做好人事任免工作,开展任命人员述职,促进任命人员增强宪法意识、依法履行职责。2019 年 3 月,市人大常委会听取了市民政局等部分市人大常委会任命的工作人员述职报告并进行了测评。
安庆市	完善任免工作程序,加强对国家机关工作人员的任后监督。
黄山市	常委会会议计划听取和审议市人大常委会任命的"一府两院"工作人员述职报告。
滁州市	认真履行法定职责,做好立法工作,开展有效监督,依法行使决定权和任免权。
阜阳市	2019 年 7 月,对市中级人民法院有关人员履职情况进行了评议和测评。
宿州市	审议市人大常委会任命的市人民政府组成人员、市中级人民法院副院长和部分法官、市人民检察院副检察长和部分检察官 2018 年度述职报告(书面)。
六安市	加强干部任后监督,要求市政府组成部门主要负责人和"两院"有关人员向常委会提交年度述职报告。
亳州市	深化细化监督措施,积极探索正确有效监督的新路径,让人大监督更具活力、更有力度、更富实效。
池州市	组织由市人大常委会任命的"一府两院"工作人员在 2019 年 10 月召开的市人大常委会会议上就 2017 年度以来的工作进行述职。
宣城市	加强对市人大常委会任命的国家机关工作人员任前审查和任后监督。2018 年,市人大常委会组织开展了对 8 名法官、5 名检察官履职情况的述职评议工作。

注:资料系笔者根据各市人大常委会 2019 年工作报告和年度工作重点整理而得(截至 2019 年 10 月)。

其次,在全国 15 个副省级市中,述职评议或类似的监督活动也在悄悄"复燃"。目前,杭州、宁波、西安、深圳、南京、哈尔滨、厦门、武汉、长春、沈阳等市均已开展或计划开展述职评议(履职评议),济南、青岛、广州、成都等市也开展了满意度测评。2021年,沈阳市人大常委会听取了"一府两院"17名相关负责人的履职报告,并将监督结果报送市委,其经验做法还在全国人大会议上进行了交流。① 2022年,武汉市人大常委会对常委会任命的审判、检察人员开展了任后监督,并计划在2023年"加强对选举和任命人员的任后监督,促进被任命人员依法勤勉履职"。② 此外,大连市人大常委会在2023年的工作安排中计划制定地方国家机关工作人员任后监督办法,使之成为监督工作"利器"。

再次,在市县级人大层面,述职评议或类似的监督活动在党的十八大之后开始趋多。安徽省各地级市人大常委会2019年均开展或计划开展评议工作(见表2-3),其中马鞍山市十五届人大常委会开展干部任后监督并形成常态化,累计听取并审议市政府秘书长和市政府组成部门主要负责人、"两院"部分法官和检察官共235人次的述职报告。③ 目前江苏省13个省辖市人大常委会均开展了述职评议(履职评议),以加强任后监督工作,如镇江市人大常委会对其任命干部进行了常态化评议,将对事和对人监督结合起来。这些积极变化或许昭示着述职评议在未来的发展趋势。

五、本章小结

20世纪80年代初,地方人大开展的"代表评议""政绩考核"等活动事实上成为述职评议的先声。在全国人大的支持和鼓励下,1995年前后,述职评议在地方人大层面得到了普遍开展。需要指出的是,在中央层面,全国人大自始至终并没有开展过类似述职评议的相关监督活动,也没有制定任何直接

---

① 《沈阳市人民代表大会常务委员会工作报告》,载《沈阳日报》2022年1月14日。
② 《武汉市人民代表大会常务委员会工作报告》,载武汉市人大常委会网站,http://www.whrd.gov.cn/mobile/detail-22598.html,2023年1月10日。
③ 《马鞍山市人民代表大会常务委员会工作报告(摘要)》,载《马鞍山日报》2018年1月8日。

涉及述职评议的相关法律。在地方层面,述职评议的制度规范与政治实践之间存在着显著的落差,多数地方有关评议的制度规范的出台,并不意味着述职评议实践活动的同步开展。此外,述职评议的区域与层级差异也十分显著,集中体现在开展时间、频率、评议主体和对象、程序、处理等多个方面。

总体来看,地方人大述职评议的演变经历了制度创新、制度化、制度衰退和制度调适四个阶段。作为制度创新的述职评议表现为程序创新和文本创新。前者是指地方人大在没有法理规范的背景下尝试开展述职评议,后者是指地方人大制定和出台有关述职评议的条例或办法。在现实中,程序创新与文本创新可能同步进行,也可能存在时间错位。述职评议的制度化是指述职评议在实践中得到法律法规的支持、规范和引导,并不断获得巩固与完善的进程。述职评议获得合法性的形式有两种,一种是通过"嵌入"的形式成为制度,即在监督条例、办法或决议等法律文本中,通过条款嵌入在原则上对述职评议进行比较笼统宽泛的肯定;另一种则是通过有关述职评议的地方性法规如评议条例或办法来赋予其合法性。两种形式并非发展上的先后次序关系,许多地方的程序创新与文本创新之间并不存在密切的对应关系。自 2004 年之后,述职评议渐趋衰退,《监督法》的出台是一个分水岭。《监督法》开始实施之后,多数地方人大以其未对述职评议进行规定为由,对述职评议的相关法规进行了修改、清理或废止。此后述职评议明显进入了消退阶段。在《监督法》开始实施至党的十八大之前,省市层级的述职评议工作已经基本停止,全国仅有少数县级人大继续坚持,同时部分地方人大通过"制度创新"变更名目继续开展与述职评议性质相似的监督工作,其中最具代表性的是"履职评议"和"满意度测评"。党的十八大是述职评议发展过程中又一个重要的分水岭。自 2013 年以来,地方人大的述职评议迎来了新的契机,全国不少地方陆续恢复了述职评议工作,在市县人大层面,述职评议或类似加强任后监督的活动日益趋多,甚至部分省级人大也重新开展了述职评议或履职评议,这表明述职评议正在逐步摆脱和扭转《监督法》实施以来的衰退趋势。

亨廷顿发现,世界的民主化进程中存在"波浪"与"回潮"现象。所谓一波民主化是指，在特定时间段里发生的一组由非民主政权向民主政权的转型，同时转型的数量明显超过反向转型的数量；①民主回潮就是与一波民主化方向相反的政治变革。借鉴亨廷顿的划分方法，我们可以发现，述职评议中同样也存在显著的"波浪"与"回潮"现象："第一波"从 20世纪 80 年代中后期至 2006 年。这一期间述职评议逐渐扩展开来，在1995 年前后地方人大普遍地开展了评议工作。但是述职评议扩张的势头从 2004 年开始放缓。第一波"回潮"为 2006—2012 年。全国人大从2004 年即开始对述职评议"降温"，《监督法》的实施则是全面叫停述职评议的标志性事件。这一期间的述职评议总体上处于衰退和式微的状态。"第二波"从 2013 年开始，以安徽、陕西等省级人大重启述职评议为标志。有学者指出，中国的改革体现在时间和空间两个维度。在时间维度上是"部分改革"，即每项改革都是分阶段进行的，很少一步到位；在空间维度上是"局部改革"，改革的推进带有地域性，地方性试验先于全面推广。② 从述职评议来看，人大制度空间的发展呈现的则是渐进性与周期性的双重特征。一方面，地方人大内部的组织结构和外部的权力关系朝着积极的方向不断优化，推动了地方人大工作的持续改进，使得述职评议表现出渐进性的外部特征；另一方面，各个权力主体尤其是中央在述职评议的态度上明显缺少连续性和一致性，导致述职评议经历了"肯定—否定—肯定"的周期性变化。为何同时存在这一对看似相互矛盾的外在特征，是本研究要解释和回答的重要问题之一。

---

① [美]塞缪尔·亨廷顿：《第三波：20 世纪后期的民主化浪潮》，欧阳景根译，中国人民大学出版社 2013 年版，第 11 页。
② 姚洋：《作为制度创新过程的经济改革》，格致出版社、上海人民出版社 2008 年版，第 116 页。

第三章　政治过程：述职评议的全景展呈

　　　　只有让人民来监督政府，政府才不敢松懈。只有人人起来负责，才不会人亡政息。①

——毛泽东

　　政治学研究中的过程取向，作为一种解构主义方法，强调对政治生活进行中观层次的动态分析。② 而目前国内多数关于政府的研究，一般采用规范取向的研究方法，并不是通过现实政府活动与政治生活中的经验事实和实证材料来考察、总结和归纳政府活动的权力结构与功能过程。③ 但是，"一项制度的合理性与合法性，不仅需要规范的考察，而且需要经验的检验"④。因此，对述职评议的分析只有建立在对其政治过程进行深入了解和考察的基础上，才能得出令人信服的结论。

　　在 2007 年《监督法》正式实施之前，地方人大的述职评议工作一般

---

① 中共中央文献研究室编：《毛泽东年谱(1893—1949)》(中卷)，中央文献出版社 2013 年版，第 611 页。

② 包雅钧：《政治过程分析方法的回顾与反思》，载《东方论坛》2007 年第 6 期。

③ 胡伟：《政府过程》，浙江人民出版社 1998 年版，第 8 页。

④ 林尚立：《政党、政党制度与现代国家——对中国政党制度的理论反思》，载《中国延安干部学院学报》2009 年第 5 期。

可以分为准备部署、评议调查、评议会议和整改落实四个阶段。

一、准备部署

(一) 组织领导

　　述职评议的前期相关准备工作包括评议工作的组织领导、选择评议对象、确定述职内容、制定评议工作方案等。这个环节基本明确了政治问责的几个核心要素,如谁向谁负责(评议主体和对象)、问责的内容(评议内容)、问责关系的原因(评议动员),以及如何开展问责(工作方案)等。[1] 在多数情形中,述职评议的主体为本级人大常委会,但在实际操作中,各地较为普遍地使用了"委托评议"的形式。一种委托评议是授权地方人大的专门委员会或人大常委会主任会议进行评议。如广东省九届人大常委会采用了常委会主任会议评议的形式,对省政府组成人员和"两院"领导进行了评议。[2] 由于地方人大常委会任命的审判人员和检察人员数量较多,对该群体使用委托评议的情形十分普遍。如太原市人大常委会授权市人大人事委员会和法制委员会听取检察员和审判员的述职报告。[3] 成都市人大常委会也授权内务司法委员会对部分市中级人民法院审判员和市人民检察院检察员进行述职评议。[4] 另一种委托评议是授权评议对象所在机构组织评议活动,这种评议形式尤其频繁地运用于对法院和检察院有关人员的评议中。如 1997 年,南京市秦淮区人大常

---

[1] Mark Bovens, Thomas Schillemans and Robert Goodin, "Public Accountability," in *The Oxford Handbook of Public Accountability*, edited by Mark Bovens, Thomas Schillemans and Robert Goodin, Oxford University Press, 2014. p. 10; Richard Mulgan, *Holding Power to Account : Accountability in Modern Democracies*, New York: Palgrave Macmillan, 2003, p. 47.

[2] 吴雪甜:《依法行使职权　推进依法治省——全省各市人大常委会主任座谈会综述》,载《人民之声》1999 年第 1 期。

[3] 李慎宽主编:《前进中的市级人大》,中国民主法制出版社 1997 年版,第 401 页。

[4] 王体乾:《成都市人民代表大会常务委员会工作报告——2005 年 1 月 30 日在成都市第十四届人民代表大会第三次会议上》,载《成都日报》2005 年 2 月 6 日。

委会委托区法院和检察院对 3 名区法院副院长和 2 名区检察院副检察长开展了述职评议工作。① 1998 年,南京市玄武区人大常委会也委托了"两院"对 8 名审判、监察工作人员进行述职评议。②

就述职评议的主体而言,各地之间和不同层级之间呈现出了显著的差异性。以广东省为例,中山市、梅州市等地规定,述职评议应当在人大常委会会议或常委会主任会议中进行。1994 年,佛冈县人大常委会对其任命的 36 名政府职能部门主要负责人的述职评议,是在人大常委会主任扩大会议上进行的。③ 而广东省其他地方,如肇庆、佛山、江门等市,述职评议在人大常委会会议上进行。此外,就某地纵向发展来看,述职评议的主体往往也经历了变化。如太原市人大常委会从 1989 年开始述职评议,最初是由部分代表和常委会组成人员进行评议,在制定了《太原市人民代表大会常务委员会述职评议工作办法》之后,才将市人大常委会组成人员明确为评议主体。④

述职评议工作多数由人大常委会主任会议组织实施,具体工作则由人大对口的专门委员会和办事机构承担,如人大常委会的常设工作机构可以作为评议工作的办事机构,也可以临时成立机构承担评议工作的具体事务。各地在这方面的规定略有差别,如河南省述职评议的办事机构是人大常委会负责人事任免的工作机构,湖南省则是人大常委会负责选举任免联络的工作机构。有的地方专门成立了述职评议工作组或领导小组,以相关工委为主负责评议工作的组织与协调。如福建省晋江市的述职评议工作组可根据工作需要,从市人大常委会机关和市直有关部门抽调人员,组成工作小组开展评议工作。在其他地方,如湖北省述职评议工作组是由对口联系的专门委员会成立的,由常委会分管副主任任组长,相关专门委员会主任委员任副组长,委员会组成人员和常委会相关

---

① 南京市秦淮区地方志编纂委员会编:《秦淮区志》,方志出版社 2003 年版,第 460—461 页。
② 南京市玄武区地方志编纂委员会编:《玄武区志》,方志出版社 2005 年版,第 465 页。
③ 佛冈县人大常委会:《完善监督机制开展述职评议》,载《人民之声》1994 年第 10 期。
④ 李恩庆:《建立和完善地方人大监督制度》,载《人民代表报》2005 年 10 月 29 日。

副秘书长参加,并邀请部分省人大代表参加。在某些情况下,尤其是地方人大常委会在审议人大及其常委会选举和任命的"一府两院"工作人员的年度述职报告时,会赋予常委会主任会议,甚至是专门委员会、工作委员会评议主体的地位。

　　各地的述职评议一般都吸纳了不同比例的人大代表。在规范层面,省级人大制定的评议工作条例或办法,往往对人大代表参与评议活动作出明确说明。如江苏、重庆、贵州和安徽等省市均规定"可以邀请部分人大代表参与";新疆维吾尔自治区的评议过程中,"可以邀请本行政区内的上级人大代表参加";海南省则进一步扩大范围,"邀请本行政区域内部分上一级或下一级人大代表参加评议",并且"根据实际需要,可以邀请有关专家参加评议工作,提供相关的业务咨询和评议参考意见"①。在实践层面,部分地方人大代表的参与程度也有所不同。以上海市为例,静安区安排了部分区人大代表作为评议工作小组的成员全程参加评议工作;②杨浦区在评议过程中,除了向100余名人大代表发放述职评议的征询意见表外,还邀请了50多名人大代表列席述职评议会,使参与评议工作的人大代表占全体人大代表的50%以上。③ 其他地方,如安徽省虽明确规定了直接参加评议的人大代表人数为本级人大代表总数的10%左右,但是下辖市县在操作中并未严格遵循这一要求。如2000年,铜陵市人大常委会对6名副市长进行述职评议时,邀请的市人大代表即超过代表总数的25%。④ 2004年,山东省金乡县人大常委会让全县所有的省市县三级人大代表参与评议活动。⑤

　　在述职评议中,地方人大常委会主任会议和专门委员会等经授权可

①《自治区各级人民代表大会常务委员会评议工作条例》,载《新疆人大》2000年第11期。
②陈怡倩:《深化监督体现民主》,载《上海人大月刊》2004年第1期。
③《继续开展对评议工作的探索》,载上海市杨浦区地方志编纂委员会办公室编《杨浦年鉴(2001)》,汉语大词典出版社2001年版,第56页。
④郑宪景:《对副市长述职评议感言》,载《江淮法治》2004年第Z1期。
⑤刘旭:《金乡县人大常委会述职评议工作在"实"字上作文章》,载《山东人大工作》2004年第6期。

以成为评议主体。但是,这种做法存在明显的缺陷。仅就人大常委会主任会议而言,在各地的述职评议中,人大常委会主任会议确实发挥了重要作用。如四川省遂宁市三届人大常委会主任会议(1995 年 4 月至 2000 年 2 月)共召开会议 94 次,其中 22 次与述职评议相关。[①] 但是人大常委会主任会议作为处理常委会重要日常工作的领导机构,并不能完全行使人大常委会的职权,所作出的决定也不具有法律约束力。因而,要求人大常委会主任会议甚至专门委员会行使法律赋予人大常委会的监督权力,显然不太适宜。[②] 此外,"委托评议"的做法更是背离了开展述职评议的初衷,将"异体问责"转变成"自我问责",其监督效果可想而知。

(二) 评议对象

1. 评议对象的范围

评议对象又称为"述职人员""被评议人"等。一般来说,评议对象是地方人大监督的对象,即本级人大产生的国家机关工作人员,包括本级人大选举和常委会任命"一府两院"的工作人员(监察委员会成立之前)。如陕西省规定,县级以上的评议对象为人大及其常委会选举和任命的人民政府组成人员,人民法院院长、副院长,人民检察院检察长、副检察长等。但是,在实践中选举产生的"一府两院"工作人员,尤其是政府的负责同志往往很少被评议。田纪云曾对这种做法提出尖锐的批评:"说述职评议不评正职,只评副职,有人会提出这有什么道理? 省里实行的是省长负责制,评议副省长,他会说我是根据省长的批示干的。'两院'的副职领导人也会说,院长、检察长的工作报告也包含着我们的辛劳,怎么不评议他而只评议我们呢?"[③]此外,有的地方还试图将本行政区域内垂直管理部门如土地管理、税务、技术监督等部门的主要负责人也纳入评议范围。

---

① 四川省遂宁市人大常委会办公室编:《遂宁市人大志(1985 年—2005 年)》,2009 年,第 307—315 页。

② 万文周:《郁哉轩文存》,武汉出版社 2003 年版,第 172 页。

③《田纪云文集·民主法制卷》,中国民主法制出版社 2016 年版,第 277—278 页。

2. 评议对象的选择

从规范性文本来看,年度的评议对象多由地方人大常委会或常委会主任会议决定。如湖南省的评议对象是"由人大常委会主任会议提请人大常委会会议决定",同时"人大常委会主任会议根据当年实际情况,可以对述职人员名单提出个别调整意见,提请人大常委会会议确定"。甘肃省各市县人大主要是根据党委的工作重心和社会舆论等方面来选择评议对象。如肃南县人大常委会述职人员的选择,一般从三个方面考虑:党委在某个时期要抓的中心工作;群众反映强烈的"热点""难点"问题;在工作中存在突出问题的部门和部门领导。① 金昌市人大常委会选择评议对象时突出"三个围绕",即围绕党委工作中心和工作重点,围绕人民群众关注的热点难点问题,围绕新颁布法律法规的贯彻实施来选择评议对象。② 在实践中,一些地方选择政绩突出的监督对象作为述职人员。如浙江省宁海县就是根据先进性等原则来确定评议对象的。甘肃省景泰县在 2004 年之前实行的是"评好不评差"的做法。③ 吉林省四平市最初也是挑选政绩突出的人员进行评议,因为"这样工作好做,矛盾较少"。但是"经过一个阶段后,群众对此有反映,认为这种评议对被评议者没有触动,对其他人也没有教育"。此后,四平市人大常委会决定在人大常委会任命的人员中随机抽取,再经主任会议确定。④

从各地的实践看,常委会主任会议在确定评议对象上发挥了较大的影响力,甚至是决定性作用。如 2004 年前的广西壮族自治区河池市,2005 年前的福建省顺昌县、浙江省永嘉县,2006 年前的江苏省高邮市等地的评议对象均是由常委会主任会议"议定"。2005 年,山东省菏泽市人大常委会的述职评议对象,首先由市人大常委会组成人员和部分全国、省、市人大代表民主推荐,根据推荐情况,报市人大常委会主任会议初步

---

① 甘肃省肃南县人大常委会:《述职,一种有效的监督方式》,载《人大研究》1993 年第 10 期。

② 王吉明:《如何搞好述职评议》,载《人大研究》2004 年第 2 期。

③ 高勇:《交通局长败走"评议场"》,载《江淮法治》2005 年第 7 期。

④ 崔屹山、于安春:《开展述职评议强化人事监督》,载《吉林人大》2001 年第 9 期。

确定 8 名述职人员,然后由市人大常委会投票表决出 5 名述职评议对象。① 也有地方人大在选择评议对象时征求"一府两院"的意见。如2004 年,长春市人大常委会主任会议按 1∶3 的比例提出评议对象的建议名单,然后由人大常委会副主任分别征求市委、市政府和市检察院有关领导的意见,最后再由市人大常委会在建议名单中投票确定。② 甚至有的地方进一步"权力下放",让"一府两院"自行选择述职人员。如河南省鲁山县将《述职评议实施方案》和《鲁山县人民代表大会常务委员会述职评议工作办法》发送至县法院和县检察院,让"两院"推荐评议对象。③

地方人大及其常委会通过"票决"形式决定评议对象,多数是在评议工作已积累了丰富的经验之后才启用的。2004 年,河北省制定了2004—2007 年对省"一府两院"被任命人员述职评议的实施方案,规定述职人员名单要在征求常委会组成人员意见之后提交常委会会议进行表决。④ 部分地方为了增加评议的民主性,充分发挥人大代表在确定述职人员方面的作用。如甘肃省人大常委会从 2001 年开始改进述职评议工作,采取向人大代表征求意见的方法确定评议对象。⑤ 北京市顺义区2000 年的述职人员由人大常委会主任会议确定,2001 年开始改由全体人大代表提名推荐,代表联络室将人大代表推荐表汇总后报人大常委会主任会议讨论,人大常委会主任会议根据人大代表的意见,将推荐得票多的前 2 名拟定为述职评议人员,提请人大常委会决定。⑥ 2003 年 11月,辽宁省阜新市人大常委会主任会议通过了对人大常委会任命的政府组成人员的述职评议工作方案。工作分两步进行:第一步,市人民政府

---

① 臧耀红:《促进机关工作人员依法行政履行职责 市人大常委会将评议政府部分组成人员》,载《菏泽日报》2005 年 5 月 24 日。
② 贾冬梅:《今年评议"谁"划票来确定》,载《吉林人大》2004 年第 9 期。
③ 郭贺马:《一次评议摘去三顶乌纱帽》,载《人大建设》2003 年第 1 期。
④《2004 年省人大常委会监督工作回眸》,载新华网,http://www.he.xinhuanet.com/news/2005-01/06/content_3516478.htm,2005 年 1 月 26 日。
⑤ 姚文仓:《新形势下加强人大监督工作的几个问题》,载《人大研究》2001 年第 11 期。
⑥ 北京市顺义区人民代表大会常务委员会编:《北京市顺义区人民代表大会志(1989—2006)》,2006 年,第 192 页。

35 名组成人员(局长、主任)向人大常委会提交书面述职报告;第二步,采取全体市人大代表划票方式确定 4 名政府组成人员到市人大常委会会议上述职并进行评议。① 一些地方在评议对象的选择过程中广泛吸纳了社会公众的政治参与。如湖南省麻阳苗族自治县人大常委会向各机关单位和社会各界发出述职评议民意测评表,由人民群众对全县 61 个"一府两院"工作部门及上级垂直管理单位的工作情况进行民意测评"打分",由县人大常委会主任会议将不满意率高的部门、单位负责人和政府分管领导确定为评议对象。②

3. 评议对象的覆盖面

在各地的实践中,由于地方人大及其常委会选举和任命的"一府两院"工作人员数量众多,而完整的述职评议流程又需要耗费数月之久,这就导致了一届地方人大事实上只能对少数人开展述职评议。如 1994—2006 年间,重庆市云阳县共对 23 人进行了述职评议,③仅为云阳县人大及其常委会选举或任命"一府两院"工作人员的少数。浙江省桐庐县人大常委会的述职评议工作自 1993 年开始,至 2005 年结束,在此期间共对县人大常委会任命的 25 人进行了述职评议,其中书面述职评议11 人。④

针对这个问题,较为普遍的措施是对评议工作进行统筹规划,采用集中或分批的方式进行评议。如 2002 年 10 月,浙江省玉环县(今玉环市)人大常委会采用集中评议的形式,对县人大常委会任命的县人民政府组成部门主要负责人和县人民法院、县人民检察院副职以上 24 位干部进行了评议和信任度测评。⑤ 2005 年 3 月,四川省高县人大常委会对

① 《阜新市人民代表大会志》编纂委员会编:《阜新市人民代表大会志》,2005 年,第 279 页。
② 辛玉祥:《确定述职评议对象应以民意调查为基础》,载人民网,http://www.people.com.cn/GB/14576/14528/2270668.html,2003 年 12 月 29 日。
③ 姚洪春:《人大专项工作评议初探》,载重庆人大网,http://www.ccpc.cq.cn/rdcy/201312/t20131226_68162.html,2013 年 12 月 26 日。
④ 桐庐县人大志编纂委员会编:《桐庐县人大志》,2007 年,第 249 页。
⑤ 《玉环集中评议任命干部》,载《人民日报》2002 年 11 月 20 日。

73 名由县人大常委会任命的"一府两院"工作人员进行了述职评议,其中4 人因"不称职"而被责令整改。① 分批述职的做法同样普遍。如 2003年,甘肃省人大常委会制定了述职评议五年规划和年度工作计划,决定每年在常委会会议上对 2—4 名省政府组成人员和"两院"负责人进行述职评议,本届任期内计划评议 15 人左右。② 1994—2007 年间,江苏省建湖县人大常委会每年确定 5 名政府组成部门主要负责人,向常委会汇报依法行政、廉洁自律、工作实绩等方面的情况。③ 现实中,评议对象的职务调整、工作变动或其他各种偶然因素都可能导致评议计划无法执行。述职评议工作缺少稳定性同时也对人大监督的权威性造成负面影响。1994 年 9 月 27 日,山东省人大常委会主任会议确定纺织厅、农业厅和司法厅主要负责人在省八届人大常委会第十一次会议上(1994 年 12 月 2日至 6 日)进行述职。1995 年 12 月 7 日至 14 日,山东省八届人大常委会举行第十九次会议,分别听取并审议了省劳动厅、农业厅、司法厅厅长的述职报告。述职评议原定的时间和对象均发生了调整。④ 2004 年 7月,四川省人大常委会对省教育厅厅长杨泉明等 5 位厅长开展述职评议,其中,杨泉明在述职的次日即出任中共四川大学党委书记,致使对其的评议不得不中止。⑤ 2005 年,黑龙江省齐齐哈尔市人大常委会决定对市工商行政管理局局长进行述职评议,后因该局长患病,便将对其的评议工作延迟至下一年度进行。⑥ 一些地方将任职时间考虑在内以排除人事变动带来的不确定性。如北京市石景山区、黑龙江省牡丹江市和拜泉县、新疆维吾尔自治区布尔津县、山东省潍坊市和昌邑市等地的评议办

---

① 王融远、杨兴平:《73 名县官的"年检"》,载《人民日报》2005 年 4 月 27 日。
② 程有清:《甘肃省人大常委会工作报告——2004 年 1 月 12 日在省第十届人民代表大会第二次会议上》,载《甘肃日报》2004 年 1 月 20 日。
③ 建湖县地方志编纂委员会编:《建湖县志(1986—2008)》,方志出版社 2009 年版,第 362 页。
④ 蔡世聪主编:《山东省人民代表大会及其常务委员会大事记(1979—1999)》,山东人民出版社2000 年版,第 207、241 页。
⑤ 李伟:《省人大常委会述职评议会议侧记》,载《四川日报》2004 年 7 月 28 日。
⑥ 罗文孝:《统一思想扎实推进努力搞好述职评议工作》,载《齐齐哈尔日报》2006 年 4 月 11 日。

法中均规定,任现职未满一年的"一府两院"工作人员可暂不纳入评议范围。北京市朝阳区规定,"任职未满一年或一年内将要退休的人员,原则上不安排评议"①。一些地方对评议对象的任职期限要求较长,如重庆市要求述职评议对象必须任现职务两年以上。②

另一较为普遍的做法是采用书面形式进行评议,以实现评议对象数量上的全覆盖。如根据《兰州市人大常委会述职评议工作实施办法》,兰州市人大常委会每年将确定 1—3 名述职人员进行评议,没有列入述职评议的则须在每年 1 月份之前向市人大常委会报送书面述职报告。③ 部分地方人大常委会要求常委会任命人员年终提交书面述职报告、届内口头述职一次,但是书面述职的大量使用主要是因为地方人大常委会无法做到对法定评议对象全部进行口头述职评议。如 2002 年,广东省九届人大即将期满换届时,要求本届以来尚未述职评议的政府组成人员和"两院"副职进行一次述职评议。但是,在各地的实践中,书面述职评议逐渐演变成最主要的评议方式。如 1994—2002 年,浙江全省市县人大常委会在述职评议中共评议了 4717 人,其中口头述职评议 1673 名,书面述职评议 3044 名。④ 杭州市人大常委会 1992—2007 年间共评议了37 人,其中 22 人采用的是书面述职。1994—2005 年间,浙江省舟山市人大常委会共对 86 人开展了述职评议,其中口头评议了 14 人。⑤

总体来看,评议对象的确定和范围在操作过程中存在明显的缺陷。首先,尽管述职评议的法定评议对象为地方人大及其常委会选举和任命的"一府两院"工作人员,但是评议对象实则多为政府组成部门的主要负

① 《北京市朝阳区人民代表大会常务委员会关于对选举和任命的"一府两院"工作人员监督办法(试行)》,载北京市朝阳区人大常委会网站,http://chyrd.bjchy.gov.cn/gkgg/gzzd/ff80808122151b230122499a20a002dd.html,2005 年 7 月 18 日。
② 赵永刚、杨孝敏、王民爱:《创新述职评议 监督权力行使》,载《新重庆》2005 年第 8 期。
③ 毛浓曦:《兰州:领导述职两次不过可能被免》,载《工人日报》2006 年 1 月 11 日。
④ 周国辉、洪开开、肖鹏青:《坚持制度创新,推进述职评议——浙江省人大述职评议工作的回顾与思考》,载《人大研究》2003 年第 5 期。
⑤ 舟山市人大常委会办公室编:《舟山市人民代表大会志》,2011 年,第 278—280 页。

责人和"两院"副职,而政府的主要领导接受评议的情况较为罕见。这种在评议对象选择上的弃"高"就"低",致使某些特定人员一直游离于评议监督之外。① 浙江省最初在开展述职评议工作时,将评议对象限定为人大常委会任命的"一府两院"工作人员。② 浙江省各市的述职评议工作很早即已开展,但是各市对副市长的述职评议从 2005 年才开始。2005 年 7 月,杭州市人大常委会开展了对副市长孙景淼的述职评议工作,在浙江省首开先河。③

其次,地方人大常委会作出的法定评议对象届内述职一次的承诺经常难以兑现。有的地方规定,换届前后一年内不进行述职评议,中间年份每年会议评议 3—5 人,这样一届内累积仅能评议 10 余人左右。因此,一些法定的评议对象就怀有投机与侥幸心理,"反正轮不到我头上,谁先轮到述职评议,谁运气就不好"。如前文所述,地方人大常委会要想实现评议对象的全覆盖,往往只能借助书面形式。如 2006 年,江西省上饶市人大常委会决定,在上半年里对届内任命的尚未开展述职评议的国家机关工作人员全部进行书面述职评议。④

再次,在评议对象的选择方式上,无论是人大常委会会议确定,或是本级人大代表票决,还是在吸纳民意的基础上推选产生,这些五花八门的做法看似颇具民主色彩,但同时也反映出述职评议缺少应有的制度规范,制度弹性空间过大,"给人留下人大常委会随意确定述职对象、有意整人的错觉"⑤。此外,还有学者提出,对银行、电力等垂直部门的评议应该由消费者或是市场评判,人大常委会对垂直部门进行评议反而会助长

---

① 费丽芳:《人大监督不到位的主要根源探析》,载《中共浙江省委党校学报》2001 年第 1 期。
② 浙江省人大常委会办公厅:《浙江省各级人大常委会开展"两项评议"工作的情况》,载《人大工作通讯》1995 年第 12 期。
③ 黄炯尔:《杭州:首次评议副市长》,载《浙江人大》2005 年第 11 期。
④ 黄木华:《上饶市人民代表大会常务委员会工作报告》,载《上饶日报》2006 年 3 月 11 日。
⑤ 王安泽:《述职评议现状分析》,载《人大研究》2005 年第 9 期。

"官本位"思想。①

(三) 述职内容

　　评议对象述职的基本内容一般包括德、能、勤、绩等方面。在此基础上,各地的规定略有差异,如:辽宁省特别强调了需要考核评议对象"本行业本系统队伍建设情况";陕西省将思想、工作作风情况,办理代表建议、批评和意见情况也涵括在内;安徽省、重庆市、贵州省等省市的评议内容还包括人民群众普遍关心和迫切需要解决的问题的处理情况;海南省将社会反映强烈的问题,重大案件、事件的办理或者处理情况也纳入评议范围;广东省和贵州省规定,述职评议可以进行全面评议,也可以就其中某个方面进行评议。在"应当评议的其他事项"方面,从出台了有关述职评议的地方性法规的省级人大来看,在决定主体上也存在显著的差别(见表3-1)。

表3-1　各省(区、市)决定应当评议的其他事项的主体比较

决定应当评议的其他事项的主体	省(区、市)
人大会议	安徽
人大常委会	安徽、山西、四川、广东、重庆、河南、海南、西藏
人大常委会主任会议	山西、四川、重庆、江西、新疆、海南、西藏、吉林

　　实践中,部分地方的评议内容并没有严格拘泥于文本的范围。如2004年,北京市人大常委会对市财政局局长、市劳动和社会保障局局长进行述职评议时,要求评议内容包括:主动接受人大监督和社会监督的情况,主要工作业绩和不足,以及进一步改进工作的意见和措施等。这些都是《北京市人民代表大会常务委员会开展述职评议工作的试行办

① 贵阳市人大制度工作研究会:《中外专家汇集贵阳探讨人大监督权的有效实现》,载《贵阳日报》2004年10月29日。

法》所没有规定的。① 从 2005 年开始，重庆市双桥区（2011 年撤销，与大足县合并为大足区）人大常委会对任命的国家机关工作人员进行评议时，将"生活圈""社交圈"也纳入考察范围，②而这些也没有包括在《重庆市各级人民代表大会常务委员会评议工作条例》之内。此外，根据评议对象所属部门的不同，评议内容也会相应作出调整。如湖北省荆州市人大常委会在评议市中级人民法院的法官时，要求评议的内容为：政治和业务学习情况；依法履行工作职责情况；自觉接受人大监督情况；自身勤政廉政建设情况。③ 在评议政府职能部门主要负责人时，则要求评议内容为：遵守执行宪法、法律、法规的情况；执行市人大及其常委会决议、决定的情况；履行职责，依法行政，完成工作任务的情况；勤政廉政的情况；接受市人大及其常委会监督，办理代表建议、批评、意见的情况。④

（四）工作方案

在开展述职评议之前，多数地方人大常委会往往会制定评议工作方案，一般涉及述职评议的组织领导、相关要求以及具体实施步骤等内容。评议工作方案多由地方人大对口专门委员会或常委会对口工作机构草拟，由人大常委会主任会议决定。需要指出的是，地方人大常委会一般在事前将评议工作方案通过党组报送同级党委，得到批准后再付诸施行。评议工作方案一般会以书面形式提前告知评议对象。广东省、江西省等规定应于评议前两个月发出书面通知。贵州省规定书面通知的对象还包括评议对象所在单位和主管机关。

---

① 汲传排：《财政局长劳动局长将向市人大常委会述职　市人大常委会部署述职评议工作》，载《北京日报》2004 年 7 月 15 日。
② 刘金川、傅云贞：《述职评议加上"两圈"》，载《公民导刊》2006 年第 1 期。
③ 荆州市人大常委会关于对市中级人民法院部分法官进行述职评议的实施方案》，载《荆州市人大常委会公报》2006 年第 2 期。
④ 《荆州市人大常委会 2004 年对市"一府两院"部分组成人员进行述职评议的实施方案》，载《荆州市人大常委会公报》2004 年第 4 期。

各地述职评议工作方案在述职评议的时间跨度上呈现出较大差异。如在 2005 年北京市朝阳区人大常委会对区农委主任等人的评议工作方案中,评议工作从 4 月 11 日开始,至 5 月份结束(见表 3－2)。部分地方的评议工作需要半年左右的时间甚至更长。如在北京市西城区人大常委会 2001 年述职评议工作实施方案中,评议工作从 3 月上旬开始,至 10 月下旬结束,为期 7 个多月之久(见表 3－3)。2005 年,北京市怀柔区人大常委会述职评议工作的实施方案规定,评议工作从 3 月开始,至 12 月结束,前后长达 9 个月,同时评议工作方案对评议的程序步骤及时间都安排得极为详尽。① 一般来说,口头述职评议比书面述职评议需要投入更多的时间,如黑龙江省绥化市人大常委会 2003—2006 年组织的历次述职评议持续时间介于 5 至 9 个月之间,②这也是多数地方人大常委会往往每年仅能对少数人开展口头述职评议的重要原因。

表 3－2　2005 年北京市朝阳区人大常委会对区农委主任和区检察院
　　　　　副检察长的评议工作方案

时间	任务安排
4 月 11 日前	区人大常委会办公室向述职评议对象发出通知,要求他们按照区人大常委会的要求,做好述职准备,完成述职报告。区人大常委会办公室向常委会委员发出关于进行述职评议的通知,将参加 2005 年述职评议的人员名单通知委员,希望委员采取不同形式,对述职人员进行了解,做好评议和测评准备。区人大常委会办公室在朝阳人大网站发布述职评议通知,公布评议对象名单,听取人大代表和选民的意见。
5 月 10 日前	已经撰写 2004 年书面述职报告的评议对象,可对报告修改后并经区人大常委会相关委室审阅,交区人大常委会办公室。相关委室通过组织召开有关部门和人员参加的座谈会等形式听取意见,提出综合评价意见。

① 《关于对区人民政府组成人员进行述职评议工作的实施方案》,载北京怀柔人大网,http://www.bjhr.gov.cn/publish/main/hrdt/tzgg/20111107001657/index.html,2005 年 4 月 18 日。
② 绥化市人民代表大会常务委员会编:《绥化市人民代表大会志(2000.6—2007.1)》,2008 年,第 110—113 页。

续表

时间	任务安排
5月	召开常委会,听取述职报告并进行评议和测评。述职评议后区人大常委会办公室将述职评议和测评情况整理汇总后报区委,待区委同意后反馈给本人。

资料来源:《2005 年述职评议工作方案》,载北京市朝阳区人大常委会网站,http://chyrd. bjchy. gov. cn/gkgg/szpy/ff80808121e2753a0121eca3f7ab0366. html。

表 3-3　北京市西城区人大常委会 2001 年述职评议工作实施方案

时间	任务安排
3月上旬	区人大常委会主任会议研究述职评议实施方案,确定工作程序,明确工作责任。
4月中旬	召开工作动员会布置工作。
5—6月	根据述职干部的工作职责,召开不同形式的座谈会,听取各方面的意见,开展调查研究,做好述职评议准备工作。
6月下旬	人大常委会主任会议听取述职评议准备工作情况汇报。
7月下旬	召开常委会会议,进行述职评议工作。
8月上旬	人大常委会主任会议听取述职评议汇总情况,确定对述职干部的评议意见并书面反馈。
9月中旬	人大常委会主任会议听取述职干部根据评议意见改进工作的情况汇报。
10月下旬	向人大常委会和区委报告述职评议情况。

资料来源:北京西城区人大常委会网站,http://www. bjxch. gov. cn/pub/xch_renda/E/E2/200512/t20051227_664755. html。

(五) 评议动员

　　地方人大在开展评议工作之前一般会召开动员会议。在以往的政治动员中,动员对象多为普通民众,而在述职评议中则主要是评议对象。在动员过程中,动员主体主要通过教育、宣传与劝导的方式,引导动员客体接受和认同动员主体的权威,并促使其展开特定旨向的集体行动。[1]

---

① 李斌:《政治动员及其历史嬗变:权力技术的视角》,载《南京社会科学》2009 年第 11 期。

就述职评议而言,地方人大希望借助动员,达到"统一思想、提高认识、明确任务"的目的,以确保评议工作的顺利开展。各地对动员会议的与会人员并没有作出明确规定,与会人员往往十分广泛。如 2004 年,湖北省十届人大开展首次述职评议的动员会议,参加会议的有在武汉的省人大常委会组成人员和相关专(工)委的组成人员,部分省人大代表,省人民检察院检察长,省人大常委会秘书长,省高级人民法院、省政府组成部门、省政府直属机构和直属特设机构主要负责人,以及省委组织部负责人等。① 有的地方人大还邀请退休干部与会。根据评议对象的不同,组织评议动员的主体和与会人员也有所区别。如 1997 年 8 月,内蒙古自治区某市对市公安局、市科委、市财政局和市土地局局长(主任)的评议动员会议由市人大常委会主持,市委书记兼人大常委会主任、一位市委副书记和市人民政府副市长与会并发言;1998 年 9 月,对市经贸委、市计生委、市司法局和市劳动局局长(主任)的评议动员会议,则由市人大常委会办公室组织,同时鲜有党政主要负责人参加会议。② 此外,有的动员大会还邀请了上届述职报告写得好及评议后工作改进大的述职人员与会发言。③

　　动员会议除了对评议工作进行具体部署之外,与会的地方党政主要负责人还会就述职评议的法理依据、意义以及目的进行积极阐释,并对如何具体开展提出相关要求。通过领导讲话或座谈向评议对象表明评议工作的法理依据,使他们意识到述职评议是人大行使监督权力的重要形式,评议对象不能逃避和推诿。如 2004 年 7 月,在青海省人大常委会组织的对省公安厅厅长的述职评议动员大会上,省人大常委会副主任指出,"对人大及其常委会选举任命的国家机关工作人员进行述职述议,是

---

① 任浩、田晓杏:《省人大常委会召开动员会述职评议拉开序幕》,载《湖北日报》2004 年 4 月 10 日。

②《1989 年—1998 年》,载乌海人大网,http://www. nmwhrd. gov. cn/readnews. php? class ＝%C8%CB%B4%F3%BC%F2%BD%E9＆subclass＝%B4%F3%CA%C2%BC%C7＆id ＝2151,2009 年 3 月 24 日。

③ 李慎宽主编:《前进中的市级人大》,中国民主法制出版社 1997 年版,第 401 页。

地方各级人大及其常委会加强监督工作的重要内容"。"人大常委会通过对他们的述职评议,了解他们执行宪法、法律、法规、党的路线方针政策、人大及其常委会决议决定的情况,实际上就是对他们的工作实施法律监督和工作监督。这种监督,是我国的根本政治制度——人民代表大会制度的性质和地位所决定的,是人民赋予人大及其常委会的神圣权力,是人大及其常委会代表国家和人民进行的具有最高法律效力的监督。"[1]

当代中国动员政治的特点集中体现在会议制度上。会议制度既是分析政治沟通的关键维度,也是理解中国政治的一个重要视角。[2] 评议动员会议一般以地方人大常委会主持的专门会议为主。不过,也有部分评议动员会议是由评议工作小组前往评议对象所在机构召开。如 2004年 8 月,安徽省六安市人大常委会副主任率市人大考评组分别到市交通局、市农委和市审计局召开述职评议动员会,传达工作计划与日程安排。在评议动员会议上,评议对象通常需要发言表态接受和支持人大的评议工作。如 2005 年 10 月,在浙江省温州市常务副市长等人的述职评议动员大会上,4 位评议对象均作了表态发言。[3] 部分地方人大常委会还通过与评议对象进行谈话来深入动员。如 2004 年 4 月,浙江省人大常委会在召开对省卫生厅厅长李兰娟的评议动员会议之前,时任省委书记、省人大常委会主任习近平,省人大常委会副主任俞国行、徐志纯分别与其进行了深入谈话。[4]

评议动员会议使用的动员手段一般是"刚柔兼施"。刚性手段是指通过组织评议对象学习法律法规,使其主动认识到开展述职评议具有充分的法理依据。同时在各地出台的指导具体开展评议工作的条例或办

---

[1] 多杰群增、李云斗:《青海省人大常委会将对省公安厅厅长进行述职评议》,载人民网,http://www.people.com.cn/GB/14576/14528/2642061.html,2004 年 7 月 15 日。

[2] 谢岳:《试论会议制度的政治沟通功能》,载《学习与探索》2008 年第 4 期。

[3] 袁艳:《市人大部署述职评议以评议为契机推进"一府两院"工作》,载《温州日报》2005 年 10月 25 日。

[4] 《一月要事(2004 年 3 月 30 日—2004 年 4 月 28 日)》,载《浙江人大》2004 年第 5 期。

法中,一般对评议对象逃避、阻碍或拒绝评议工作的行为作出了较为严厉的惩罚。如江西省规定,如果评议对象"未经常务委员会主任会议许可不参加评议活动,或者拒绝接受评议的",可以"由常务委员会主任会议责成其向常务委员会作出书面说明;人民代表大会代表或者常务委员会组成人员可以依法提出质询"。即便在评议条例中没有明确作出规定的地方,拒绝和抵制评议也可能会引发严重的政治后果。如 2006 年 6 月,大连市中级人民法院一名法官因对述职评议有抵触情绪,并称病拒绝出席述职评议会议,而被依法撤销职务。①

评议动员会议所使用的柔性手段,主要是在会上对评议对象的现有工作进行肯定和表扬,并暗示评议工作的基调是"寓支持于监督之中",即使在评议中发现问题和不足,只要评议对象能够积极支持评议工作并对整改足够重视,那么人大常委会就不会启用刚性的监督手段。这样就使得评议对象对评议结果有一个基本的良性预期,可以放下心理顾虑与思想包袱,接受甚至欢迎人大进行评议。如 2005 年 10 月,浙江省嵊州市召开述职评议动员会议,尽管具体的评议工作尚未展开,但是市委书记、市人大常委会主任对评议对象的履职情况给予了高度肯定。② 2006 年 8 月,广西壮族自治区人大常委会召开的述职评议动员会议鼓励评议对象放下顾虑,"认真听取常委会组成人员、人大代表和人民群众的意见,实事求是地总结自己任职以来的工作,敢于面对问题,正视不足,完善措施,改进工作"③。

动员人们参与政治活动有一个基本前提,即政治动员的主体和客体在共同利益及其实现途径的认知上存在差距。④ 评议动员会议很大程度上试图弥补这种差距,为顺利开展述职评议进行必要的思想动员。但

① 阎永纬:《未获多数常委信任大连一法官被撤职》,载《法制日报》2006 年 6 月 24 日。
② 徐永明:《我市召开述职评议动员会议》,载嵊州新闻网,http://sznews.zjol.com.cn/sznews/system/2005/10/12/000118856.shtml,2005 年 10 月 12 日。
③《自治区人大常委会昨日召开述职评议动员大会》,载新华网,http://www.gx.xinhuanet.com/newscenter/2006-08/03/content_7681336.htm,2006 年 8 月 3 日。
④ 关海庭:《中国共产党的政治动员述论》,载《中共党史资料》2009 年第 2 期。

是,它同时也影响了评议工作之后的基本脉络与发展走向。如在动员过程中,地方人大往往向评议对象淡化和隐去了监督权力的刚性面相,使他们意识到接受评议并不会将自身置于质询、罢免、撤职等政治风险中。这种做法确实减少了开展和推广述职评议的阻力,对述职评议的制度化起到了积极作用,但是,片面强调支持而弱化监督,给原本具有权威性和强制性的监督活动蒙上一层柔情脉脉的面纱,①有可能使述职评议蜕变为一种形式化的例行监督,而"凡是变成例行公事的东西都丧失生命力,不再具有在其内部起作用的精神,只是继续机械地运转"②。

二、评议调查

(一) 调查组

在民主政治中,"信息"对立法机关的良性运转极为重要。③ 因为立法机关履行代表、立法和监督等各种职能,都需要建立在掌握充分信息的基础之上。④ 述职评议也不例外。在会议评议之前,地方人大常委会通常会成立调查组围绕评议内容开展调查。调查组成员主要由本级人大常委会组成人员和部分人大代表组成。绝大多数地方对如何产生评议调查组并未明确规定,少数地方如江西省和湖南省等规定,其成员由常委会主任会议决定。评议调查组的人员构成不是一成不变的。如2005 年,辽宁省辽阳市人大常委会在成立评议调查组时,改变了过去以专门委员会为主体的做法,决定以常委会组成人员为调查组的主体,并

① 刘今定:《国家权力机关与同级其它国家机关并非只有监督与被监督的关系》,载《人民政坛》1996 年第 5 期。
② [英]J. S. 密尔:《代议制政府》,汪瑄译,商务印书馆 1982 年版,第 89 页。
③ Riccardo Pelizzo and Frederick Stapenhurst, *Government Accountability and Legislative Oversight*, New York: Routledge, 2014, p. 64.
④ Stephen Frantzich, "Computerized Information Technology in the U. S. House of Representatives," *Legislative Studies Quarterly*, Vol. 4, No. 2, 1979, pp. 255 - 280.

要求相关专门委员会尽量回避其对口联系部门。① 在开展评议调查时,山西省规定,可以吸纳部分下级人大代表和聘请专家参与调查。湖南省规定,还可以邀请部分上级人大代表。辽宁省也有相似的规定。有的地方人大在开展评议调查时,试图使尽可能多的人大代表参与其中。如2004年,河北省宁晋县人大常委会在评议过程中向300余名县级以上人大代表发放了征求意见表,并组织他们走访选民,广泛征求社会各界对述职人员的意见。江苏省东海县人大常委会在对任命干部述职评议的调研过程中,也向全体人大代表发放征询意见表,并对回收的征询意见表进行汇总分析。② 评议调查组所承担的具体任务是广泛听取各方面意见,收集和了解评议对象的相关信息,为此后的评议发言材料做前期准备,同时形成调研报告提交给人大常委会作为评议参考。调研报告的内容涉及评议对象履职情况、存在问题及改进建议等方面。

(二) 调查方式

地方人大的评议调查有多种不同的方式。如山西省的评议调查采取"分组调查、案件调查、专题调查、综合调查等形式","通过召开座谈会,走访选民、当事人、办案人、知情人及有关单位,发放征求意见卡,查阅资料案卷等方式"。海南省在进行评议调查时,"采取听取汇报、召开座谈会、个别走访和查阅相关材料及有关案卷等方式"。内蒙古自治区在评议调查中增加了民主测评环节。有的省级人大常委会还委托其他机构进行评议调查。如1995年,新疆维吾尔自治区人大常委会在对自治区交通厅厅长等5人进行评议调查时,向各州、市(县)人大常委会和地区人大工作委员会发出通知,委托他们组织当地各级人大代表对自治

---

① 《辽阳市人大常委会七项措施创新和深化述职评议》,载网易新闻,http://news.163.com/05/0831/13/1SG57JEN0001124T. html,2005 年 8 月 31 日。

② 黄贵华:《创新监督方法　增强监督实效》,载人民网,http://cpc.people.com.cn/GB/34727/56414/56450/56488/4539539. html,2006 年 6 月 28 日。

区交通厅等部门的工作进行调查了解。① 部分省市对评议调查的规定较为模糊,仅原则性地要求评议调查应采取多种方式进行。

虽然各地评议调查一般规定"听取各方面意见",但是,从省级人大层面来看,调查往往是在评议对象所在单位内部进行,陕西省、河南省、吉林省等少数地方对此作了明确规定。如陕西省要求,县级以上"人大常委会在听取述职报告前,应组织部分常委会组成人员和人大代表,到述职人员所在部门及其下属单位进行视察,广泛了解述职人员的情况,并写出视察报告,向人大常委会会议汇报"。部分地方将评议调查的范围扩大,如北京市要求,"市人大常委会组成人员应当通过多种形式听取述职人员所在部门和有关单位人员、市人大代表和人民群众对述职人员的意见,了解述职人员依法履行职责的有关情况"。在实践中,省级人大常委会关于评议调查的原则性规定,为市县人大留下了一定的自主性空间。如辽宁省规定,评议调查"采取调查、检查、视察等形式,广泛听取各方面意见",但是没有规定评议调查的具体范围。辽宁省辽阳市人大常委会在评议调查中,除了前往评议对象所在单位召开座谈会、开展问卷调查外,还在评议对象所属系统的下级单位和省有关厅局进行走访。② 又如海南省规定,"进行评议调查时,可以采取听取汇报、召开座谈会、个别走访和查阅相关材料及有关案卷等方式"。海南省乐东县的评议调查是从述职对象单位、系统在职和离退休人员中随机抽选进行个别座谈,20 人以下的单位则要求全员参加。③

地方人大在调查过程中还有诸多的"创新"举措。如济南市市中区人大常委会在评议中实行"明察暗访",在对区教育局局长进行评议调查时,评议调查组暗访了 30 多名学生家长。④ 辽宁省抚顺市人大常委会召

① 刘锦森:《热浪,在寒冬里翻滚——五位厅局长述职评议纪实》,载《新疆人大》1996 年第 1 期。

② 《辽阳市人大常委会七项措施创新和深化述职评议》,载网易新闻,http://news. 163. com/05/0831/13/1SG57JEN0001124T. html,2005 年 8 月 31 日。

③ 寒村:《公开公正:述职评议的突破口》,载《海南人大》2005 年第 8 期。

④ 李作伟:《深化述职评议工作的实践与思考》,载人民网,http://npc. people. com. cn/GB/14841/3585677. html。

开新闻发布会，向社会公示述职评议对象、接受社会各界对评议对象意见的公开电话；同时还将述职评议对象的工作目标和向社会作出的承诺在《抚顺日报》进行公示，以便接受全市人民的监督和检验。[1] 对评议对象进行审计是评议调查的另一重要举措。如湖南省规定，"人大常委会主任会议认为必要时，可以责成审计、监察部门对述职人员进行审计或者调查，并听取审计或者调查情况的报告"[2]。山西省、新疆维吾尔自治区、浙江省等地也对评议对象采取了审计调查。

(三) 调查结果

地方人大常委会开展的评议调查一般声势浩大、旷日持久，然而实际的调查结果经常与现实不相吻合，甚至对评议对象得出了失实的结论。2005 年，江西省人大常委会对时任交通厅厅长蒲日新[3]的评议调查即是一个很好的典型案例。2005 年 4 月至 5 月，江西省人大常委会评议工作组对蒲日新开展了评议调查。评议工作组分为 4 个组分别前往省交通厅和各个市县，采取民主测评、个别谈话、召开座谈会等形式开展调查，其间与 151 人进行了个别谈话，召开处（科）室负责人、离退休老干部、省直有关部门等征求意见的座谈会 14 个；同时还分赴九江等 8 个设区市，听取当地政府和交通部门有关领导的意见，先后有 317 人发表了意见，821 人参与测评。评议工作组还调阅了省交通厅及其各处室两年来的工作总结和有关规章制度等资料。省审计厅也介入进行了审计。

---

① 《抚顺市人民代表大会志》编委会编：《抚顺市人民代表大会志（1993—2003）》，辽宁人民出版社 2005 年版，第 278 页。

② 《湖南省县级以上人民代表大会常务委员会述职评议工作条例》，载《湖南省第九届人民代表大会常务委员会公告》第 69 号。

③ 1999 年至 2008 年间，蒲日新利用其担任江西省交通厅副厅长、厅长兼江西高速公路投资发展控股公司董事长的职务便利，非法收受他人财物，共计人民币 415 万元，港币 5.2 万元，价值 6.95 万元人民币的金条一根，价值 2 万元人民币的欧米茄手表一块。蒲日新犯受贿罪、滥用职权罪，两罪并罚，被判处执行有期徒刑 16 年，并处没收财产 30 万元。详见胡锦武：《江西省交通厅原厅长蒲日新因收受贿赂等被判 16 年》，载中国政府网，http://www.gov.cn/jrzg/2012—01/20/content_2050371.htm。

评议工作组先后召开两次全体会议,就调查阶段的工作进行综合讨论。最后,评议调查组在调查报告中对蒲日新给予了高度评价,认为他"思想解放,依法行政,勇于开拓,务实高效,作风朴实,勤政廉洁,成绩突出,较好地完成了本职岗位的各项工作任务","是一位群众公认的、称职的省交通厅厅长"。① 蒲日新的情形并非个例,在数量庞大的落马腐败官员群体中,多数曾在地方人大常委会组织的评议调查中得到好评。如贪污受贿 6000 多万元的贵州省交通厅原厅长卢万里在落马前几个月也曾顺利通过述职评议。评议调查中的测评有时会对评议结果产生重要影响。如 2005 年 10 月,贵州省安顺市西秀区人大常委会对政府 10 个职能部门主要负责人进行评议,最终的评议结果中,各职能部门本系统的测评结果占 60%,区人大常委会的票决结果占 40%。②

在评议调查活动大张旗鼓进行的光鲜背面,许多人大实务工作者自身也对其公正与客观产生了质疑,认为许多调查报告评议述职人员成绩时滔滔不绝,而谈及问题或不足时则闪烁其词。③ 事实上,导致评议调查结果失真的一个重要原因没有得到足够重视,即许多评议调查是在评议对象所属机构内部进行的闭门调查,能接触到的反馈群体均为该单位的干部,而评议对象大多担任单位的领导职务,这些干部受访者碍于情面或害怕报复,往往片面突出或放大评议对象的优点,对问题则讳莫如深,避而不谈,④"只能隔靴搔痒般提几条意见和建议"⑤。甚至一些地方人大评议调查的走访对象、参加座谈的人员和评议测评人员都是由评议对象所在机构指定。这就导致评议调查很难获得真实、客观和全面的信息。⑥ 一

---

① 《关于省交通厅厅长蒲日新同志履行职责情况的调查报告》,载江西省人大信息网,http://2009. jxrd. gov. cn/jxrd_old/news/show/showrd. asp? newsid=102190。

② 《安顺市西秀区人民代表大会志》编纂委员会编:《安顺市西秀区人民代表大会志》,贵州人民出版社 2009 年版,第 205 页。

③ 吴燕:《述职调查要在"深"字上做文章》,载《人民代表报》2006 年 3 月 25 日。

④ 汝虎:《述职评议的"走调"现象不容忽视》,载《山东人大工作》2000 年第 2 期。

⑤ 《在探索和实践中不断完善述职评议制度》,载宁晋县人大常委会网站,http://ningjin. mzfz. gov. cn/news/show. asp? id=845,2005 年 9 月 5 日。

⑥ 王安泽:《述职评议现状分析》,载《人大研究》2005 年第 9 期。

些评议调查的受访者有时因与评议对象存在密切联系而自然地发生立场偏差。如 2006 年 4 月,山西省人大常委会对时任吕梁市交通厅厅长王晓林①开展评议调查,时任吕梁市委副书记、代市长董洪运②向调查组汇报了评议意见。由于王晓林在政策和资金上的倾斜使吕梁交通事业得到快速发展,因而董洪运代表吕梁市政府对王晓林给予了高度评价:"王晓林严于律己,求真务实,勤政为民,是一位优秀的交通厅厅长。"③与此同时,由于评议的民主性和公开程度不够,一般民众很难介入和影响评议调查。评议调查采用的方式有时也不尽科学,如评议调查中普遍运用的集中座谈会的形式,并不能反映述职人员的真实情况。④

　　以湖北省为例,湖北省人大常委会在 2004—2006 年间先后对 12 位厅长(主任)进行了会议述职评议。在这 12 次评议调查研究中,所有参与投票测评的人员均为评议对象的下属干部(详见表 3 - 4)。在 12 位述职人员中,省劳动和社会保障厅厅长吴永文、省农业厅厅长陈柏槐分别于 2013、2014 年被双规接受组织调查。遗憾的是,湖北省人大常委会当年组织的"轰轰烈烈"的评议调查并没有发现他们任职厅长期间的贪腐行为。2004 年 4 月,在对吴永文的评议调查中,湖北省人大常委会通过个别谈话、座谈会的形式,听取了该厅领导班子和所属单位主要负责人、部分处科级干部等 90 多人的意见,参与评议测评的主要为省劳动和社

① 王晓林,2000 年 5 月至 2008 年 4 月任山西省交通厅党组书记、厅长,2008 年 4 月任山西省人大常委会城环委主任。2014 年 4 月 29 日,中央纪委监察部网站公布,王晓林在担任省交通厅厅长期间,玩忽职守,给国家造成巨大损失;利用职务便利,为他人谋取利益,收受巨额贿赂。依据《中国共产党纪律处分条例》和《行政机关公务员处分条例》之规定,王晓林被开除党籍、取消退休待遇,涉嫌犯罪问题已移送司法机关处理。详见《山西省纪委公布一批违纪违法案件处理结果　交通厅原厅长王晓林等人分别受党政纪处分》,载中央纪委监察部网站,http://www.ccdi.gov.cn/yaowenn/201404/t20140429_44627.html,2014 年 4 月 29 日。
② 2014 年 12 月 9 日,中央纪委监察部网站公布,董洪运涉嫌严重违纪违法,接受组织调查。详见《山西省忻州市委书记董洪运接受组织调查》,载中央纪委国家监委网站,http://www.ccdi.gov.cn/yaowenn/201412/t20141230_47276.html,2014 年 12 月 30 日。
③ 吕梁市人民政府办公厅:《省人大述职评议交通厅厅长王晓林调查组来我市调研》,载中国吕梁网,http://www.lvliang.gov.cn/content/2006 - 04/22/content_7528.htm,2006 年 4 月 22 日。
④ 谢敏儒:《人大评议"个别征求意见"之我见》,载《海南人大》2005 年第 2 期。

会保障厅的干部群体。① 2006 年 4 月,湖北省人大常委会对陈柏槐的民主测评也在农业厅副处级以上干部中进行。评议调查组先后同省农业厅厅级干部、部分处室负责人、厅直属单位负责人等 40 多人次进行了座谈。② 暴露湖北省人大常委会评议调查方式存在缺陷的另一案例是,2004 年,省财政厅厅长在该厅机关干部参加的民主测评中仅得到 70% 的满意票,但是,在评议会议上,96% 的省人大常委会组成人员投了“满意”和“基本满意”票。财政厅厅长在评议测评中满意票较低是因为他在财政厅内实施取消公车和部门小金库等改革措施,触动了一些干部的利益。③ 评议调查中的“上层路线”并非为湖北省所独有。2005 年,上海市人大常委会对市民政局局长进行评议,召开市民政局中层干部、市和区县相关部门等座谈会,听取了领导班子部分成员的意见,还走访了分管副市长、市委组织部等部门。④

表 3-4 2004—2006 年湖北省人大常委会评议调查组对评议对象进行的调查测评

时间	测评对象	测评参加者	测评结果			
			满意	基本满意	不满意	弃权
2006 年 4 月	交通厅厅长	向该厅全体干部发出测评票 90 张,收回 89 张	92.1%	5.7%	2.2%	0
2006 年 4 月	农业厅厅长	向该厅副处级以上干部发出测评票 101 张,收回 101 张	96.0%	2.0%	2.0%	0
2006 年 4 月	审计厅厅长	向该厅全体干部发出测评票 124 张,收回 123 张	74.8%	18.6%	3.3%	3.3%

---

① 省人大常委会赴省劳动和社会保障厅述职评议调查组:《关于对省劳动和社会保障厅厅长吴永文任职情况的调查报告》,载湖北省人大常委会网站,http://www.hppc.gov.cn/p/16915.html,2004 年 8 月 19 日。
② 省人大常委会赴农业厅述职评议调查组:《关于对省农业厅厅长陈柏槐任职情况的调查报告》,载湖北省人大常委会网站,http://www.hppc.gov.cn/p/23615.html,2007 年 10 月 10 日。
③ 任浩:《在监督中支持》,载《湖北日报》2004 年 5 月 31 日。
④ 朱琦:《述职评议:让公仆更称职》,载《上海人大月刊》2005 年第 9 期。

续表

时间	测评对象	测评参加者	测评结果			
			满意	基本满意	不满意	弃权
2005 年 6 月	监察厅厅长	向该厅机关干部发出测评票 76 张,收回 76 张	86.8%	11.9%	1.3%	0
2005 年 6 月	人事厅厅长	向该厅全体干部、厅属事业单位正科级以上干部发出测评票 123 张,收回 121 张	81.8%	11.6%	5.0%	1.6%
2005 年 6 月	卫生厅厅长	向该厅副处级以上干部发出测评票 67 张,收回 67 张	86.5%	9.0%	4.5%	0
2005 年 6 月	教育厅厅长	向该厅机关干部发出测评票 116 张,收回 116 张	80.2%	13.8%	6.0%	0
2005 年 6 月	公安厅厅长	向该厅副处级以上干部发出测评票 134 张,收回 134 张	75.4%	18.7%	5.2%	0.7%
2004 年 6 月	国土资源厅厅长	向该厅机关干部发出测评票 60 张,收回 60 张	93.3%	6.7%	0	0
2004 年 4 月	劳动和社会保障厅厅长	向该厅机关干部发出测评票 89 张,收回 89 张	96.6%	3.4%	0	0
2004 年 4 月	财政厅厅长	向该厅机关干部发出测评票 70 张,收回 70 张	70.0%	20.0%	10.0%	0
2004 年 4 月	发改委主任	向该委机关干部发出测评票 106 张,收回 106 张	85.8%	13.2%	0	1.0%

注:资料根据 2004—2006 年《湖北省人民代表大会常务委员会公报》整理而得。

市县层级的评议调查也并非必然具有更多的草根倾向。如 2006 年 8 月,安徽省六安市人大常委会对市发改委主任进行述职评议时,评议调查的访谈对象是市发改委机关干部和区县发改委主任等人,同时还征求了主管领导或分管联系领导的意见。① 2003 年 7 月,深圳市人大常委会对市财政局局长等人进行评议调查,前往市纪委、市委组织部、市监察局

——————

① 《市人大常委会召开述职评议动员大会》,载《皖西日报》2006 年 8 月 25 日。

和"两局"班子成员中调查情况,并征求了主管副市长意见。① 多数县级人大常委会开展的评议调查范围与省市两级的情况也基本相似。如武汉市武昌区的评议调查是前往述职人员所在单位进行的,具体通过视察、检查、座谈、走访、个别谈话等方式。尽管多数地方人大的评议调查涉及数量众多的谈话人员,但是如前文所述,述职人员所在单位往往决定了谈话人选。如乌鲁木齐市人大常委会在对市中级人民法院一位副院长开展述职评议时,市中级人民法院"给予了大力配合,从召集动员会,拟定谈话人名单,到谈话地点,都作了周到考虑"②。当然,现实中也有述职人员不配合甚至抵制评议调查的情形。广西壮族自治区蒙山县人大常委会在调查一名述职对象时,发现其所辖部门的所有人员都对他"唱赞歌"。县人大常委会经过分析后认为这是不正常的,于是进一步向该部门离退休的老同志调查了解,发现"该同志民主作风较差,老虎屁股摸不得",对有异议的下级人员进行打击报复,因此评议调查中,没有人对其给出负面评价。在评议调查过程中,该述职人员还打电话威胁向调查组提供情况的人,并且"气势汹汹跑到人大机关质问调查的同志,扬言,谁要是再调查他,他就要告到县委那里"③。

　　评议调查中存在的诸多问题,从侧面反映出地方人大在行使监督权力中所处的尴尬窘境。首先,旷日持久的评议调查看似深入全面地了解了评议对象,增进了评议的信度,但是也暴露出地方人大缺少了解和掌握"一府两院"运转的常态化途径。④ 任何权力监督,都是从监督信息的获取开始的。⑤ 地方人大如不能掌握关于监督对象的充分信息,有效的监督根本无从谈起。而拥有充分的信息资源,将推动立法机关由"橡皮

---

① 《深圳市人大述职评议　廉政首次与测评结果挂钩》,载《南方都市报》2003 年 7 月 15 日。

② 乌仁文:《乌市人大评议干部深入细致》,载《新疆人大》2001 年第 12 期。

③ 李文德、张杰主编:《中国改革开放优秀理论成果选》,中央文献出版社 2001 年版,第 305—306 页。

④ 陈扣喜:《监督的悖论——浅析制约地方人大常委会监督实效的内部化因素》,载《人大研究》2010 年第 11 期。

⑤ 杜力夫:《权力监督与制约研究》,吉林人民出版社 2004 年版,第 291 页。

图章"成长为具有适应性的政治机构。① 其次,评议调查过分依赖于评议对象及其所在机构的支持与配合,但是在现实中,监督对象并不会主动提供全部的信息。② 从政治问责的视角看,如果立法机关所能接触的信息,都是由作为问责对象的行政机关或者其所属部门提供的,那么立法机关就不可能对政府的选择、决策和行为进行有效监督。③ 再次,评议调查大张旗鼓且旷日持久,也反映出"一府两院"透明程度的欠缺,在事实上制约了人大监督权力的发挥。正如拉里·戴蒙德指出的,"保密和隐晦的环境会滋生大量的官员违法行为。政府交易和运作透明与可见程度越高,揭露、阻止和约束腐败的可能性也就越高。"④因此,"真正的问责意味着透明"⑤。

三、评议会议

各地的实践中出现了各种各样的述职评议形式,这得到了全国人大的鼓励和认可。李鹏曾明确指出,述职评议可采取多种形式,"关键是要取得好的效果"⑥。从全国范围来看,地方人大主要采用两种评议方式:一种是口头形式的述职评议,评议对象向人大常委会进行口头述职,由人大常委会直接进行面对面的评议;另一种是书面形式的述职评议,评

---

① W. Robinson and F. Miko, "Political Development Assistance in Central Europe and the former Soviet Union: Some Lessons from Experience," in *Working Papers on Comparative Legislative Studies*, edited by Lawrence D. Longley, Appleton: Research Committee of Legislative Specialists of IPSA, Lawrence University, 1994, pp. 409-430.

② 任喜荣:《地方人大监督权论》,中国人民大学出版社 2013 年版,第 138 页。

③ Riccardo Pelizzo and Frederick Stapenhurst, *Government Accountability and Legislative Oversight*, New York: Routledge, 2014, p. 66.

④ Larry Diamond, *The Spirit of Democracy: the Struggle to Build Free Societies Throughout the World*, New York: Times Books/Henry Holt and Co., 2008, p. 304.

⑤ Larry Diamond, "The Rule of Law as Transition to Democracy in China," *Journal of Contemporary China*, Vol. 12, No. 35, 2003, pp. 319-331; Larry Diamond, "The Rule of Law as Transition to Democracy in China," in *Debating Political Reform in China: Rule of Law vs. Democratization*, edited by Suisheng Zhao, Armonk, N. Y.: M. E. Sharpe, 2006, p. 81.

⑥《李鹏委员长对浙江人民的深情厚意》,载《浙江日报》2001 年 3 月 14 日。

议对象向人大常委会提交书面述职报告,由人大常委会进行背对背的评议。一般来说,两种评议形式同时使用、互为补充。如 2003 年 11 月,湖南省十届人大常委会对新一届省政府组成人员的述职评议中同时使用了这两种形式,其中,采用口头述职评议的有 3 人,进行书面述职评议的有 6 人。[1] 不过,很多批评者指出,由于书面述职评议缺少评议双方现场“对垒”的紧张感,评议测评多是“称职”或“满意”高票通过,而与述职评议制度的设计初衷存在距离。[2] 如全国人大法律委员会副主任委员乔晓阳就曾明确指出,书面述职评议“往往缺乏实际评议的效果”[3]。

　　会议政治是当代中国政治的一个重要特点,政治过程在很大程度上即是通过会议来完成。[4] 在述职评议中,无论采用何种形式,评议多数是在人大常委会会议上进行。在此之前,评议对象需要在规定的期限内,向人大常委会提交书面述职报告。多数地方人大常委会将述职评议工作纳入常委会的工作日程,只有少数地方是召开专门的评议会议。述职评议会议一般由人大常委会主持,个别地方如江西省是由常委会主任会议主持召开。对与会者的范围,各地虽有规定但各不相同。山西省、四川省、重庆市等地规定,评议会议由参加评议的代表和评议对象及相关人员出席,可邀请社会各界和有关部门负责人列席和旁听。广东省和贵州省等地还规定,必要时,“可以邀请被评议单位的上级主管部门负责人和有关单位负责人列席评议会议”。河南省则明确要求“述职人及其所在单位班子成员应到会听取审议或评议意见”,同时“省人民政府、省高级人民法院、省人民检察院和相关部门负责人应列席常委会述职评议会议”。北京市进一步扩大了与会者范围,可以邀请市委、组织部门的负责人员与会。江苏省、安徽省、新疆维吾尔自治区等地则未对与会者范围作出说明。为了增进评议工作

---

① 《湖南省十届人大常委会第六次会议开幕 9 人述职》,载《长沙晚报》2003 年 11 月 19 日。
② 杨志勇:《问责政府:人大评议开先河》,载《南风窗》2004 年第 4 期。
③ 乔晓阳:《一部完善人大制度的重要法律——在自治区人大学习贯彻监督法专题讲座上的讲话摘要》(一),载《广西人大》2006 年第 12 期。
④ 谢岳:《试论会议制度的政治沟通功能》,载《学习与探索》2008 年第 4 期。

的公开性和透明性,有的地方在述职评议工作中引入了媒体。如 2003 年11 月,湖南省人大常委会通过湖南经视对省监察、审计、农业厅的 3 位厅长的述职评议进行了直播。① 上海市南汇区人大常委会从 2004 年开始,对以述职评议为内容的常委会会议进行电视转播。②

评议会议的环节一般为:评议对象进行口头或书面述职;常委会组成人员和人大代表进行评议;人大常委会对述职人员进行评议或测评;根据评议和测评结果作出表扬和奖励,提出整改要求,或进行问责等。

(一) 述职报告

述职报告一般根据评议内容来撰写,多数地方还对报告的其他方面进行了规定。首先,述职报告需要由本人亲自撰写。如陕西省明确规定,评议对象要"自己起草述职报告",正确评价自身成绩和问题,并提出改进措施。江苏省扬州市要求,述职人员应自己撰写述职报告,"要有重点、有个性,具体、实在"③。内蒙古自治区呼伦贝尔市、湖南省永州市、郑州市中原区等地也明确要求评议对象亲自撰写述职报告。④ 其次,述职报告在内容上应与工作总结相区别。河北省兴隆县人大常委会要求述职人员正确处理个人与单位的关系,不能将个人述职报告写成单位工作总结。⑤南昌市青山湖区人大常委会明确提出,对评议对象"所获得荣誉和嘉奖不感兴趣","想听到的、要评议的重点在于被评议者的执政能力、执法能力、执法水平、管理水平等具体事务"。⑥ 2005 年开始,湖南省人大常委

---

① 田必耀:《2003 年中国人大制度建设新举措评析》,载《人大研究》2004 年第 2 期。

② 严志超:《南汇述职评议电视转播》,载《上海人大月刊》2005 年第 2 期。

③《扬州市人民代表大会常务委员会关于市政府组成人员和"两院"负责人向市人大常委会述职的实施办法》,载扬州人大网,http://rd. yangzhou. gov. cn/jsj/200306/IRYZDOWCUG47OGRM6XMSU28O5WSC67B5. shtml,2003 年 6 月 1 日。

④ 张金区:《述职评议重在讲效果》,载《人大建设》1998 年第 6 期。

⑤ 仇月君:《兴隆县人大常委会规范述职评议工作》,载燕赵人民代表网,http://www. yzdb. cn/article_detail. asp? id＝780,2006 年 7 月 27 日。

⑥《江西青山湖人大:述职评议重在"六抓"提高"含金量"》,载人民网,http://www. 022net. com/2009/6－15/482857252748715. html,2009 年 6 月 15 日。

会要求述职报告中涉及不足的内容不少于1/3。再次,述职报告应控制在一定的篇幅内,避免出现过短与冗长两种极端。一种做法是设置上限,如浙江省丽水市、缙云县等地要求述职报告的篇幅控制在4000字左右。不过,篇幅可能因评议对象的不同而有所差异。如新疆维吾尔自治区布尔津县要求,县人民政府组成人员、县人民法院副院长和县人民检察院副检察长的报告篇幅一般不超过4000字,其他人员则不超过3000字。另一种做法则规定了篇幅的下限,如北京市大兴区规定述职报告的篇幅应在3000字以上。[①] 部分地方要求,评议对象的述职报告需要"试述",即首先在所属部门进行述职或宣读。[②]

有人曾指出,评议会议的一个明显不足是剥夺了评议对象申辩和说明情况的机会。[③] 事实上,多数地方对此作出了明确规定。如四川省、重庆市、贵州省、西藏自治区等地规定,评议对象如果对人大代表或常委会组成人员的评议有不同意见,可以进行说明。内蒙古自治区、河南省、湖南省等地规定,述职人员可以进行解释和申辩。吉林省也赋予评议对象对评议意见提出异议的权利,但仅限书面提出。广东省进一步规定,评议对象如对评议意见有不同看法,"人大常委会可以对有关情况重新调查核实"。少数省份则没有明确规定,如新疆维吾尔自治区仅规定了,评议对象可以在评议最后进行表态发言。

在实践中,各地会议评议的述职环节中暴露了很多问题。述职报告与"单位总结""思想汇报"相混淆的现象十分普遍,通常很少触及或深入挖掘问题。如2004年,陕西省西安市人大常委会共对14人进行了口头述职评议,其中有2人在述职报告中没有提及不足之处,剩下的12人,论述不足之处或问题的篇幅介于2.2%—6.3%之间(见表3-5)。述职报告由他人代笔的现象也较为常见。如2005年7月,浙江省温州市人大

---

① 《〈北京市大兴区人民代表大会常务委员会开展述职评议工作的试行办法〉实施细则》,载北京大兴信息网,http://www.bjdx.gov.cn/jrdx/dxxw/zwxx/7681.htm,2005年4月8日。
② 李慎宽主编:《前进中的市级人大》,中国民主法制出版社1997年版,第402页。
③ 祁同治:《给述职者发表意见的机会》,载《人大建设》2004年第6期。

常委会对 4 位政府部门主要负责人进行述职评议,其中 2 位评议对象在接受采访时表示,自己事务繁忙,没有时间准备述职报告。[①] 在各地的实践中,不乏述职报告不符合要求而被驳回重写的案例。如 2004 年,河南省清丰县人大常委会对选举和任命的"一府两院"103 名工作人员进行年度述职评议,其中多达 37 人的述职报告因不合格而被退回重写。[②] 浙江省衢州市人大常委会的述职评议中,某位卫生局局长的述职报告重写了 3 次。宁波市海曙区在连续几年的述职评议中,约有 30% 的述职报告被退回重写。[③]

表 3-5　2004 年西安市评议对象述职报告篇幅及涉及不足的内容情况

评议对象	述职报告篇幅(字)	涉及不足的内容(字)	涉及不足的内容占比
市科学技术局局长	7965	0	0
市民族事务委员会主任	7956	0	0
副市长杨某	8371	347	4.1%
市经济委员会主任	6124	280	4.6%
市水务局局长	3258	205	6.3%
市检察院副检察长李某	4472	99	2.2%
副市长李某	8469	366	4.3%
市规划局局长	4610	144	3.1%
市旅游局局长	7247	179	2.5%
市文化局局长	5563	147	2.6%
市审计局局长	5808	137	2.4%
市法院副院长高某	4382	98	2.2%

注:数据系笔者根据 2004 年《西安市人大常委会公报》整理而得。

[①] 戴虹红:《温州拟电视直播"一把手"述职》,载《东方早报》2005 年 6 月 24 日。

[②] 清丰县人大:《河南清丰:"一府两院"37 人述职报告未通过》,载人民网,http://www.people.com.cn/GB/14576/15177/3266370.html,2005 年 3 月 24 日。

[③] 程湘清等:《国家权力机关的监督制度和监督工作》,中国民主法制出版社 1999 年版,第 237 页。

（二）会议评议

在评议对象的述职发言之后，评议调查组就调研情况向人大常委会进行汇报。在此基础上，常委会组成人员和人大代表对评议对象的履职情况进行评议。事实上，评议发言的人员选择和评议内容上都有严格要求并经过审查。如在广西壮族自治区桂林市的述职评议会议上，由各评议调查组选派人大代表作评议发言，要求人大代表本着实事求是的原则，抓住主流和问题要害，在充分肯定评议对象工作成绩的基础上"诚恳地指出存在的不足，对改进工作提出希望"①。济南市市中区人大常委会进行会议评议时，也要求对评议对象不提不切实际的意见和要求，评议意见要经得起推敲和检验。同时发言代表由各调查组指定，按照肯定成绩、指出问题、分析原因和提出建议四个部分准备发言材料。山东省安丘市人大常委会为了掌握发言代表的发言内容，评议工作领导小组在评议会前会认真听取一次发言代表的评议发言。②

河南省、湖南省、山西省等地采取分组审议和全体会议评议相结合、评议发言和当场询问相结合的方式进行评议。如 2004 年 6 月，山西省人大常委会对常务副省长进行述职评议，将出席和列席会议的人员分成 3 组进行评议。③ 2005 年 8 月，郑州市人大常委会对 4 名局长进行述职评议，首先对其任职情况进行分组评议，然后在全体会议上进行集中的评议发言。④ 在评议环节，评议调查组的调查报告往往对述职人员的表现给予定性评价，一般情况下以肯定成绩为主，并提出问题和建议。如2004 年，湖北省人大常委会对省发展和改革委员会主任、省财政厅厅长、

---

① 黄蔼：《建立和坚持代表工作制度　进一步发挥人大代表作用》，载《广西人大》2006 年第7 期。

② 夏锡军等：《山东安丘市人大评议工作走向规范化和制度化》，载人民网，http://npc. people. com. cn/GB/25016/3584014. html。

③ 李强：《省人大常委会首次对副省长述职评议纪实》，载《山西日报》2004 年 6 月 10 日。

④ 《郑州：六局长向人大述职　代表提出 57 条批评意见》，载河南人大网，http://www. henanrd. gov. cn/2005/09 - 01/591. html，2005 年 9 月 1 日。

省劳动和社会保障厅厅长和省国土资源厅厅长的评议调查报告中，涉及问题与建议的篇幅分别为 12.8％、21.1％、10.5％和 28.3％。①

　　根据评议对象的述职报告和评议调查组提交的调查报告，地方人大常委会在对评议对象履职情况进行评议之后，可能还会进入测评环节。在规范层面，省级人大制定的有关述职评议的规范性文件中，很少有涉及测评的具体规定。从实践中看，评议测评机制很晚才被引入述职评议中。如安徽省人大常委会从 1995 年起开展述职评议，2004 年才在评议中实行票决。② 江苏省徐州市人大常委会在 1989 年即已开展评议工作，但是直到 2004 年方首次对评议对象进行投票测评。③ 有研究者统计，截至 2005 年，全国 28 个开展述职评议的省级人大常委会中，有 14 个在述职评议中进行了测评。④ 一些研究者将评议测评视为述职评议具有"刚性"的显著特征。事实上，多数省市对测评结果为"不称职"的处置十分温和，仅有少数地方如湖南省和河南省两地较为严厉。如湖南省规定，如果评议对象"不称职票超过全体人大常委会组成人员半数的，可以由本人提出辞职，也可以依法对其提出免职案、撤职案或者罢免案"⑤。

　　评议测评一般是在人大常委会组成人员中进行。各地通行的做法主要有两种：一种是按"满意度"将测评意见分级排序。如广东省梅州市以"满意""基本满意"和"不满意"三个等次对评议对象进行测评，按参评人员数计算，满意票超过 80％为"满意"，满意和基本满意票超过 70％为"基本满意"，不满意票超过 30％为"不满意"。⑥ 另一种是按"称职与否"进行测评。如福建省南平市人大常委会以"称职""基本称职"和"不称

① 数据系笔者根据 2004 年湖北省人大常委会公报整理而得。
② 毕任友：《票决：评议之重槌》，载《浙江人大》2005 年第 9 期。
③《徐州市人民代表大会志》编纂委员会编：《徐州市人民代表大会志(1949—2008)》，方志出版社 2009 年版，第 324 页。
④ 田必耀：《2005：人大年报》，载《人大研究》2006 年第 3 期。
⑤《湖南省县级以上人民代表大会常务委员会述职评议工作条例》，载《湖南省第九届人民代表大会常务委员会公告》第 69 号。
⑥《市人大常委会关于评议工作程序的规定》，载《梅州日报》2004 年 7 月 24 日。

职"三个等次对评议对象进行表决,如果委员们意见很大,事后经市人大常委会党组向市委请示,可依法律程序进行罢免。① 少数地方人大常委会的评议测评采用了"打分制"。需要指出的是,各地在实际操作中往往将未到会投票、废票和弃权票作为称职(满意)票和基本称职(满意)票来处理。如江苏省扬州市的评议测评分"优秀""称职""基本称职"和"不称职"四个档次,优秀票、称职票、基本称职票达到或超过参评人数70%、60%和50%的分别为"优秀""称职"和"基本称职",不称职票数超过参评人数50%的为"不称职"。2005 年 7 月,扬州市人大常委会对某副市长的述职进行了评议测评,应到人大常委会组成人员 37 人,实到 30 人,21人投出优秀票,根据测评结果划分办法,该副市长的测评结果为"优秀",而事实上,优秀票数仅为人大常委会所有组成人员人数的56.8%。不过,这次评议是扬州市述职评议实施办法修订以来,对 14 名市政府组成人员和"两院"负责人进行民主测评首次出现的"优秀"。② 在部分地区,"基本称职"并不意味通过了述职评议。1996 年,湖北省松滋市委先后对被人大评为"基本称职"的 2 名局长提出了调整职务的建议,市人大常委会依法免去了 2 名局长。③ 总之,从各地的实践来看,通过了评议测评并不意味着"安全着陆",没有通过评议测评也不必然会触发问责。

在测评结果是否公布的问题上,各地做法不一。如广西壮族自治区全州县、河北省平泉县(今平泉市)、山东省潍坊市、陕西省汉阴县、浙江省建德市等地的述职测评结果当场公布。也有地方的测评结果并不当场公布。如《铁岭市人民代表大会常务委员会评议工作办法》规定,不当场公布测评结果,而是由市人大常委会将测评结果送交有关机关和组织,作为考察、研究和使用干部的重要依据,并分别以不同方式向评议对象反馈。④ 部分

---

① 洪荣华、胡志世:《述职评议在南平》,载《人民政坛》1999 年第 6 期。

② 张敬武:《市人大常委会述职民主测评结果首次出现优秀》,载扬州人大网,http://www.yzrd. gov. cn/info_view. asp? id=2148。

③ 张元坤:《地方人大工作概论》,中国民主法制出版社 1997 年版,第 98 页。

④ 《铁岭市人民代表大会常务委员会评议工作办法》,载铁岭市人民政府网站,http://www.tieling. gov. cn/xwzx/showall. asp? fID=20674&table=tNews。

地方人大将评议测评结果向社会公布。如 2003 年 8 月,深圳市人大常委会首次对"两院"副职领导开展述职评议,并进行了满意度测评,测评结果向社会公布。[①] 有学者指出,述职评议要取得实效就必须借助于公开的力量,这样可以形成一种有形无形的社会压力。[②]

需要指出的是,在《监督法》实施之前,各地出现了一些未通过述职评议而被免职的案例,许多人认为这彰显出人大监督的政治权威。事实上,在更多的情况下,地方人大对述职人员进行了差异性评价。地方人大认为,差异性的评价可以起到鼓励先进、鞭策落后的作用,以警示那些履职不佳的述职人员。"一些部门或干部之所以上进心不强,其关键在于缺乏压力"[③]。1995 年,广东省兴宁市人大常委会对 4 名局长进行述职评议,其中 1 名被评为"优秀",2 名为"称职",1 名为"基本称职"。被评为"基本称职"的市煤炭局局长说:"述职评议给我敲响了一记警钟,令我奋进,终生难忘! 今后要加倍努力工作,以实际行动改正不足,争取成为一名优秀干部!"[④]2004 年,湖南省娄底市娄星区人大常委会对区长等3 人进行述职评议。14 名常委会组成人员进行了投票测评,其中一名述职人员得到称职票 9 票,基本称职票 5 张,而另一名述职人员仅得到称职票 3 票,基本称职票 11 票。一位常委会成员对此评论道:"如果把基本称职票当成不称职票来理解,选民和人大代表可能对自己的授权更为放心。"[⑤]对述职人员的差异性评价,既避免了人大常委会与述职人员之间的直接冲突,又委婉地表达了自身的政治态度,这种做法在评议测评中十分普遍。即使对那些未通过测评的述职人员,地方人大往往也可以

① 康剑波:《市人大常委会首次对市中院、市检察院副职领导进行述职评议》,载《深圳晚报》2003 年 8 月 6 日。
② 卓越:《地方人大监督机制研究》,人民出版社 2002 年版,第 121 页。
③ 路江通:《投票测评是一条应予肯定的监督途径》,载《人大研究》1997 年第 7 期。
④ 邹新茂:《述职评议 强化人大监督的举措——兴宁市人大常委会对四名局长进行述职评议侧记》,载《人民之声》1996 年第 3 期。
⑤ 杨志勇:《问责政府——湖南娄底市娄星区人大常委会评议政府纪实》,载《山东人大工作》2004 年第 6 期。

灵活处理。如浙江省磐安县人大常委会的某次述职评议中,14 位人大常委会组成人员对述职人员进行信任投票,其中有 2 人的信任票未过半数,外贸局局长得 6 票,粮食局局长得 0 票。县人大常委会免去了粮食局局长职务,要求外贸局局长限期改正。①

在各地的述职评议中,对是否应该引入测评一直存在质疑声音。如有人提出述职评议的"评议",一般不要形成决定、决议。"评议就是评议,把评议意见转有关方面督促被评议者注意改正就行了。这样,有回旋余地,比较灵活"②。2001 年,湖南省人大常委会出台了关于述职评议的工作条例,其中涉及评议测评和依据测评结果进行人事处理的两条规定引发了一场持续半年的争论。部分省人大常委会委员认为,对述职人员进行票决没有必要;部分委员则坚持认为,没有票决的刚性规定,条例就是"糯米团团",述职评议就如"捏橡皮泥"。③

支持在述职评议中引入测评的人则认为,一些地方的述职评议之所以"异化"成为评功摆好,就在于缺少必要的评议测评环节,或者在测评结果的处理上不能起到威慑和警示作用。"哪里有票决制,哪里的监督就有力。"④如果把述职评议局限于听听汇报、简单议议,说问题隔靴搔痒,提建议模棱两可,势必使人大的监督失之于宽、失之于软。⑤ 差异性评价有利于促进评议对象发现工作中的不足和差距,推动其更好地履行职责。⑥ 也有学者认为,评议测评之所以不能发挥效力,与述职评议的整体发展有关,因为各地的述职评议更多的是通过评议督促评议对象自查整改,而未能进入到严格的、实质性的法律层面。建立述职评议的刚性

---

① 程湘清等:《国家权力机关的监督制度和监督工作》,中国民主法制出版社 1999 年版,第
   228 页。
② 张文麒:《关于述职评议涉及的法律问题》,载《人大研究》1996 年第 12 期。
③ 洪丰、刘蜀山:《评议工作:在探索中前行》,载《公民导刊》2006 年第 3 期。
④ 王宗文:《权力制约与监督研究》,辽宁人民出版社 2005 年版,第 380 页。
⑤ 钟世旺:《评议不能少测评》,载《人民日报》2001 年 8 月 15 日。
⑥ 莫文定:《常委会组成人员为官员打分》,载《上海人大月刊》2004 年第 10 期。

与权威,需要完善述职评议相应的法律程序与责任。[1] 如 2004 年 6 月,山西省人大常委会对常务副省长的评议测评中,基本满意和不满意有 13 票。值得特别注意的是,此次山西省人大常委会虽然向社会公布了票决结果,但是没有对满意票数未过半应如何处理作出明确规定。部分地方人大在行使评议投票时十分谨慎,如浙江省仙居县规定,述职报告是否要提请县人大常委会进行评议投票,由主任会议决定。[2]

(三) 评议结果

一般来说,评议会议上对述职人员提出的评价性和结论性的意见,在经过人大常委会或常委会主任会议确认后,会被存入档案,并报送组织、人事部门或述职人员所在单位,作为此后干部考核、奖惩、使用的重要依据。如辽宁省规定,评议会议结束后 10 日内,本级人大常委会要将评议意见以书面形式转交给被评议单位和述职人员,同时还应报送组织部门,作为考核、使用的依据。四川省、重庆市、贵州省等各地也规定,评议意见应进行归纳整理,经本级人大常委会或常委会主任会议审议后,交有关部门作为考核干部的依据。

地方人大对评议结果为"优秀"或"满意"的述职人员往往会给予表彰或奖励;对"称职"或"基本满意"的,一般在肯定成绩的基础上指出问题,并提出改进建议;对"不称职"或"不满意"的,则可能会免职、调整职务或要求进行整改甚至是再次接受评议。评议奖励一般以授予荣誉或象征性的物质奖励为主。一种做法是由地方人大常委会直接对评为优秀的述职人员进行奖励。如云南省南华县对评议结果为"优秀"的述职人员授予荣誉证书,并颁发 2000 元的奖金。[3] 另一种做法是建议其他机关对评议结果为"优秀"的述职人员给予奖励。如广东省中

---

[1] 《专家:目前各地人大述职评议尚未进入实质性法律层面》,载人民网,http://www.people.com.cn/GB/14576/14528/2554918.html,2004 年 6 月 8 日。

[2] 仙居县人大常委会办公室编:《仙居县人大常委会制度汇编》2012 年版,第 104 页。

[3] 余江:《南华县人大常委会表彰奖励述职评议优秀个人》,载《云南人大》2009 年第 12 期。

山市规定,"对严格执法、廉洁奉公、工作成绩突出的人员,人大常委会可以建议其主管部门予以表彰和奖励"。此外,在奖励的门槛设置上,各地的规定五花八门。如河南省舞钢市对获优秀票达到95%以上的建议通令嘉奖;内蒙古自治区呼伦贝尔市对测评满意率在90%以上者,予以通报表扬或建议有关部门予以表彰;贵州省赤水市对获优秀票在80%以上的评议对象,由市人大常委会给予表彰,对获得优秀者,予以通报表扬或奖励;湖北省丹江口市对优秀票超过常委会组成人员2/3以上的评议对象授予"人民好公仆"荣誉称号。① 尽管述职人员的仕途发展与其在评议中得到的评价两者之间的关联并不清晰,但是,现实中还是可以发现述职人员因在评议中得到好评而晋升的案例。如浙江省建德市工商局局长王成土就是因在述职评议中得到好评而被提拔为副市长,被称为"评议评出的市长"。② 河南省邓州市2000—2005年间述职评议的35名"一府两院"工作人员中,有6人因述职评议得到好评而得到晋升。③

"称职"或"满意"票数未能超过人大常委会组成人员半数的述职人员,可以由本人提出辞职,也可以由人大常委会依法对其提出免职案、撤职案或罢免案。如山东省鲁山县要求,评议对象在表决中所得优秀和称职票之和如未超过常委会全体组成人员半数以上即免去职务。各地对免职门槛有不同的规定。如2006年3月,山东省淄博市人大常委会的述职评议工作办法规定,测评不满意票超过市人大常委会组成人员1/3的述职人员,可以由本人提出辞职,也可以依法提出罢免案。④ 北京市朝阳区规定,对不满意和基本满意票超过40%的述职人员,区人大常委会

① 《述职评议得优秀　人大授予"好公仆"》,载《楚天主人》2000年第3期。
② 虞云达、慎海雄:《浙江省各级人大开展述职评议调查》,载《瞭望新闻周刊》1996年第10期。
③ 孙中林:《邓州市人大述职评议工作显威力》,载邓州网,http://dengzhou.01ny.cn/news/szcj/200511/1731.shtml,2005年11月16日。
④ 杨志军等:《询问,以人民的名义——淄博市人大常委会述职评议侧记》,载《山东人大工作》2006年第7期。

将依照有关规定启动罢免程序，予以免职或撤销职务。[①] 直接根据票决或测评结果进行人事处理的做法十分罕见，尤其是在省级人大的述职评议工作中，鲜有评议对象因评议结果不佳而被问责。评议对象因评议结果为"不称职"或"不满意"而被问责的案例多数发生于市县层级。据不完全统计，《监督法》实施之前，湖南省邵阳市和衡阳市两地人大常委会在述职评议中，免职 26 人，撤职 14 人。[②] 更多的地方对测评结果的处理采取了较为谨慎的态度，即使述职人员未通过评议测评也不必然会导致问责的发生。如 2003 年 12 月，山东省枣庄市人大常委会完善了述职评议办法，其中规定：对测评结果为较差的机关、部门，市人大常委会应给予通报批评，责令其整改工作；对测评结果为不称职的个人，主任会议应给予诫勉谈话，在本届内下一次评议中仍要对其进行述职评议，如果再测评为不称职，主任会议应依照有关规定提请常委会给予免职。[③] 甘肃省文县人大常委会对述职人员的履职情况进行票决，但是对未过关的仅是黄牌警示。[④] 1996 年 12 月，福建省莆田市环保局局长在述职评议中被评为"不称职"，市人大常委会向其提出了整改意见，没有直接提出罢免案。[⑤] 有的地方人大常委会对免职或撤职设置较高的门槛，如广东省韶关市浈江区对于不信任票超过 80％的述职人员，区人大常委会才会给予"黄牌"警告或免职处理。[⑥]

四、整改落实

评议会议的结束并不意味着述职评议工作的结束。在多数地方人

---

① 《北京市朝阳区人民代表大会常务委员会关于对选举和任命的"一府两院"工作人员监督办法（试行）》，载北京市朝阳区人大常委会网站，http://chyrd.bjchy.gov.cn/gkgg/gzzd/ff80808122151b230122499a20a002dd.html，2005 年 7 月 18 日。

② 刘杰：《中国政治发展进程（2006）》，时事出版社 2006 年版，第 91 页。

③ 《枣庄市人民代表大会志》编纂委员会编：《枣庄市人民代表大会志》，中国民主法制出版社 2008 年版，第 334 页。

④ 王兆贵、张峰：《甘肃文县：述职评议亮出三张"王牌"》，载《人民之声报》2004 年 6 月 1 日。

⑤ 郑国锋：《评议的力量》，载《人民政坛》1997 年第 6 期。

⑥ 胡树仁：《述职评议要努力做到"三到位"》，载《人民之声》1997 年第 4 期。

大看来,述职评议只是开展监督工作的手段,而推动评议对象改进工作才是最终目的,因此整改效果成为衡量述职评议工作质量的重要标尺。[①]如湖北省人大常委会主任在一次评议动员会议上指出,评议对象"认真进行整改是评议工作的出发点和落脚点,其整改实绩是衡量评议工作效果的砝码"[②]。

(一) 意见反馈

在评议会议结束后,评议对象需要对评议建议或批评作出及时回应,并制定整改方案,在规定期限内进行整改(各地对整改方案和完成整改的时间要求见表3-6)。如2003年12月,新疆维吾尔自治区人大常委会对自治区卫生厅厅长等5人进行述职评议后,将评议各个阶段收集到的意见和建议分类整理后分别转送到各厅。在此基础上,2004年3月,5位评议对象将整改情况向人大常委会作了报告。[③]

表3-6　部分省级人大对评议对象提出整改方案和完成整改任务的时间要求

省(区、市)	提出整改方案	完成整改任务
安徽省	评议大会结束后十五日内	常委会在两个月内听取和审议整改情况报告
北京市	述职评议后的三个月内向市人大常委会提交述职评议整改方案及整改情况的报告	
重庆市	一个月内将整改方案或改进计划报送人大常委会	三个月内向人大常委会报告整改落实情况

---

① 李生权、杨玲:《述职评议是增强人大监督工作的有效形式》,载遵义市人大常委会网站,http://renda. zunyi. gov. cn/ch287/ch300/2012/07/30/content_2011362048. shtml,2012年7月30日。

② 杨永良:《评议是人大监督的一种好形式》,载《楚天主人》1997年第2期。

③ 《新疆人大公正监督奏效　五厅长今日将接受"复试"》,载中国新闻网,http://www. chinanews. com/n/2004 - 03 - 24/26/417297. html,2004年3月24日。

续表

省(区、市)	提出整改方案	完成整改任务
广西壮族自治区	—	会议结束后九十日内将整改情况报告人大常委会
贵州省	接到评议意见后一个月内将整改方案报送常委会	三个月内向常委会报告整改落实情况
海南省	在限定时间内将整改方案或者整改计划报送人大常委会	评议会议后三个月内向人大常委会报告整改情况
河南省	接到反馈意见一个月内制定出整改方案	—
黑龙江省	—	在四个月内将整改情况书面报告常委会
湖北省	—	在三个月内将整改情况向人大常委会提出书面报告
湖南省	—	收到整改意见起九十日内向常委会报送整改情况报告
吉林省	—	六个月内将整改情况向常委会作出报告
江西省	按常委会主任会议规定的时间将整改方案报送常委会	在三个月内,最迟不超过六个月,向常委会报告整改情况
辽宁省	在评议会议结束后三十日内制定出整改方案,并报送人大常委会	—
山西省	在常委会会议闭会后十五日内报送常委会	在下一次常委会全体会议上报告整改情况并接受审议
陕西省	—	两个月内将改进措施和改进情况书面报告人大常委会
四川省	一个月内将整改方案或改进计划报送常委会	三至六个月内向人大常委会报告整改落实情况
西藏自治区	—	三个月内向常委会报告整改情况,至迟不超过六个月
新疆维吾尔自治区	收到评议意见一个月内制定出整改工作方案报送评议小组	三个月内整改完毕,经主任会议批准后,整改时间可以适当延长
云南省	一个月内将整改方案书面报告省人大常委会	三个月内向省人大常委会书面报告整改情况

注:资料系笔者整理而得。

地方人大常委会一般以交办通知的形式将评议意见传达给评议对象。如 2004 年 9 月,湖南省安化县人大常委会对 19 名述职人员进行了会议评议。会后,县人大常委会参照调查组的评议意见和评议会议上常委会委员、人大代表的发言,经过近两个月的反复修改,"五易其稿"后形成最终的整改意见。① 湖南省麻阳苗族自治县专门举行述职评议整改意见交办会,向评议对象传达交办整改意见。② 山东省昌邑市的评议结果则是由市委书记、市人大常委会主任向评议对象当面进行反馈。③ 湖南省常德市对一些群众反映比较突出的问题,不宜在述职评议大会上公开的,则由人大常委会领导与之个别谈心,交换意见,促其整改。④

评议对象在未收到具体交办通知之前,也可先行开展查漏补缺进行整改。如 2000 年 10 月,湖北省荆门市在开展对市土地管理局局长等 4 人的评议调查中,征求了市人大代表对评议对象的意见,并将关注较多、反映强烈的事项向述职对象进行反馈。评议对象根据反馈未评先改、边评边改。⑤ 2001 年 8 月,湖北省武穴市卫生局局长在人大常委会发送交办通知之前,就根据人大常委会收集的意见进行了未评先改工作,迅速成立了以局长为组长的工作领导小组,进行清理整顿。⑥ 有人对上海市 1998—2001 年间的述职报告进行初步分析,发现每份述职报告都用一定篇幅阐发问题并提出对应的整改措施,不少报告体现了未评先改、边评边改的精神,达到评议和整改同步开展的效果。⑦

---

① 安夏、谭安民:《湖南安化人大督促述职评议:不容评议打"白条"》,载人民网,http://npc. people. com. cn/GB/14528/3642581. html。

②《县人大常委会召开述职评议整改意见交办会》,载麻阳苗族自治县公众信息网,http:// www. mayang. gov. cn:888/home/ShowArticle. asp? ArticleID=510,2005 年 11 月 15 日。

③ 龙颂江:《湘西土家族苗族自治州人民代表大会常务委员会工作报告——2004 年 2 月 26 日在湘西土家族苗族自治州第十一届人民代表大会第二次会议上》,载《团结报》2004 年 3 月 5 日。

④ 刘经平:《民主法治笔谈》,湘潭大学出版社 2015 年版,第 143 页。

⑤ 周启才:《评议,植根于群众之中》,载《楚天主人》2001 年第 2 期。

⑥ 文平:《评议:改进工作的助推器》,载《楚天主人》2001 年第 12 期。

⑦ 陆拯:《为了让公仆更加称职——市人大常委会对政府组成人员进行述职评议综述》,载《上海人大月刊》2001 年第 9 期。

(二) 跟踪检查

从法律文本来看,多数省级人大的评议条例中还规定了,地方人大常委会可以对评议对象的整改情况进行跟踪检查和督促整改。如山西省、辽宁省规定评议整改结束以后,本级人大常委会从以下几方面进行监督检查:评议中提出的问题及案件的落实办理情况;评议对象改进工作的情况;对违法违纪人员的处理情况;完善规章制度的情况;整改结果得到人大代表满意和认可的情况等。北京市规定,"人大常委会主任会议可以委托市人大常委会有关工作机构,对述职人员的整改情况进行检查、督促"。2003 年 7 月,北京市人大常委会对检察院检察长进行了述职评议,并要求其在会后 3 个月内,将整改措施及改进情况书面报告市人大常委会,由市人大内务司法委员会进行跟踪检查。[1] 2005 年 10 月,上海市人大常委会对市第二中级人民法院院长进行了述职评议,评议会议结束后,述职评议工作小组会同部分市人大代表对其整改工作进行了跟踪调研,发现"该院在提高审判质量、把握司法标准、破解执行难题、加强队伍建设四个方面有了新的起色"[2]。广东省不少地方人大常委会组织人大代表进行跟踪调查和视察来检查评议效果,对整改行动快、措施得力、效果好的受评单位给予通报表扬,对行动缓慢、措施不力的则给予批评,甚至发出法律监督书,或对主要责任人给予降职、调离工作岗位处理,等等。[3]

(三) 整改评议

各地人大常委会在对整改落实不满意的评议对象的最终处理上存在较大差异,多数是要求继续整改。如四川省规定,对评议对象整改不

---

[1] 马剑光:《检察长"赶考"》,载《检察日报》2004 年 3 月 1 日。
[2] 徐颖建:《从检点自我到推进工作——市二中院长接受人大评议整改有起色》,载《上海人大月刊》2005 年第 5 期。
[3] 陈晓明:《加强调查研究 深化评议工作》,载《人大研究》1997 年第 8 期。

力的,经人大常委会主任会议决定,"责成其继续整改"。新疆维吾尔自治区规定,"常务委员会半数以上组成人员对整改工作情况不满意的,应重新进行整改"。内蒙古自治区规定,半数参评代表对整改不满意的,也可以要求其重新进行整改。有的地方甚至规定了对整改不力的述职人员的惩罚措施。如辽宁省规定,"对整改不认真,交办的事项或者该办的案件拖着不办、该解决的问题不予以解决的,可依法提出询问、质询或者组织特定问题调查委员会进行调查,并将调查结果提请常务委员会会议审议,作出相应的决议"。山西省规定,评议对象在规定的时间内向常委会报告整改情况后,"由组成人员按照满意、基本满意、不满意对其再次进行无记名投票。获得的满意票、基本满意票之和仍未超过常务委员会全体组成人员半数的,常务委员会应当提出免职意见"①。吉林省也规定,如半数以上人大常委会组成人员对整改报告不满意,常委会对由本级人大选举的国家工作人员,可以向人大提出罢免案,或对政府个别副职领导人员作出撤销职务的决定;对由常务委员会任命的,可以依法作出撤销职务的决定。②

这种对述职人员的整改情况再次进行评议的"两次述职"或"两次测评"在地方人大评议中运用较为广泛。如果整改落实未能通过投票测评,人大常委会则可以启用刚性的监督手段。不过各地对此有着不同的规定。广东省珠海市规定,评议对象经整改之后,第二次述职不满意票数达到或超过30%的,评议过程中发现评议对象有严重违法、渎职并造成特别重大损失或者有其他严重错误的,人大常委会即可启动罢免程序。③ 武汉市武昌区规定,再次评议测评的"不称职"票数仍超过实到会议人数1/3的,建议调整其工作直至依法提出撤职或者罢免的议案。吉林省辽源市龙山区规定,信任票低于70%的,由区人大常委会主任对其

---

① 《山西省人民代表大会常务委员会述职评议工作办法》,载《山西日报》2005年4月14日。

② 《吉林省各级人民代表大会常务委员会监督条例》,载《吉林日报》2001年12月10日。

③ 《珠海人大新法设计罢官规则 规定引咎辞职条款》,载中国江西网,http://www.jxcn.cn/514/2005-9-29/30055@183179.htm,2005年9月29日。

进行诫勉谈话，下年度再进行述职测评，述职测评信任票达不到 60％或连续两年达不到 70％的，区人大常委会将启动免职程序予以免职。① "两次述职"的层级差异也很显著，如江西省新余市规定，人大常委会会对评议对象的整改情况进行测评，如满意人数未过半，责成重新整改并在六个月后再次进行汇报，经再次测评仍未过半的，按法定程序调整其职务。② 不过，新余市渝水区则规定，区人大常委会对评议对象整改结果测评不满意的，要延期整改，直至满意为止。③ 此外，虽然有的地方人大规定了整改测评不称职的处理办法，但是对何为"不称职"却未加以说明。

各地的评议实践中普遍存在"重评议，轻整改"的现象。跟踪督办整改不力成为制约述职评议监督效果最后一个重要环节。从各地的规范性文本中可以发现，评议对象需要在限定期限内向人大常委会提交书面的整改方案或整改报告，但是，整改意见是否真正落实根本无从知晓。④ 一些问题在评议整改之后并未得到解决，对整改不力的述职人员普遍没有"动真格"。⑤ 在整改落实阶段，海南省白沙黎族自治县人大常委会以整改措施不得力和整改效果不佳为由免去了两位局长的职务。⑥ 2001年，湖北省神农架林区的两名法官被林区人大常委会评为"不合格"，并要求在下次常委会会议上报告整改情况，但是两名法官对常委会的评议

① 任振爽、李丽辉：《龙山区人大对任命后干部加强监督》，载《辽源日报》2005 年 11 月 15 日。
② 赵鸿鸣：《江西新余人大常委会"三项制度"强化述职评议》，载《上海人大月刊》2005 年第 4 期。
③《江西渝水人大："二三四"举措深化述职评议》，载人民网，http://www.people.com.cn/GB/14576/15037/3287600.html，2005 年 4 月 1 日。
④ 刘化政、徐顺光、孙志博：《述职评议工作存在的问题之浅谈》，载山东人大信息网，http://www.sdrd.gov.cn/govelect/41170.jhtml，2005 年 11 月 23 日。
⑤ 沈嵩：《关于人大工作评议中的几点思考》，载舟山·普陀人大网，http://www.zsptrd.gov.cn/ptrd/Desktop.aspx? PATH = tzrd/sy/xxll&Gid = 0f3f6b58 - 9423 - 4b9a - be84 - 53f9cf84050b&Tid=Cms_Info，2013 年 6 月 10 日。
⑥ 罗旋翱：《探索监督新路子深化评议见效果——白沙黎族自治县人大常委会 5 年述职评议工作纪实》，载《海南人大》2002 年第 11 期。

意见无动于衷,整改报告再次被评为"不合格",最终被免去职务。[①] 2004年,山西省运城市盐湖区人大常委会对法院审判员、检察院检察员以上干部进行述职测评,其中一名测评对象在常委会会议上两次未通过测评,鉴于本人态度较好,区人大常委会最后建议其所在单位对其另行安排工作。[②] 除了这些零星的案例外,很难发现其他述职人员在整改落实阶段被问责的案例。

五、本章小结

对述职评议的过程有了直观全景式的了解之后,一个随之而来的问题是:述职评议是否取得了预期的监督绩效? 在公开报道的案例中,可以发现许多述职评议产生了积极影响的"实效"案例,但是,同时也存在大量质疑述职评议"低效"甚至"失效"的声音,认为述职评议只是"浮皮潦草"而徒具形式。宁夏回族自治区银川市早在第九届人大常委会就曾组织开展述职评议,但是由于评议过程中唱"赞美诗"渐多而批评声微弱,导致述职评议在歌功颂德声中"半道夭折",直到第十二届人大常委会才重新启动评议工作。[③] 2014年12月,据《新京报》披露,河南省鲁山县人民法院一名法官在2002年的述职评议中被该县人大常委会免去审判员职务后,却以"代理"之名照常审案长达12年之久。[④] 类似情形此前已有先例。如2003年9月,河南省郑州市二七区人大常委会对所任命的法院、检察院工作人员共计127人进行了集中述职评议,有3名法官和1名检察官因未通过评议而被分别撤销其审判员和检察员职务,然

---

① 韩靖桥:《忽如一夜春风来——湖北省各级人大常委会开展评议工作综述》,载《楚天主人》2001年第12期。

② 运城市盐湖区人大志编纂委员会编:《运城市盐湖区人民代表大会志》,中央文献出版社2006年版,第312页。

③ 张虹、张晓芳:《官员述职评议不唱赞美诗》,载新华网,http://www.nx.xinhuanet.com/newscenter/2005-02/26/content_3780496.htm,2005年2月26日。

④ 邓学平:《被免法官照常审案,真相到底如何》,载《新京报》2014年12月2日。

而,其中一名被免去职务的法官仍以审判长的名义主持庭审,并办理了7起案件。[1]

权力机关的监督在理论上近乎完美,但在现实生活中却存在缺乏成效的情况。[2] 从述职评议来看,这首先与其实施过程中备受诟病之处直接相关。如授权同级人大常委会主任会议、专门委员会甚至是评议对象所在部门进行"委托评议";评议对象的选择上"避重就轻",尤其是回避了地方人大选举的工作人员;为了追求评议对象的全覆盖而过度使用书面的评议形式;"寓支持于监督之中"的原则在实践中过于强调支持而弱化监督;评议调查的劳师动众、旷日持久与调查结果的失真失实;会议评议环节的"仪式化""程序化"与形式主义;在评议处理结果上的难以落实与不了了之;等等。这些不足与问题相互叠加,很大程度上抵消了述职评议在规范意义上所能发挥的重要作用。从政治问责的角度来看,述职评议在政治过程中所暴露的这些缺陷主要体现在规则缺失、激励低效和信息匮乏三方面。

第一,规则缺失。习近平总书记强调,"问责的内容、对象、事项、主体、程序、方式都要制度化、程序化"[3]。在实践中,述职评议在制度化和程序化方面均存在一些欠缺,突出表现为各省之间以及在一省之内各市县之间均表现出了显著的差异性,这表明述职评议缺少一致性的规则约束。如在《监督法》出台之前,有三分之一的省级人大没有制定有关述职评议的办法或条例,再考虑到一些省级人大出台相关规范性文件的时间较晚(如云南省在2005年才出台有关述职评议的办法),这意味着在多数情况下,述职评议是在没有"规则"的情况下的一种地方性"制度创新",而不是受到法律规范的"制度化"实践。由于述职评议缺少明确统一的法理支持,加上各地因强调域情差异而在规范和实践上的随意性,

① 《郑州市二七区:一法官被免职后竟任审判长》,载《山东人大工作》2004年第8期。
② 高建:《"中国模式"的争论与思考》,载《政治学研究》2011年第3期。
③ 《习近平:加强反腐倡廉法规制度建设 让法规制度的力量充分释放》,载《人民日报》2015年6月28日。

导致了各方质疑述职评议的合法性。如湖南省某市人大常委会曾对所有政府组成部门主要负责人进行投票测评,其中公安局局长和审计局局长未能通过评议测评,按照湖南省制定的评议办法将被罢免,但是两名局长拒绝接受这一结果,向上状告评议中的投票测评是"土政策",没有法理依据。①

第二,激励低效。所有的政治规则都以一定的奖惩为特征。② 在政治问责中,委托人为了使代理人能够真正对前者负责,往往会运用相应的激励措施作为控制手段,具体涉及奖励和惩罚两个方面。在述职评议中,可以发现,一些地方人大宣称将评议结果纳入评议对象的个人档案,并作为今后考核、奖惩和使用的重要依据。其中,对评议结果优秀的往往会授予荣誉或给予物质奖励甚至是晋升。但是,在很多案例中,荣誉或物质奖励往往微不足道,而评议结果的优劣与述职官员的仕途之间也没有清晰的因果链条可循。地方人大能否对优秀的述职人员进行通报表彰或授予先进称号? 全国人大建议不把在述职评议中表现突出的省政府组成人员授予依法行政的先进称号,作为地方荣誉称号,对政府组成人员的通报表彰由政府作出决定为宜。③述职评议在激励方面存在的另一个问题是,地方人大很难在政治问责中真正做到"惩劣",评议权和问责权处于一种事实上的分离状态。对于那些未通过评议的述职人员,地方人大通常并不能依据评议的地方性法规直接进行问责,而是要征得党委的同意,常常是在党内问责之后,才会启动人大的问责程序。与此同时,绝大多数地方人大实行的是"两次评议"或反复评议,甚至仅是原则性地要求述职人员整改至人大常委会满意为止。在这种不能对述职人员真正进行有效激励的问责中,述职评议自然不能发挥应有的作用,也与"有责要担当、失责必追究"的问责原则不相吻合。

---

① 田必耀:《述职评议"湖南模式"的观察与考量》,载《人大建设》2005 年第 5 期。

② 严强、孔繁斌:《政治学基础》,南京大学出版社 2013 年版,第 227 页。

③ 全国人大常委会法制工作委员会编:《法律询问答复(2000—2005)》,中国民主法制出版社2006 年版,第 84—85 页。

正如前文所提及的,人大监督效力的刚性预期是以存在基本的政治问责为前提的。在问责制度中,个人和机构应该实现特定目标,或遵守特定的规则和标准;同时如果未能取得目标或遵守标准,那么就需要承担相应的后果。[1]

　　第三,信息匮乏。从现实来看,确实有相当数量的地方人大热衷于述职评议,但是在更多情况下,述职评议是一种"运动式"而非常态化的监督形式,导致这种局面的一个重要原因是问责主体很难获取评议对象的全面信息。相对于地方人大及其常委会而言,地方政府在信息上占有优势。[2] 旷日持久的评议调查看似为深入全面地了解评议对象提供了渠道,但是也暴露出地方人大缺少掌握"一府两院"运转的常态化途径。任何权力监督,都是从监督信息的获取开始的。地方人大如不能掌握关于监督对象的充分信息,有效的监督就无从谈起。同时,评议调查所能获取的信息多是由评议对象或其所在部门及下属干部群体提供的,其准确性和客观性值得商榷。政治问责的启动必须以获得可信的信息为基础,[3]这在某种程度上意味着,述职评议是一种"超前"或"早熟"的问责形式。因为在 20 世纪 90 年代至《监督法》实施之前,地方政府在重要的政务信息上常常"隐晦"或"秘而不宣"。这种状况从党的十八大之后才发生重大改变。首先是各级政府开始公开"三公"经费,其后一些地方政府陆续向社会公开了所有的部门预算。2015 年 3 月,李克强总理在政府工作报告中强调,要"实行全面规范、公开透明的预算管理制度,除法定涉密信息外,中央和地方所有部门预决算都要公开,全面接受社会监督"。可以预见,地方政府的透明程度在今后将有显著提升。但遗憾的是,在《监督法》前述职评议的"第一波"中,环境和条件尚不完善,不过也由此

① Deborah G. Johnson and Kent A. Wayland, "Surveillance and Transparency as Sociotechnical System of Accountability," in *Surveillance and Democracy*, edited by Kevin D. Haggerty and Minas Samatas, New York:Routledge,2010, p. 30.

② 秦前红、孙莹、黄明涛:《地方人大监督权》,法律出版社 2013 年版,第 171 页。

③ Richard Mulgan, *Holding Power to Account:Accountability in Modern Democracies*, New York:Palgrave Macmillan, 2003, p. 47.

引发了对人大监督外部环境的思考。具体而言,它涉及客观的结构性因素,如地方人大自身是否具备开展监督的组织能力,以及其在现有制度框架内的横向与纵向关系是否有利于其履行监督权力等,同时还涉及主观的认知性因素,如中央层面和地方层面主要的权力主体对述职评议的认识和态度等。

第四章　内部结构：述职评议的组织基础

在政治体制改革方面有一点可以肯定，就是我们要坚持实行人民代表大会的制度。①

——邓小平

"打铁必须自身硬"。就地方人大自身而言，述职评议的兴起与其组织能力的提升有着直接的关系。江泽民指出，"随着我国社会主义现代化建设和改革开放深入进行，人大及其常委会所担负的任务越来越繁重，这就要求各级人大及其常委会把自身建设放在重要位置上"②。乔石也指出，加强人大常委会自身建设，是做好人大工作的重要条件。③ 20世纪80年代以来，地方人大自身建设上的发展主要体现在常委会组成人员构成的优化、组织结构的分化和规模的持续扩张等方面。这些积极变化初步奠定了地方人大履行监督权力的基础和条件。当然，各地和层级间的组织发展存在着不平衡。地方人大及其常委会在行使监督权力上的良莠不齐与人大自身的建设状况密切相关。④

---

① 《邓小平文选》第三卷，人民出版社 1993 年版，第 307 页。
② 《江泽民文选》第一卷，人民出版社 2006 年版，第 116 页。
③ 乔石：《乔石谈民主与法制》（下），人民出版社 2012 年版，第 342 页。
④ 许祖雄主编：《民主法制与人大制度》，复旦大学出版社 1999 年版，第 320 页。

一、正式组织

(一) 人大常委会

就规范层面而言,只有地方各级人大及其常委会享有人大监督权力完全意义的行为主体资格。[①] 在实际的政治生活中,无论是全国人大会议,还是地方各级人大会议,由于会期短、代表人数多、专职代表少,所以每年一度的人大会议不可能成为对"一府两院"开展经常性监督的平台。现实中,地方人大的监督权力往往通过人大常委会来行使。1979 年 5 月,彭真向中央提议设立地方人大常委会,得到了邓小平的肯定。1979 年 7 月,五届全国人大二次会议通过了《关于修正〈中华人民共和国宪法〉若干规定的决议》和修订后的《地方组织法》,规定县级以上地方人大设立常委会。从 1979 年下半年到 1980 年上半年,各省、自治区、直辖市人大陆续设立了常委会。[②] 地方人大常委会设立之前,在人民代表大会闭会期间,行政机关代替行使国家权力机关的权力。[③] 地方各级人大常委会的设立,从根本上改变了行政机关同时作为权力机关的执行机关和常设机关,自己监督自己,自己对自己负责的不合理局面。[④] 地方人大常委会的创设,加强了地方国家权力机关的工作,有利于人民行使管理国家的权力。

地方人大常委会成立初期,组成人员主要由退休党政领导干部、民主党派负责人或代表、工青团妇等群众组织代表以及各领域的专业人士组成,其中退休党政领导干部比例最高。由于人大工作的特点是集体行使职权和作出决定,因此人员的整体结构具有十分重要的意义。[⑤] 长期以来,地方人大常委会组成人员存在年龄结构、知识结构、专兼职比例结

[①] 秦前红、孙莹、黄明涛:《地方人大监督权》,法律出版社 2013 年版,第 164 页。
[②] 王兆国:《伟大的探索 光辉的历程》,载《中国人大》2009 年第 24 期。
[③] 李宏祥:《地方人大二十年主要工作述评》,载《中国人大》1999 年第 18 期。
[④] 敬延年:《现阶段的地方人大》,中国民主法制出版社 1991 年版,第 2 页。
[⑤] 周联合:《论加强地方人大常委会的组织建设》,载《广东社会科学》2008 年第 6 期。

构等不合理的问题。一方面,早期地方人大常委会的组成人员与同级
"一府两院"相比,在年龄结构和知识能力等方面存在着明显的差距。20
世纪80年代以来,很多接近退休年龄的党政领导干部或"退居二线"的
同志被安排进入地方人大常委会,导致常委会组成人员平均年龄偏大、
专业性知识可能会存在欠缺。因而地方人大常委会组成人员结构的不
断优化成为健全和完善人大制度的一个重要方面。1990年4月,全国人
大机关召开会议传达全国人大常委会党组会议的精神,七届全国人大常
委会副委员长兼秘书长彭冲在会上指出,"委员专职化问题,中央明确
了,我们没有落实"①。1992—1993年,全国各级人大陆续开始换届选举
工作。1992年9月,彭冲在上海召开的华东七省市人大常委会主任座谈
会上指出,要抓住换届选举的时机,加强人大常委会自身建设。② 省级人
大的换届选举工作从1993年1月开始至6月底结束。换届之后的省级人
大常委会组成人员在年龄和文化结构上与上届相比有所改善。从全国来
看,66岁以上占5.7%,比上届减少了12.3%,55岁以下占25.3%,比上届
增加了6.3%;大专以上文化程度的比例为66%,比上届提高了15%。③
从主要领导成员来看,上海市第七届至十一届各区县人大和政府相比,在
年龄和学历上差距显著(见表4-1)。但是随着时间的推移,这些差距在逐
渐弥合,其中学历差距的缩小速度明显快于年龄差距的缩小速度。④

表4-1　上海市各区县人大常委会和人民政府领导成员的年龄和学历对照

		总人数	年龄		学历
			36—55岁人数	56岁以上人数及占比	大专以上人数及占比
第七届(1977—1981)	人大常委会	120	21	99(82.5%)	24(20%)
	人民政府	137	107	27(19.7%)	19(13.87%)

① 阚珂:《回想1988年那次全国人大换届》,载《中国人大》2019年第10期。
②《彭冲谈人大换届选举和人大监督》,载《上海人大月刊》1992年第11期。
③《省、自治区、直辖市1993年换届选举统计》,载《人大工作通讯》1994年第3期。
④ 何俊志:《作为一种政府形式的中国人大制度》,上海人民出版社2013年版,第120页。

续表

		总人数	年龄		学历
			36—55 岁人数	56 岁以上人数及占比	大专以上人数及占比
第八届 (1981—1988)	人大常委会	136	35	101(74.3%)	47(34.6%)
	人民政府	101	84	14(13.9%)	50(49.5%)
第九届 (1988—1993)	人大常委会	132	48	84(63.7%)	51(38.7%)
	人民政府	113	109	4(3.5%)	67(59.3%)
第十届 (1993—1998)	人大常委会	117	45	72(61.5%)	71(60.7%)
	人民政府	118	109	8(6.8%)	99(83.9%)
第十一届 (1998—2003)	人大常委会	99	65	34(34.3%)	83(83.9%)
	人民政府	112	108	3(2.68%)	101(90.2%)

资料来源:何俊志,《作为一种政府形式的中国人大制度》,上海人民出版社 2013 年版,第 119 页。

注:人大常委会的领导成员包括常委会主任和副主任,人民政府的领导成员包括区长和副区长。

另一方面,地方人大常委会中兼职委员居多也是一个值得关注的问题。兼职委员在履职时间和精力以及履职动力等方面可能会存在不足,给常委会的日常工作带来了负面影响。由于兼职委员往往不具备开展监督工作所必需的专业性知识,同时由于自身的工作、生活待遇等受到政府部门的影响,在行使职权时往往顾虑较多,没有强烈的监督意愿。[①]兼职委员过多甚至影响到了地方人大常委会的正常运转。1993 年,浙江省淳安县人大常委会换届选举产生了 17 名组成人员,但由于种种原因只剩下 13 名,其中还有 1 名常年生病住院治疗。在兼职委员占多数的条件下,该县人大常委会会议经常无法达到法定的出席人数。[②]《人大工作通讯》1995 年第 12 期曾刊登过这样一则案例:某市人大常委会召开例

[①] 何慨波:《关于地方人大常委会组成人员专职化问题的思考》,载《人大工作通讯》1998 年第 8 期。

[②] 方建华:《试论县级人大常委会委员实行专职化势在必行》,载《人大研究》1997 年第 5 期。

会,听取和审议市政府关于财政预算部分变更意见的报告,该市市长专门从外地赶回参会,但是会议开始后,到会委员寥寥无几,而且到会的委员也无讨论正题之意,市长于是婉言告辞,会议就此告终。[①] 地方人大常委会正常开会尚存困难,开展监督工作就更加力不从心了。1982 年,全国人大常委会委员长彭真在作修宪说明时提出:"我们要人大常委会尽量往专职化方面发展"。1982 年 9 月,党中央在考虑六届全国人大常委会组成人员人选时也要求,全国人大常委会作为全国人大闭会期间的最高权力机构,同时也是一个工作机构,常委会成员中的多数(70％)应该是专职的。[②]

1987 年,党的十三大报告首次明确提出,"要加强全国人大特别是它的常委会的组织建设,在逐步实现委员比较年轻化的同时,逐步实现委员的专职化"。2002 年,党的十六大报告再次强调,要"优化人大常委会组成人员的结构"。2003 年,全国人大常委会新增 19 名年富力强的专职委员。"专职委员"是指在担任人大常委会委员期间不再在人大机关以外的其他任何部门、单位或社会组织担任任何职务或从事具体工作。[③]此后,地方人大常委会中也开始增加专职委员的比例。中央和各地省委在人大换届时,往往要求常委会的专职组成人员在形式上达到一定比例,一般为 50％—60％。重庆市委下发的 2002—2003 年区县人大换届选举问题的通知中要求,"县人大常委会专职组成人员的配备应达到三分之二"。上海市人大常委会专职委员的比例从 1983 年开始逐届增加,在十届人大时已经接近 50％(见表 4 - 2)。[④] 与成立初期相比,地方人大常委会组成人员尤其是领导成员年龄结构的优化与个人素质的提升,以及驻会专职委员比例的增加,都为地方人大行使监督权力创造了相对的有利条件。上海市人大常委会的述职评议肇始于 1998 年,与当时人大

常委会自身的这种积极变化不无关系。一些理论工作者建议常委会组成人员的专职比例应占到 90% 左右。[1] 事实上,早在 1986 年 12 月,胡绳在全国人大召开的座谈会上就提出,"全国人大常委会委员都是专职的也可以"[2]。但是,在党的十八大之前,地方人大常委会兼职委员普遍过多,部分地方的专职比例甚至仅有三分之一左右。

表 4-2 上海市人大常委会委员的专职化程度

届次	委员总数(人)	驻会成员(人)	驻会主任副主任(人)	驻会委员(人)	驻会比例(%)
第七届(1979)	65	3	2	1	4.6
第八届(1983)	64	25	4	21	39.1
第九届(1988)	61	27	7	20	44.3
第十届(1993)	65	31	5	26	47.7

资料来源:何俊志,《作为一种政府形式的中国人大制度》,上海人民出版社 2013 年版,第 120 页。

地方人大常委会行使监督权力还受到一些技术性和程序性因素的推动,如议事规则、表决方式、任期长短等方面的完善。以任期为例,《地方组织法》先后于 1982、1986、1995 和 2004 年进行了四次修改。其中,1982 年时将自治州和设区市的人大任期由三年调整为五年,1995 年又将县级人大的任期由三年延长至五年。这两处看似微小的修正对地方人大的监督工作产生的影响不容小觑。早期地方人大常委会尤其是在县级层面,每届三年的任期过于短暂,换届频繁,再加上同一时期的常委会组成人员多为临近退休或年事已高的党政官员,他们本身对履职所必需的专业知识可能存在欠缺,短时间内又不能快速适应和熟悉人大的工作环境和方式。更重要的是,县级人大的任期换届实际是整体"换血","大进大出、一届一茬",其结果不可避免地导致常委会的工作不能保持

---

① 熊志然:《地方人大常委会组成人员出席常委会会议的现状及其对策初探》,载《人大工作通讯》1996 年第 17 期。

② 阚珂:《回想 1988 年那次全国人大换届》,载《中国人大》2019 年第 10 期。

连续和稳定,影响了新一届常委会工作的迅速开展。① 如 1990—1998 年期间,南京市建邺区经历了三届人大,各届人大常委会中上届委员的比例分别为3/20、5/21 和 3/19。② 就述职评议而言,频繁换届造成的"断裂"十分明显,如在 1994 年较早开展述职评议的 5 个省级人大常委会(贵州省、湖南省、陕西省、新疆维吾尔自治区、浙江省)在 1998 年换届年份均未开展述职评议。这也正是县级人大述职评议为何在 1995 年之后才得以全面铺开的一个原因。总之,对《地方组织法》的数次修改进一步健全了地方人大的组织和工作制度。

(二) 专门委员会

组织的机构分化与其有效性的问题一直备受组织理论学者的关心。阿尔蒙德认为,增强分化程度可以将行为者纳入更为专业化的角色,并创造出指导其担当这些角色的引导模式。③ 就地方人大而言,工作机构的分化与完善是其能够积极履行职权的重要基础。法国著名学者让·布隆代尔(Jean Blondel)指出,制约立法机关履行职权的内部因素有三方面:时间限制、能力限制和设施限制。④ 伍德罗·威尔逊(Woodrow Wilson)也曾指出,美国国会中"最有效的工作"是在"常设委员会中进行的"。⑤ 随着立法、监督和代议角色的不断强化,地方人大的组织规模显著增长。李鹏在九届全国人大常委会第三次会议上指出,"专门委员会的工作十分重要,对全国人大及其常委会有效地行使宪法和法律赋予的各项职权,起着不可替代的作用","多年实践证明,人大及其常委会的大

---

① 叶国文、张熹珂:《上海特别专职委员制度评析》,载《人大研究》2004 年第 5 期。
② 仅统计每届第一次会议当选的常委会委员,不包括届中变化。详见南京市建邺区地方志编纂委员会编:《建邺区志》,方志出版社 2003 年版,第 602 页。
③ [美]加布里埃尔·A. 阿尔蒙德、小 G. 宾厄姆·鲍威尔 :《比较政治学:体系、过程和政策》,曹沛霖等译,东方出版社 2007 年版,第 62 页。
④ Jean Blondel, *Comparative Legislatures*, Englewood Cliffs, NJ: Prentice-Hall, 1973, pp. 46 - 49.
⑤ [美]伍德罗·威尔逊:《国会政体》,熊希龄、吕德本译,商务印书馆 1986 年版,第 48 页。

量工作,是由专门委员会承担的,专门委员会是全国人大及其常委会的得力助手。改进和加强专门委员会的工作,对做好人大工作有着十分重要的意义"。①《地方组织法》规定,省、自治区、直辖市、自治州、设区的市的人大根据需要,可以设法制(政法)委员会、财政经济委员会、教育科学文化卫生委员会等专门委员会。各专门委员会接受本级人民代表大会领导;在大会闭会期间,接受本级人大常委会领导。专门委员会的主要职责是在本级人大及其常委会的领导下,研究、审议和拟定有关议案;同时接受本级人大及其常委会的授权,对属于本级人大及其常委会职权范围内同本委员会有关的问题,进行研究调查,提出建议,并具体承办和组织实施本级人大及其常委会职权范围内的与本委员会相关的具体工作。②

以武汉市人大的专门委员会为例,武汉市八届人大(1988—1993)成立了法制、财政经济、城乡建设、教育科学文化卫生、农村、人事任免6个专门委员会。1998年1月,武汉市人大设立了法制委员会、财政经济委员会、教育科学文化卫生委员会、城乡建设与环境保护委员会、农村委员会、民族宗教侨务外事委员会和人事任免委员会。1999年1月,法制委员会更名为内务司法委员会。2001年1月,重新设立了法制委员会。此后至党的十八大之前,武汉市人大专门委员会的机构设置未再发生大的变动。从表4-3可以看出,除了在组织结构上的分化之外,各个专门委员会在机构规模和人员配备上也有显著的扩张。武汉市人大机关的组织成长展现了地方人大组织内部结构不断复杂化的过程。③

---

① 《李鹏委员长在第九届全国人民代表大会常务委员会第三次会议上的讲话》,载全国人大常委会办公厅秘书一局编《第九届全国人民代表大会及其常务委员会会议大事记(1998.3~2003.2)》,中国民主法制出版社2003年版,第606、607页。
② 王华宁:《人大专门委员会和人大常委会工作委员会之区别》,载《人大研究》2013年第3期。
③ 秦前红、孙莹、黄明涛:《地方人大监督权》,法律出版社2013年版,第210页。

表4-3　武汉市人大专门委员会成员数量

单位:人

届次	人事任免委员会	法制委员会	财政经济委员会	内务司法委员会	城乡建设与环境保护委员会	教育科学文化卫生委员会	农村委员会	民族宗教侨务外事委员会
第八届	4	7	10	—	7	14	5	—
第九届	3	13	15	—	7	11	6	7
第十届	6	10	13	11	10	10	8	11
第十一届	8	15	18	13	12	13	13	8
第十二届	11	16	19	13	19	14	15	14
第十三届	14	19	19	16	20	17	18	15

　　注:专门委员会成员数量包括主任、副主任和委员,其中武汉市第十届人大法制委员会组成人员是2001年1月12日武汉市十届人大第四次会议通过时的数量。

　　任喜荣指出,地方人大的监督权力主要依靠常委会来履行,而常委会又依靠其专门委员会来协助开展监督工作。[1] 在述职评议中,无论是前期的准备部署还是评议调查阶段,不论是最能吸引眼球的会议评议还是不太受到关注的整改环节,其中繁重的具体工作主要由专门委员会来承担。如果没有专门委员会的辅助,多数地方人大常委会的评议根本不可能顺利开展。以武汉市为例,1999年,武汉市人大常委会首次对市商委主任等3人进行述职评议。由于是首次开展评议工作,武汉市人大常委会对如何组织实施并没有现成的经验可循。针对该问题,人事任免委员会进行了大量的走访调研,拟订了述职评议工作方案。3月5日,人事任免委员会前往汉阳区调研述职评议工作。3月9日,人事任免委员会前往汉南区调研述职评议工作。3月25日,人事任免委员会召开各区人大常委会人事任免工作座谈会,交流部分区人大常委会开展述职评议工作的经验。5月5日,人事任免委员会前往江夏区人大常委会调研述职评议工作。5月10日,人事任免委员会前往洪山区人大常委会调研述职

---

[1] 任喜荣:《地方人大监督权论》,中国人民大学出版社2013年版,第91页。

评议工作。8月12日至24日,人事任免委员会在人大常委会副主任的带领下赴外地学习考察述职评议工作。9月9日,人事任免委员会召开会议讨论述职评议工作方案。10月27日,人事任免委员会和内务司法委员会前往市民政局进行述职评议调查。11月3日至4日,人事任免委员会和财经委员会前往市商委进行述职评议调查。11月10日,人事任免委员会和财经委员会再次前往市商委进行述职评议工作调查。11月16日,人事任免委员会召开会议讨论述职评议报告。11月22日至23日,人事任免委员会与财经委员会、内务司法委员会和教科文卫委员会共同讨论述职报告。11月24日至26日,市人大常委会对3位评议对象进行了述职评议。12月13日,人事任免委员会再次召开会议讨论评议情况和评议意见。① 从武汉市人大常委会的述职评议来看,专门委员会发挥了不可替代的作用。

专门委员会在述职评议中的职责范围与权力大小不是固定不变的。同样以武汉市人大为例,从2003年开始,人事任免委员会还负责组织召开述职评议工作的动员会议。在述职评议实践早期,武汉市人大各专门委员会在整改阶段不发挥实质性作用,到2003年,情况有所改变,已经拥有对整改工作进行跟踪监督和督促整改落实的权力。2004年,专门委员会在整改落实环节的权力进一步扩大,如对整改工作不满意,可以要求述职人员重新整改。② 在很多地方,专门委员会经人大常委会的同意和授权也可以成为评议主体。

(三)工作机构

《地方组织法》规定,地方人大常委会根据工作需要,可以设立办事机构和其他工作机构。如地方人大常委会往往对应各个专门委员会设

---

① 资料系笔者根据武汉市人大常委会大事记(1999)整理而得。
② 《武汉市人大常委会关于2004年述职评议工作的实施方案》,载《武汉市第十一届人大常委会公报》第12、13号。

立工作委员会,承办本级人大常委会和主任会议交付的与本工作机构相关的具体事务。此外,地方人大还会设立负责综合性服务保障工作的研究室、人事室和代表联络室等。① 需要指出的是,由于法律没有规定必须设立,所以各地人大的专门委员会和常委会的工作委员会在机构设置和人员规模上存在显著的区域差异。在市县级人大层面(较大的市除外),往往不设专门委员会,而是设立综合办事机构和工作委员会等。对这些地方人大而言,述职评议的具体工作主要由人大常委会对口的工作委员会承担。如广东省中山市人大常委会选举联络人事任免工作委员会的职责中包括"承办市人大常委会的人事任免和被任命人员的述职评议"②。浙江省缙云县规定,"书面述职由县人大常委会委托县人大常委会有关的工作委员会负责实施"③。

地方人大常委会工作委员会的成长轨迹与人大的专门委员会基本相似。在某一特定时期,机构组织力量的欠缺和薄弱严重制约了地方人大监督权力的行使。1979 年 8 月,西藏自治区人大常委会成立,这是全国首个省级人大常委会,当时的人员编制只有十几个。④ 1987 年,张永桃等学者对江苏省人大常委会的调查发现,江苏省人大常委会办公厅编制为全国最少,同时 100 人中干部编制多达 75 人。办公厅由副秘书长直接领导,无专职秘书。省人大常委会下设的 4 个工作委员会也没有列入国家机关编制序列,党委、政府的重要文件、资料,工作委员会无权阅览,省召开的厅局级以上重要会议,工作委员会无权参加。这种情况给工作委员会掌握信息、沟通情况等需要造成了困难。⑤

① 席文启:《论我国地方人大常委会制度的确立与完善》,载《科学社会主义》2009 年第 4 期。
②《1989 年—2002 年的大事回顾》,载中山人大网,http://www.zsrd.gov.cn/web/data.php? lib_id=81&id=643,2005 年 9 月 15 日。
③《缙云县人民代表大会常务委员会述职评议工作暂行办法》,载缙云人大网,http://www.zjjyrd.gov.cn/renda/7/2/1/200902/11-6374.html,2009 年 2 月 11 日。
④ 袁祥、王逸吟:《中国民主政治建设的历史足迹》,载《海南人大》2009 年第 10 期。
⑤ 赵宝煦主编:《民主政治与地方人大——调查与思考之一》,陕西人民出版社 1990 年版,第 48—49 页。

由于早期地方人大在组织结构上的不健全和不完善,各种委员会和办事机构刚刚设立,人员数量和机构规模都十分薄弱,很难胜任繁重的评议工作。地方人大常委会承担对口评议工作的专(工)委的同志反映,"搞一次评议,这一年其他工作就不要想做了"①。市县级人大对此感受尤为强烈。山东省泰安市人大常委会人事选举代表工作室在述职评议的总结报告中指出,"述职评议是一项严肃的工作,程序多,时间长。开展一次述职评议工作,前后要用半年多的时间。去年进行了两次述职评议,大家感到占用的精力相当大。即使这样,每年有 6 名干部述职评议,本届人大常委会也难以完成普遍进行一次述职评议的任务。"②在这种背景下,早期的评议实践多以"代表评议"的形式出现并非偶然,很大程度上亦是无奈之举。因为动员人数众多的人大代表参与评议可以很好地弥补组织力量薄弱和机构缺陷的不足。1994 年,在浙江省人大常委会对省工商行政管理局局长和省土地管理局局长的述职评议中,全省 85% 的各级人大代表参加了此次评议活动。③ 1988 年 3 月,浙江省缙云县人大常委会首次进行述职评议。当时县人大常委会仅有 1 个常委会办公室和新成立的法制、财政经济和教科文卫 3 个工作委员会,但是需要进行评议的述职人员多达 33 人。在这种情况下,评议活动很难完全依赖自身的办事机构来完成。因此,缙云县人大常委会组成人员和人大代表共同组成考评小组,听取任命干部的述职报告和开展考评调查活动。县人大常委会在听取考评小组汇报的基础上再进行评议,其中有 2 名局长被认为"不适应本职工作"而被建议调整。④

---

① 高咏沂、姚百义、王林:《人大评议工作需要探讨的几个问题》,载《人大工作通讯》1998 年第 18 期。

② 《泰安人大二十年》编纂委员会编:《泰安人大二十年(1985—2005)》,齐鲁书社 2005 年版,第 241—242 页。

③ 许行贯:《认真组织开展"两项评议"工作 积极拓展代表闭会期间活动》,载《人大工作通讯》1995 年第 10 期。

④ 《评议工作》,载缙云人大网,http://www.zjjyrd.gov.cn/renda/7/4/200903/06-6824.html,2009 年 3 月 6 日。

(四) 常委会主任会议

《地方组织法》规定:"省、自治区、直辖市、自治州、设区的市的人民代表大会常务委员会主任、副主任和秘书长组成主任会议;县、自治县、不设区的市、市辖区的人民代表大会常务委员会主任、副主任组成主任会议。主任会议处理常务委员会的重要日常工作"。县级以上的地方人大常委会主任会议可以向本级人大常委会提出属于常委会职权范围内的议案,由后者进行审议。地方人大常委会一般每两个月召开一次,日常性的工作事实上是由地方人大常委会主任会议主持。李侃如指出,在中国的政治制度下,权力大小与机构规模呈正相关;然而现实却与之相反。[1] 常委会主任会议正是这种情况的真实写照,尽管它本身并不具有权力机关的主体地位,但是由于它负责地方人大常委会闭会期间的日常组织和协调工作,[2]同时具有规模小、召集灵活的优势,成员又多为本级人大常委会的领导成员,因而对地方人大常委会的各项工作拥有较大的影响力。这些因素推动了常委会主任会议在实际上成为地方人大监督权力常态行使和达到实效的关键要素。[3]

从各地的实践来看,常委会主任会议往往在评议的过程中发挥了重要作用。首先,人大常委会的述职评议工作方案一般经过常委会主任会议讨论后再提请人大常委会审议。除此之外,人大常委会主任会议为保障评议工作的顺利进行还做了很多必要的工作。以浙江省为例。1994年,浙江省人大常委会首次开展述职评议前,多次召开主任会议研究部署准备工作和进行调查研究,并决定召开全省人大评议工作座谈会,统一各方对述职评议的认识。[4] 1999年1月,在对省水利厅厅长的述职评

---

[1] Kenneth Lieberthal, *Governing China: from Revolution through Reform*, New York: W. W. Norton, 1995, p. 173.

[2] 张坤读:《地方人大常委会主任会议的法律地位和职能初探》,载《探索》1994年第4期。

[3] 秦前红、孙莹、黄明涛:《地方人大监督权》,法律出版社2013年版,第166页。

[4] 《浙江省人民代表大会志》编纂委员会编:《浙江省人民代表大会志》,中华书局2005年版,第407页。

议过程中,浙江省人大常委会主任会议听取了省人大农业和环境资源保护委员会关于对省水利厅厅长开展述职评议工作的建议;4月,听取了评议工作有关准备情况的汇报;7月,讨论了省水利厅厅长述职报告的评议意见,并决定由常委会领导向本人当面反馈。2000—2002年的历次述职评议中,浙江省人大常委会主任会议都召开了会议专门研究述职评议工作。①

其次,常委会主任会议在评议对象人选的形成过程中拥有实质性权力。如河南省规定,"主任会议按每次确定的述职人数等额提出述职人建议名单,提请省人大常委会会议无记名投票决定"②。湖南省也规定,述职评议名单虽由人大常委会决定,但是"人大常委会主任会议根据当年实际情况,可以对述职人员名单提出个别调整意见,提请人大常委会会议确定"③。有的地方人大常委会主任会议可以直接决定述职人选。如山西省的做法是,"被评议人员,在征求常务委员会组成人员意见的基础上,由主任会议研究确定"④。《北京市人民代表大会常务委员会开展述职评议工作的试行办法》也规定,"市人大常委会主任会议在广泛听取有关方面意见的基础上,决定每年进行述职评议的人员名单"。除了在确定评议对象上的决定性权力之外,常委会主任会议在述职评议的方案、时间、内容、评议意见以及整改情况的处理等方面均有较大的发言权。

再次,除了具体的评议过程之外,人大常委会主任会议对述职评议的重要影响还体现在其他方面。一些地方人大开展述职评议的法理依据即来自人大常委会主任会议,如北京、上海、浙江、云南等省(市)人大

---

① 《浙江省人民代表大会志》编纂委员会编:《浙江省人民代表大会志》,中华书局2005年版,第410页。
② 《河南省人民代表大会常务委员会述职评议工作条例》,载《河南省人大常委会公告》第27号。
③ 《湖南省县级以上人民代表大会常务委员会述职评议工作条例》,载《湖南省第九届人民代表大会常务委员会公告》第69号。
④ 《山西省人民代表大会常务委员会述职评议工作办法》,载《山西日报》2005年4月14日。

常委会的述职评议办法就是由省(市)人大常委会主任会议制定的。还有部分地方人大常委会主任会议经过授权也可以成为述职评议的法定主体。如 1994 年,广东省台山市人大常委会对 43 名政府委办局正职领导进行述职评议。7 月 18 日至 20 日,市人大常委会举行会议对市建委等 9 人开展述职评议;7 月 21 日至 8 月 3 日,常委会主任会议对其余 31 人进行了述职评议;另有因病和刚退休 3 人进行了书面述职。这次述职评议得到了广东省人大常委会的充分肯定。①

上述的分析并不意味着,地方人大自身的制度建设和发展已经具备充分行使监督权力的组织能力。首先,地方人大常委会组成人员的结构优化确实有目共睹,不过仍因地而异,需要具体分析。如 2003 年换届之后,河北省人大常委会组成人员中,56 岁以上占总数的 83%,专职委员仅为 28.6%。② 同时地方人大常委会的履职状况仍有改善空间。以述职评议为例,如郑州市十二届人大常委会第六次会议对市法院副院长等 4 人的述职评议中,常委会组成人员 43 人实到 36 人,有将近两成的缺席率。③ 浙江省丽水市一届人大常委会(2001 年 1 月至 2006 年 1 月)共对 4 人开展了会议述职评议,每次述职评议会议上,常委会组成人员的缺席率均在 1/10 以上(见表 4-4)。地方人大常委会一定比例的缺席率并不仅仅体现在述职评议中。如 2004 年 4 月,丽水市一届人大常委会第二十五次会议的缺席率甚至达到 31.0%。地方人大常委会会议的较高缺席率,一方面与地方人大常委会中存在较高比例的兼职委员有关。俞可平指出,不少委员担任着事业单位的主要领导职务,难以把主要精力和

---

① 台山人民代表大会志编纂委员会编:《台山人民代表大会志》,2004 年,第 261 页。

② 高建国:《关于优化人大常委会组成人员结构的思考》,载中国人大网,http://m.npc.gov.cn/npc/zt/qt/dfrd30year/2011-03/04/content_1631872.htm,2011 年 3 月 4 日。

③《郑州市十二届人大常委会第六次会议对市中级人民法院副院长傅和平述职报告的评议意见》,载郑州人大网,http://www.zzrd.gov.cn/html/news/8/2005-01/03/1217.html,2005 年 1 月 3 日。

时间放到常委会的工作上,有的甚至完全挂名,①这导致兼职委员存在出勤率低、参加监督活动少和履职水平差等问题,这些缺陷不可避免地影响到人大常委会的整体工作效能。另一方面,则与专职委员的履职状况有关。2003 年 2 月至 2005 年 5 月,黑龙江省佳木斯市十三届人大常委会共召开十六次会议,30 余名常委会组成人员中有 5 人的缺席次数超过 4 次,委员缺席比例最高时达到 23%,不过这些经常性缺席的委员并不全为兼职委员。此外,在《监督法》出台之前,各地人大常委会中专职委员的比例似乎已经固定,很难再有进一步提升空间。如上海市自 1993 年开始,市人大常委会的驻会专职委员比例长期保持在 50%左右。② 此外,有学者发现,试图通过降低代表年龄和提升代表学历来优化代表结构,在实践中也不必然会带来预期的效果。③

表 4-4 浙江省丽水市人大常委会组成人员会议述职评议中的缺席率

时间	会议	评议对象	缺席率
2002 年 8 月	一届人大常委会第十二次会议	市林业局局长、市对外贸易经济合作局局长	17.2%
2003 年 6 月	一届人大常委会第十九次会议	市建设局局长	13.8%
2004 年 10 月	一届人大常委会第二十九次会议	市教育局局长	13.8%

注:数据系笔者整理而得,详见丽水市人大网。

其次,地方人大及其常委会内设机构的完善程度和组织规模,与监督对象尤其是政府部门相比仍存在差距。20 世纪 80 年代至《监督法》出台前,地方层面发生了五次重大的政府机构改革。第一次是在 1982—1984 年间,中央和地方各级政府都进行了改革,其中又以县级工作部门的设置变动最大。当时根据党政分工的精神和精简的原则,党群机关人

① 俞可平主编:《中国如何治理? 通向国家治理现代化的道路》,外文出版社 2018 年版,第 21 页。

② 何俊志:《作为一种政府形式的中国人大制度》,上海人民出版社 2013 年版,第 120 页。

③ 何俊志、刘乐明:《全国人大代表的个体属性与履职状况关系研究》,载《复旦学报(社会科学版)》2013 年第 2 期。

员编制精简了 20％左右。① 第二次是在 1994 年,这次改革大幅度精简了政府机构和人员,地方各级机关机构精简比例在 30％—40％之间。②第三次是在 1998 年。该轮政府机构改革完成后,省级政府机构设置平均由 55 个减到 40 个,地市级政府机构平均由 45 个减少到 35 个,县级政府机构平均由 28 个减少到 18 个。③ 第四次是在 2000 年。这次改革主要涉及全国各级人大、政协机关,法院、检察院机关,群众团体机关的机构改革。第五次是 2003 年。这次改革之后,国务院除办公厅之外,组成部门精简至 28 个。与国务院机构改革相呼应,地方各级政府也进一步削减了政府组成部门的数量。④ 每次机构改革都从精简机构开始,五次机构改革之后,地方政府职能部门的数量虽然也经历了"精简—膨胀"的循环反复,但是总体上已经显著"瘦身"。这意味着地方人大常委会任命的政府职能部门主要负责人数量大幅减少,也为地方人大在届内评议所有任命的政府职能部门主要负责人提供了可能。自地方人大常委会创设以来,其自身的机构设置和人员配备逐渐完善。如 1979 年 12 月,江西省五届人大常委会决定设立办公厅作为常委会的办事机构,先配备 20人左右开始办公。1983 年 5 月,江西省六届人大常委会将办公厅的机关行政编制增至 100 人(含各专门委员办公室)。1988 年,江西省七届人大常委会进一步完善了机构设置,同时将机关行政编制增至 142 人,此后编制规模基本保持稳定。⑤ 不过,截至《监督法》实施之前,仅就机构数量和组织规模而言,地方人大与同级政府相比仍处于绝对的劣势地位。如

---

① 《1982 年地方党政机关机构改革的情况》,载中国机构编制网,http://www. scopsr. gov. cn/zlzx/zlzxlsyg/201203/t20120323_35155. html,2010 年 9 月 25 日。
② 《1994 年地方政府机构改革的情况》,载中国机构编制网,http://www. scopsr. gov. cn/zlzx/zlzxlsyg/201209/t20120920_182784. html,2012 年 9 月 20 日。
③ 《1998 年地方政府机构改革的情况》,载中国机构编制网,http://www. scopsr. gov. cn/zlzx/zlzxlsyg/201203/t20120323_35151. html,2010 年 9 月 25 日。
④ 陈坚:《改革开放以来我国政府机构改革历程述略》,载《党的文献》2008 年第 3 期。
⑤ 江西省人民代表大会志编纂委员会编:《江西省人民代表大会志》,方志出版社 2002 年版,第244—245 页。

2000 年,山东省县级人大常委会的机关工作人员总共仅有十几名。① 全国人大常委会办公厅曾对 63 个国家的议会常设委员会进行统计,其中设 8—12 个常设委员会的占 28％,设 12 个以上的达到 72％。② 与之形成鲜明对比的是,全国人大专门委员会仅有 9 个。在《监督法》实施之前,地方人大的专门委员会数量更少,如河南省人大仅有 2 个专门委员会。这种状况与其肩负的职责很难匹配,③这也是评议工作多以代表评议和书面形式进行的现实原因。

再次,专门委员会和人大常委会主任会议自设立以来,其权力和地位日渐提升,在述职评议中具有举足轻重的影响。在述职评议中,有的专门委员会还代表人大常委会履行职权,④如委托内务司法委员会对"两院"的评议就是如此。但是,由于专门委员会并非从事监督的专门机构,监督职责和其他职责的目标并不完全一致,⑤过度卷入监督工作势必会影响到其他职责的履行。同时,地方人大常委会主任会议在评议中的"扩权"现象也引起了诸多质疑。在一些评议案例中,人大常委会主任会议甚至与常委会组成人员之间发生了冲突。如 2006 年 6 月,大连市十三届人大常委会第二十五次会议原计划评议 6 名审判员,其中一名审判员马广明称病拒绝到常委会会议上述职。多位市人大常委联名提出撤职议案,但是,常委会主任会议研究决定不向常委会提交撤职议案,而要求马广明在第二十六次常委会会议上述职。在第二十六次常委会会议上,36 位与会委员中 22 人对马广明投下了"不信任"票,经过主任会议研究决定,提请常委会表决撤销马广明的审判员职务并获得通过。⑥ 另外,

① 袁文光、张伯厚:《关于进一步做好县级人大司法监督工作的思考》,载《山东人大工作》2001 年第 10 期。

② 全国人大常委会办公厅研究室编:《人民代表大会制度论丛》(第一辑),中国民主法制出版社 1992 年版,第 266 页。

③ 韩明德:《我国人大监督机构设置的基础与构想》,载《中州学刊》2008 年第 2 期。

④ 马骏、曹子洪:《地方人大及其常委会组织机构研究》,载《人大研究》2005 年第 12 期。

⑤ 李刚:《当前人大工作面临的几个问题》,载《人大研究》2002 年第 3 期。

⑥ 王金海:《述职评议未获人大多数信任 大连两名法官被免职》,载《人民日报》2006 年 7 月 27 日。

在评议对象的选择上,常委会主任会议确定人选的做法似乎也很难体现"民主性"。随着评议实践的发展,这种做法也在悄然改变。如内蒙古自治区包头市在 2004 年之后,评议对象改由人大代表和人民群众来选择。1996 年,四川省规定,评议对象、内容、时间和要求由本级人大常委会主任会议确定。但是 2004 年,有委员对这种方式提出质疑,认为评议对象"应该由省人大常委会委员们投票进行决定"①。

二、非正式联系

历史制度主义认为,制度可以通过学习实现变迁。某地人大制度创新的产生和发展绝不是在封闭隔绝的政治环境里进行的。述职评议的发展还存在明显的"滚雪球效应",即一地述职评议的成功开展尤其是那些引起高层关注并得到肯定的评议实践,往往具有强烈的示范作用,成为其他地方模仿和学习的对象。如 1996 年,四川省在制定评议工作条例时,就借鉴了其他省市人大评议工作的成功经验。② 1988 年 1 月,甘肃省人大常委会完成换届,省七届人大常委会任职后,多次派主任、副主任以及其他组成人员到兄弟省、市学习考察,在此基础上,于 1990 年首次开展了述职评议工作。③ 那些较早开展述职评议的地方为后来者提供了学习和借鉴的素材,而技术扩散、观念和制度的传播也减少了后来者自行探索的成本与可能的偏差。其中,地方人大之间为进行经验交流和学习研讨而成立的非正式组织平台,潜移默化地影响了各自的述职评议实践。《监督法》实施之前较有影响力的非正式组织平台主要包括:跨区域的人大常委会主任联席会议,各地人大之间的学习考察,以及各级人大组织的专题讲座、经验交流会、座谈会、理论研究会等。这些非正式的

---

① 刘云飞:《省人大对省政府部门"一把手"进行述职评议》,载《华西都市报》2004 年 7 月 27 日。
② 张渝田等:《四川省各级人大常委会评议工作条例实施状况分析与评价》,载《人大制度理论与实践研究:纪念地方人大常委会设立 25 周年文集》,2005 年,第 388 页。
③ 甘肃省地方史志编纂委员会编纂:《甘肃省志》第四卷《政权志·人大》,甘肃人民出版社 2005 年版,第 814 页。

平台定期或不定期地举行活动,深入探讨和广泛交流了各地评议实践中的成功经验和共性问题,对述职评议的扩散、传播与发展起到了积极的推动作用。

(一) 横向联系

制度创新存在显著的空间溢出效应。[①] 如果某种监督创新的效果显著,就会引起其他省市人大的关注和仿效,从而成为各地各级人大普遍施行的制度。[②] 省级人大之间通过组织和参与人大常委会主任座谈会、工作联席会议等方式来达到相互学习借鉴、取长补短的目的,如沪苏浙皖四省市人大常委会主任座谈会、中西部十七省(区、市)人大民族工作座谈会等。更为密切和频繁的跨区域交流代表性平台包括:全国副省级城市人大常委会主任联席会议、全国较大的市人大常委会联席会议、部分城市人大常委会联席会议等。

全国副省级城市人大常委会主任联席会议由计划单列市人大常委会主任座谈会、十五城市人大常委会主任联席会议等发展而来。"计划单列市"自 1994 年 2 月开始实施,最初有重庆、广州、武汉、哈尔滨、沈阳、成都、南京、西安、长春、济南、杭州、大连、青岛、深圳、厦门、宁波 16 个市。1997 年 3 月,重庆市变为直辖市后,副省级城市数量减少至 15 个。自 1985 年起,全国副省级城市人大常委会主任联席会议每年由各市轮流举办,是"各城市间最高层次的工作交流会"[③],在全国范围内有着广泛的影响力,全国人大常委会始终对其给予密切关注。如第二十次会议时,在沈阳视察的时任全国人大常委会委员长吴邦国接见了出席这次会议的各副省级城市人大常委会负责同志。时任全国人大常委会副委员长顾秀莲出席了第十九

---

① 姚洋、席天扬主编:《中国新叙事——中国特色政治、经济体制的运行机制分析》,上海人民出版社 2018 年版,第 176 页。

② 秦前红、孙莹、黄明涛:《地方人大监督权》,法律出版社 2013 年版,第 210 页。

③ 顾春阳:《加强人大交流 密切城市合作 全国副省级城市人大常委会主任联席会议第二十六次会议在长举行》,载《长春日报》2011 年 8 月 24 日。

次和第二十次联席会议并发表了讲话。第二十一次会议时,时任全国人大常委会副委员长乌云其木格也出席了会议。

表4-5 副省级城市人大常委会主任联席会议简况(部分)

会次	时间	地点	会议主题
第五次	1988年9月	西安	地方人大及其常委会如何进一步发挥监督职能,为改革开放和经济建设服务
第六次	1990年8月	沈阳	地方人大及其常委会如何进一步做好监督工作,不断提高监督成效问题
第七次	1991年11月	重庆	如何以经济建设为中心,依法行使职权,发挥地方国家权力机关作用,保障和促进经济建设、改革开放、稳定发展问题
第八次	1992年5月	青岛	如何搞好地方人大换届选举问题
第九次	1993年10月	深圳	在建立社会主义市场经济体制条件下,地方人大如何发挥职能作用,为经济建设中心服务
第十次	1994年11月	南京	如何加快地方立法步伐,提高立法质量;强化人大监督力度,提高监督效果;充分发挥人大代表主体作用,进一步做好新形势下人大工作等
第十一次	1995年8月	长春	加强地方人大监督工作及制定监督法的相关问题
第十二次	1996年10月	杭州	——
第十三次	1997年10月	济南	在新形势下地方人大及其常委会如何加强监督工作
第十四次	1998年10月	厦门	贯彻依法治国方略,推进依法治市
第十五次	1999年10月	宁波	地方人大常委会如何提高常委会会议审议质量
第十六次	2000年10月	成都	贯彻"三个代表"重要思想,新时期地方人大工作的新思路、新举措
第十七次	2001年10月	广州	地方人大及其常委会行使重大事项决定权的做法和体会
第十八次	2002年7月	哈尔滨	地方人大常委会如何进一步做好代表工作问题
第十九次	2003年10月	武汉	贯彻"三个代表",创新人大工作
第二十次	2004年9月	沈阳	贯彻"三个代表"重要思想,加强和改进地方人大监督工作

续表

会次	时间	地点	会议主题
第二十一次	2005年9月	青岛	加强人大代表工作和人大常委会制度建设的经验做法及相关问题
第二十二次	2006年10月	深圳	学习研讨各级人民代表大会常务委员会监督法
第二十三次	2007年8月	大连	交流和探讨贯彻实施监督法的经验和做法
第二十四次	2009年4月	西安	加强地方人大工作,特别是在新的形势下发挥代表作用
第二十五次	2010年10月	南京	加强立法工作,提高立法质量
第二十六次	2011年8月	长春	加强和改进监督工作,提高监督水平,增强监督实效
第二十七次	2012年9月	杭州	加强和改进人大代表工作的做法和经验

注:资料系笔者整理而得。

"全国较大的市人大常委会联席会议"自1991年开始,最初每年召开两次,会期3—6天。1996年4月更名为"全国较大的市人大常委会工作联席会议",包括唐山、大同、包头、抚顺、吉林、齐齐哈尔、淮南、洛阳、宁波、本溪、邯郸、淄博、苏州、徐州和无锡等15个全国较大的市。

表4-6　全国较大的市人大常委会工作联席会议(部分)

会次	时间	地点	会议主题
第一次	1991年5月	无锡	较大的市制定地方性法规工作的情况和经验
第二次	1991年8月	齐齐哈尔	地方人大及其常委会如何加强监督工作,不断提高监督水平
第三次	1992年5月	宁波	—
第四次	1992年8月	吉林	地方人大及其常委会如何认真贯彻党的基本路线,依法行使各项职权,为发展地方经济作出贡献
第五次	1993年5月	抚顺、本溪、鞍山、大连	新形势下人大常委会如何更好地发挥人大代表作用

续表

会次	时间	地点	会议主题
第六次	1993 年 10 月	重庆	地方立法工作的经验和做法
第七次	1994 年 8 月	包头	围绕经济建设中心，搞好地方立法，特别是经济立法和执法监督工作
第八次	1994 年 11 月	苏州	地方人大开展"两项评议"的做法
第九次	1995 年 5 月	唐山	在社会主义市场经济条件下，如何更好地发挥地方人大及其常委会的职能作用
第十次	1995 年 10 月	淮南	——
第十一次	1996 年 4 月	洛阳	地方人大搞好"两项评议"工作的经验及有关问题
第十二次	1996 年 7 月	包头	适应加快建立社会主义市场经济体制新形势，认真贯彻新修改的《选举法》《地方组织法》，指导乡镇人大搞好换届选举
第十三次	1997 年 6 月	徐州	加强社会主义民主法制建设，推进依法治国
第十四次	1997 年 9 月	淄博	——
第十五次	1998 年 11 月	邯郸	发挥地方人大及其常委会在依法治市中的重要作用
第十六次	1999 年 5 月	无锡	加快地方立法和提高常委会会议质量
第十七次	1999 年 7 月	大同	如何开好人民代表大会会议、人大常委会会议和人大常委会主任会议
第十八次	2000 年 4 月	宁波	如何正确处理监督与支持的关系以及如何组织代表依法执行职务
第十九次	2000 年 12 月	苏州	如何加强个案监督工作和对地方立法实行统一审议
第二十次	2001 年 5 月	抚顺、本溪	如何行使好重大事项决定权、搞好代表议案办理工作
第二十一次	2001 年 10 月	洛阳	地方人大如何依法加大对城市规划、建设、管理的监督力度
第二十二次	2002 年 8 月	包头	地方人大如何服务中心，充分发挥职能作用，与时俱进，开拓创新
第二十三次	2002 年 10 月	徐州	加大监督力度，提高监督实效

注：资料系笔者整理而得。

"部分城市人大常委会联席会议"的与会主体略多,包括杭州、南京、厦门、西安、宁波、昆明、合肥、福州、贵阳、上海卢湾区、苏州、无锡、扬州、衡阳、温州、南昌、海口、桂林、青岛、连云港、舟山等21个市(区)。会议每年召开1—2次,会期一般为3—6天,在《监督法》实施之前共举办了28次。

表4-7 部分城市人大常委会联席会议(《监督法》实施前)

会次	时间	地点	会议主题
第一次	1988年7月	杭州	地方人大及其常委会如何适应改革和发展的要求,更好地发挥作用
第二次	1988年10月	青岛	地方人大及其常委会如何更好地依法行使重大事项决定权
第三次	1989年5月	厦门	地方人大及其常委会如何围绕治理整顿和深化改革,依法行使好各项职权
第四次	1990年5月	南京	加强地方人大常委会自身建设
第五次	1990年10月	宁波	如何做好代表工作,充分发挥代表作用
第六次	1991年5月	合肥	地方人大及其常委会如何加强法律监督
第七次	1991年12月	桂林	地方人大及其常委会如何依法行使好重大事项决定权
第八次	1992年6月	海口	如何发挥地方人大专门委员会、人大常委会工作委员会作用
第九次	1992年12月	苏州	地方人大常委会如何以邓小平南方谈话精神为指导,更好地发挥地方国家权力机关职能,促进地方经济更快地上一个新台阶
第十次	1993年5月	西安	加强人民代表大会制度理论研究和宣传工作
第十一次	1993年12月	昆明	地方人大常委会在当前新形势下,如何更好地发挥职能作用,促进社会主义市场经济体制的建立和完善
第十二次	1994年5月	无锡	地方人大开展"两项评议"工作的情况和经验
第十三次	1994年10月	南昌	在社会主义市场经济条件下,如何进一步推进人民代表大会制度建设

续表

会次	时间	地点	会议主题
第十四次	1995 年 6 月	福州	地方人大常委会如何依法加大监督力度,提高监督实效
第十五次	1995 年 12 月	温州	地方人大及其常委会如何依法行使重大事项决定权
第十六次	1996 年 5 月	上海卢湾区	地方人大如何改进和加强监督工作
第十七次	1996 年 11 月	舟山	加强地方人大宣传工作
第十八次	1997 年 4 月	扬州	如何以宪法和法律为依据,加强执法检查工作
第十九次	1997 年 9 月	衡阳	在建立社会主义市场经济体制条件下,地方人大及其常委会如何进一步健全、完善监督机制,加大监督力度,增强监督实效
第二十次	1998 年 5 月	连云港	交流和研讨有关依法治市方面的工作和经验
第二十一次	1999 年 6 月	贵阳	地方人大及其常委会如何推进依法治市的经验和有关问题
第二十二次	2000 年 5 月	杭州、上海	面向二十一世纪的地方人大工作
第二十三次	2001 年 6 月	福州、厦门	进一步解放思想,实事求是,开创地方人大工作新局面
第二十四次	2002 年 6 月	昆明、桂林	开展代表工作、地方立法工作、监督工作、信访工作等
第二十五次	2003 年 10 月	舟山、宁波、温州	——
第二十六次	2004 年 6 月	南京、扬州、连云港	——
第二十七次	2005 年 10 月	南昌	——

注:资料系笔者整理而得。

通过表4-5、表4-6、表4-7可以发现,这些相对重要的地方人大对如何有效开展人大工作进行了广泛深入的讨论、沟通和交流。就述职评议而言,1995年8月,在副省级城市人大常委会主任联席会议第十一次联席会议上,与会的各市人大常委会在总结实践中探索和创造的加强监督的成功做法和经验时,一致认为"述职评议把对工作事项的监督和对被任命干部的监督结构起来,把行使监督权和任免权结合起来,使人大的监督更富有成效"。会议同时希望全国人大在制定《监督法》时,应对述职评议等监督形式加以具体规范。① 2004年8月,在沈阳召开的副省级城市人大常委会主任联席会议第二十次联席会议上,沈阳、西安等市人大常委会在会上交流了各自的述职评议实践。② 全国较大的市人大常委会联席会议对述职评议也颇为关注。1994年11月,全国较大的市人大常委会联席会议第八次会议在苏州召开,会议主题就是交流和研讨地方人大开展"两项评议"的做法。时隔一年半之后,在洛阳召开的第十一次联席会议再次以"两项评议"为会议主题。1994年5月,在无锡召开的城市人大常委会联席会议第十二次会议也对"两项评议"进行了专题探讨。1994年和1995年各种联席会议对述职评议不约而同的关注,也反映了述职评议在这一时期已成为地方人大不可回避的重要议题。通过这种横向非正式的联系网络,各地人大可以相互学习并借鉴其他地方的评议经验。如1988年7月至2002年10月,宁波市人大常委会累积出席了63次会议,承办了6次会议。1994—1996年间,其参与的会议有6次的专题发言是围绕评议工作的。③ 同时地方人大可以利用这些非正式的组织平台共同发出倡议和呼吁,以引起上级人大的重视。如1996年4月,全国较大的市人大常委会主任联席会议第十一次会议在洛阳召开。

---

① 雨时:《十六城市人大常委会主任联席会议讨论地方人大的监督工作》,载《人大工作通讯》1995年第18期。

②《十四城市人大开展监督工作的做法与经验》,载武汉人大网,http://www.whrd.gov.cn/rdyw/1408.shtml,2012年12月12日。

③《第四节 市际联席会议》,载宁波人大网,http://www.nbrd.gov.cn/art/2009/4/24/art_7369_331709.html,2009年4月24日。

这次会议除了对积极开展述职评议达成共识之外,还向全国人大建议尽快制定适合中国国情的《监督法》,使权力机关的监督工作进一步走上规范化、法制化轨道。①

地方人大之间还有很多其他形式的交流活动和平台。如 1995 年 8 月,全国十七煤城人大工作研讨会第九次会议在内蒙古自治区乌海市召开,黑龙江省七台河市、鹤岗市等 14 个市人大常委会主任或副主任参加了会议。与会人员围绕地方人大及其常委会如何开展评议工作,进一步发挥人大监督作用等议题进行了深入探讨。1995 年 7 月,全国二十城市人大工作委员会会议在黑龙江省大庆市召开,出席会议的二十城市人大常委会围绕地方人大如何搞好对"一府两院"的评议工作,交流了各地评议工作的做法和经验。会议达成了共识,认为地方人大及其常委会要扫除各种思想障碍,统一认识,进一步搞好评议工作。与会者还一致建议全国人大在制定《监督法》时,明确评议工作这种监督形式,使评议工作走上法制化的轨道。② 此外,还有全国部分县、市、区、旗人大工作联席会,全国少数民族自治州人大工作研讨会,全国大型钢铁企业所在市人大常委会联席会议,全国五民族自治区首府市人大工作经验交流会,全国二十三城市人大常委会联席会议,全国十一城市区级人大工作联席会议,长江流域部分县(市、区)人大工作联席会等。地方人大类似的横向联系交流平台不胜枚举。在这些定期召开、轮流主办的非正式活动上,如何加强地方人大的监督权力,如何加强评议工作都是讨论的重要话题。

除了上述地方人大之间较大规模的"多边"交流之外,还存在规模较小但更为频繁深入的"双边"交流模式,如各地人大之间的调研、考察、座谈、学习等等。如长春市人大常委会"到兄弟城市学习人大监督工作的

---

① 付玉峰、卫花平:《监督工作要注意务实　述职评议要注重效果——全国较大的市人大常委会主任联席会简述》,载《人大建设》1996 年第 6 期。

② 马俊卿、陈国华、王勇:《评议工作的经验和有待解决的问题:20 城市人大工作座谈会综述》,载《楚天主人》1995 年第 12 期。

经验,在总结我市监督工作的基础上,结合当前监督工作的实际,起草了监督工作条例草案"①。长春市人大常委会的"两评"工作也是在学习外地经验的基础上逐步展开的。一些述职评议的典型案例往往得到更多的关注。如河南省平顶山市舞钢区(今舞钢市)人大是较早开展述职评议的地方人大之一,截至 1999 年,已有 24 个省、自治区的 219 个市县级人大常委会到舞钢考察学习评议经验。② 此外,各地人大共同发起组织的专门座谈会也为述职评议的扩散传播起到了推动作用。如 2004 年 10月,中南六省(区)人大常委会主任座谈会在长沙召开,来自河南省、湖北省、广东省、广西壮族自治区、海南省、湖南省六省(区)的人大常委会副主任就深化述职评议工作、提高人大监督水平等进行交流发言。③

(二) 纵向联系

依前文所述,地方人大各层级之间的关系要比全国人大与省级人大之间更为密切,但是这种密切关系并非完全由正式的法律规范所建构,其中一些非正式联系也起到了重要的催化作用。全国人大通过不定期召开省、自治区、直辖市人大常委会主任座谈会、研讨班、学习培训等形式来加强相互联系。1995 年 3 月,在全国人大召开的省级人大常委会主任座谈会上,时任全国人大常委会秘书长曹志发言指出,述职评议工作是"地方人大创造的社会主义民主政治建设的一种好形式,是代表履行代表职责进行监督的重要途径,也是密切联系群众和加强廉政建设的一项重要措施"④。1996 年 12 月,曹志在人大工作研讨班上再次指出,"地方人大常委会在监督方面创造了一些好的形式和经验,如对由人大选举和任命的干部进行述职评议,督促建立执法责任制和错案追究制等,效

---

① 张明远:《在新形势下加强人大监督工作的几点做法》,载《人大工作通讯》1995 年第 19 期。
② 吴育德、江宁:《东风绽放第一枝——"代表评议"滥觞与发展纪实》,载《人大建设》1999 年第 4 期。
③《不断深化述职评议》,载《三湘都市报》2004 年 10 月 21 日。
④ 刘思扬、杨振武:《省、自治区、直辖市人大常委会主任座谈会提出 加强人大工作推进民主法制建设》,载《人民日报》1995 年 3 月 20 日。

果较好。全国人大常委会充分肯定这些做法和经验,希望在实践中进一步发展完善"[1]。1999 年 11 月,全国人大召开了省级人大常委会负责人座谈会,总结和交流各地人大工作的经验,与会者介绍了各自开展执法检查、代表评议、述职评议等活动的相关情况。[2] 2000 年 9 月,李鹏在全国省级人大常委会主任研讨班上指出,要进一步提高对人大监督工作的认识,增强监督力度,改进监督方式,注重监督实效。"这些年来,地方人大从实践中探索了一些新的监督方式,如述职评议、代表评议,取得了明显效果"[3]。但是,全国人大举行的这种座谈会、培训会等频次相对较低。

相比而言,各地省级人大及其常委会、专门委员会、工作委员会、办公厅和研究室等,通过各种经常性的座谈会、学习班、专题培训、调查研究、交流工作经验、接待和走访、交换刊物等来推进辖区内的人大工作。如广东省九届人大常委会每年都召开各市人大常委会主任会议,各委员会和办公厅、研究室也定期召开培训班和交流会等。[4] 就述职评议而言,几乎所有省级人大在开展述职评议之前或过程中,都专门举行过针对述职评议的各种活动。如 1994 年 8 月,浙江省人大常委会召开全省人大评议工作座谈会,研究如何搞好人大常委会任命干部述职评议试点的问题。会上已开展评议工作的衢州市、宁波市等地分别介绍了各自评议工作试点的经验与体会。通过座谈统一思想认识,明确了评议工作的原则和要求,为浙江省各级人大深入开展评议工作奠定了基础。[5] 同年,时任浙江省人大常委会副主任许行贯、孔祥有分别前往杭州市下城区、西湖区和宁波市海曙区、奉化市(今奉化区)就当地述职评议工作进行专题调研,听取当地人大常委会的情况介绍,了解当地的基本做法、经验和效

---

① 曹志:《曹志秘书长在人大工作研讨班上的讲话》,载《人大工作通讯》1997 年第 1 期。
② 傅旭:《省级人大常委会负责人座谈会举行》,载《人民日报》1999 年 11 月 2 日。
③ 李鹏:《立法与监督:李鹏人大日记》(下),新华出版社 2006 年版,第 545 页。
④ 《加强人大工作　推进依法治省——省人大常委会主任张帼英专访》,载《人民之声》2001 年第 3 期。
⑤ 浙江省人大常委会办公厅研究室:《浙江省召开人大评议工作座谈会》,载《人大工作通讯》1994 年第 23 期。

果,并形成书面材料,对全省市县人大常委会开展述职评议工作提供有益的借鉴。① 1995 年 7 月,四川省人大召开了市、地、州人大常委会主任学习会,专门研究了如何做好代表评议和领导干部述职评议,以推进人大监督工作的问题。1995 年 8 月,广东省人大常委会在江门市召开了以加强人大监督制度建设为主题的专题研讨会,对本省地方人大的监督工作进行了理论总结,其中包括评议工作。② 1996 年 6 月,甘肃省人大常委会在兰州市召开了以提高评议质量和效果为中心议题的评议工作座谈会,会上介绍和交流了兄弟省市和省内各级人大开展评议工作的经验,会议要求各地"在总结经验的基础上,大胆实践,开拓进取,努力争取有一个新的突破和新的发展"③。1998 年 10 月,湖南省召开了全省市州人大常委会、地区人大工委秘书长和办公室主任座谈会,座谈会总结交流了各地人大工作的经验和体会,其中充分肯定了述职评议对加强人大监督权力的积极意义。④ 1999 年 7 月,青海省召开州、地、市人大工作研讨会,主题是"关于地方人大的述职评议工作"。⑤ 江苏省人大常委会也曾专门召开评议工作经验交流会,以此推动全省的评议工作。内蒙古自治区各旗县(市区)的评议工作是在自治区人大常委会强有力的指导下展开的。1995 年,新疆维吾尔自治区人大常委会在全自治区 12 个盟市各确定一个旗县(市区)开展评议试点工作;1996 年,在总结评议试点工作经验的基础上,推动全区三分之一的旗县(市区)开展评议工作;1997年,72 个旗县(市区)人大开展了评议工作。⑥

1995 年 5 月,湖北省人大常委会召开全省人大评议工作现场会,学

---

① 《浙江省人民代表大会志》编纂委员会编:《浙江省人民代表大会志》,中华书局 2005 年版,第407—408 页。
② 李凡主编:《中国基层民主发展报告(2000—2001)》,东方出版社 2002 年版,第 260 页。
③ 马耕夫:《总结经验 探讨问题 努力提高评议的质量和效果——甘肃省人大评议工作座谈会综述》,载《人大工作通讯》1996 年第 18 期。
④ 胥亚主编:《湖南年鉴(1998)》,湖南年鉴社 1998 年版,第 74 页。
⑤ 青海年鉴编辑部编:《青海年鉴(2000)》,2000 年,第 72—73 页。
⑥ 《人民需要这样的监督——内蒙古自治区八届人大监督工作述评》,载《人大工作通讯》1998年第 3 期。

习襄樊市(今襄阳市)评议工作经验,并总结交流全省各地的评议工作情况,以推动全省评议工作深入开展。省人大常委会主任要求各地认真总结经验,进一步提高认识,努力探索,把全省人大评议工作以及人大监督工作提高到一个新的水平。① 1996 年 12 月,湖北省八届人大常委会第二十四次会议对省交通厅、林业厅、教委、民政厅 4 个部门的省政府组成人员进行述职评议,会议结束前,省人大常委会主任讲话强调,"今后,我们要根据需要和可能,有计划有步骤地扩大述职评议的范围和规模,增强述职评议的效果。要以这次述职评议为契机,把我省人大监督工作提高到一个新的水平,促进我省社会主义物质文明建设和精神文明建设健康发展"②。1999 年 10 月,湖北省召开人大工作经验交流会,省人大常委会主任再次指出,地方人大常委会设立 20 年来,湖北省各级人大工作在探索中前进,在发展中完善,逐步形成和积累了丰富的经验,其中就包括述职评议。③

市级人大对县级人大的推动作用同样不容忽视。如济南市人大常委会对一些县(市)区开展的包括述职评议在内的一批典型经验进行总结,并及时加以推广。④ 吉林省大安市人大常委会正副主任前往前郭县人大考察交流工作,发现后者的述职评议既有广泛性,又有工作力度,这一现象使考察组备受鼓舞并意识到,搞好对选举任命干部的监督不是可望而不可即的事。⑤ 山西省运城地区人大工委坚持联席会议制度,强化地区人大工委的联系指导功能,在联席会议上选定"如何组织搞好'一府两院'

---

① 田晓杏:《湖北省人大常委会召开全省人大评议工作现场会》,载《楚天主人》1995 年第 7 期。

② 宗荷:《楚天主人评公仆——记湖北省人大常委会首次对省政府部分组成人员进行述职评议》,载《楚天主人》1997 年第 2 期。

③ 钟禾:《把人大工作全面推向新世纪——全省人大工作经验交流会综述》,载《楚天主人》2000 年第 1 期。

④ 李启万:《加强调查研究　做好人大工作》,载《人大工作通讯》1996 年第 23 期。

⑤ 《大安市人大常委会到前郭县考察交流人大工作》,载《吉林人大工作》1998 年第 6 期。

组成人员述职、接受评议"的议题,展开充分讨论,交流情况,深化认识。①山东省肥城市创新述职评议工作的做法,得到山东省及泰安市人大常委会的充分肯定,并在全省人大干部培训班上介绍经验。上级人大通过非正式平台明确传达出关于述职评议的态度,往往成为下级人大开展述职评议的动力甚至是合法依据。如辽宁省抚顺市顺城区人大常委会明确提出,述职评议工作是根据省、市人大关于"县以上人大及其常委会要在任期内,对本级政府及两院组成人员全部评议一次的要求"而开展的。②需要指出的是,地方人大层级间对述职评议的影响并非单向的。如河南省人大常委会从 1995 年起开展述职评议工作,但是直至 2005 年也未对副省级官员进行评议。在这种情况下,2005 年 3 月召开的河南全省 18 个地级市人大秘书长座谈会上,与会人员一致建言,要求省人大常委会应在借鉴外省成功经验的基础上,尽快开展对副省级官员的述职评议。③

三、本章小结

20 世纪 80 年代以来至《监督法》实施之前,地方人大正式组织的逐步充实和健全,以及横向与纵向非正式联系的不断加强,为述职评议的开展奠定了初步的基础。地方人大常委会的设立,实现了人大闭会期间人大工作的正常运行和国家权力行使的常态化,④极大地增强了地方人大的各项工作尤其是监督工作。但是,地方人大常委会的组织构成还不能完全体现出其作为常设权力机关的性质,在年龄结构、知识结构、专兼职比例结构等方面依然存在突出问题。由于地方人大常委会在很长一

---

① 董寿安:《坚持联席会议制度　强化地区人大工委的联系指导功能》,载《人大工作通讯》1998年第 2 期。

② 抚顺市顺城区地方志办公室编:《顺城区志(1988—2005)》,辽宁民族出版社 2010 年版,第195 页。

③ 裴蕾:《18 地级市人大秘书长建议述职评议副省级》,载《郑州晚报》2005 年 3 月 22 日。

④ 王亚平:《地方人大常委会设立之功能检视》,载《人大研究》2009 年第 10 期。

段时期里被作为照顾安排老干部的场所,实行"一线工作、二线领导"的模式,加上兼职委员居多,致使常委会组成人员在履职时间和精力以及履职动力等方面存在明显不足,这给常委会的工作造成很大的负面影响。专门委员会、工作委员会在机构规模、人员配备以及工作制度上的发展,提高了地方人大的履职效能,使其开始承担起述职评议过程中各种繁重的具体工作。但是,相对于机构规模庞大的"一府两院"和数量众多的评议对象,地方人大的自身结构尚有广阔的完善空间。在《监督法》出台之前,述职评议在全国范围内得到了广泛开展。不过从地方人大的内部结构来看,述职评议明显是一种"早熟""超前"的制度创新。地方人大常委会、专门委员会及其工作机构力量的薄弱和欠缺,是各地述职评议普遍吸纳大量人大代表参与评议工作的现实原因。有部分人大制度的理论研究者提出,没有必要让所有述职对象都向人大常委会述职或者每年进行书面述职,因为从各地人大机关的现状来看,还没有力量接受所有述职对象的述职。即使是采用书面述职,"如果不切实际地把述职面搞得过大,很可能会使述职流于形式,影响其效果"①。地方人大常委会主任会议由于负责人大常委会闭会期间的日常组织和协调工作,并且具有规模小、召集灵活的优势,成员又多为本级人大常委会的领导人员,因而对地方人大常委会的各项工作拥有较大的影响力和话语权。但是从述职评议来看,由于不具备行使监督权的法理地位,地方人大常委会主任会议在评议中的"扩权"现象也引起了诸多质疑。此外,述职评议的发展过程还存在明显的"滚雪球效应",不仅受到本地区相关"禀赋"的影响,同时也存在显著的空间相关性。在实践中,一地述职评议的成功开展尤其是那些能够引起高层关注和正面肯定的评议具有强烈的示范效应,往往会成为其他地方人大积极模仿和学习的对象。在横向层面,各地人大之间通过人大常委会主任座谈会、工作联席会议等非正式联系来达到相互学习借鉴、取长补短的目的。在这

---

① 赵瑞林:《"两评"工作应进一步规范化》,载《人大工作通讯》1998 年第 1 期。

些非正式联系中,述职评议往往得到了广泛而深入的讨论、沟通和交流。在纵向层面,上级人大通过不定期地组织人大常委会主任座谈会、研讨班、学习培训、调研交流等形式来加强与下级人大之间的联系。来自横向与纵向的鼓励和支持,对地方人大述职评议的发展和扩散起到了重要的推动作用。

第五章　权力关系：述职评议的情境规制

在我们国家生活的各种监督中，人大作为国家权力机关的监督是最高层次的监督。监督"一府两院"的工作是人大及其常委会的一项重要职责。[1]

——江泽民

在中国，制度变迁与其说是制度安排，不如说是制度环境的变迁，制度环境的变迁决定着制度安排的创新并产生相应的制度绩效。[2] 长期致力于议会机构研究的弗雷德里克·斯泰潘赫斯特（Frederick Stapenhurst）指出，情境因素对理解监督活动是否能够开展、如何开展以及有效开展的程度颇为关键。[3] 学术界对政治主体与其所属环境之间的关系存在两种不同的解读，一种观点强调决策制定者个体能力对事件过程的形塑作用，另一种观点则主张行为者因受到制度机构的束缚而只享有有限的自

---

① 《江泽民文选》第一卷，人民出版社 2006 年版，第 115 页。
② 杨光斌：《制度范式：一种研究中国政治变迁的途径》，载《中国人民大学学报》2003 年第 3 期。
③ Frederick Stapenhurst, "Legislative oversight and curbing corruption：Presidentialism and Parliamentarianism revisited," Ph. D. Thesis, Canberra：Australian National University, 2011.

主性。① 抛开两者之间的分歧不谈,毋庸置疑的是,在实际政治过程中,制度环境不仅限制了行动者的行为选择,也对制度变迁的走向起到了约束作用。② 就述职评议而言,动态的政治过程视角可以为洞察述职评议的运作流程提供细致的认知图景。然而,人大的制度空间归根结底,首先是由其在现有制度框架格局中的地位所规定的,这种地位首先需要借助于宪法和法律层面上的规范与确认。对地方人大来说,除了具备行使监督权力的主观意愿之外,外部是否存在有利的制度环境也成为行使监督权力客观上无法忽视的现实因素。制度环境或制度结构中最重要的是各个政治主体之间的权力关系。很多地方的述职评议之所以难以发挥理论上的积极功用,可以通过这些外部结构性因素来解释。正如奥菲所指出的,一种制度安排总是嵌属于特定的制度结构中,制度绩效可能对环境敏感,其所属环境由其他制度或条件所形成。如果缺少有利适宜的环境,某种制度可能就不能产生预期的结果。③ 也就是说,对制度的分析讨论不能孤立地进行,而是"需要了解它在制度结构中所处的地位如何"④。有学者发现,在地方权力体系中,人大的监督权并不是一个孤立封闭的、不受限制的权力系统。如《宪法》和《地方组织法》都规定地方人大享有人事罢免权,但是上级党政机关对地方人事任免具有绝对的控制力。⑤

一、党与人大的关系

一些学者认为,地方人大的监督权力不能得到应有的发挥,除了自

---

① Colin Hay, *Political Analysis*, New York: Palgrave Macmillan, 2002, p. 89.
② 周光辉、赵学兵:《政党会期制度化:推进国家治理体系现代化的有效路径》,载《政治学研究》2019 年第 2 期。
③ Claus Offe, "Political Institutions and Social Power: Conceptual Explorations," in *Rethinking Political Institutions: The Art of State*, edited by Ian Shapiro, Stephen, and Daniel Galvin, New York and London: New York University Press, 2006, p. 11.
④ [美]R. 科斯等主编:《财产权利与制度变迁——产权学派与新制度学派译文集》,胡庄君等译,上海三联书店 1991 年版,第 383 页。
⑤ 秦前红、孙莹、黄明涛:《地方人大监督权》,法律出版社 2013 年版,第 29 页。

身能力和素质等原因之外,与其他政治主体的权力关系所形成的外部情境也是一个重要原因。① 太原市人大常委会原主任李维德指出,太原市的述职评议之所以比较顺利,是因为得到了市委的肯定和支持,得到了市政府和"两院"领导的支持和配合。② 在述职评议中,影响和制约其实践的横向权力关系主要包括地方党委与人大的关系,以及地方人大与"一府两院"的关系等。在中国的语境下分析人大的制度空间及其成长,必须对党与人大两者之间的关系加以考察。③ 一项对浙江省的调查证实了党与人大关系的重要性。在浙江省 99 个市县人大中,有 67 个认为开展述职评议的关键在于人大是否能够争取党委的支持和重视;同时有 16 个认为是党委重视人大的评议意见和评议结果的使用。④ 从国家的政治生活来看,党对人大的领导主要体现在党的主张经过法定程序成为国家意志,党组织推荐的人选经过法定程序成为国家政权机关的领导人员等方面。坚持党的领导以某些结构性因素来加以保障,具体包括:党对人大的领导通过党员占人大代表的绝对多数,党员占人大常委会组成人员绝对多数并通过党组执行请示报告制度,以及党委书记兼任同级人大常委会主任等。

(一) 人大中的党员代表

现代国家与传统国家的一个重要区别即是否通过政党来组织政治权力。⑤ 目前世界上绝大多数的民主国家都采用了政党政治的形式。⑥

---

① 谢庆奎:《宪政体制与人民代表大会制度建设研究》,载《新视野》2005 年第 1 期;徐理响:《政党政治控制的中国样本——中国共产党纪律检查制度研究》,南京大学博士学位论文,2013 年,第 225 页。
② 李慎宽主编:《前进中的市级人大》,中国民主法制出版社 1997 年版,第 409 页。
③ Sun Ying, "What Drives Reforms in Local People's Congresses? the Dynamics of Local Congressional Developments in PRC: 1979 - 2011," Ph. D Dissertation, University of Hong Kong, 2011, p. 55.
④ 周国辉、洪开开、肖鹏青:《坚持制度创新 推进述职评议——浙江省人大述职评议工作的回顾与思考》,载《人大研究》2003 年第 5 期。
⑤ 任剑涛主编:《政治学:基本理论与中国视角》,中国人民大学出版社 2009 年版,第 282 页。
⑥ 王长江:《关于改革和梳理党政关系的思考》,载《马克思主义与现实》2014 年第 3 期。

在政党政治中,政党依照法律对于国家政权实行合理规范的控制和影响,已经成为世界各国政治发展的普遍趋势和历史潮流。[1] 在中国,人大代表构成上的党员多数成为保证党领导地位最为直接的方式。1954 年以来的历届全国人大,除了前三届之外,人大代表中党员的比例介于总数的 60%—80%(见表 5-1)。

表 5-1　历届全国人大代表中党员代表的比例

届次	党员代表比例
第一届(1954—1959)	54.48%
第二届(1959—1964)	57.75%
第三届(1964—1975)	54.83%
第四届(1975—1978)	76.85%
第五届(1978—1983)	72.78%
第六届(1983—1988)	62.50%
第七届(1988—1993)	66.80%
第八届(1993—1998)	68.40%
第九届(1998—2003)	71.50%
第十届(2003—2008)	72.90%
第十一届(2008—2013)	70.27%
第十二届(2013—2018)	72.21%
第十三届(2018—2023)	72.96%

注:数据系笔者整理而得。

在部分地方人大中,党员代表比例甚至具有压倒性的绝对优势。1986 年 11 月,全国人大常委会机关党组就地方各级人大代表的名额向党中央书记处请示,提出总体上要减少代表人数,但工人、农民代表应保

---

[1] 李良栋:《执政党应当善于通过国家政权领导国家生活》,载《理论视野》2010 年第 1 期。

持适当的比例不变,而"党政各部门的负责人大多数可以不提名为代表候选人"。尽管中共中央办公厅批转了这份文件,但是,次年地方人大代表的选举结果并没有达到预期。1990 年,中央 1 号文件试图纠正该问题,"现在普遍反映党委和政府的组成人员当本级人大代表的人数过多,影响了代表的广泛性。选民有意见。为此,建议每县安排党委和政府的主要负责人当本级人大代表,一般以三至五人为宜"。1992 年,中央 11 号文件《关于做好地方各级人大换届工作的通知》中,再次提出应注意代表的广泛性和代表性,要求中共党员在地方各级人大代表中的比例不超过 65%。[1] 但是,各级人大基本上都超过了该比例。从四届全国人大到十三届全国人大,中共党员代表比例只有在第六届时略低于 65%。[2] 如果将时间回溯至《监督法》实施之前,可以发现地方人大中党员代表所占的比例同样居高不下。在省市两级人大层面,2003 年完成换届之后,湖南省人大代表中党员代表的比例为 73.88%,黑龙江省为78.46%。2002 年,有学者对湖南省常德市等 4 市的调查显示,4 市人大代表中,党员代表比例为82%。[3] 在区县级人大层面,人大代表中党员代表的比例多数情况下也超过了 65%。河北省邢台县人大代表中的党员比例一度达到了 83.9%(见表 5 - 2)。1990—2003 年,安徽省芜湖县(今芜湖市湾址区)经历了四届人大,人大代表中党员比例分别为 77.22%、86.75%、83.64%和 85.40%。[4]

表 5 - 2　河北省邢台县第六至十三届人大代表中党员代表比例

届次	党员代表比例
第六届(1981.3—1984.8)	67.62%
第七届(1984.8—1987.3)	51.7%

---

① 刘政等主编:《人民代表大会工作全书》,中国法制出版社 1999 年版,第 949、954 页。

② 沈士光:《论人大代表比例构成的历史必然和发展逻辑》,载《理论与改革》2007 年第 4 期。

③ 张建民:《完善人民代表大会制度要从改善代表结构做起——关于人大代表结构问题的调查与思考》,载《湖湘论坛》2003 年第 2 期。

④ 芜湖县地方志编纂委员会编:《芜湖县志 1990—2003》,方志出版社 2009 年版,第 419 页。

续表

届次	党员代表比例
第八届（1987.3—1990.3）	63.5%
第九届（1990.3—1992.12）	68.7%
第十届（1992.12—1997.12）	73.2%
第十一届（1997.12—2003.4）	73.6%
第十二届（2003.4—2007.4）	75.7%
第十三届（2007.4—2012.1）	83.9%

资料来源：邢台县地方志编纂委员会编，《邢台县志（1979—2009）》，河北人民出版社 2012 年版，第444 页。

然而，从实践来看，人大代表中党员的多数地位并不能绝对保证党的政策或人事意图得到贯彻。如全国人大在表决最高人民法院和最高人民检察院的工作报告时，投票支持率有时仍会低于党员代表比例。1993—2014 年间，最高人民法院工作报告的支持率有 5 次低于党员代表比例，最高人民检察院有 1 次（见表 5－3）。在地方人大，类似的情形更是屡屡发生。从 2000 年开始，各级地方人大及其常委会"未通过"案例逐渐增多。据不完全统计，2000—2009 年间，有 28 个地方各级人大常委会对 46 个案例说"不"。① 其中最有代表性和影响力的案例是 2001 年沈阳市人大否决了市中级人民法院工作报告和 2007 年衡阳市人大否决了市中级人民法院工作报告。有学者指出，不同层级的党组织在政府过程中的作用和影响有所区别。党组织的影响力存在着层级递减现象。层级越高，组织机构越完善，对政府过程的控制就越强。② 这种情形也同样适用于述职评议，如述职人员被评议为"不称职"或"不满意"的案例绝大多数发生在市县层级。

---

① 刘炜：《反对票见证中国民主历程》，载《民主与法制时报》2011 年 3 月 21 日。
② 胡伟：《政府过程》，浙江人民出版社 1998 年版，第 84 页。

表5-3　各届全国人民代表大会上"一府两院"工作报告的支持票比例

届次	党员代表比例(%)	政府工作报告支持率(%)	最高人民法院工作报告支持率(%)	最高人民检察院工作报告支持率(%)
八届全国人大一次会议（1993年）		98.6	89.6	78.8
八届全国人大二次会议（1994年）		97.6	82.1	86.6
八届全国人大三次会议（1995年）	68.4	96.9	78.6	81.8
八届全国人大四次会议（1996年）		97.3	70.2	80.8
八届全国人大五次会议（1997年）		97.2	59.6	67.6
九届全国人大一次会议（1998年）		99.2	55.1	74.6
九届全国人大二次会议（1999年）		98.4	77.9	77.7
九届全国人大三次会议（2000年）	71.5	97.1	71.7	74.4
九届全国人大四次会议（2001年）		97.7	67.2	75.0
九届全国人大五次会议（2002年）		97.5	72.6	72.0
十届全国人大一次会议（2003年）		99.3	72.2	79.4
十届全国人大二次会议（2004年）		99.2	71.9	74.6
十届全国人大三次会议（2005年）	72.9	98.7	79.6	83.6
十届全国人大四次会议（2006年）		99.0	78.3	81.9
十届全国人大五次会议（2007年）		99.1	83.1	83.7
十一届全国人大一次会议（2008年）	70.3	98.5	78.0	77.6
十一届全国人大二次会议（2009年）		97.8	75.3	76.8

续表

届次	党员代表比例(%)	政府工作报告支持率(%)	最高人民法院工作报告支持率(%)	最高人民检察院工作报告支持率(%)
十一届全国人大三次会议(2010 年)	70.3	97.9	79.0	80.8
十一届全国人大四次会议(2011 年)		97.1	78.1	80.3
十一届全国人大五次会议(2012 年)		95.2	80.9	82.3
十二届全国人大一次会议(2013 年)	72.2	95.1	75.4	79.4
十二届全国人大二次会议(2014 年)		99.3	83.3	82.5

注:数据系笔者整理而得。原数据出自:尹中卿,《中国人大组织构成和工作制度》,中国民主法制出版社 2010 年版;[日]加茂具树,《人民代表大会:角色与功能变迁》,载陈明明、何俊志主编《中国民主的制度结构》,上海人民出版社 2008 年版,第80—94 页;《决战"两高"报告通过率》,载搜狐新闻网,http://news.sohu.com/s2013/lianggaobaogao/;《两高报告通过率又垫底 谁投了反对票》,载观察者网站,http://www.guancha.cn/politics/2014_03_17_214543.shtml,2014 年 3 月 17 日。

上述案例并不意味着党对各级人大中的党员代表没有约束措施。不论中外,执政党都试图通过控制立法机关中的政党成员以实现本党意图。国外通行的做法是在议会中设立党团联合本党或联盟党派议员,协调彼此间的立场与行动,以贯彻本党的纲领、路线和政策。[①] 与国外不同,中国的各级人大中没有议会党团,也不以界别开展活动。无论是代表大会,还是常委会或专门委员会,都不按党派分配席位。但是,原则性的组织章程中和操作性的制度安排上都为贯彻党的意图创造了条件。如党章明确规定,党的组织原则是"民主集中制",要求"党员个人服从党的组织,少数服从多数,下级组织服从上级组织,全党各个组织和全体党员服从党的全国代表大会和中央委员会"。1990 年 1 月,《中共中央关于地方党委向地方国家机关推荐领导干部的若干规定》要求,"人大代表和

① 孙双琴:《西方国家的议会党团及其活动》,载《人大研究》2002 年第 12 期。

人大常委会组成人员中的党员,要积极贯彻党委意图"。2004 年 9 月,《中共中央关于加强党的执政能力建设的决定》再次强调了所有党员要遵守组织纪律,"维护党的团结统一","严肃党的纪律"。① 《宪法》和《地方组织法》规定,人大代表在大会和常委会上的发言和表决不受法律追究,亦无需承担法律后果;但是作为党员,就要坚决贯彻落实党委的有关决议,意味着只能投出赞成票。② "在任何时候,所有党员的言行都必须符合党的章程,都必须接受党的纪律约束,而作为人大代表的党员,在人大会议上的发言和表决也不例外。"③ 如果党员违背党组织的要求,将会受到党纪处分,而党员代表不代表选民利益不会给其带来处罚。④ 2003年 1 月 1 日,湖南省岳阳市五届人大一次会议第三次全体会议上,罗碧升作为唯一市长候选人得票未能过半。1 月 3 日,岳阳市五届人大再次举行全体会议。重新投票之前,市人大党组召开党员代表大会,要求后者以党性保证投票支持市委推荐的候选人,罗碧升最终得以连任。⑤

1990 年 1 月,《中共中央关于地方党委向地方国家机关推荐领导干部的若干规定》第六条规定,"地方人民代表大会开会期间,大会主席团和各代表团应成立临时党组织,在同级党委领导下进行工作。临时党组织在选举工作中的主要任务是:宣传贯彻党的干部路线、方针、政策;向人大代表中的党员介绍党委的人事安排方案,贯彻党委的意图"。各级人民代表大会举行会议时一般会成立大会临时党组织、各代表团临时支部,大会闭幕后自动撤销。从实际情况来看,大会临时党组织的书记往往由同级党委书记担任,同时设立副书记若干名,临时党组织成员由同级地方党委任命产生,确保实现党委意图,顺利完成大会各项任务。这体现出执政党与立法机关关系的中外差异。在西方议会制下,议会孕

① 《中共中央关于加强党的执政能力建设的决定》,载《人民日报》2004 年 9 月 27 日。
② 李景治:《依法执政是依法治国的关键》,载《社会科学研究》2015 年第 2 期。
③ 《党领导人大 人大监督党——人大与党:对制度和权力问题的阐述》,载《法治与社会》2004年第 10 期。
④ 严中卿主编:《选举制度和代表制度研究》,中国民主法制出版社 2017 年版,第 293 页。
⑤ 张鹭:《做实人大》,载《法治与社会》2013 年第 6 期。

育政党,政党服从于议会,没有逾越议会之上的权力;①在中国,政党创制政权,党是领导一切的。尽管从法理上看,地方党委与同级人大之间并不存在上下级关系,但是对人大中的党员代表和党组织则拥有直接的管辖关系。② 通过成立覆盖党员代表的大会临时党委,将党对人大的领导具化成党委对普通党员的直接领导。虽然这一举措的初衷主要是为了实现党的人事安排意图,但是也可以确保党的其他意图能够在人大会议上得以实现。③ 在人大会议上开展的评议活动不可避免地要受到这些结构性因素的影响。有研究者指出,在 20 世纪 90 年代,大多数地方人大比较重视在常委会会议或者人大会议上进行评议。④ 事实上,在人大会议上进行评议并非常态。一方面,地方人大会议通常每年仅召开一次,会期短暂且议程众多,其大量的经常性工作只能由人大常委会来承担,而述职评议的流程又旷日持久,客观上导致人大会议无暇顾及评议工作。有学者指出,人大的会期设置对其活动能力和作用的影响很大。⑤ 从世界范围来看,绝大多数国家代议机关的会议期限都在 4 个月以上,英国下院的开会天数甚至达到了 150 天。我国的人大会期相对较短,全国人大会议一般 10—12 天,地方各级人大会议时间长短不一,省市人大会议一般 7—10 天,县级为 3—5 天。卢梭认为,"政府越是强大,主权者就应该更为经常地现身"⑥。一些国内学者也呼吁为了保障各级人大充分履行职权,建议适当延长会期。

另一方面,在人大会议上进行述职评议的情况并不多见。当然,偶尔还是会有相关新闻见诸报道。如湖北省罗田县、湖南省新邵县、福建

---

① 蔡定剑:《政治领导与法律监督——谈对党与人大关系的认识》,载《山东人大工作》2001 年第 4 期。
② 郭道晖:《权威、权力还是权利——对党与人大关系的法理思考》,载《法学研究》1994 年第 1 期。
③ 刘玉新:《中国人大主席团制度研究》,中国人民大学硕士学位论文,2005 年,第 52 页。
④ 尹中卿:《地方人大评议透析扫描》,载《江淮法治》2001 年第 5 期。
⑤ 谭君久、龚宏龄:《选举视角下人大代表的代表性浅析》,载《湖湘论坛》2010 年第 2 期。
⑥ [法]让-雅克·卢梭:《社会契约论》,徐强译,江西教育出版社 2014 年版,第 115 页。

省福安市等地都曾在人大会议上进行过述职评议。此外,一些地方将评议对象的选择放在人大会议上进行。如辽宁省辽阳市、江西省信丰县、吉林省桦甸市、江苏省如皋市等地评议对象的选择是在人大代表投票基础上产生的。由于在人大会议期间,党员代表要服从于地方人大主席团和代表团临时党组织或者大会临时党委的决定与安排,这也意味着在对述职人员的评价上或评议对象的选择上,最终的决定权在地方党委手中。在人大会议之外举行的代表评议中,评议主体多数是人大代表的部分而非全体。如截至 2001 年,山东省平阴县先后有 5 个部门的主要负责人因代表评议结果较差而被问责,遭到调职或降职处罚。① 在全国,类似的案例还有很多(见表 5-4)。

表 5-4　代表评议中出现的部分"不称职"案例

时间	述职人员	评议结果	人事处理
1993 年	广东省阳春市法制局局长	不称职	留职察看一年
1993 年	山西省长治市外贸局局长	违反政策超生	撤职
1993 年	山西省祁县副县长	违反政策超生	撤职
1993 年	山西省岚县副县长	违反政策超生	撤职
1994 年	广东省大埔县茶阳派出所所长	对抗评议	免职调离
1995 年	福建省南靖县和溪工商所所长	拒绝接受评议	免去职务
1995 年	山西省大同市外贸局局长	不称职	免去职务
1996 年	湖南省宁乡县人民检察院检察官	执法违法、执法不公	撤销职务
1997 年	海南省高级人民法院审判员	违纪	撤销职务
1999 年	海南省保亭县 3 名公安局派出所所长	不详	免去职务
1999 年	中国人民银行绛县支行行长	拒绝接受评议	建议免去职务
1999 年	海南省公安厅厅长	对被评议案件负有责任	撤销职务
1999 年	山东省菏泽市统计局局长	不称职	免去职务

① 田义常:《平阴县人大常委会监督工作不断创新》,载《山东人大工作》2001 年第 11 期。

时间	述职人员	评议结果	人事处理
2001 年	山东省汶上县某垂直部门局长	不详	调离原职
2001 年	安徽省歙县公安局局长	"评价一般"票数较高	调离原职
2001 年	福建省长泰县林业局局长	拒绝接受评议	免去职务
2003 年	广东省揭西县电信局钱坑支局局长	拒绝接受评议	免去职务

注:数据为不完全统计。详见彦中、苇杭:《直挂云帆济沧海——"八五"期间福建地方人大工作综述》,载《人民政坛》1996 年第 4 期;《代表评议不称职 外贸局长被免职》,载《楚天主人》1996 年第 7 期;张元坤:《地方人大工作概论》,中国民主法制出版社 1997 年版,第 53 页;吴志平等:《扬法律监督之剑 走依法治县之路——湖南省宁乡县人大常委会组织市县人大代表评议县技术监督局工作侧记》,载《人大工作通讯》1996 年第 22 期;海南年鉴编辑委员会编:《海南年鉴(1998)》卷二《海南政治与社会事业年鉴》,海南年鉴社 1998 年版,第 10—11 页;黄嵩业:《人大述职评议动真格了》,载《人民之声》1999 年第 6 期;冠华等:《人大评议动真格 统计局长被免职》,载《山东人大工作》2000 年第 2 期;郑国锋:《戴宝龙马失前蹄》,载《人民政坛》2002 年第 2 期;《人大代表评议公安局 局领导班子被调整》,载央视网,http://www.cctv.com/news/society/20011122/107.html,2001 年 11 月 22 日;李超等:《监督,呼唤力度》,载《海南人大》2003 年第 9 期;鲁聊:《充分发挥县级人大在评议中的作用——山东省县级人大常委会评议工作调查》,载《山东人大工作》2004 年第 4 期;田必耀:《"面对面"监督——中国地方人大"两评"演练的评价与展望》,载《民主与法制时报》2004 年 5 月 18 日;王堂明:《局长坚拒人大评议遭免职》,载《人民之声》2004 年第 8 期。

(二) 人大常委会中的党员及党组

人大中党员代表的绝对多数以及大会临时党委的设立,主要是为了保证党委的人事安排和"一府两院"的工作报告能够顺利通过,这些措施与述职评议间接相关。比较而言,人大常委会组成人员中党员数量的多数地位则更具实质性意义。地方人大常委会作为人大的常设机关,履行地方人大绝大部分立法权力和监督权力。与各级人大中党员代表比例一样,各级人大常委会中的党员比例也处于多数(见表 5 - 5)。人大常委会中的党员比例往往高于人大代表中的党员比例(见表 5 - 6、表 5 - 7),而保证人大常委会中的党员切实执行党委意图则依靠人大常委会中的党组。

表 5-5　贵州省正安县人大常委中党员比例

届次	人大常委中党员比例
第八届(1981—1983)	62.5%
第九届(1984—1987)	70.6%
第十届(1987—1989)	76.5%
第十一届(1990—1992)	73.7%
第十二届(1993—1997)	76.2%
第十三届(1998—2002)	73.9%
第十四届(2003—2006)	75.0%

注:数据系笔者根据正安县人大常委会网站整理而得。

表 5-6　湖南省岳阳市人大及其常委会中党员比例

届次	人大代表中党员比例	人大常委会中党员比例
第一届(1984—1988)	73.9%	71.4%
第二届(1988—1993)	68.0%	75.8%
第三届(1993—1998)	67.8%	78.8%
第四届(1998—2003)	78.3%	81.8%

注:数据系笔者根据岳阳市情网整理而得。

表 5-7　上海市人大及其常委会中党员比例

届次	人大代表中党员比例	人大常委会中党员比例
第七届(1977—1981)	67.3%	66.2%
第八届(1981—1988)	59.8%	68.7%
第九届(1988—1993)	64.7%	65.5%
第十届(1993—1998)	65.2%	69.1%

资料来源:上海人民代表大会志编纂委员会编,《上海人民代表大会志》,上海社会科学出版社 1998 年版

地方党委对同级人大常委会的领导,是通过在人大常委会内部设立党组来完成的。[1]　从功能上看,党组是落实党的执政地位的制度载体与

---

[1] 尹中卿:《任务与展望:30 年人民代表大会制度在地方的发展》,载《人大研究》2010 年第 2 期。

组织保障,是把党的领导和执政贯彻到非党领导机关中的桥梁和纽带。①从性质上看,党组并不是独立的一级党委,而是上级党委组织的派出机关,必须服从批准它成立的党组织领导。党章规定,党组的任务,主要是负责贯彻执行党的路线、方针、政策;加强对本单位党的建设的领导,履行全面从严治党责任;讨论和决定本单位的重大问题;做好干部管理工作;讨论和决定基层党组织设置调整和发展党员、处分党员等重要事项;团结党外干部和群众,完成党和国家交给的任务;领导机关和直属单位党组织的工作。目前,无论是立法机关,还是行政机关和司法机关,均有常设性的党组存在。地方人大常委会中的党组在人大工作中充分发挥把方向、管大局、保落实的重要作用,确保能够顺利实现党委重大部署和人事安排意图等。早在 1990 年,江泽民就曾强调,各级党委要把人大工作列入重要议事日程,定期听取人大常委会党组的汇报,讨论、研究人大的工作,关心人大的建设。人大常委会党组要建立健全向同级党委的请示报告制度,保证党的路线、方针、政策在人大工作中贯彻落实。② 2005年 5 月,中共中央转发《中共全国人大常委会党组关于进一步发挥全国人大代表作用　加强全国人大常委会制度建设的若干意见》,再次要求"从制度上保证和加强党对全国人大工作的领导。全国人大常委会党组在党中央领导下,在全国人大及其常委会依法履行职责的过程中,保证全面贯彻落实党的路线方针政策和党中央的决策"。

就述职评议而言,地方人大常委会往往通过党组来争取地方党委对述职评议的支持,这一不成文的做法被广泛运用于各地的实践中。与此同时,地方党委通过人大常委会党组的请示汇报制度,也可以及时了解和把握述职评议的进程。首先,多数地方人大常委会在开展述职评议之前,通过党组将评议工作方案或计划安排事先报告同级地方党委,征得同意之后再以人大常委会的名义付诸实施。这样既避免了人大监督与

---

① 张书林:《论党的执政中介:党组》,载《江苏行政学院学报》2006 年第 3 期。
② 中共中央文献研究室编:《十三大以来重要文献选编》(中),人民出版社 1991 年版,第 942—944 页。

党管干部的原则发生抵触,又可以借助党委权威减少评议工作的阻力。这种做法在述职评议首次开展或探索初期时十分必要。如较早开展述职评议的省级人大正是通过这种方式来推动述职评议的。1994 年,浙江省人大常委会党组在调查总结各地评议工作的基础上,向省委提交了《省人大常委会党组关于开展省人大常委会任命干部述职评议试点和组织人民代表评议行政执法机关工作的报告》。省委常委会会议专门讨论并同意了该报告,随后发出省委〔1994〕9 号文件,其中明确了评议工作的积极意义,并要求各市县从本地实际出发开展评议试点工作。① 在浙江省委的直接支持和推动下,述职评议由最初的零星试点发展为全省范围的全面展开。1994 年,陕西省人大常委会首次组织述职评议之前,省人大常委会党组向省委呈递了请示报告。省委常委会会议批准了该报告,并对各级党委及其组织部门支持人大常委会开展述职评议工作提出了具体要求,使全省述职评议工作迅速打开了局面。② 为保障述职评议工作能够依法有序开展,1999 年 2 月,广东省九届人大常委会主任会议通过了《关于本届人大任期内开展述职评议工作的意见》,并以常委会党组名义向省委作了请示。③ 在市县人大层面,地方人大能否通过党组争取同级党委的支持,对述职评议的顺利开展同样十分关键。如湖南省汉寿县人大常委会决定对政府组成人员进行述职评议,当时各方认识不尽一致,于是县人大常委会党组将该情况向县委进行汇报。县委明确表示支持这一做法,并要求"一府两院"按县人大常委会的要求做好相关准备,这才保证了汉寿县述职评议工作的顺利开展。④

　　其次,多数地方人大常委会主动将评议过程中置于地方党委的直接

---

① 浙江省人大常委会办公厅:《浙江省各级人大常委会开展"两项评议"工作的情况》,载《人大工作通讯》1995 年第 12 期。

② 程安每、白体太:《陕西省述职评议工作的实践与思考》,载《人大研究》1999 年第 11 期。

③ 广东省人民代表大会制度研究会编:《法治的脚步:纪念广东省人大常委会暨各市、县、区人大常委会设立三十周年》,广东人民出版社 2011 年版,第 225 页。

④ 田明时、李光学:《党委重视人大工作要有硬措施——湖南汉寿县委重视支持人大工作纪事》,载《人大建设》1997 年第 7 期。

领导之下,通过党组及时向地方党委汇报评议工作中的主要情况和重大问题,以争取党委对评议的重视与支持。如湖北省人大常委会主任强调,述职评议应坚持党的领导原则,发现党风党纪问题应转交党组织处理。① 市县人大也通过各种方式来获得党委对评议工作的支持。如乌鲁木齐市人大常委会评议哪些问题、如何进行评议,都征求同级党委的意见。② 广东省韶关市浈江区人大常委会在述职评议中采取"四个主动":主动征求党委对述职对象安排的意见;主动向党委通报调查小组对述职对象调查了解的情况,提出在述职评议中可能会出现的问题,如某某述职对象可能会被评为"不信任",可能会受到"黄牌"警告或免去职务的处理;主动邀请党委主要领导以及党委组织部门领导参加述职评议会议;主动向党委反馈述职评议后的情况。③ 黑龙江省齐齐哈尔市历次述职评议工作中,市委组织部不但向市人大常委会介绍被评议干部的情况,还直接参与评议组的工作。④ 1999 年 8 月,云南省腾冲县(今腾冲市)实行人大评议与党委考察相结合的做法,邀请党委组织部门参与配合评议活动。县委组织部派出 1 名分管干部工作的副部长和工作人员全程参与调查和评议工作,评议会议期间,还邀请了县委副书记、县长、组织部部长参加会议,直接听取常委会委员和人大代表的建议、批评和意见。⑤ 当然,述职评议中事无巨细均向同级党委请示汇报的做法也引发了争议。如有人大工作者提出,人大监督中时时处处向党委请示汇报导致了"监督实质的党委化","人大的监督,说到底,是党委在监督"。⑥

再次,从各地的规范性文件来看,多数并没有明确要求将评议结果报送党委组织部门,然而在各地实践中,这已然形成惯例。如重庆市人

① 关广富:《开展述职评议 加强监督工作》,载《楚天主人》1997 年第 3 期。
② 乌仁文:《乌市人大评议干部深入细致》,载《新疆人大》2001 年第 12 期。
③ 胡树仁:《述职评议要努力做到"三到位"》,载《人民之声》1997 年第 4 期。
④ 文孝:《统一思想扎实推进努力搞好述职评议工作》,载《齐齐哈尔日报》2006 年 4 月 11 日。
⑤ 曾庆刚:《腾冲实行人大评议与党委考察相结合》,载《人民日报》2000 年 3 月 1 日。
⑥ 张家口人大:《论新时期人大依法监督工作中存在的问题及对治思路》,载张家口人大网,http://zjk.mzfz.gov.cn/news/show.asp? id=1283,2006 年 8 月 10 日。

大将述职评议会议上的审议意见和测评情况向市委报告,并抄送市委组织部门,将评议结果归入个人档案,作为干部使用的重要依据,通过这种方式将述职评议与党对干部的管理结合起来。① 一些地方党委甚至主动提出要将评议结果作为干部考核、奖惩和任用的重要依据。如甘肃省白银市委书记在市委人大工作会议上明确表态,"人大的评议意见和结果,党委要认真对待,并作为考核和使用干部的重要依据"②。根据评议结果,地方人大常委会可以向党委提出人事处理建议:对评议结果为"不称职"的人员,建议按照程序予以免职或者撤职;对评议结果为"优秀"的则建议进行表彰。一些地方的党委组织部门还会对评议结果进行复查。如在成都市等地,如果述职人员"不称职"票或"不满意"票超过人大常委会全体组成人员的半数,经组织进一步考核确属不称职,则按照法定程序和有关规定予以免职或者撤职。③ 2001年4月,湖北省建始县人大常委会召开述职评议结果通报会议,36名述职人员中有4人的满意票低于60%,县人大常委会建议组织部门对这些人员进行全面考核。④

与人大代表和党员双重身份之间存在的潜在冲突一样,人大常委会中的党员身份与其常委角色之间也暗含张力。地方人大常委会中的党员应服从所在的党组,而党组对同级党委负责,这就意味着人大常委会中的党员与同级党委之间是党内的上下级关系;而地方人大常委会的组成人员经人大代表选举产生,以人民权力的委托人身份行使权力,这就意味着人大常委会应对本级人大及选民负责。⑤ 现实中,党委往往要求常委会中的党员严守组织纪律以贯彻党委意图,而忽视了其作为人大代

① 赵永刚、杨孝敏、王民爱:《创新述职评议　监督权力行使》,载《新重庆》2005年第8期。
② 张智全:《在市委人大工作会议上的讲话》,载白银市人大常委会网站,http://61.178.146. 167/rd1/Item/1452.aspx。
③ 赖晓莉、李影:《成都6局长今起接受人大评议　民主测评通不过可能丢掉"乌纱帽"》,载《成都日报》2004年10月15日。
④ 黄建国、于亚兵:《建始人大评议政府官员不走过场》,载《人民日报》2001年5月23日。
⑤ 高群:《从改善党政关系入手加强地方人大常委会权力机关的作用》,载聂高民等主编《党政分开理论探讨》,春秋出版社1987年版,第163页。

表所肩负的政治责任。这种情况造成了一种奇特的政治景观：如果地方人大及其常委会未能贯彻执行党委意图，如否决了党的提名候选人等，反而被视为民主政治的进步。这种以政党纪律销蚀为代价换取人大制度空间成长的现象应该引起重视。

（三）党委书记兼任人大常委会主任

拉里·戴蒙德和莱昂纳多·摩尔里诺（Leonardo Morlino）认为，为了使横向问责体系运转起来，有能力、精力充沛和有责任感的领导是不可或缺的重要因素。[1] 在对中国政治的研究中，学者们也往往强调政治精英或政治领导的作用，认为政治精英偏好与战略策略选择，对整个制度变迁的性质、速度、路径、方向与前景有至关重要的影响。[2] 如薄智跃指出，忽视政治精英来评价中国未来的政治发展是不完整的。[3] 通过对天津区县人大的深入调查，赵英男试图解答为什么有的地方人大能够开展有效的监督，而其他地方的人大则不能。他认为导致这种现象的主要原因在于地方党委和人大的领导。"如果人大领导愿意承担政治风险，而党委领导给予支持的话，那么人大就能够有效地运用监督手段。"[4] 与赵英男不同，奥斯卡·阿尔门则单方面强调了人大领导而不是党委领导的角色。他对浙江省某县级人大的调研发现，该县人大地位的提升，缘于富有进取精神的人大常委会主任开创了许多新的监督方式，敢于对同级政府进行监督。然而，当人大常委会主任换届，述职评议和其他监督手段的制度创新就停止了，该县人大"从积极主动

---

[1] Larry Diamond and Leonardo Morlino, "The Quality of Democracy: An Overview," *Journal of Democracy*, Vol. 15, No. 4, 2004, pp. 20 - 31.

[2] 李月军：《中国政治制度变迁中的路径依赖》，载《学海》2009 年第 4 期。

[3] Bo Zhiyue, *China's Elite Politics: Governnance and Democratization*, Singapore: World Scientific, 2010, p. 8.

[4] Young Nam Cho, *Local People's Congresses in China: Development and Transition*, New York: Cambridge University Press, 2008, p. 160.

变成消极无为"。① 国内也有人意识到,党和人大权力的界定与互动,在一定程度上有赖于制度之外的领导个人因素。② 程湘清指出,地方人大工作的成效主要取决于人大领导的观念、魄力和权威。③ 宁波市鄞州区的一位人大常委也认为,地方人大工作的某些创新能否成为制度延续下来,更多地取决于领导权威。④

　　自 20 世纪 90 年代开始,地方人大的发展中发生了一个显著变化,即越来越多的党委书记开始兼任同级人大常委会主任。这种变化大致是在党的十五大之后陆续出现的。1989 年之后,党政分开的议题逐渐消隐并被搁置起来不再提及,而"党政合一""党寓于政""以党统政"的主张开始流行。⑤ 在省级人大层面,兼任数量从 1993 年的 10 个发展到 2003 年的 23 个,2008 年增至 24 个,此后数量大体持平并作为常态固定下来。在省委书记群体中,身兼中央政治局委员的除外,绝大多数兼任了省级人大常委会主任。⑥ 在省级以下,这种兼任的比例更高,甚至有的地方党委书记还兼任了人大常委会党组书记。主流观点认为,兼任的做法可以显著提升人大的政治地位,推动人大有效地开展各项工作,尤其是改善长期以来监督乏力的局面。如李鹏曾明确表达对兼任的支持态度:"党委书记兼任人大常委会主任的做法把坚持党的领导和依法治国结合起来,有利于人大开展工作。党委书记兼任了人大常委会主任,就要做人

① Oscar Almén, "Only the Party Manages Cadres: Limits of Local People's Congress Supervision and Reform in China," *Journal of Contemporary China*, Vol. 22, No. 80, 2013, pp. 237 - 254.

② 陈国权、周盛:《我国人大决策权的变迁与决策权的制约监督》,载《浙江大学学报(人文社会科学版)》2011 年第 5 期。

③ 计伟民:《人大五十年三人谈》,载《浙江人大》2004 年第 10 期。

④《人大工作:创新与困惑》,载《浙江人大》2003 年第 1 期。

⑤ 王贵秀:《党委书记与人大常委会主任"普遍兼职"现象探析》,载《人大研究》2005 年第 3 期;王贵秀:《理顺党政关系　实现依法执政——对建设宪政、完善人大制度的政治哲学思考》,载《人大研究》2005 年第 4 期;郭定平:《当代中国政党与国家关系模式的重构:比较的视野》,载《社会科学研究》2009 年第 1 期;沈传亮:《新世纪以来中国政治体制改革研究综述》,载《中共党史研究》2011 年第 3 期。

⑥ 闵小波、赖静萍:《从反封建到发扬优秀传统文化》,载《学术研究》2011 年第 9 期。

大常委会工作报告,参加主任会议,听取工作汇报等,这都有利于党委书记了解、支持人大工作。"[1]中组部原部长张全景(1994—1999年在任)是兼任做法的主要推动者之一。他指出,通过兼任,党委的意图可直接转化到人大,人大意见也可以直接反馈到党委,从而有利于发挥人大的监督作用。[2] 2008年,一项对800名县委书记的问卷调查也显示,62.9%的受访者认为兼任的做法值得提倡。[3] 这种观点也得到学术界的积极响应。他们认为,兼任将原来党直接领导"一府两院"转变为通过国家权力机关间接领导和进行监督,更趋近于现代法治国家的执政方式。[4]如郑永年将兼任视为"政党—国家"关系制度化的一种表现。他指出,如果党和政府真正成为分离的两个机构,那么随之产生的问题是党如何行使其对政府的支配权力,而兼任则可以很好地解决这个问题。[5]有学者认为,通过兼任可以使党委书记更了解人大工作中的各种困难,能够为人大发展提供更多的政治资源。还有学者从精简机构的角度指出,如果各级党委书记都兼任人大常委会主任,那么全国至少可以精减上万个级别相对较高的公务人员,每年的财政也可以因此至少减少几亿元。[6] 但是,亦有学者认为兼任弊大于利。首先,这种结构性安排加剧了权力愈加集中于党委书记,同时混淆了党委与人大各自的权力边界,容易

---

[1] 李鹏:《立法与监督:李鹏人大日记》,新华出版社2006年版,第881—882页。

[2] 赵蕾、郑焰:《中组部前部长直言高官管理曾向高层提减削建议》,载中国共产党新闻网,http://cpc.people.com.cn/GB/64093/67507/5018721.html,2006年11月9日。

[3] 李兴山、曾业松:《800名县委书记调查问卷统计分析》(下),载《中国党政干部论坛》2008年第5期。

[4] 罗显华:《论理顺党政关系》,载《探索》2003年第4期;朱光磊、周振超:《党政关系规范化研究》,载《政治学研究》2004年第3期;虞崇胜、叶长茂:《改革开放30年中国渐进式政治制度创新的基本特点》,载《江汉论坛》2008年第7期;郭定平:《当代中国政党与国家关系模式的重构:比较的视野》,载《社会科学研究》2009年第1期;张书林:《论党内民主带动人民民主的运行机制》,载《长白学刊》2009年第3期。

[5] Zheng Yongnian, "Institutionalization of the Communist Party and Party System in China," in *Party System Institutionalization in Asia Democracies*, *Autocracies*, *and the Shadows of the Past*, edited by Allen Hicken and Erik Martinez Kuhonta, New York: Cambridge University Press, 2015, pp. 175-176.

[6] 王圣诵:《县级政府管理模式创新探讨》,人民出版社2006年版,第175页。

导致人大成为党委的附属机构，削弱了人大监督工作的自主性和权威性。此外，党委书记平时主要关注党务或行政事务，其工作重心一般不在人大。这些都对人大积极行使监督权力造成了负面影响。[①]

支持与反对的观点似乎都言之有据，但是，可以发现对这一结构性安排利弊的讨论多是逻辑推论而鲜有实证支撑，论证中援引的用于说明兼任与监督问责关系的案例往往也不具有代表性。很多论点主要来自孤立的个案观察，而非对系统性证据的总结。[②] 根据各地评议对象未通过述职评议的案例，研究发现，兼任的做法在事实上妨碍了人大监督权力的有效行使。这一结论涉及的相关案例根据"中国知网"收录的期刊和报纸整理而得，期刊以各级人大常委会主办的刊物为主，如《人大工作通讯》（后更名为《中国人大》）、《人大研究》、《人大建设》、《人民政坛》、《人民之友》、《楚天主人》、《公民导刊》、《山东人大工作》、《上海人大月刊》、《海南人大》、《江淮法治》、《吉林人大》、《浙江人大》等，报纸为2000年以来的600种地市级以上的报纸，同时还参考了一些地方人大的官方网站。通过检索发现，约有40个述职评议未获通过的案例被不同程度地提及（案例没有穷尽，只是全国众多案例的一部分，不包括表5-4中的代表评议案例，详见附录一）。

在这40个案例中，有11个案例的相关信息严重缺失（如具体开展时间、述职人员个人信息或被免职的原因等关键信息），在余下29个案例中，有2个案例发生于党委书记兼任人大常委会主任的情形下。此外，这些案例存在一个较为明显的特征：如果把述职评议中未通过案例的时间与最近一次党委书记发生变动的时间进行比较，可以发现，29个

---

① 王建瑞：《党领导人大与人大监督党的机构》，载《法商研究》1999年第5期；张君良：《地方人大发展创新若干问题探讨》，载《科学社会主义》2004年第6期；何增科：《关于推进党的执政方式改革的若干思考》，载《马克思主义与现实》2004年第6期；都淦、郭丹：《人大制度：中国特色政治文明的制度创新》，载《社会科学研究》2005年第3期；张文军：《"共产党要接受监督"与党的执政方式的转变》，载《当代世界社会主义问题》2006年第1期。

② 何俊志、罗彬：《中国省级人大常委会主任任职模式研究（1979—2017）》，载《中共中央党校（国家行政学院）学报》2019年第1期。

案例中有 21 个发生于党委书记发生变动的前后一年内,其中有超过半数的案例发生于党委书记发生变动的前后 6 个月之内(见图 5-1)。如 2003 年 6 月,湖南省宜章县人大常委会启动对 6 名官员的述职评议工作,经过数月的评议调查之后于 9 月份举行了评议会议。其中县教育局局长因在人事安排、教师调动和基建工程中存在暗箱操作的问题而未能通过评议。宜章县党委书记在 2003 年 7 月发生了变动,这意味着这次刚性评议发生于党委书记发生变化两个月之后。

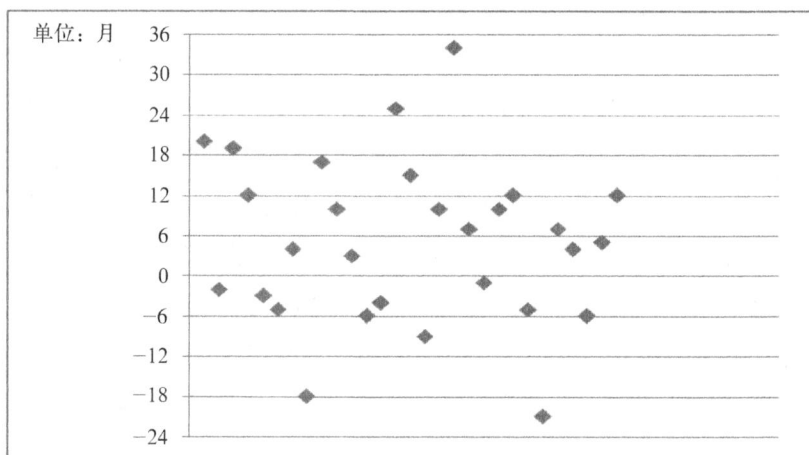

图 5-1　党委书记发生变动与不称职案例的发生时间间隔

注:6 表示未通过案例发生于党委书记变动 6 个月后,－6 表示发生于党委书记变动 6 个月前。

从上述诸案例可以发现:首先,仅有 2 个"未通过"案例是发生于兼任的情况下,这在某种程度上说明了述职评议中发生的刚性监督与问责,与兼任这种制度安排本身并没有密切的联系。

其次,从时间节点上看,述职评议中发生的未通过案例,与党委书记发生人事变动的时间十分接近。在 29 个未通过的案例中,有 21 个发生于党委书记发生变动的前后一年之内,甚至有超过半数的案例发生于前后 6 个月之内。也就是说,多数述职评议中的刚性监督是在党委书记发生变动的背景下产生的。这在某种程度上意味着,党委书记的人事变动可能创造了一个机会窗口,使同级人大的监督权力能够积极运转起来;但是,随着党委书记职位的逐渐巩固,这个有利的机会窗口便消失了。[①]在宏观层面上,中国政治发展中的"机遇"问题得到了较多的关注;[②]然而在微观层面,诸如地方人大监督工作的"时机"问题却鲜有关注。

再次,在 29 个案例中还有 8 个发生于党委书记发生变动一年之外。表面上看,这些反常案例似乎与"机会窗口"之说相矛盾。然而通过深入分析可以发现,之所以会发生述职评议"未通过",主要是受到强势人大常委会主任的推动。这些人大常委会主任存在一些相似的特征:长期在当地任职,在担任人大常委会主任之前,往往是当地党委或政府的主要领导。同时这些案例中的党委书记则多是由外地调任,个人从政履历也明显逊色于前者。如 2006 年 6 月,大连市人大常委会在评议会议当天即免去了 1 名不称职法官的职务。一般来说,免职或罢免提案通常是在评议会议之后的下一次常委会会议上提出,有时会延宕较长时间。大连市人大常委会的这种决断,可以归结为强势的人大常委会主任以及有利的结构性安排和时机共同作用的结果。[③] 2006 年初,大连市人大常委会在筹备评议工作时,党委书记发生了变动。市人大常委会主任在担任现职之前长期在大连任职,曾担任市委副书记兼市长,同时还是全国人大代表。新任党委书记从中部省份调任,且不是全国人大代表。这种人大常委会主任与党委书记政治履历上的不平衡同时存在于其他的反常案例中。这些案例说明,如果有一个强势的人大常委会主任,反而没有必要再通过兼任这种方式来推动人大积极行使监督权力。

总体来看,人大常委会主任与党委书记分设的结构性安排与党委书

---

① 落马的安徽省太和县委原书记刘家坤指出,县委书记任职三年左右,其权力和地位就得到了稳固。详见王正忠、杨玉华:《如何防范"芝麻官"大腐败——安徽三名"塌方式腐败"县委书记忏悔启示》,载新华网,http://www. xinhuanet. com//politics/2015 - 02/12/c _ 1114355103. htm,2015 年 2 月 12 日。

② 闾小波:《中国近代政治发展史》,高等教育出版社 2003 年版,第 374 页。

③ 王金海:《述职评议未获人大多数信任 大连两名法官被免职》,载《人民日报》2006 年 7 月 27 日。

记发生调整的时机,客观上有利于地方人大更好地行使监督权力。如2004年2月,湖南省宜章县人大常委会对2003年度国家机关工作人员的述职报告进行审议时,一名检察员被评为"不称职",并在下一次县人大常委会上被免去了职务。这一案例同样发生在地方人大开展监督的"有利"时机之下。① 与此同时,"分设"的结构性安排和党委书记人事变化的时机,也有助于地方人大其他权力的行使,如在人事任免上表现出较强的自主性。2006年,山东省定陶县(今菏泽市定陶区)人大常委会在评议中建议调离两位不满意垂直管理部门负责人。在大致相同的时间里,县人大常委会在行使任免权时,曾暂缓审议和任命3名未能亲临投票现场的拟任命人员,11人因赞成票不过半数而未予任命。② 定陶县这些案例均发生在党委书记变动之前的两个月内。

一些海外学者认为,地方人大正变得日益强大。事实上,那些能够彰显出人大政治权威的代表性事件,如否决法院工作的报告、未通过候选人提名等等,一般来说只发生于特定的时空背景之下。如2001年,沈阳市人大否决了市中级人民法院的工作报告,但是类似情形在沈阳仅发生过一次。也就是说,地方人大开展的各种监督问责,包括述职评议在内,并不是一直能够有效运转,而是在很大程度上取决于有利的结构性安排和有利的时机,如在党委书记不兼任人大常委会主任的情况下,以及党委书记发生人事变动前后这段时间之内。

那么兼任为何不能起到促进人大行使监督权力的作用呢? 一方面,应该意识到,兼任这种结构性安排的初衷并不是为了推动人大行使监督权力,而是为了落实和强化党的领导地位。如实行兼任的地方,鲜有发生人大否决党委提名候选人的现象。另一方面,兼任的贡献主要体现在促进人大内部组织的成长上,同时也便于为人大争取更多政治资源,而使人大具备相应的履职能力。如2003年,湖北省襄樊市(今襄阳市)襄

---

① 《宜章县人大志》编纂委员会编:《宜章县人大志》,方志出版社2011年版,第381页。
② 田同修:《关于增强人大监督工作实效的调查与思考》,载《菏泽日报》2009年2月22日。

阳区人大常委会向兼任区人大常委会主任的区党委书记反映区人大经费紧张问题,后者了解情况后积极协调区政府,在财政吃紧的情况下,增加了 10 万元的预算经费。① 然而,拥有监督能力并不完全等同于取得监督实效,②其中还牵涉到多方面因素,如监督主体履行监督的政治意愿也必须加以考量(详见第六章)。

二、人大与"一府两院"的关系

从国际范围来看,行政机关的权力扩张和膨胀是一个普遍的趋势。如在英国,政府显著控制着下院的时间和议程——辩论什么、辩论多少以及什么条件。英国的议会政府甚至被描述为"民选的独裁",即政府一旦被人民选举出来,就有非常大的自由做自己想要做的事情。③ 在美国,自"二战"以来,总统权力的持续扩张成为美国政治的一个显著特征。总统不断通过绕过国会诉诸单边行动进行治理,逐渐形成了所谓的"帝王式总统制"。

(一) 循环问责

人大与"一府两院"的关系包括立法与执法的关系、决策与执行的关系、产生与负责的关系、监督与被监督的关系,但监督与被监督的关系是最根本的、最普遍的关系。④ 从规范性法律文本来看,"一府两院"作为监督对象,无权对同级人大的监督活动进行反向控制或制约。然而,地方人大与"一府两院"法理上单向的问责关系在实践中往往呈现为一种循

---

① 王代全:《坚持两手抓履职不缺位——当好书记、人大常委会主任的体会》,载《楚天主人》2006 年第 3、4 期。
② Riccardo Pelizzo and Frederick Stapenhurst, *Government Accountability and Legislative Oversight*, New York: Routledge, 2014, pp. 101 - 102.
③ [英]罗伯特·罗杰斯、罗德里·沃尔特斯:《议会如何工作》(第 7 版),谷意译,广西师范大学出版社 2017 年版,第 92—94 页。
④ 朱光磊:《当代中国政府过程》(第三版),天津人民出版社 2008 年版,第 192 页。

环问责关系,由单向监督转成双向制约。这主要体现在人大代表身份构成的"官员化"和政府对同级人大的财政制约上。

1. 人大代表的"官员化"

根据《宪法》,可以将人大与"一府两院"的关系概括为:"一府两院"由作为国家权力机关的人大产生,对它负责,受它监督。两者之间是决定与执行的关系,监督与被监督的关系,以及协调一致开展工作的关系。① 同时,《宪法》和《地方组织法》还规定,县级以上地方各级人大选举和罢免本级人大常委会的组成人员。这意味着地方人大常委会的组成人员由人大代表选举产生并对其负责。在现实中,与"一府两院"官员向人大常委会述职并接受评议同时并行的是,人大常委会组成人员向人大代表述职并接受后者的评议。如浙江省部分市县人大常委会组成人员在每年人大会议上进行口头或书面述职评议。1996年,山东省潍坊市人大代表对自1993年换届以来市人大常委会的工作情况进行了投票测评。② 长期以来,地方人大代表中存在显著的"三多三少"现象:党员代表多,非党员代表少;官员代表多,基层代表少;党政领导官员多,一般领导官员少。③ 来自"一府两院"的官员代表在各级人大代表中占有相当比例,从根本上改变了两者法理上的派生与从属关系,在事实上形成了"循环问责",进而使监督者与被监督者之间原本清晰的单向授权的问责关系变成了闭合复杂的循环问责关系。④ 也有学者把这种现象称为由"监督关系"异化为"制约关系"。作为控权制度两种基本形式的权力监督与权力制约,其共同点在于对权力的约束,但是两者并不完全一致。权力制约或制衡以分权为基础,分解后的权力由不同的主体来行使,相互间

---

① 《人大与"一府两院"是什么关系》,载中国人大网,http://www.npc.gov.cn/npc/sjb/2013-02/19/content_1755124.htm,2013年2月19日。

② 王承策、王增宝:《监督,向权力机关延伸——潍坊市组织代表评议市人大常委会工作写真》,载《山东人大工作》1996年第9期。

③ 孙少衡:《论人大代表结构中"三多三少"现象的成因及对策》,载《人大研究》2001年第10期。

④ 谢淑丽将这种现象称之为"reciprocal accountability",详见 Susan Shirk, *The Political Logic of Economic Reform in China*, University of California Press, 1993, p. 83.

形成双向或多向的制掣或均衡的关系格局;权力监督则是在权力统一前提下的职能分工,它是孕育于权力委托与代理过程中的单向控制,是权力所有者、委托者与权力受托者、行使者之间的权利义务关系。[1]

从全国人大到地方各级人大,人大代表中"一府两院"领导干部的比例普遍偏高。全国人大代表中各级党政干部的比例长期保持在40%以上。如九届全国人大代表中党政干部1231人,占41.32%;十届为1296人,占43.43%。[2] 如果将这些党政干部代表按所属机构进一步划分,可以发现,其中来自行政机关的人大代表最多,两届人大均超过60%。[3] 在地方人大层面,来自党政部门的人大代表,特别是"一府两院"的领导干部代表,比例一般在40%—50%,有的甚至高达60%。[4] 从具体案例来看,如重庆市南岸区十六届(1997—2002)人大代表中"双重身份"问题十分突出,既是人大代表又是人大监督对象的有50人,占人大代表总数的24.2%。[5] 2006年12月,广州市人大代表中党政领导干部代表占38.43%,其中来自"一府两院"的领导干部代表占总数的10%。[6]

人大代表的代表性是关系人大制度合法性的根本问题。[7] 客观地说,人大代表的党派属性与宪法并不冲突,但是"一府两院"官员与人大代表的身份重叠则明显有悖于民主政治的通行惯例。"没有一个人被准许审理他自己的案件,因为他的利益肯定会使他的判断发生偏差"[8]。在现实中,人大代表的双重或多重身份往往相互牵制甚至彼此冲突,导致

① 侯少文:《中国人大监督制度的特色与走向》,载《新视野》2014年第4期。
② 赵晓力:《论全国人大代表的构成》,载《中外法学》2012年第5期。
③ 史卫民、刘智:《间接选举》(上),中国社会科学出版社2004年版,第398—399页。
④ 王石山:《地方人大代表结构优化与素质提高之我见》,载《唯实》2003年第5期;周天勇、吴辉:《建设一个民主和法治的现代化国家——中国政治体制改革研究报告总论》,载《经济研究参考》2007年第31期。
⑤ 隆艳:《加强民主法治建设　优化人大代表结构》,载《2011年制度研究会论文汇编》,2011年。
⑥ 王海军:《广州市人大代表任称代表中官员比例偏高》,载《南方都市报》2006年12月22日。
⑦ 魏姝:《我国基层人大代表的代表性分析》,载《江苏行政学院学报》2014年第6期。
⑧ [美]汉密尔顿、杰伊、麦迪逊:《联邦党人文集》,程逢如、在汉、舒逊译,商务印书馆2009年版,第28页。

无法形成稳固的代表身份与角色认同。① 有学者指出,"人大代表是一个集政党代理人、国家代理人、法律代理人、政策代理人以及民意代理人等于一身的多重代理角色"②。人大代表复杂的角色认同不可避免地与人大履行职责的内在要求产生了张力。③ 从政治问责的角度来看,问责源于权力的委托和代理,客观上要求委托人和代理人为"异体"时,这种关系方能成立。如果自我授权或者"同体"委托,就不存在真正的委托代理关系,也就无所谓问责与监督。如广州市部分"一府两院"的工作人员特别是领导干部兼任人大代表,使广州市人大在执法检查和工作监督时处于矛盾之中,削弱和虚化了人大的监督权威。④ 即使官员代表在某种程度上可以超越和克服自身的行政属性,依循人大代表的角色规范行事,但是,由于人大代表的兼职性质,官员代表自身日常事务繁忙,很难倾注充足的时间与精力来履行人大代表的职责。福州市人大常委会主任发现,领导干部兼职人大代表制约了人大代表作用的充分发挥,官员代表很少参与闭会期间人大常委会组织的评议和视察等活动。⑤ 广州市曾调查发现,在担任局以上领导职务的市人大代表中,两年中参加代表活动两次以下的多达 31%,一次也没有参加的占 8%。⑥ 1996 年,吉林省延边朝鲜族自治州人大常委会也发现,219 名局级以上职务的人大代表中有 110 名全年一次活动也没参加,达到 45.7%。⑦ 2007 年,湖南省衡阳市人大代表否决了市中级人民法院的工作报告,曾在全国范围引起了广泛轰动,甚至被视为中国民主政治发展进程的重要里程碑。但是,之所以会发生赞成票未过半数的"事件",是因为当时 478 名市人大代

---

① 任喜荣:《地方人大监督权论》,中国人民大学出版社 2013 年版,第 174 页。

② 李瑜青等:《中国共产党治国理政研究》,上海人民出版社 2011 年版,第 135 页。

③ 常黎峰等:《中国共产党执政体制改革问题探索》,人民出版社 2014 年版,第 184 页。

④ 王钧:《一府两院人大代表可否减少 穗人大常委开研讨会》,载《南方都市报》2002 年 9 月 4 日。

⑤ 季正矩:《总结与展望:人民代表大会三十年》,载《当代世界与社会主义》2008 年第 5 期。

⑥ 付玉锋、王卓林、卫花平:《人大代表中的干部比例应适当减少》,载《人大建设》1997 年第 6 期。

⑦ 《加强和改进人大常委会任免工作的几点做法》,载《人大工作通讯》1997 年第 8 期。

表中有 200 人缺席会议。衡阳市人大代表总票数 478 票,对市中级人民法院工作报告的投票结果是反对票 43 票,弃权票 61 票,赞成票 174 票。①

就述职评议而言,人大代表的参与热情并没有想象中的积极。如上海市人大常委会在评议调查过程中,向市人大代表发放了意见征询表,多数情况下回收率不足 50%(见表 5-8)。类似情形在其他地方也十分普遍。如 1999 年 4 月,大连市人大常委会在对市司法局局长等人开展述职评议时,向全市人大代表发出了《致市人大代表的信》,但是仅收到几十封代表回信。② 此后,大连市人大常委会在述职评议中便不再向人大代表致信了。此外,述职人员也可以利用自己人大代表的身份对述职评议提出质疑,反而不利于述职评议的开展。如 2002 年,福建省宁德市中级人民法院院长反对开展述职评议,并在回应人大代表的询问时反驳:"你是人大代表,我也是人大代表,我也可以就这个问题发表意见。"③总之,地方人大履职情况不尽如人意,其中一个重要原因就是人大代表的实际作用没有达到预期,④而人大代表构成的"官员化""兼职化"又是其中的关键症结。

表 5-8　上海市人大常委会向人大代表发出评议意见征询表及回收情况

时间	评议对象	发出意见表(份)	收回意见表(份)	回收率
1999 年	市司法局局长	528	287	54.4%
2000 年	市教育委员会主任	—	—	46.1%
2000 年	市建委主任	859	413	48.1%
2001 年	市科委主任	865	318	36.8%

① 丁爱萍:《衡阳中院报告从否决到"闯关"成功的思考》,《人大研究》2008 年第 4 期。
② 朱延青:《既要说长　更要道短》,载《人民日报》1999 年 11 月 24 日。
③《人大评议法官遭受质疑》,载《人民政坛》2003 年第 6 期。
④ 周光磊、郭道久主编:《政治学基础》,首都经济贸易大学出版社 2007 年版,第 181 页。

时间	评议对象	发出意见表(份)	收回意见表(份)	回收率
2001年	市经委主任	863	357	41.4%
2003年	市农委主任	864	333	38.5%
2004年	市外办主任	1086	511	47.0%
2004年	市外经贸委主任	862	——	40.0%
2005年	市科委主任	862	——	41.5%

资料来源:《关于市经委主任黄奇帆同志履行职责情况的调查报告》,载《上海市人大常委会公报》第140号;《上海市农业委员会主任袁以星同志履行职责情况的调查报告》,载《上海市人大常委会公报》第166号;《关于市政府外办主任杨国强同志履行职责情况的调查报告》,载《上海市人大常委会公报》第173号;《关于市科委主任李逸平同志履行职责情况的调查报告》,载《上海市人大常委会公报》第180号;何易,《认真调研　坦直进言——市人大常委会评议市司法局局长述职报告侧记》,载《上海人大月刊》1999年第11期;陈铁迪,《落实"三个代表"的精神　推进述职评议和教育工作》,载《上海人大月刊》2000年第7期;晨明,《"在市建委主任的岗位上更好地为人民服务"——市人大常委会评议市建委主任张惠民述职报告侧记》,载《上海人大月刊》2000年第12期。

注:数据为不完全统计,其中2004年对市外办主任的意见征询表的发放对象是862位市人大代表、160个服务对象以及64位市外办干部。

从另一角度来看,人大代表"官员化"是由于人大代表的"兼职"属性而形成的。代表的"兼职化",导致了人大代表不可能投入完全的精力履行代表职责,从而影响到人大制度的整体效能。[1] 如有学者对全国县级人大代表的调研发现,在提出建议议案上,领导干部比较消极,而专职的人大代表则表现积极。[2] 从国际范围来看,目前大部分代议制国家的议员或代表均为专职化。[3] 在美国历史上,国会议员曾经也是兼职工作,20世纪50年代开始,逐渐发展成为全职工作,同时国会议员的工作时间和工作量急剧增加。2007年,国会议员花了1376个小时开会,进行了1186次投票,举行了844次听证会,通过了180个议案且这些议案被签

---

[1] 林尚立等:《制度创新与国家成长:中国的探索》,天津人民出版社2005年版,第432页。

[2] 黄冬娅、陈川慜:《县级人大代表履职:谁更积极?》,载《社会学研究》2015年第4期。

[3] 蒋劲松:《美英法德瑞以六国议会议员专职化》,载《人大研究》2001年第10期。

署成法律。① 中美两国国情迥异,不宜照搬,但是如何保证"兼职"的人大代表拥有充分的时间、精力和保障来更好地履行职责,值得深入思考。

2. 行政权力的逆向制约

长期以来,政府在财力上支配着人大的活动,人大的一切活动包括监督活动在内必须得到政府的认可,导致人大对政府的监督很难发挥应有的效果。② 地方政府机关的经费支出远超过同级人大的经费支出。如2000 年,全国各省、自治区、直辖市人大经费支出共 44.89 亿元,而政府机关经费支出达到 939.3 亿元。③ 与此同时,包括人大、法院、检察院在内的各国家机关的机构设置和人员编制均由设在政府内部的编制委员会审批。④ 作为监督对象的地方政府,在人员配备、机构编制、经费拨付等方面控制着作为监督主体的同级人大。监督工作需要借助行政力量来推动的状况,致使地方人大往往无力摆脱这种利益藩篱。⑤ 监督权受制于执行权,⑥是出现"弱监""虚监""空监"现象的根源之一。从地方人大的发展历程来看,其制度成长过程中所需的政治资源主要从地方汲取,在机构、编制和经费等问题上完全依赖于地方政府。其中,不论是机构设置还是编制扩张,都需要相应的经费予以支撑,因而经费问题对地方人大的成长尤为关键。述职评议作为一种制度创新,并非仅是文本上的建章立制,还涉及保障该制度运转起来的物质条件。从最初的准备部署到后期的整改落实,前后持续的时间往往长达数月之久,会议、调研、走访、座谈、研究等需要耗费大量的人力、物力和财力,这对某些原本经

---

① [美]戴维・B. 马格莱比、保罗・C. 莱特:《民治政府:美国政府与政治》,中国人民大学出版社 2014 年版,第 210—211 页。
② 金太军、张劲松、沈承诚:《政治文明建设与权力监督机制研究》,人民出版社 2010 年版,第541 页。
③ 财政部预算司编:《地方财政统计资料 2000》,中国财政经济出版社 2001 年,第 397—399 页。
④ 广东省人民代表大会制度研究会主编:《新形势下的地方人大工作》,广东人民出版社 1994年版,第 163 页。
⑤ 詹景伟:《防止述职评议"变味"之我见》,载温州人大网,http://www. wzrd. gov. cn/jigou. jspx? id=z0g27a2bdk&cid=z0g4kkf03k,2007 年 1 月 8 日。
⑥ 严强、张凤阳、温晋锋:《宏观政治学》,南京大学出版社 1998 年版,第 294 页。

费拮据的地方人大造成了沉重的负担。有的地方人大日常办公所必需的经费都入不敷出，①更遑论开展花销不菲的评议工作了。如广东省阳江市人大常委会机关办公经费曾异常紧张，一度出现支付不起电话费的窘境。② 2003 年 4 月，某县新当选的人大常委会主任时隔一个月后又被选举为副市长。由于再次召开人大会议选举人大常委会主任的成本太高，该县人大常委会在此后的 10 个月间，由于没有法定主持人而搁置了各项法定职权。③

关于述职评议产生的经费问题，部分地方人大在评议工作条例或办法中给予了明确规定。从省级人大层面来看，重庆市、广东省和四川省规定，"评议工作所需经费，纳入本级财政预算"；安徽省、海南省和内蒙古自治区规定，"评议工作经费，由同级财政专项拨付，专款专用"。但是更多的地方并没有对述职评议的经费问题给予说明。事实上，1992 年制定的《代表法》早已明确规定，"代表的活动经费，应当列入本级财政预算"。对多数地方人大来说，地方政府给予财政经费并不足以保障人大代表充分履职。在县级的财政预算中，一般只安排人大机关的人员工资、极其少量的办公经费和人大会议经费，覆盖面较窄，其他的工作经费均作"空位"安排。县人大每年组织开展的视察调查、执法检查、述职评议、代表活动所需经费，都要向政府申请。④ 河北省邢台市人大机关的办公条件长期不如党委和政府，导致人大工作"有压力"。⑤ 2003 年，福建省福安市人大常委会办公室主任发现，按照省里相关文件规定，人大代表可享有人均 300 元/年的活动经费，但是"只能够全体县级人大代表 2

---

① 雷运江：《基层人大欲说经费好困惑》，载《楚天主人》2002 年第 3 期。
② 刘林松等：《答案，在这里找到——记中共阳江市委书记、市人大常委会主任林华景》，载《人民之声》2005 年第 Z1 期。
③ 廖宗超：《当前制约地方人大监督权的三大难题》，载《人大研究》2005 年第 8 期。
④ 庞清涛：《县级人大监督工作的几多尴尬》，载《公民导刊》2006 年第 3 期。
⑤ 邢仁岩：《增动力　减阻力　添活力　去压力——中共邢台市委切实加强对人大工作的领导》，载《人大工作通讯》1995 年第 19 期。

天活动的食宿、交通、会议材料等的开支"。① 2003 年,海南省级人大代表的活动经费由原来的人均 300 元/年提升至 500 元/年,比新疆维吾尔自治区、西藏自治区的 800 元还低,海南省有很多基层人大甚至因为经费问题而多年没有召开人大会议。② 2006 年,湖南省麻阳苗族自治县人大常委会主任曾建议,将代表活动经费纳入县财政预算,人均不少于 1000 元。③ 但是直到 2011 年,麻阳县财政预算才将人大代表的活动经费增加至 1000 元。④

　　一方面,基于对述职评议成本的考虑,多数地方人大主动控制了开展述职评议的频率与规模,每年组织一次或间断性地隔年进行,或是以"委托评议"的形式降低评议成本。现实中更为普遍的是,采用成本较低的书面述职取代口头述职。另外,多数地方将评议会议纳入常委会既定的工作日程之中,而不是召开专门的评议会议,这样可以有效地节省开支。另一方面,由于作为监督对象的政府掌控着人大经费的年度预算和拨款,在财力上左右和支配着后者的各项活动,这不可避免地削弱了人大作为监督主体的独立性。⑤ 如山西省临县人大工作委员会因经费不足而向县财政局求助,"县委、县政府从来没有给各工委拨付过任何调研经费",希望"每年拨付一定数量的调研经费,保障其视察调研工作顺利进行"。⑥ 地方人大对同级政府存在的财政依附关系,被学者称为预算行政过程的政治化,即预算政治过程被行政所主导。⑦ 这种情形使刚性监督

①　阮慧玲、林福灿:《经费保障,为代表履职助力》,载《人民政坛》2003 年第 10 期。
②　省人大常委会课题组:《改善代表履职条件是充分发挥代表作用的基础》,载《海南人大》2006 年第 6 期。
③　滕树伟:《关于县级人大代表工作几个问题的思考》,载《辽宁人大》2006 年第 9 期。
④　张长洪、张海英:《湖南麻阳:县人大代表活动经费增长一倍》,载安康人大网,http://rd. ankang. gov. cn/Article/ShowArticle. asp? ArticleID=3096,2011 年 4 月 8 日。
⑤　张建红:《关于增强人大监督权的思考》,载《人大研究》2006 年第 4 期。
⑥　《为人大、政协各工作委员会每年拨付专门的调研视察经费》,载临县人民政府网站,http:// www. linxian. gov. cn/content/2010 - 04/01/content_93664. htm,2010 年 4 月 1 日。
⑦　王彩波、丁建彪:《当代中国政制安排的演进逻辑、完善与优化》,载《社会科学在线》2015 年第 3 期。

与问责的可能性微乎其微,这也正是"述职评议表扬多"的一个重要原因。有的地方为避免将评议会变成"评功会",只好刚性要求常委会组成人员对述职人员在肯定成绩的同时,每人必须至少提出一条建议或批评意见。①

(二) 党内地位

地方人大与同级政府之间的关系并不单纯是由人大或政府自身所决定。② 政府作为同级人大的派生机构,在法理上并不处于优势地位,但是如果将它们在同级党委中的排序也纳入分析,则会发现两者的真实地位与法理规范之间存在明显差异。由于党在中国政治权力结构体系中的核心领导地位,当人大对"一府两院"进行监督时,党委可以直接决定是否监督,或者是否将已经开展的监督继续进行下去。③ 在述职评议中,党的领导原则并非一个空洞抽象的政治口号,而是体现和贯穿于全部的政治过程之中。如评议对象的选择需要得到同级党委的同意;评议方案需要党委的批准;评议处理也需要得到党委的支持;等等。而监督主体与客体在党委中的高低错位,使原本简单明确的委托代理关系偏离了法定的预设轨道。合肥市人大常委会主任在分析人大监督工作存在的问题时指出,在现实中,政府主要负责同志的党内地位高于同级人大的主要负责同志,甚至有的地方多名政府组成人员都在党内任职,反而可以左右人大的工作安排。④ 监督主体与监督对象在同级党委中的地位差异与其行使的职能不相匹配。⑤ 一般来说,作为监督对象的政府正职领导往往兼任同级党委书记或副书记,一些政府副职或政府职能部门的主要负责人也是同级党委常委。与行政系统往往占据同级党委常委中的若

---

① 贾书成:《"就是要评出汗来"——涟水县人大常委会深化述职评议活动侧记》,载《人民日报》
　2000年3月1日。
② 李景治:《积极推进人民代表大会制度理论和实践创新》,载《学习与探索》2014年第3期。
③ 王建瑞:《党领导人大与人大监督党的机构》,载《法商研究》1999年第5期。
④ 李慎宽:《前进中的市级人大》,中国民主法制出版社1997年版,第354页。
⑤ 田成有:《地方立法的理论与实践》,中国法制出版社2004年版,第230页。

干重要位置相比,人大系统则通常被排除在党委常委之外(党委书记兼任人大常委会主任的除外)。有学者指出,对同一级政府而言,行政系统中有更多的成员进入党委常委会,至少表明在决策和执行的过程中,行政系统的影响力和话语权要大于人大系统。[1] 再加上许多重大问题都是由党委、政府共同决定,联合发文,导致地方人大及其常委会事实上也不便进行监督。[2]

为了使人大常委会的工作能够及时取得党委的领导和支持,一些地方推行人大常委会主任列席同级书记办公会和党委常委会的制度,在党委书记兼任人大常委会主任的情形下,由人大常委会常务副主任列席同级党委常委会会议。在各地的实践中,对兼任党委常委身份的述职人员进行评议的案例并不多见,这与地方人大在该问题上的谨慎态度和主动回避有关。如上海市普陀区人大常委会自 1999 年开始述职评议,但是评议对象不包括作为区委常委的区长、副区长和区公安局局长。[3] 这种"不敢监督""讳言监督"的现象并非普陀区所独有。对兼有同级地方党委常委身份的"一府两院"领导干部的述职评议甚至会触发激烈的矛盾和冲突。如某县人大常委会对监察局局长(由纪委书记兼任)进行述职评议,该局长委派他人代为述职和听取评议,县人大常委会主任在工作报告中对这种不接受监督的行为提出批评,而监察局局长则凭借其县委常委的身份对人大常委会主任进行指责。[4]

此外,地方政府除了在党委常委组成人员构成上具有相对优势之外,现实政治中的一些惯常性的做法也不利于人大实施监督。在地方层面,普遍的"党政主导型"的权力运作体制往往是党委作出决策之后再由

---

[1] 何俊志:《作为一种政府形式的中国人大制度》,上海人民出版社 2013 年版,第 118 页。

[2] 郎加主编:《监督制度创新》,国家行政学院出版社 2005 年版,第 51 页。

[3] 张丽:《地方人大监督职能运行现状与问题研究——以上海市普陀区为研究个案》,华东师范大学硕士学位论文,2009 年,第 20 页。

[4] 田必耀:《"面对面"监督——中国地方人大"两评"演练的评价与展望》,载《法制与社会》2004年第 7 期。

政府负责实施。① 如在关于经济社会发展的重大问题上,地方政府往往直接同党委联系,向党委请示汇报;或者将政府决策提交党委讨论,由党委批准后执行;或者就某方面工作与党委联合发布通知、决定等。② 在一些地方,权力过分集中的体制长期未发生实质改变,权力仍过分集中于党委,党委有时也会直接绕过政府就某些重大事项作出决定并组织政府职能部门加以实施。总之,党政决策边界的模糊使地方人大常委会进行监督的制度空间受到了很大限制。③

基于相同的逻辑,与司法机关相比,地方人大又因更接近权力中心——同级党委而具有相对优势。在两者监督与被监督的关系中,地方人大往往处于主动地位。④ 从 20 世纪 90 年代开始,地方人大由同级党委直接领导,而司法机关则接受同级政法委员会的领导与协调(政法委员会是党为了实现对政法工作的领导而设置的一个功能性的职能机构,主要负责指导和协调公安、检察院和法院的工作),这意味着人大的党内地位高于司法机关。人大常委会主任可以通过参加或列席党委常委会议而与同级党委直接联系,司法机关则是通过政法委与同级党委间接地进行联系。⑤ 这种制度安排为地方人大积极行使对司法机关的监督权力提供了空间,尤其是表现为"两院"更有可能会成为监督对象和监督工作更能产生实质性效果。如 1998 年广东省各级人大常委会对 132 个部门开展工作评议,对 736 名由人大常委会任命的官员进行述职评议,其中

---

① 廖宗超:《当前制约地方人大监督权的三大难题》,载《人大研究》2005 年第 8 期。

② 张建民、徐丹、柴志慧:《规范党委与人大关系中的政府机制建设》,载《湖湘论坛》2009 年第 3 期。

③ 陈扣喜:《监督的悖论——浅析制约地方人大常委会监督实效的内部化因素》,载《人大研究》2010 年第 10 期。

④ 许崇德:《地方人大常委会的设立及其变迁》,载《政法论坛(中国政法大学学报)》2004 年第 6 期。

⑤ Young Nam Cho, *Local People's Congresses in China:Development and Transition*,New York:Cambridge University Press,2008,p. 67.

有 51 个部门和 295 名官员来自司法机关。① 1998—2001 年期间,浙江省人大连续 3 年开展司法评议工作。评议中,共对 108 件案件提出意见,最后确定对 44 个案件进行阅卷、讨论和调查。② 1997 年 6 月至 9 月,海南省人大也对省高级人民法院开展了评议监督。评议过程中,向省高级人民法院督办和交办了 63 件案件。截至同年 8 月底,省高级人民法院办结 56 件。③ 地方人大监督过程中对政府和"两院"的差异性态度,不仅仅体现在述职评议上。如在人事任免的监督上,对"两院"也更为严格。如江苏省高淳县(2013 年高淳撤县设区)政府提出有关人事任免议案后,县人大常委会召开党组会议和主任会议,认真听取拟任免人员的情况介绍和任免理由;而对"两院"提请任命的人员,县人大常委会则前往其工作单位进行深入的考察了解。④

在述职评议中,对地方政府垂直管理部门的监督,通常是困扰地方人大常委会的重要难题。垂直管理部门的机构设置、人员编制、财政支出一般由国务院或者上级政府的相关主管部门直接管理,党组织关系有的完全脱离了地方党委,⑤这给地方人大的评议监督带来了困难。有的地方党委明确鼓励地方人大积极开展对垂直管理部门的监督。如 1998 年,湖南省委书记、省人大常委会主任指出,各级人大要切实加强对垂直管理部门的监督力度,可以定期评议这些部门的工作。⑥ 2004 年,浙江省委还专门下发文件,明确提出要"建立述职与评议相结合的工作机制,有重点地开展对人大及其常委会选举、任命干部的述职评议,注重评议实效。本行政区域内的垂直管理部门,也要接受同级人大常委会的

---

① 张兴劲:《监督:廿载"磨剑"铸辉煌——广东省各级人大强化监督纪事》,载《人民之声》2004年第 9 期。

② 蔡定剑:《监督与司法公正问题的讨论(一)》,载《人大研究》2004 年第 3 期。

③ 卜云彤:《加强人大监督工作的成功实践——海南省人大评议省高院工作纪实》,载《瞭望新闻周刊》1997 年第 40 期。

④ 高淳县地方志编纂委员会编:《高淳县志(1986—2005)》,方志出版社 2010 年版,第 673 页。

⑤ 任进:《依法规范地方人大常委会与垂直管理机构的关系》,载《法学杂志》2010 年第 6 期。

⑥ 王茂林:《贯彻基本方略 推进依法治省》,载《人大工作通讯》1998 年第 9 期。

执法评议和执法检查"①。

三、纵向权力关系

地方人大和"一府两院"各自层级间的结构性差异,对人大监督工作产生的影响往往被研究者所忽视。来自上级或下级的影响使地方人大的监督工作所处的情境变得更为复杂。

(一) 人大的层级关系

从宪法和法律来看,各级人大之间不存在直接隶属关系,层级之间是法律监督、业务指导和工作联系的关系。② 20 世纪 80 年代,彭真多次强调全国人大常委会和地方人大常委会是非领导性的联系关系。他指出,"全国人大及其常委会对省级人大及其常委会没有领导关系,凡是省级人大及其常委会依法行使的职权,全国人大及其常委会都不能干预,否则就与宪法精神抵触了,也不符合中央关于权力下放的精神"③。乔石也强调,"宪法和其他法律都规定了全国人大与地方各级人大的关系是指导关系。各级人大的工作按照现在的体制,还是归各级党委领导","应该在省委的领导之下进行工作"。④ 与全国人大将其与省级人大之间明确定性为非领导关系不同,省级及以下各级人大的层级关系在事实上要更为密切。地方人大在实践工作中为了加强自身权威,而普遍要求加强上下级人大之间的联系。⑤ 在述职评议中,市县级人大通常将执行上级人大及其常委会决议、决定的情况作为评议的重要内容。如 2005 年,

---

① 《中共浙江省委关于进一步加强人大工作的意见》,载《浙江人大(公报版)》2004 年第 4 期。
② 武春:《浅析人大常委会和"一府两院"及上下级人大常委会间的法律关系》,载《江淮法治》2010 年第 5 期。
③ 蔡定剑:《论彭真对民主法制建设的十大贡献》,载《法学》2010 年第 2 期。
④ 乔石:《人大工作只能加强不能削弱》,载《人大工作通讯》1994 年第 15 期。
⑤ 邹通祥:《上下联动开展各级法院院长述职评议是强化人大监督的有效措施》,载《人大研究》1999 年第 4 期。

福建省晋江市人大常委会对"一府两院"部分工作人员进行述职评议的实施方案中,将"执行上级和本级人大及其常委会的决议、决定"作为履职情况的重要方面。① 有的地方人大甚至将这一条明确写进评议条例或办法中。如安徽省、北京市、湖南省、辽宁省、内蒙古自治区、山西省、贵州省、海南省等省(区、市)人大制定的评议条例或办法中,都将执行上级人大及其常委会的决议、决定作为评议内容之一。

地方各级人大之间的密切关系还体现为,它们往往会采取协同运作,以"上下联动"的方式开展述职评议。部分省级人大在开展述职评议时明确要求市县人大也同步进行述职评议,这直接推动了述职评议在全省范围的开展。如1994年9月至11月,浙江省人大常委会对省工商行政管理局局长、省土地管理局局长进行述职评议,全省市县人大常委会积极配合省人大常委会的调查研究,同时大多数市县也同步开展了对工商行政管理局、土地管理局的评议工作。广东省也将各级人大常委会上下联动、分级负责视为"积极探索监督的新路子"。由省人大联合市县人大,在共同研究部署的基础上,在各自职责范围内分级实施监督。② 在江苏省,市县人大的述职评议的全面展开是在收到省级人大的"建议"之后。③ 上海市区县人大的评议工作在时间安排和评议对象选择上也有意识地与市人大的评议工作趋同。从立法规范上看,安徽省等五省市明确规定了述职评议可以采取上下联动的方式进行。④ 这些发现印合了何俊志的观点,即地方人大的发展相当程度上在于它是上级政权意志的执行保证机关,这在一定程度确立了它在地方层面上的权力机关的地位。⑤ 总之,地方人大

① 《晋江市人大常委会关于对"一府两院"部分工作人员进行述职评议的实施方案》,载晋江人大网,http://www.jjrd.gov.cn/read.asp? id=547,2005年3月26日。
② 张兴劲:《以民为本重千钧——广东省各级人大探索监督新形式纪事》,载《中国人大》2004年第9期。
③ Oscar Almén, "Authoritarianism Constrained: The Role of Local People's Congresses in China," Ph. D Dissertation, Department of Peace and Development Research, Goteborg University, 2005, p. 69.
④ 郑国锋、叶勇鹏:《评议,在路上》,载《人民政坛》2002年第6期。
⑤ 何俊志:《中国地方人大的双重性质与发展逻辑》,载《岭南学刊》2007年第3期。

并不满足于法律所规定的松散的层级联系,这种垂直结构上的密切关系为其积极行使法定权力创造了有利条件。

(二)"一府两院"的层级关系

作为监督对象的行政机关,实行的是双重领导体制,不仅对产生它们的同级人大及其常委会负责,还对上级行政机关负责。《宪法》规定,"地方各级人民政府对上一级国家行政机关负责并报告工作。全国地方各级人民政府都是国务院统一领导下的国家行政机关,都服从国务院"。地方各级人民政府除了执行本级人大的决议外,还要执行上级国家机关的决定和命令,办理上级国家行政机关交办的其他事项。这意味着地方政府并不仅仅是同级人大的派生机构,同时亦是作为上级行政机关的执行机构而存在。与同级人大的横向授权相比,上级行政机关的纵向授权同样重要。缺少上级政府的支持,下级政府往往难以处理重大的行政事务。上级政府往往对下级政府建立了严密的考核机制,考核结果直接关系着下级政府领导人的政绩。[1] 更重要的是,地方政府官员的晋升主要由上级决定。这种地方政府主要领导的选拔任用与提拔方式,导致地方政府官员多以服从上级命令为主。[2] 地方人大在开展评议监督时,常常因政府执行的是上级命令而不了了之;同时,由于政府实行首长负责制,上级政府某位领导人的非正式讲话也可能成为本级政府回避人大监督的依据。[3] 与此同时,一些与人民群众生活密切相关的政府职能部门实行的是垂直领导体制(包括垂直领导部门和以垂直领导为主的部门),如工商、税务、金融、保险、烟草、电力、邮政、质监、药监等,它们的行政隶属关系不在本行政区域,其主要负责人的任免也不经过本级人大常委会,

---

[1] 金太军、张劲松、沈承诚:《政治文明建设与权力监督机制研究》,人民出版社 2010 年版,第 536—537 页。

[2] 赵晖:《我国地方政府绩效考核指标要素分析》,载《南京师大学报(社会科学版)》2010 年第 6 期。

[3] 高阜:《人大监督二题》,载《楚天主人》1995 年第 3 期。

再加上法律对地方人大及其常委会对垂直管理部门进行监督的规定比较模糊,对这些部门机构的监督往往成为地方人大监督工作的薄弱环节和"盲区"。①

与行政机关密切的层级关系相比,"两院"上下级之间的结构性关系显得较为薄弱和松散。《宪法》规定,上下级人民法院之间的关系是:"最高人民法院监督地方各级人民法院和专门人民法院的审判工作,上级人民法院监督下级人民法院的审判工作","最高人民法院对全国人民代表大会和全国人民代表大会常务委员会负责。地方各级人民法院对产生它的国家权力机关负责"。不同于上下级政府之间存在明确而直接的领导关系,"两院"层级间的联系十分薄弱,其中又以法院最甚。法院在纵向层级上不存在领导关系,各级法院作为独立的政治机构只对同级人大负责。从评议的缘起上看,可以发现,地方法院往往成为地方人大探索评议监督的"试刀石"。如1998年,甘肃省以上下联动的方式对各级法院院长、副院长进行了评议;山西省从1989年开始在全省范围内对司法机关进行代表评议;浙江省人大常委会在开展述职评议之前也进行了司法评议。这一时期对司法机关的代表评议带有试点性质,而尚未触及其他政府和职能部门及其主要负责人。随着代表评议的顺利展开,述职评议也慢慢起步走向前台。全国范围内的评议实践大致沿着这一路径发展。如江苏省镇江市人大常委会在1994年成功进行了人大代表对公检法机关的评议之后,便全面铺开了对政府其他职能部门的评议工作。② 司法机关更易于成为评议对象还表现为:在各地的述职评议中,法院院长和检察院检察长一般比政府副职更早经历评议,而同为人大会议选举的政府正职如县长、区长、市长、省长等则几乎从未成为评议对象。如1994年,陕西省人大常委会在首次开展述职评议时,就评议了省高级人民法院院长和其他7名政府职能部门主要

---

① 何俊志:《作为一种政府形式的中国人大制度》,上海人民出版社2013年版,第127页。
② 研实策:《人大评议》,载《镇江日报》2010年6月27日。

负责人。① 这种情况不仅仅发生在述职评议中,在地方人大开展的其他监督活动中,如执法检查、代表评议、个案监督等,人大均居于主动地位,法院则处于被动地位。② 也正因此,有学者指出,尽管人大的监督乏力涉及现行体制的某些深层原因,但是业已形成的对司法机关的各种监督方式仍有发挥作用的广阔余地。③

四、本章小结

第四章和第五章的分析,并不意味着结构性因素对述职评议的"决定论"。在运用结构主义框架分析问题时,必须正视阿尔蒙德的警告,"貌似相同的结构实际上可能起着完全不同的作用";同时,结构本身也在不断发生着变化。不过结构性框架仍为我们研究述职评议提供了一个基本观照。在这个框架下,我们通过述职评议来评估地方人大的制度化,并继而讨论其制度空间问题。亨廷顿曾提出,组织的制度化程度可以通过其适应性、复杂性、自治性和内部协调性四个方面来衡量。就述职评议而言,我们可以将这四方面因素进行再分类,其中,复杂性和内部协调性涉及地方人大的内部结构,而适应性和自治性则涉及地方人大的外部权力关系。内部结构的完善为其在外部权力关系中地位的提升奠定了基础;但是,从述职评议来看,地方人大的制度空间更多的是受到外部权力关系的影响。具体而言,在适应性方面,地方人大为争取地方党委对述职评议的支持,主动自觉地向党委汇报工作以寻求政治支持,同时密切人大的层级关系和横向联系似乎也对述职评议起到了积极推动作用,这些都可以被视为地方人大在适应性方面的积极发展。但是,这种发展以削弱自主性作为前提,其发展的最终

---

① 尔东、亦平:《有益的探索 宝贵的经验——随关广富主任学习考察陕西、山西省人大工作见闻》,载《楚天主人》2000年第7期。

② 何俊志、王伊景:《从人大"个案监督"到"代表参与诉讼调解"——地方人大与法院关系的"变"与"常"》,载《国家行政学院学报》2010年第6期。

③ 程竹汝:《完善人大对司法机关的监督关系》,载《上海行政学院学报》2011年第2期。

结果必然是:同级党委涉足人大具体事务的程度日益加深,混淆了两者之间的权力边界;同时,上级人大也会对下级人大的监督工作产生重要影响,但是这种影响可能并不全是积极的。如在述职评议中,省级人大叫停述职评议就直接导致了市县层级的随后叫停。笔者对某地人大工作者的访谈证实了,该地人大的某些监督创新就是因为不能被上级人大接受和认可而作罢。贵州省赫章县自 2012 年换届之后立即启动了述职评议工作,届内计划对 25 名副县长、局长及"两院"负责人进行述职评议。在阐释述职评议的依据时,赫章县人大常委会指出是根据 1999 年 9 月颁布实施的《贵州省人民代表大会常务委员会述职评议工作条例》。然而,事实上,该条例早在 2007 年 1 月便被废止了。[①]述职评议中存在的上述发展困境,也间接指明了扩展人大制度空间的路径问题,即在横向和纵向的双重维度上,地方人大应该获得某种程度的自主性以维护其制度空间。如有学者提出,为了履行其职能,立法机关必须具有一些决策权力,否则就会成为政治体系中的"无关者"。[②] 但是,这些问题可能涉及体制上的重大革新,不可能一蹴而就、一劳永逸。一国民主制度的成长和民主观念的养成需要时间,循序渐进,绝非旦夕之间即可成功。民主的可能性和局限性都高度依赖于既有和即时的社会制度和社会意识。[③] 不过目前切实可行的则是弱化或破解监督主体与监督对象之间的"循环问责",并在预算制定过程中给予监督主体更多的话语权,逐渐改变述职评议过程中受到监督对象掣肘和制约的局面,通过激活和强化监督权力进而实现制度空间的扩展。需要指出的是,地方人大制度空间的扩张或收缩不是自发生成的,还受到各方认知态度差异的影响。如地方人大早期选择"两院"作为评议对象还有结构性之外的因

[①] 赫章县人大:《述职评议——发挥干部履职正能量》,载毕节市人大常委会网站,http://www.bj-rd.gov.cn/Html/gzyj/111817872.html,2013 年 4 月 22 日。

[②] Patrick Ziegenhain, *The Indonesian Parliament and Democratization*, Singapore:Institute of Southeast Asian Studies,2008,p. 16.

[③] [美]罗伯特·达尔:《民主及其批评者》,曹海军、佟德志译,吉林人民出版社 2006 年版,第 444 页。

素。1999 年 12 月,吉林省人大常委会召开全省市州人大常委会负责人座谈会,会上省委书记、省人大常委会主任要求,当前要把监督重点放在司法机关上,"特别是法检两院",这是此后吉林省大范围开展对司法机关评议工作的一个重要原因。[①]

[①] 李晓平:《加大监督力度 推进依法治省——省人大常委会召开市州人大常委会负责人座谈会》,载《吉林人大》2000 年第 1 期。

第六章 政治态度：述职评议的认知差异

> 要进一步加强和改进人民代表大会的监督工作，增强监督实效。权力不受制约和监督，必然导致滥用和腐败。加强对权力的制约和监督，是社会主义民主政治建设的重要任务。[①]
>
> ——胡锦涛

由于结构与功能之间存在高度的关联，结构功能主义方法比较适用于分析西方国家的政治系统。如果将这一方法用于分析发展中国家，可能会产生问题。[②] 胡伟指出，政府过程的政治结构多种多样，其首要和基本的政治结构是由特定的政治体制所规定或派生而来。其中，体制化结构只是政府过程结构的一个层面，人格化结构则是另一重要而不可忽视的层面。[③] 具体就述职评议而言，结构功能主义很难对其变迁作出合理解释；但是如果将制度与人之间的互动，尤其是将政治主体对述职评议的态度差异也纳入考量，就可以很好地解释结构性因素所不能解释的内容，如述职评议的发展历程中为何会发生"波浪"与"回潮"的现象。

[①] 胡锦涛：《在首都各界纪念全国人民代表大会成立 50 周年大会上的讲话》，载《人民日报》2004 年 9 月 16 日。

[②] ［美］费勒尔·海迪：《比较公共行政》，刘俊生译，中国人民大学出版社 2011 年版，第 58 页。

[③] 胡伟：《政府过程》，浙江人民出版社 1998 年版，第 138 页。

一、中央层面

有学者指出,中国政治领域制度变革的逻辑不同于经济领域哈耶克式自发秩序的演进,其变革路径是关键行为者如政治精英自上而下的强力推动而非自下而上的自发性社会秩序的扩散。① 制度分析的出发点在于认为角色比充当角色的人更加重要,②认为人会将制度规范内化为个人的行动指南。现实政治却表明,许多政治事件的发生和结果往往受到政治领袖的影响。尽管权力和资源来源于人民,但是其如何运用却是由政治领袖来作出决策。甚至有学者主张,政治学研究就是"对权势和权势人物的研究"③。在中国,政治领袖不仅是政治改革的重要发起者,也是政治改革政策过程中的最终决策者,他们在政治改革的目标和策略选择上具有决定性作用。④ 海外著名学者白鲁恂(Lucian Pye)指出◆中国政治一向具有特殊的高度人格化特性,政治权威的形成主要不是依靠法律或道德准则,而是依赖于对领导偏好、上下级关系等非正式规则的理解与体会。⑤ 具体就人大制度而言,杨建党认为,从历史上看,政治领袖在人大制度的启动运行、价值定向、文本设计和机制完善方面发挥了积极作用,而在中国现代国家治理逻辑充分展开的新时期,政治领袖仍将是推动人大制度成长的重要力量。⑥

---

① 马得勇、张志原:《观念、权力与制度变迁:铁道部体制的社会演化论分析》,载《政治学研究》2015 年第 5 期。

② [英]罗罗森·黑格、马丁·哈罗普:《比较政府与政治导论》,张小劲等译,中国人民大学出版社2007 年版,第 101 页。

③ [美]哈罗德·D. 拉斯韦尔:《政治学:谁得到什么? 何时和如何得到?》,杨昌裕译,商务印书馆 2009 年版,第 3 页。

④ 徐湘林:《政治改革政策的目标设定和策略选择》,载《吉林大学社会科学学报》2004 年第6 期。

⑤ Lucian Pye, "Factions and the Politics of Guanxi: Paradoxes in Chinese Administrative and Political Behaviour," *The China Journal*, No. 34, July 1995, p. 39.

⑥ 杨建党:《启动、定向、设计、完善:领袖与人民代表大会制度成长》,载《兰州学刊》2010 年第7 期。

(一) 中共中央

20 世纪 90 年代中后期,地方人大在最初探索述职评议时得到了党中央的认可和支持。1995 年,山西省人大常委会开始对政府组成人员进行述职评议。中共中央组织部对山西的述职评议进行了考察,并给予充分肯定。[①] 在公开报道中,党中央极力强调加强人大监督的重要性。从党的十四大开始,历届党代会报告都提出了加强和完善人大制度的问题。如党的十四大报告提出,"进一步完善人民代表大会制度,加强人民代表大会及其常委会的立法和监督等职能"。党的十五大报告提出,"坚持和完善人民代表大会制度,保证人民代表大会及其常委会依法履行国家权力机关的职能,加强立法和监督工作"。党的十六大报告提出,"坚持和完善人民代表大会制度,保证立法和决策更好地体现人民的意志","规范党委与人大、政府、政协以及人民团体的关系,支持人大依法履行国家权力机关的职能"。

具体到述职评议上,党中央的态度前后经历了变化。1999 年 4 月,《中共中央关于进一步加强政法干部队伍建设的决定》要求,"认真总结推广一些地方人大评议执法工作的经验,研究制定必要的法律程序,使人大对执法机关和执法人员监督职能得到有效行使"[②]。2000 年 6 月,中共中央办公厅印发了《深化干部人事制度改革纲要》,其中要求拓宽对党政领导干部的监督渠道,积极支持人大代表的评议监督,肯定了地方人大的评议工作。[③] 同年 10 月,《中共中央关于制定"十五"计划的建议》也指出,"加快推行执法责任制、评议考核制,提高行政执法水平"。这些表述似乎传递出党中央对述职评议的支持态度。但是,2001 年 7 月,中共中央组织部负责人在同李鹏讨论《监督法》的起草情况时,提出了副省

---

① 张元坤:《地方人大工作概论》,中国民主法制出版社 1997 年版,第 97 页。
② 中共中央文献研究室编:《十五大以来重要文献选编》(中),人民出版社 2001 年版,第 825—826 页。
③ 孟富林:《地方人大工作探索(续集)》,中共中央党校出版社 2003 年版,第 345 页。

级是中管干部，省人大常委会进行评议是否合适的疑问。^① 2004 年 9 月，十六届四中全会通过的《中共中央关于加强党的执政能力建设的决定》提出，要"拓宽和健全监督渠道，把权力运行置于有效的制约和监督之下"，"加强和改进对领导班子特别是主要领导干部的监督。建立健全领导干部个人重大事项报告制度、述职述廉制度、民主评议制度、谈话诫勉制度和经济责任审计制度，依法实行质询制、问责制、罢免制"。2005 年 5 月，中共中央转发《中共全国人大常委会党组关于进一步发挥全国人大代表作用加强全国人大常委会制度建设的若干意见》，提出"进一步健全监督机制、完善监督制度，改进和加强监督工作"，"切实加强人民代表大会及其常委会的组织制度和工作制度建设，使人民代表大会及其常委会更好地发挥国家权力机关的作用"。^② 党中央对述职评议的态度还可以间接地从其机关报《人民日报》对述职评议的报道中反映出来。从 2006 年开始，鲜有关于述职评议的报道出现（见附录二）。即使在 2000—2006 年期间，《人民日报》对述职评议也并不是完全赞成，而是对其中暴露的缺陷进行了强烈批评。

就党的主要领导人来说，他们对完善人大制度的重视以及对人大监督工作的强调，为地方人大对行使监督权力的探索和创新创造了良好的氛围。从 20 世纪 80 年代末至《监督法》实施前后，担任中共中央总书记的分别为江泽民和胡锦涛。从现有公开报道的资料看，他们在任职期间均没有直接提及述职评议，对该问题的态度，只能从他们对人大监督的整体态度中管窥。江泽民关于加强对领导干部的监督思想与述职评议的出发点不谋而合。从 20 世纪 90 年代开始，江泽民在多个场合屡次提出改进人大监督工作，加强对领导干部的监督。^③ 1990 年 3 月，江泽民指出，"对于法律的实施，要加强监督。目前，在实际生活中有法不依、执

---

① 李鹏：《立法与监督：李鹏人大日记》，新华出版社 2006 年版，第 552 页。
②《中共全国人大常委会党组关于进一步发挥全国人大代表作用，加强全国人大常委会制度建设的若干意见》，载《中国人大》2005 年第 12 期。
③ 汪松明：《试论江泽民同志关于干部监督的思想》，载《毛泽东思想研究》2006 年第 4 期。

法不严的现象比较突出,人民群众对此反映强烈。如果允许这种现象存在,就会影响法律的严肃性和权威性,而且会危害国家和社会的稳定。人大及其常委会要理直气壮地把法律监督抓起来","在我们国家生活的各种监督中,人大作为国家权力机关的监督是最高层次的监督。监督'一府两院'的工作是人大及其常委会的一项重要职责。这种监督,既是一种制约,又是支持和促进"。① 1992 年 12 月,党的十四大报告强调,"进一步完善人民代表大会制度,加强人民代表大会及其常委会的立法和监督等职能","逐步完善监督机制,使各级国家机关及其工作人员置于有效的监督之下"。② 1997 年 9 月,党的十五大报告指出,"一切政府机关都必须依法行政,切实保障公民权利,实行执法责任制和评议考核制","要深化改革,完善监督法制,建立健全依法行使权力的制约机制","加强对各级干部特别是领导干部的监督,防止滥用权力,严惩执法犯法、贪赃枉法"。③ 2000 年 1 月,江泽民在中共中央纪律检查委员会第四次全体会议上指出,"对领导干部一定要严格监督",对领导干部"还没有完全形成有效的监督管理制度和机制,越是高级干部越缺少有力的监督和管理","要纠正干部工作中重选拔任用,轻任后监督的现象"。④ 2001 年,江泽民在庆祝中国共产党成立 80 周年大会上讲话时强调,"建立健全依法行使权力的制约机制和监督机制。关键要加强对领导干部的监督,保证他们正确运用手中的权力"⑤。针对如何加强对领导干部的监督的问题,他认为应该实行多种形式的领导干部述职述廉制度和民主评议制度等。不过,由于《监督法》起草过程中对述职评议存在严重分歧,江

① 中共中央文献研究室编:《十三大以来重要文献选编》(中),人民出版社 1991 年版,第 944—945 页。
② 中共中央文献研究室编:《十四大以来重要文献选编》(上),人民出版社 1996 年版,第 28—29 页。
③ 中共中央文献研究室编:《十五大以来重要文献选编》(上),人民出版社 2000 年版,第 33—34 页。
④ 中共中央文献研究室编:《十五大以来重要文献选编》(中),人民出版社 2001 年版,第 1116 页。
⑤ 江泽民:《在庆祝中国共产党成立八十周年大会上的讲话》,载《求是》2001 年第 13 期。

泽民明确同意将述职评议不写进《监督法》。①

　　胡锦涛在公开报道中也未提及述职评议,不过他关于人大地位和改善人大监督工作的相关重要论述,成为《监督法》出台之前各地人大开展述职评议的重要法理依据。2004 年 9 月,胡锦涛在首都各界纪念全国人民代表大会成立 50 周年大会上的讲话中指出,"充分发挥人民代表大会及其常务委员会作为国家权力机关的作用,使人民代表大会及其常务委员会成为全面担负起宪法赋予的各项职责的工作机关,成为同人民群众保持密切联系的代表机关","权力不受制约和监督,必然导致滥用和腐败。加强对权力的制约和监督,是社会主义民主政治建设的重要任务。人民代表大会及其常务委员会作为国家权力机关的监督,是代表国家和人民进行的具有法律效力的监督","各级人民代表大会及其常务委员会要依照宪法和法律的规定,把改革发展稳定中的重大问题和关系人民群众切身利益的热点难点问题作为监督重点,积极改进和加强监督工作"。② 2006 年 6 月,胡锦涛主持召开党外人士座谈会,征求对《监督法》草案的意见,会上他提出,"制定监督法,有利于坚持和完善人民代表大会制度、更好地发挥这一制度的特点和优势,有利于健全人大监督机制,有利于促进依法行政、公正司法,也有利于推进社会主义民主政治的制度化、规范化、程序化"③。

(二) 全国人大

　　地方政府的制度创新持续与否取决于中央政府是否支持或者该制度创新能否引起中央政府的持续关注。④ 这种情形在某种程度上也同样适用于地方人大。从 20 世纪 90 年代中后期开始,述职评议在全国范围

---

① 王丽丽:《江泽民说:"抓紧制定监督法"》,载《检察日报》2009 年 9 月 4 日。
② 胡锦涛:《在首都各界纪念全国人民代表大会成立 50 周年大会上的讲话》,载《人民日报》2004 年 9 月 16 日。
③ 《晁俊年同志在市人大机关学习〈监督法〉动员会上的讲话》,载《安康市人大常委会公报》第 17 期。
④ 张玉磊:《地方政府制度创新的可持续性难题与化解》,载《岭南学刊》2011 年第 5 期。

内逐渐蔓延开来,成为地方人大普遍运用的监督方式。地方人大层面的这种显著变化,不可避免地引起了全国人大的密切关注。从 1995 年开始至党的十八大之前,每届全国人大对述职评议的态度并不完全一致。1995—2002 年间,历年全国人大常委会工作报告一再肯定了地方人大的述职评议工作,鼓励各地继续积极进行实践探索,并提出要及时总结经验,在条件成熟时制定法律对述职评议加以规范。正是在八届和九届全国人大的鼓励和支持下,述职评议逐渐发展成为地方人大行使监督权力的最主要方式。

1. 八届全国人大(1993 年 3 月至 1998 年 3 月)

1993 年 3 月,乔石当选为八届全国人大常委会委员长。乔石是首位明确公开对述职评议给予正面肯定和积极评价的全国人大常委会委员长。述职评议之所以能够在全国范围内开展,与乔石个人的明确支持和大力推动密不可分。乔石在八届人大常委会第一次会议上指出,"近十多年来,地方人大工作有很大进展,在坚持和完善人民代表大会制度方面作了可贵的探索,积累了一些经验",表示全国人大常委会要"学习、推广地方人大工作的一些好的经验,支持他们依法行使职权"。① 乔石强调,"任何工作,没有监督必然会出问题。我们是社会主义国家,各级党组织和各级干部都要受人民的监督。要使监督工作制度化、法律化"②。1995 年 5 月,乔石在八届全国人大常委会第十三次会议上的讲话中指出,"近几年来,许多地方人大及其常委会创造了一些好的经验和做法。如组织代表评议政府、法院、检察院的工作,对国家权力机关选举、任命的工作人员开展评议,督促行政执法机关和司法机关实行执法责任制等,都取得了较好的效果。要不断总结经验,在实践中进一步完善,使监督工作逐步走向规范化、制度化"③。1996 年 1 月,乔石在接受《中华英

---

① 乔石:《乔石谈民主与法制》(下),人民出版社 2012 年版,第 342 页。
② 《在全国人大各专门委员会主任委员副主任委员会议上乔石强调以改革精神加快立法步伐》,载《人民日报》1993 年 5 月 1 日。
③ 乔石:《乔石谈民主与法制》(下),人民出版社 2012 年版,第 436 页。

才》总编辑提问时指出，"近几年来，许多地方人大及其常委会在加强监督方面创造了一些好的经验和做法，如组织代表评议政府、法院、检察院的工作，对国家权力机关选举、任命的工作人员开展评议等，都取得了较好的效果。我们要继续探索，并不断总结完善，使监督工作逐步走向规范化、制度化"①。1996 年，乔石在全国"两会"前夕接受《人民日报》记者采访时指出，"对地方人大的监督工作中创造的一些行之有效的好的形式和做法，要注意总结和推广，从而不断提高监督工作的水平"②。1997 年 3 月，乔石在接受《欧洲时报》采访时将述职评议作为人大及其常委会加强对"一府两院"监督力度的重要举措而再次给予了肯定。③

　　乔石还多次批评了认为述职评议与党管干部的原则相冲突的观点。1996 年 5 月，乔石在听取关于起草《监督法》的情况汇报之后，指出人大监督与党的领导并不冲突，并特别指出地方"两评"工作反映良好，"与党管干部也没矛盾"。④ 1996 年 9 月，乔石主持全国人大常委会党组会议，研究《监督法》的起草问题，乔石指出，"在监督方面，地方人大积累了一些经验，这几年反映都比较好。最近听说组织部门有意见，说党管干部，人大评议了，还要组织部门干什么？这是一个误解。现在组织部门考察干部，一般都是在任职前进行考察，就任后工作做得怎么样，人大评议一下，我觉得这是互为一致的，并不矛盾"。1997 年 5 月，乔石在听取起草《监督法》的情况汇报时再次强调，人大监督与党的领导并不矛盾。地方搞"两评"反映是好的，与党管干部也没矛盾。⑤

　　地方人大的述职评议还得到了八届全国人大常委会其他领导人的积极支持。田纪云在 1993 年 3 月至 2003 年 3 月期间担任全国人大常委

① 乔石：《乔石谈民主与法制》（下），人民出版社 2012 年版，第 458—459 页。
② 《加快立法　加强监督——"两会"前夕访全国人大常委会委员长乔石》，载《人大工作通讯》1996 年第 5 期。
③ 郑园园、果永毅：《乔石接受〈欧洲时报〉采访》，载《人民日报》1997 年 4 月 1 日。
④ 刘政：《乔石同志在第八届全国人大常委会委员长任上》，载《法制日报》2012 年 6 月 26 日。
⑤ 刘政：《人民代表大会的历史足迹》（增订版），中国民主法制出版社 2014 年版，第 194—196 页。

会排名第一的副委员长,他在任职期间旗帜鲜明地支持地方人大的述职评议工作。1994 年 9 月,田纪云在全国人大常委会办公厅召开的人民代表大会制度理论研究和宣传座谈会上指出,浙江省人大常委会开展的述职评议"是一项很重要的尝试,我支持他们作这样的探索"。1995 年 5 月,田纪云在浙江省调研如何发挥地方人大的监督作用时,先后同浙江省人大和杭州、温州等市县人大常委会负责同志进行座谈,听取了各地开展述职评议情况的汇报。他指出,述职评议是"监督干部的一种好形式",将对事的监督与对人的监督相结合,使监督工作更具有可操作性和针对性,"这种评议有百利而无一害","好处很大"。① 田纪云还努力推动述职评议的扩散和传播,在其他地区进行调研时,"一再介绍浙江的经验和肯定当地的经验"②。1996 年 1 月,田纪云在厦门市、区(县)人大负责同志和部分全国人大代表座谈会上明确指出,"评议工作是地方各级人大履行宪法和法律赋予的监督职权的需要,是保障社会主义市场经济健康发展的需要,是进一步完善人民代表大会制度、健全人大监督机制的需要。对此,全国人大常委会态度是鲜明的。我们要进一步提高对评议工作的认识,继续搞好评议工作,并不断地总结经验,使评议工作逐步规范化,法制化"③。与乔石一样,田纪云对各地普遍存在的述职评议是否与党管干部原则相冲突的争论给予了明确回答。田纪云指出,述职评议是一种"很全面"的评价,对评议者起到鼓励和鞭策的效果,比纪检部门、组织部门找干部谈话作用大,也为党委正确使用干部提供了参考。④ 1995 年 12 月,田纪云在同汕头市人大常委会负责同志谈话时再次强调,"现在看法有不一致的地方,就是它和党管干部原则有没有矛盾?""我认

---

① 浙江省人民代表大会志编纂委员会编:《浙江省人民代表大会志》,中华书局 2005 年版,第 586 页。

② 田纪云:《改革开放的伟大实践——纪念改革开放三十周年》,新华出版社 2009 年版,第 473 页。

③ 田纪云:《增强做好新时期人大工作的责任感——田纪云副委员长在厦门市市、区(县)人大负责同志和部分全国人大代表座谈会上的讲话(摘要)》,载《人大工作通讯》1996 年第 2 期。

④ 丁龙嘉:《站在改革潮头的田纪云》,载《炎黄春秋》2004 年第 3 期。

为这和党管干部的原则不仅没有矛盾,而且是相辅相成的。有很多事情,党委不大好讲,组织部门不大好讲。但是,人大代表、常委会委员讲出来就比较方便。而且通过对干部的评议、执法的评议、廉政的评议,使党委多了一个考核了解干部的重要渠道,这就有利于党委研究考虑干部怎么使用,怎么发挥他的长处,怎么避免他的短处,使他克服缺点"①。1997年11月,田纪云在同上海市人大常委会负责同志座谈时指出,"评议不等于就要罢免,一般地说都是鞭策多,有些问题是防微杜渐,提出来要你注意。这和党管干部的原则在根本上是一致的。应该说这是置公仆于主人的监督之下的一个很重要举措。不然,公仆就离主人太远"②。

八届全国人大高度重视并支持地方人大常委会对监督工作开展各种探索,多次在官方文件中充分肯定地方人大的述职评议。1995—1998年,八届全国人大常委会每年向代表大会所作的工作报告,都对地方人大的述职评议给予了积极评价,并被全国人大会议所批准,这成为各地开展述职评议经常性援引的法理依据。1995年全国人大常委会的工作报告指出,"近些年来,地方人大及其常委会在开展监督工作方面,创造了一些好的经验和做法","有的地方人大对国家权力机关选举和任命的国家工作人员开展述职评议,取得了较好的效果。应当不断总结经验,在实践中进一步完善,使监督工作更富有成效"③。1996年全国人大常委会的工作报告指出,"近年来,一些地方人大及其常委会在监督工作方面积极探索,创造了一些好的经验和做法",如"对人大及其常委会所选举和决定任命的干部开展述职评议","收到了较好的效果。要认真总结

---

① 田纪云:《改革开放的伟大实践——纪念改革开放三十周年》,新华出版社2009年版,第453页。

②《田纪云文集·民主法制卷》,中国民主法制出版社2016年版,第243页。

③ 田纪云:《全国人民代表大会常务委员会工作报告——1995年3月11日在第八届全国人民代表大会第三次会议上》,载《中华人民共和国全国人民代表大会常务委员会公报》1995年第3期。

和推广这些经验和做法，提高监督工作水平"。① 1997 年全国人大常委会的工作报告指出，"对行之有效的监督形式，如代表评议、述职评议等，要认真总结、完善，继续坚持下去"②。1998 年全国人大常委会的工作报告指出，近些年来，地方人大对由人大及其常委会选举和决定任命的干部进行述职评议，"取得了良好的效果。常委会充分肯定了这些经验和做法，支持地方人大依法行使监督职权"③。

正是八届全国人大对述职评议的这种旗帜鲜明地支持态度，省级人大常委会从 20 世纪 90 年代中后期开始尝试开展述职评议。到 1998 年时，全国有半数以上的省级人大常委会开展了述职评议。此外，八届全国人大常委会办公厅研究室还编写了《人民代表大会成立四十周年纪念文集》(1995 年 2 月)、《地方人大行使职权实例选编》(1996 年 2 月)、《我国当前法律实施的问题和对策》(1997 年 4 月)、《地方人大监督工作探索》(1997 年 9 月)等书，汇集了近年来地方人大创造的监督工作的新形式、新做法，其中均肯定了地方人大的述职评议工作。田纪云指出，八届全国人大常委会非常重视、支持和总结地方人大常委会开展监督工作的做法和经验，"八届全国人大任期的五年，是地方人大工作最为活跃的历史时期之一"。④

2. 九届全国人大(1998 年 3 月至 2003 年 3 月)

1998 年 3 月，九届全国人大第一次会议上，代表对人大监督工作提出了许多批评意见，认为目前监督不力的状况仍没有显著改进，希望新

---

① 田纪云：《全国人民代表大会常务委员会工作报告——1996 年 3 月 12 日在第八届全国人民代表大会第四次会议上》，载《中华人民共和国全国人民代表大会常务委员会公报》1996 年第 3 期。

② 田纪云：《全国人民代表大会常务委员会工作报告——1997 年 3 月 10 日在第八届全国人民代表大会第五次会议上》，载《中华人民共和国全国人民代表大会常务委员会公报》1997 年第 2 期。

③ 田纪云：《全国人民代表大会常务委员会工作报告——1998 年 3 月 10 日在第九届全国人民代表大会第一次会议上》，载《中华人民共和国全国人民代表大会常务委员会公报》1998 年第 1 期。

④ 田纪云：《回忆与乔石同志相处的岁月》，载《南方周末》2011 年 12 月 8 日。

一届全国人大及其常委会高度重视这个问题。一些代表直接提出,述职评议是一个行之有效的监督方式,建议全国人大常委会也对国务院有关部门进行评议,督促他们改进工作。① 九届全国人大期间,每年均有加强人大监督工作的议案。如 2002 年 3 月,九届全国人大第五次会议上,刘庆宁等 36 名代表提出了《关于制定述职评议法律的议案》。② 在这种背景下,述职评议得到了全国人大及其常委会的密切关注。

九届全国人大常委会委员长李鹏在不同场合多次肯定地方人大的述职评议,并提出要在实践中不断总结和完善。1999 年 2 月,李鹏在海南考察工作时,听取了海南省人大常委会开展述职评议工作的情况,他鼓励海南省人大积极探索、勇于实践,认真总结成功的经验。③ 1999 年12 月,李鹏委托姜春云出席纪念北京市人大常委会成立 20 周年大会,指出对"一府两院"开展的述职评议是"地方人大及其常委会的一个创举",同时指出这种监督形式"还需要进一步实践、探索,使之不断完善,并逐步规范化、法制化"。④ 2000 年 9 月,李鹏在全国省级人大常委会主任研讨班上提出,要进一步提高对人大监督工作的认识,增强监督力度,改进监督方式,注重监督实效。他肯定了述职评议作为一种新的监督方式"取得了明显效果"。⑤ 2001 年 4 月,李鹏在浙江就制定《监督法》进行调研的座谈会上指出,述职评议是地方人大在监督工作中进行的"有益探索",是"好的经验和做法",起草《监督法》必须认真总结地方人大行使监

---

① 刘政、程湘清:《民主的实践——全国人民代表大会及其常委会的组织和运作》,人民出版社1999 年版,第 126 页。

② 全国人民代表大会常务委员会办公厅编:《中华人民共和国第九届全国人民代表大会第五次会议文件汇编》,人民出版社 2002 年版,第 173 页。

③ 张宿堂:《李鹏在海南考察工作时要求积极探索勇于实践总结成功经验》,载《人民日报》1999年 2 月 23 日。

④ 李煦、徐仁杰、颜世贵:《北京市纪念市人大常委会成立二十周年　姜春云代表李鹏委员长和全国人大常委会表示热烈祝贺》,载《人民日报》1999 年 12 月 14 日。

⑤《李鹏在全国省级人大常委会主任研讨班上强调用"三个代表"重要思想指导人大工作》,载《人民日报》2000 年 9 月 29 日。

督权的经验。① 2002 年 1 月,李鹏在海南考察工作时指出,"多年来,地
方各级人大及其常委会就如何依法开展监督工作进行了积极探索,在一
些方面走在了前面,值得我们学习","对于各地人大在监督工作实践中
创造的工作评议、述职评议、人大代表向选民述职等形式,全国人大常委
会鼓励和支持地方人大继续依法实践和探索,待条件成熟后再上升为全
国性法律"。② 2002 年 5 月,李鹏在湖北考察时就地方人大工作发表讲
话,再次肯定了地方各级人大及其常委会开展的述职评议工作,认为"取
得了较好效果,要在实践中加以总结、提高,使之更加规范"。③ 2003 年 1
月,李鹏在重庆考察时又一次强调,述职评议应在实践中继续总结和
完善。④

1999—2002 年间,九届全国人大常委会每年的工作报告都对述职评
议给予了支持。1999 年全国人大常委会的工作报告指出,"一些地方在
组织代表评议'一府两院'工作、听取和审议有关国家机关负责人述职报
告等方面进行了探索,取得了一定的效果"⑤。2000 年全国人大常委会
的工作报告指出,"近 20 年来,地方各级人大认真履行宪法和法律赋予
的职责,工作取得了显著成绩,创造了许多好的经验和做法,例如组织人
大代表对行政机关、审判机关、检察机关的工作进行评议","值得认真研
究总结"。⑥ 2001 年全国人大常委会的工作报告指出,二十多年来,地方

---

① 傅旭:《李鹏在浙江进行立法调研强调加强人大监督工作》,载《人民日报》2001 年 4 月 13 日。
② 《李鹏在海南考察工作时强调依照宪法法律的规定积极稳妥推进监督工作》,载《人民日报》
   2002 年 1 月 17 日。
③ 《全国人大常委会委员长来汉考察》,载武汉人大网,http://www.whrd.gov.cn/dhz49zj/
   5303.shtml,2012 年 12 月 17 日。
④ 《李鹏在重庆考察时指出 加强党的领导 充分发挥人大作用》,载人民网,http://www.
   people.com.cn/GB/paper39/8301/782138.html,2003 年 1 月 21 日。
⑤ 姜春云:《全国人民代表大会常务委员会工作报告——1999 年 3 月 9 日在第九届全国人民代
   表大会第二次会议上》,载《中华人民共和国全国人民代表大会常务委员会公报》1999 年第
   2 期。
⑥ 李鹏:《全国人民代表大会常务委员会工作报告——2000 年 3 月 9 日在第九届全国人民代表
   大会第三次会议上》,载《中华人民共和国全国人民代表大会常务委员会公报》2000 年第
   2 期。

各级人大及其常委会的各方面工作都取得了显著成绩,并在工作中创造和积累了许多好的经验和做法,如"对由地方人大选举任命的干部履行法定职责、廉政勤政的情况,进行述职评议"。① 2002 年全国人大常委会的工作报告指出,"多年来,地方人大常委会根据宪法、法律的规定精神,结合本地实际,对地方人大监督工作进行积极探索,拓宽了监督渠道,加大了监督力度",如"对本级国家工作人员开展述职评议","常委会支持地方人大继续进行监督工作的有益探索和实践,并将及时总结经验,在条件成熟时作出法律规定"。② 2002 年 3 月,九届全国人大五次会议举行新闻发布会,大会副秘书长在回答记者提问时也指出,近年来,许多地方人大开展了述职评议工作,并制定了相关的地方性法规,"收到了比较好的效果",在坚持依法监督、集体行使职权和不包办代替的原则下,全国人大常委会"鼓励地方人大对监督工作积极进行探索"。③

总之,在各地人大述职评议的缘起或发轫初期,往往可以发现全国人大常委会领导人的身影,他们的政治态度成为影响地方人大述职评议走向的一个重要变量。1998 年,海南省人大常委会首次开展述职评议。次年 2 月,李鹏在海南考察时听取了海南开展述职评议工作的情况。李鹏希望海南省人大常委会在制定地方性法规和开展监督工作中,积极探索、勇于实践,并认真总结成功的经验,及时把成功的方针政策以法规的形式确定下来。④ 浙江省开展述职评议之后也迅速得到了全国人大常委会领导人的鼓励,田纪云专门前往进行了深入考察,并积极推广这种监

---

① 李鹏:《全国人民代表大会常务委员会工作报告——2001 年 3 月 9 日在第九届全国人民代表大会第四次会议上》,载《中华人民共和国全国人民代表大会常务委员会公报》2001 年第 3 期。

② 李鹏:《全国人民代表大会常务委员会工作报告——2002 年 3 月 9 日在第九届全国人民代表大会第五次会议上》,载《中华人民共和国全国人民代表大会常务委员会公报》2002 年第 2 期。

③ 《九届全国人大五次会议举行首次新闻发布会 曾建徽答中外记者问》,载《人民日报》2002 年 3 月 5 日。

④ 张宿堂:《李鹏在海南考察工作时要求积极探索勇于实践总结成功经验》,载《人民日报》1999 年 2 月 23 日。

督方式。田纪云在汕头视察工作时，也鼓励汕头市人大常委会"在实施监督权方面把腰杆子再挺硬一点"。此前一年，汕头市人大常委会在述职评议中曾免去了一名不称职局长。1998年，上海市人大常委会首次开展述职评议。1997年底，田纪云同上海市人大常委会负责同志举行座谈，肯定了述职评议的做法是成功的，述职评议与"党管干部的原则在根本上是一致的。应该说这是置公仆于主人的监督之下的一个很重要的举措"①。吉林省人大常委会的述职评议也是在田纪云的直接鼓励下发起的。2001年7月，田纪云要求吉林省人大在党委领导下依法认真开展述职评议工作，他指出，"现在，全国大多数地方都开展了这项工作，总的看来效果都不错。开展'两评'要从实际出发，依法进行，注重效果，总结经验，逐步完善"②。

与八届全国人大一样，九届全国人大对地方人大的述职评议多次给予肯定和鼓励，但是，在是否通过立法对述职评议加以规范的问题上，九届全国人大常委会的立场前后发生了明显变化。1999年1月，李鹏在与江泽民讨论人大监督时，提出先制定四个单项决定，即司法监督、预算监督、领导人员述职和经济工作监督。③后来又打算在《监督法》中单列一章对述职评议进行规定。然而，2001年8月，全国人大常委会党组会议讨论述职评议问题时，"一致认为宜粗不宜细，不专列一章，只作为工作监督的一种形式"④。2001年8月，全国人大常委会第二十三次会议闭幕之后，李鹏在与王维澄讨论《监督法》时指出，述职评议"不单列一章，只作为工作评议的一种方法，把述职评议的决定权留给地方各级党委和人大常委会"⑤。2002年2月，李鹏赞同在人大常委会工作报告决议中

① 田纪云：《中国改革开放与民主法制建设》，中国民主法制出版社2000年版，第315页。
② 李亚彪：《田纪云在吉林省视察工作时要求　搞好执法检查　加强法律监督》，载《人民日报》2001年7月19日。
③ 李鹏：《立法与监督：李鹏人大日记》，新华出版社2006年版，第531—532页。
④ 李鹏：《立法与监督：李鹏人大日记》，新华出版社2006年版，第552页。
⑤ 李鹏：《立法与监督：李鹏人大日记》，新华出版社2006年版，第553页。

对述职评议加以肯定,以此来赋予述职评议合法性。① 同年 7 月,李鹏又明确表示,对有争议的述职评议不写入《监督法》中。② 九届全国人大常委会起草《监督法》过程中对述职评议态度的逐步变化,为述职评议在十届全国人大期间的转折埋下了伏笔。

3. 十届、十一届全国人大(2003 年 3 月至 2013 年 3 月)

十届全国人大期间,全国人大对述职评议的态度逐渐由肯定变成否定。2003 年 3 月,《十届全国人大一次会议文件辅导读本》中指出,"人大可以对法院、检察院的工作进行评议,对其领导人员进行述职评议"③。2003 年 5 月,吴邦国在江西省人大工作座谈会上指出,"看过法工委整理的关于对监督法初稿意见的一份很长的简报,其中不赞同的意见比赞同的意见要多得多,而且深刻得多。在这种情况下,要拿出一个比较理想的东西来,我看有一定难度,因为涉及面很广,难统一认识。当然我们过去也有一些经验,作出过两个决定,一个是预算监督的决定,一个是经济监督的决定,它是监督法里面经济监督的两个部分。我想实在不行,就不搞全的,先搞某个方面的,也可以先在一些地方就某个方面进行一些试点。比如,对干部进行述职评议,一些地方已经在实践,在试点,我想这个问题在一些地方有了实践基础,就可以逐步地深化,也可以制定有关的法律法规。总之,这些工作都要逐步逐步地进行"④。但是,此后不久,全国人大对述职评议的态度明显发生了改变。2004 年 8 月,吴邦国在十届全国人大常委会第十一次会议上的讲话中指出,"监督法草案制定过程中有关干部述职评议、个案监督等焦点和难点问题",涉及坚持和完善党的领导方式和执政方式,改革和完善决策机制,深化行政管理体制改革,推进司法体制改革,深化干部人事制度改革,加强对权力的制约和监督,维护社会稳定等方面的改革,"而这些改革,只能在党中央的统

① 李鹏:《立法与监督:李鹏人大日记》,新华出版社 2006 年版,第 552 页。
② 李鹏:《立法与监督:李鹏人大日记》,新华出版社 2006 年版,第 558 页。
③《十届全国人大一次会议文件辅导读本》,人民出版社 2003 年版,第 254 页。
④ 吴邦国:《吴邦国论人大工作》(上),人民出版社 2017 年版,第 64 页。

一领导下逐步向前推进"。① 2005 年 10 月,吴邦国在长沙主持召开部分省人大常委会负责同志座谈会,他指出,"现在各地普遍开展干部述职评议的试点工作,在各地精心组织下取得了一定成绩,但也引起我们更深入的思考。关键是如何坚持党管干部的原则。试点工作范围小,主要限制在省一级,问题不大,对可能产生的问题事先又做了大量工作。但一旦成为法律,将干部述职评议扩大到市、县所有由人大及其常委会选举、任免的干部,就有可能冲击现行的干部管理体制"②。

在《监督法》实施之前,吴邦国主张以专项工作评议或专题询问等方式取代述职评议,认为"对政府专项工作的评议比对干部个人述职评议的效果也更明显"。2005 年 4 月底,吴邦国在江苏进行考察,谈到正在审议中的《监督法》草案时指出,《监督法》制定中的分歧,主要涉及干部述职评议、个案监督等敏感问题。关于干部述职评议问题,吴邦国强调,"在我国,中国共产党是执政党,人大的工作必须有利于巩固党的执政地位,开展干部述职评议,必须处理好与坚持党管干部原则的关系。目前大多数地方开展的干部述职评议,选择的是那些分歧不太大的干部,即便如此,还有的人大代表责怪组织部门对评得好的干部为什么不提拔,评得差的为什么不处理。人大花了很大精力,但监督效果不明显,反而带来不少矛盾"。江苏省人大常委会在汇报工作时提出正在就政府某项工作进行专题评议,效果不错。吴邦国抓住这一工作思路,鼓励他们积极探索,认为专项工作评议比干部述职评议的效果更好。③ 同年,吴邦国在上海考察时明确要求,"各地的述职评议,按照中央精神,逐步向专项工作评议过渡"④。2006 年 4 月,上海市人大常委会主任指出,上海市人大常委会不再开展述职评议的原因是,"我们根据邦国同志的要求,逐步

① 吴邦国:《吴邦国论人大工作》(上),人民出版社 2017 年版,第 191 页。
② 吴邦国:《吴邦国论人大工作》(上),人民出版社 2017 年版,第 279 页。
③《岁月留痕:吴邦国工作纪事》,人民出版社 2017 年版,第 301 页。
④ 虞杭:《述职评议要处理好"四个关系"》,载《上海人大月刊》2006 年第 6 期。

把述职评议过渡到工作评议"①。2006 年 8 月,吴邦国在十届全国人大常委会第二十三次会议上指出,"现在监督法已经制定出来,过去各地的一些做法与监督法规定不一致的地方,需要按照监督法的规定进行调整和规范",要求各地"对原来的工作、有关地方性法规和工作文件等进行全面梳理,对符合监督法规定的要加以深化和细化,对与监督法规定和精神不一致的要及时做出调整,认真加以规范,实现平稳过渡"。② 这里的"全面梳理"和"及时调整"的一个主要内容就是述职评议。由于《监督法》中没有规定述职评议,多数地方人大自 2006 年起开始着手修改、清理或废止有关评议的地方性法规。

十届、十一届全国人大对述职评议的态度与前两届相比明显不同。一方面,十届和十一届全国人大常委会历年的工作报告均没有提及述职评议,两届全国人大对自身是否要开展述职评议的立场也是明确否定的。1997 年 11 月,八届全国人大常委会副委员长田纪云在上海视察时指出,"如果全国人大常委会一年能评议一两个部长,评议你的成绩、你的缺点和提出对你的希望,那影响就大了"。③ 与之形成鲜明对比的是,十届全国人大认为,国务院各部门行政管理主要通过政令的方式,"两高"直接处理的案例也不多。全国人大代表对他们工作的了解并不像地方那么具体,对他们的述职评议稍有差错将产生严重的负面效应,因此全国人大不宜开展述职评议。④

另一方面,对地方人大是否应该开展述职评议,十届全国人大常委会内部也存在分歧。2004 年 8 月,十届全国人大常委会第十一次会议对《监督法》草案二次稿进行审议,常委会组成人员对该草案的意见分歧"比较大",建议对草案进一步修改完善。⑤ 九届全国人大常委会领导层

---

① 陆拯:《吴邦国视察市人大机关 "在人大工作大有作为!"》,载《上海人大月刊》2006 年第 5 期。
② 吴邦国:《吴邦国论人大工作》(上),人民出版社 2017 年版,第 321 页。
③ 田必耀:《"面对面"监督——中国地方人大"两评"演练的评价与展望》,载《民主与法制时报》2004 年 5 月 18 日。
④ 尹中卿:《地方人大评议:在探索中前进》,载《法制日报》2004 年 6 月 18 日。
⑤ 杨景宇主编:《监督法辅导讲座》,中国民主法制出版社 2006 年版,第 26—27 页。

在述职评议问题上也存在争议。如 2001 年 9 月,在全国人大常委会党组会议上,彭珮云、铁木尔·达瓦买提、周光召副委员长都认为应把述职评议写入《监督法》,由中央决定,当时也有副委员长认为制定《监督法》条件不成熟,主张推迟。① 但是,十届全国人大在述职评议上的态度转变十分明显。最为突出的表现是,此后历年全国人大常委会工作报告都主动回避了述职评议,甚至没有提及地方人大的制度创新。与此同时,十届全国人大对监督工作的强调程度也有所下降,这可以从全国人大常委会办公厅主办的《中国人大》中"监督"主题文章出现的频次变化上反映出来(见图 6‐1)。在述职评议和工作评议两者之间,十届全国人大倾向于支持后者。2006 年 6 月,全国人大法律委员会对《监督法》草案的修改报告指出,"从监督实效看,经验比较成熟、认识比较一致的做法是对政府专项工作进行评议"②。

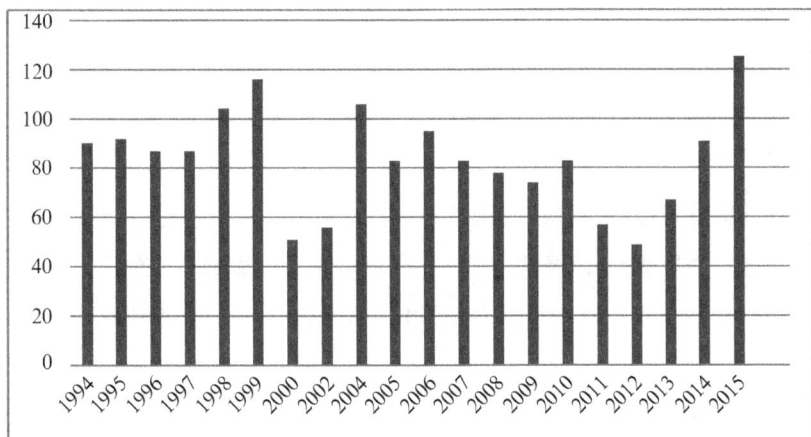

图 6‐1　《中国人大》上发表的主题为"监督"的论文数量(1994—2015)

各届全国人大对述职评议的不同态度,与述职评议本身所处的发展阶段也有关系。八届全国人大时(1993—1998),述职评议刚刚兴起,主

---

① 李鹏:《立法与监督:李鹏人大日记》,新华出版社 2006 年版,第 553 页。
② 《全国人大法律委员会〈关于中华人民共和国全国人民代表大会和地方各级人民代表大会监督法草案〉修改情况的汇报》,载《全国人大常委会公报》2006 年第 7 期。

要在市县层级开展,冲突和矛盾尚处于潜伏期。作为地方人大自发主动探索的监督方式,全国人大常委会领导人对其持积极鼓励和引导态度。如田纪云指出,"我们全国人大常委会的领导同志,都非常赞赏对干部的述职评议,非常支持这样一个做法"①。九届全国人大时(1998—2003),各地的述职评议已经基本固定成型,在省级人大得到普遍开展,评议过程中隐藏的问题和矛盾也逐渐浮出水面。从 1999 年起,全国范围内述职评议未获通过的案例开始增多,这引发了述职评议是否超越了党管干部权限的激烈争论。针对这一问题,李鹏一方面肯定了地方人大的述职评议等实践创新在促进行政、司法机关改进工作上成效显著;另一方面,他又屡屡强调,述职评议的做法"还不够成熟",仍需经过总结和完善才能上升为法律规范。可以说,九届全国人大对述职评议的态度逐渐由积极向消极转变。十届全国人大时(2003—2008),多数地方人大开展了述职评议工作,但是,述职评议中刚性监督所引发的与党管干部原则之间的紧张局面并未得到根本改变。如湖南省人大常委会工作机构的一份报告描述述职评议"放出去,收不拢,各方都不满意,留下后遗症,要上级来收拾,化解评议危机"②。十届全国人大常委会从一开始就确立了"围绕中心、突出重点、讲求实效"的工作思路,而地方人大开展的述职评议追求全面监督、全员覆盖,以及普遍存在"形式主义""唱赞歌"等特征。在这种情形下,十届全国人大对述职评议所秉持的消极立场也不难理解。

二、地方层面

(一) 地方党委

诚如前文的分析,地方党委在述职评议中发挥了重要的影响。地方

---

① 田纪云:《改革开放的伟大实践——纪念改革开放三十周年》,新华出版社 2009 年版,第 454 页。
② 田必耀:《第二次投票》,载《浙江人大》2005 年第 1 期。

人大的评议实践普遍反映:争取党委的领导和支持,是述职评议能够顺利开展的关键。田纪云曾指出,"浙江对干部的述职评议,搞得好,他们也是省委支持,省委不支持就搞不成"①。如浙江省金华市人大常委会的述职评议是"根据省委、省人大常委会的统一部署",同时市人大常委会党组关于开展述职评议的报告也得到了金华市委的批转。在这一背景下,金华市人大常委会作出《关于开展人大常委会任命干部述职评议工作的决定》,正式启动了述职评议工作。② 黑龙江省人大常委会主任在总结评议工作的经验时说,"只有依靠省委的领导,才能使评议工作方向正确,保证评议工作健康顺利地进行,达到预期的目的"③。《人大研究》的副主编谢蒲定认为,20 世纪 80 年代地方人大制度创新进入活跃期,是因为当时党中央要求加强人大制度建设,发挥地方人大的作用。各地党委为贯彻中央精神积极帮助人大解决了工作中存在的一些实际问题。④ 就述职评议而言,在多数情况下,地方党委全程介入和参与了述职评议的各个环节。如果没有党委的领导和支持,"评议活动是搞不起来的,也不可能搞好"⑤。

那些最初对述职评议进行探索的地方人大,往往得到了地方党委强有力的推动。《监督法》出台前,各地制定的进一步加强人大工作的意见中往往明确提出支持地方人大的述职评议工作。地方党委对述职评议的鼓励、支持甚至直接参与,是述职评议能够顺利进行的重要条件。从省级层面来看,地方党委可以通过出台指导性文件支持和保证地方人大依法行使职权,帮助解决实际问题。1994 年 11 月,广西壮族自治区党委

---

① 田纪云:《改革开放的伟大实践——纪念改革开放三十周年》,新华出版社 2009 年版,第455 页。

②《金华市人民代表大会志》编纂委员会编:《金华市人民代表大会志》,浙江摄影出版社 2005 年版,第 453 页。

③ 孙维本:《认真搞好评议 促进政府组成人员更好地履行职责》,载《人大工作通讯》1996 年第15 期。

④ 谢蒲定:《执政党的政策措施对人大制度建设至关重要——30 年地方人大法治建设和制度创新的历程及启示(三)》,载《人大研究》2009 年第 7 期。

⑤ 刘政、程湘清:《人大监督探索》,中国民主法制出版社 2002 年版,第 89 页。

印发了《关于进一步加强我区人大工作的意见》,要求各地党委支持人大及其常委会依法履行对政府、法院、检察院的监督职权。① 1995 年,山西省人大常委会开始组织述职评议时,省委书记明确表态,"评议符合中央关于建设高素质干部队伍的要求,对干部队伍建设起到了促进作用,省委是支持的","评议为山西经济发展和社会稳定办了一件大好事"。② 1996 年,山西省委作出决议,明确要求人大运用评议、质询、撤职、罢免等硬性监督手段,加强对选任干部的监督。③ 1996 年 10 月,黑龙江省委印发了《关于进一步加强人大工作的若干意见》,要求"进一步提高民主评议和述职评议的质量和水平,不能只是评功摆好,对那些重大典型案件和工作不称职以及严重失职、渎职的领导干部,要督促有关部门严肃查处并公开曝光","评议要形成制度,坚持下去,并要不断完善,使之规范化、制度化,更加富有成效"。④ 1998 年 12 月,陕西省委发出关于进一步加强人大工作几个问题的通知,明确要求各级党委支持人大及其常委会依法加强监督,要求各地按照省委下发的〔1998〕31 号文件开展述职评议工作。

从市县人大来看,河南省平顶山市舞钢区(今舞钢市)人大的评议工作就是由区人大常委会主任提议,在区委书记的直接支持下肇始的。⑤ 2002 年,湖南省怀化市中方县人大常委会主任指出,"地方人大的监督工作主要取决于当地党委对人大的态度。如果党委特别是党委负责人法律素质高、民主作风好,人大工作会蓬勃开展、活跃有力。反之,人大监督则非常困难"⑥。在公开报道的资料中,多数地方党委都旗帜鲜明地支

① 《中共广西壮族自治区委员会关于进一步加强全区各级人大工作的意见》,载《人大工作通讯》1995 年第 2 期。
② 《评议监督具有重要作用》,载《人大工作通讯》1995 年第 8 期。
③ 张元坤:《地方人大工作概论》,中国民主法制出版社 1997 年版,第 97 页。
④ 佟迅:《中共黑龙江省委制定进一步加强人大工作的意见 召开人大工作会议强调发挥人大作用》,载《人大工作通讯》1997 年第 2 期。
⑤ 吴育德、江宁:《东风绽放第一枝——"代表评议"滥觞与发展纪实》,载《人大建设》1999 年第 4 期。
⑥ 向宽书:《人大监督难成因探析》,载《内部文稿》2002 年第 23 期。

持和鼓励人大开展述职评议。如 2003 年,深圳市委书记主动明确要求,所有政府组成人员都要向人大述职。① 1998 年,上海市徐汇区在评议区环保局局长时,区人大常委会主任及时与区委书记沟通了该局长存在的问题,之后区委书记亲自与环保局局长谈话,并对其进行了严肃的批评和教育。②

地方党委还可以通过召开人大工作会议,听取关于人大工作的汇报,就监督经验展开交流,以此支持地方人大积极履行职权。1994 年,浙江省委下发 9 号文件,批转了省人大常委会党组关于开展述职评议的报告。浙江全省的人大述职评议工作开始步入由各级党委统一部署的新阶段。1996 年,浙江省委又专门下文要求各地继续开展述职评议。③ 2004 年 5 月,浙江省委召开全省人大工作会议,要求对人大及其常委会选举或任命的干部要进行述职评议,对垂直管理部门进行行政执法评议,会后将这些要求以省委文件的形式下发。正是在浙江省委的直接支持下,杭州市余杭区人大常委会决定于 2005 年试行对垂直管理部门的评议工作,并探索对选举干部的述职评议工作。④ 2004 年 9 月,黑龙江省委召开全省人大工作会议,出台了《关于进一步加强和改进人大工作的决定》,其中充分肯定述职评议在监督中日益发挥的重要作用,要求各市县人大充分运用好这种监督方式,同时要求对驻县的省以下垂直管理部门的负责人开展述职评议。黑龙江省委的支持态度促进了述职评议在全省范围内的普遍开展。

在实践中,地方人大在党委的支持下可以妥善处理评议中出现的各种"意外"事件。如 2001 年 7 月,福建省福安市卫生局局长和民委主任被评议为"不称职",市人大常委会限其在两个月内作出整改,并将检查

① 《深圳官员一律要向人大述职》,载《南方都市报》2003 年 11 月 15 日。
② 徐汇区人大常委会:《努力增强干部述职评议工作的实效》,载《上海人大月刊》2000 年第 8 期。
③ 虞云达、慎海雄:《浙江省各级人大开展述职评议调查》,载《瞭望新闻周刊》1996 年第 10 期。
④ 唐维生:《在区第十二届人大常委会第十二次会议结束时的讲话》,载《余杭人大工作通讯》2004 年第 13 期。

整改情况向常委会报告。由于福安市委的重视和支持,述职评议工作在全市上下形成共识,在开展过程中"没有遇到压力和阻力"①。不过,历史制度主义主张,政治行动者的自我反思能力取决于既定的制度结构和有关规范的约束。② 这意味着嵌属于外部制度环境之中的行为主体亦不能获得完全的自主性。如2003年2月,辽宁省委书记提出,要改变人大常委会在行使任免权上重任免、轻监督,重使用、轻管理的局面,决定年底选择包括个别副省长在内的部分省政府组成人员进行述职评议。事实上,辽宁省人大常委会2003年仅对省公安厅、财政厅和卫生厅厅长进行了口头述职评议,虽然也对几位政府职能部门负责人进行了书面评议,但是并没有将副省长包括在内。前文讨论述职评议兴起的背景时曾提及,地方党委支持述职评议与当时依法治国的兴起和政治体制改革等宏观政治环境有关。然而,就某一地具体分析,地方党委的态度往往颇为复杂。

首先,地方党委并不如公开宣称的那样,对述职评议秉持一贯的支持与赞成态度。田纪云在总结各地人大工作时曾注意到,"有一些同志,特别是党委组织部门不赞成搞'述职评议'"③。在述职评议的实践中,各地人大切身感受到,一些党委主要负责人的认识偏差往往会阻碍评议工作的开展。④ 其中最为关键的争议是述职评议是否与党管干部的原则相冲突。在述职评议的实践中,地方人大刚性的监督确实易于触发人大与党委和政府之间的紧张局面。⑤ 在这种背景下,层级越高,党委对述职评议的态度就越为审慎。与市县人大相比,省级人大的述职评议工作普遍起步较晚,如西藏自治区的述职评议直到2006年才进行,还有少数省市

---

① 福安市人大常委会:《搞好述职评议要下扎实功》,载《人民政坛》2001年第10期。
② 何俊志:《结构、历史与行为——历史制度主义的分析范式》,载《国外社会科学》2002年第5期。
③ 田纪云:《改革开放的伟大实践——纪念改革开放三十周年》,新华出版社2009年版,第473页。
④ 郭茂蒙:《述职评议呼唤立法》,载《人民代表报》2001年12月18日。
⑤ 田必耀:《述职评议"湖南模式"的观察与考量》,载《人大建设》2005年第5期。

如天津和福建两地从未开展。与此同时,多数省级人大评议工作的"制度化"程度较低,很难保持连续性和稳定性,多为间断地进行,同时书面述职多,口头述职少。如陕西省人大常委会于 1994 年首次开展述职评议,但是由于"认识方面的原因",之后便搁置了对"一府两院"副省级官员的述职评议,直到 1998 年,陕西省委专门发文对此作出规定才解决该问题。① 另外,地方党委可能因各种因素而选择延缓或搁置述职评议。2003 年 11 月,河南省西峡县人大常委会联系评议对象县计划委员会主任沟通评议考察进驻时间时,他回复说,"这几天集中精力请专家组到咱县评审火电厂项目,已初定 4 日到县里评审,现在无论如何也脱不了身"。几天之后,当人大常委会再次与他联系确定时间时,他又说,"评审团到县里的时间又变了,要往后推,具体时间还定不下来"。他向县委书记进行了汇报,县委书记说会代他向人大请假。最后县委书记打电话给人大常委会主任,要求人大商量一下,看能不能将评议工作暂缓一段时间,并得到了后者的同意。②

其次,在一些情形中,地方党委对述职评议的支持,更多的是非自主选择的结果。前文从结构性视角的分析显示,述职评议中出现的刚性监督,多数是在党委书记不兼任人大常委会主任和党委书记人事变动前后发生的。在评议的各个环节,地方党委不同程度地参与和指导,试图从源头上有效避免意外结果的发生。但是,当出现述职人员被评为"不称职"或"不满意"时,地方党委有时只能对已是客观事实的评议结果加以承认。如 2005 年 9 月,湖北省郧县林业局局长在述职评议中被评定为"不称职"之后,县委主要领导表态说,"我们尊重并支持评议结果"③。不过,地方党委并非全盘接受人大常委会的决定,如安徽省芜湖县(今芜湖

---

① 尔东、亦平:《有益的探索　宝贵的经验——随关广富主任学习考察陕西、山西省人大工作见闻》,载《楚天主人》2000 年第 7 期。

② 喻国奇:《书记代人请假》,载《人大建设》2004 年第 6 期。

③ 姜文静:《透过结果看评议——郧县人大常委会评出"不称职"局长始末》,载《楚天主人》2006 年第 1 期。

市湾沚区)委对县人大常委会的评议意见和所提建议是"基本上能够采纳"①。海外学者阿尔门发现,随着述职评议这种改革创新在很多地方传播开来,尤其是在省级人大作出了具体的建议之后,地方党委往往受到来自省委和省人大的双重压力,转而接受评议这种监督形式。② 如河北省委书记、省人大常委会主任白克明要求,"今后五年要分别组织被任命人员的述职,重要的部门本届要搞两次,一般部门至少一次,市、县都要搞干部述职评议"③。不过,当来自上级的压力骤减或消失,地方党委可以自主决定是否开展述职评议时,他们对述职评议的态度的差异就显性化了。由于起草《监督法》的过程中对述职评议的争议很大,李鹏提出"把述职评议的决定权留给地方各级党委和人大常委会"④,但是,多数地方党委和人大决定的结果就是"叫停"了述职评议,这在省级层面表现得尤为突出。

再次,有一定比例的地方党委书记后来被证明是腐败分子,同时还存在地方党委塌方式腐败的现象,这引出了地方党委对述职评议的真诚性问题。如湖南省郴州市委书记李大伦就曾企图假手述职评议,将正在调查自己贪腐行为的郴州市公安局局长孙湘隆免除职务。但是,这次评议的结果出乎意料,32 位市人大常委中有 31 位给孙湘隆投了优秀票。⑤除了孙湘隆个人政绩突出、口碑较好之外,双重领导的权力关系结构,也导致了这种"幸运"的结果。其他一些因贪腐或违纪而落马的高官,如程维高、苏荣、白恩培、刘方仁等人,在任职省委书记期间,省人大常委会也都组织过述职评议,但是其评议效果可想而知。这些贪污腐化的党委书

---

① 李春香:《强化对干部的任后监督》,载《江淮法治》2001 年第 6 期。

② Oscar Almén, "Authoritarianism Constrained: The Role of Local People's Congresses in China," Ph. D Dissertation, Department of Peace and Development Research, Goteborg University, 2005, p. 135.

③《在县政府三名被任命人员述职评议会上的讲话》,载威县人大常委会网站,http://weixian. mzfz. gov. cn/news/show. asp? id=952,2006 年 3 月 30 日。

④ 李鹏:《立法与监督:李鹏人大日记》,新华出版社 2006 年版,第 553 页。

⑤《公安局长坚守正义和贪官上司对着干》,载《现代快报》2007 年 3 月 23 日。

记个人往往对述职评议持消极态度。以白恩培为例,青海省人大常委会的述职评议工作从 1995 年开始,在 1997 和 1998 年都开展了述职评议工作,但是,在白恩培担任省委书记期间(1999 年 6 月至 2001 年 10 月),青海省没有进行任何述职评议活动。在白离职仅 1 个月后,青海省人大常委会即对省交通厅厅长和教育厅厅长进行了述职评议;而且 2001—2006 年间,除了 2003 年换届之外,青海省人大常委会每年均开展了述职评议。2001 年 10 月,白恩培转任云南省委书记,云南省的述职评议工作也受到了影响。云南省人大于 2001 年开始述职评议,对省司法厅、林业厅和审计厅厅长开展述职评议,然而,这些发生在白恩培调任省委书记之前的 3 个月,与其没有任何直接的联系。2002 年初,云南省人大对 25 名政府组成人员和"两院"领导成员进行了评议,但是一改以往的口头到会述职,而是采用书面述职的形式,同时评议也改由省人大的各个委员会进行。① 2005 年,云南省人大再次对政府组成人员和"两院"领导成员进行了书面述职评议,在下半年开展了对交通厅厅长、国土资源厅厅长、人口和计划生育委员会主任的述职评议。② 在白恩培担任云南省委书记近 10 年间(2001 年 10 月至 2011 年 8 月),仅对 3 位厅长(主任)开展过口头述职评议。

(二) 评议对象

新制度主义派认为,个体是政治过程的主角,他们为了个体效用最大化而依据理性采取行动。制度是塑造个体行为的规则集合,但是个体能够理性地回应这些规则所形成的激励和制约。③ 从这种意义上来说,制度形式是重要的,但最重要的是要明晰制度—利益—行为者之间的动

---

① 车志敏、李灿光、普永宏主编:《云南年鉴》,云南年鉴社 2003 年版,第 47 页。
② 车志敏、李坚主编:《云南年鉴》,云南年鉴社 2006 年版,第 67 页。
③ [美]B. 盖伊·彼得斯:《政治科学中的制度理论:新制度主义》,王向民、段红伟译,上海人民出版社 2016 年版,第 51 页。

态关系。① 在各地的述职评议中,出于对自身利益的不同考量,有的评议对象选择主动支持和配合述职评议;有的对述职评议持消极态度,心存顾虑;也有评议对象直接反对和拒绝接受评议。评议对象的这种态度差异可以从评议对象对自身利益的考量上寻求答案。

1. 积极态度

在绝大多数的评议案例中,不论是动员大会上的表态还是评议结束后的感言,评议对象往往宣称积极支持和配合述职评议。如 2000 年 4 月,北京市人大常委会召开述职评议扩大试点工作动员会,对市文化局局长进行述职评议。文化局局长在会上发言表示,将积极支持和配合这次述职评议,自觉接受人大监督。② 有的地方甚至出现了评议对象主动要求监督的情形。山东省青州市农委、交委、地税局等十几个市政府组成部门主要负责人曾先后来到市人大常委会,请求到本部门进行视察和调查,开展监督工作。③ 尽管不排除确有述职人员是发自肺腑地、真诚地接受评议,但是也有相当比例的述职人员的支持态度是出于更为复杂的利益考量。

首先,一些评议对象积极接受述职评议是希望借助人大监督解决工作中存在的难题。道格拉斯·诺思将制度视为针对人类行为的人为约束,但是制度不仅仅是一种约束,它同时也扩展和解放了个人行动。④ 多数地方强调述职评议应坚持"寓支持于监督之中"的原则,以鞭策和鼓励为主旋律,不是"唱对台戏",从而有助于推动和改进评议对象的工作。上海市人大常委会述职评议工作小组在评议调查中,将发现的述职人员所在部门工作中的困难向有关部门反映,以有利于问题的解决。⑤ 2002

---

① 曾毅:《历史制度主义方法论与政治制度研究的新方向》,载《学海》2012 年第 4 期。
② 鲁来顺:《北京市人大常委会召开述职评议动员会将对文化局长进行述职评议》,载《北京日报》2000 年 4 月 26 日。
③ 扈本溪、王景芳、王宗亮:《监督重实效 人大威信高》,载《人大工作通讯》1999 年第 10 期。
④ 姚洋:《作为制度创新过程的经济改革》,格致出版社、上海人民出版社 2016 年版,第 71—72 页。
⑤ 萧武:《监事又察人 监督新途径》,载《上海人大月刊》2000 年第 1 期。

年,湖南省永州市人大常委会在对市旅游局局长的述职评议中发现该局领导班子中存在副职不配合正职工作的问题,市人大常委会以党组的名义向市委及其组织部门发函,指出该问题并提出人事调整建议。市委对市旅游局进行调查核实之后,随即研究决定对该局领导班子进行调整。[①]广东省清远市在对司法机关的评议中发现司法机关存在办案经费不足、设备落后等问题,于是向党委反映,并建议政府应尽可能帮助司法机关解决这些问题。司法机关对人大评议表示感谢,认为评议对他们各项工作帮助很大。在清远市,由于评议能够帮助被评议单位解决问题,甚至有政府部门主动要求人大进行评议。[②]

相对而言,有时法院会格外主动"欢迎"人大对其开展述职评议。在各级法院的工作中,"执行难"是长期困扰的突出难题。该问题的形成并不完全是法院单方面的原因,往往还牵扯到其他多个机构。如北京市人大常委会在调研中发现,一些案件因涉及的其他单位和部门对协助执行和配合查询不够重视,导致执行案件久拖不结,有的部门还以各种借口甚至是"维稳"的名义阻碍执行。[③] 在这种情况下,地方人大的外部干预和介入,既可以督促法院积极面对问题,又可以协调各方关系,帮助解决问题。1993 年,广州市化州县(今化州市)人民法院在县人大的评议帮助下,集中力量开展执行结案,案件执结率达 97.6%,当年成为该法院有史以来积案最少的年份。评议使县人民法院各项工作得到了改进,甚至被评为先进单位,并受到省、市的嘉奖和表扬。也正因为这个原因,县人民法院领导在评议结束时说"盼着多评议几次"[④]。总之,"寓支持于监督之中"的述职评议,在实践中易于为评议对象所接受。如 1994 年,武汉市人大常委会对计生委主任开展述职评议,依据调查情况,对他的工作成

---

① 谢朝月:《依法开展述职评议工作的实践与思考》,载永州市人民政府网站,http://www. yzcity. gov. cn/art/2006/9/6/art_2522_139642. html,2006 年 9 月 6 日。

② 林威:《评议为什么受欢迎》,载《人民之声》1996 年第 1 期。

③《随机取案监督执行难》,载《北京青年报》2007 年 1 月 21 日。

④ 黄开林:《评议出了"新监督效应"——四县区评议工作试点单位学习记略》,载《人民之声》1994 年第 7 期。

绩给予了高度评价,并中肯地提出批评建议。这位主任激动得热泪盈眶,并表示"能够得到大家的理解和支持,我倍感欣慰"。[①] 2004 年 11 月,成都市人大常委会对 6 名局长开展述职评议,其中市劳动和社会保障局局长在接受采访时说,"很多时候,没有人大的支持和参与,我们开展工作是很困难的"[②]。

其次,述职评议提供了向外界展示和呈现个人政绩的舞台,有的评议对象正是基于这样的考虑而积极接受述职评议。海外学者阿尔门在与几位述职人员的访谈中发现,这些受访的官员自称在评议中毫无压力,因为他们认为自己做得很好,所以不担心在述职评议得到"差评"。[③] 当然,述职评议也同时为一些官员文过饰非和评功摆好提供了契机。《人民日报》曾多次批评述职评议中的"变味"现象,如一些述职人员逐步掌握了应对评议的"技能",将述职变成自我标榜。[④] 甚至有述职人员对自身贪腐违纪隐匿不报,反而吹嘘如何廉洁勤政。[⑤] 如 2013 年 1 月因涉嫌受贿等系列问题被中纪委带走调查的湖北省人大常委会副主任吴永文,在担任湖北省劳动和社会保障厅厅长期间也曾顺利通过述职评议。吴永文在述职报告中曾高度自我评价,"坚持在法律和党纪规定的范围内行使权力、开展工作,认真执行中纪委规定的四大纪律、八项要求。对房子、车子问题,按政策规定执行。始终把握有度,违法违纪的线不踩"[⑥]。为了避免述职人员天花乱坠式的自我吹捧,有的地方规定,述职

[①] 《这五年,浓墨重彩写华章——访市九届人大常委会主任李梅芳》,载武汉人大网,http://www.whrd.gov.cn/gzjs/3205.shtml,2012 年 12 月 12 日。

[②] 赖晓莉:《成都 6 局长今起接受人大评议》,载《成都日报》2004 年 10 月 15 日。

[③] Oscar Almén, "Authoritarianism Constrained: The Role of Local People's Congresses in China," Ph. D Dissertation, Department of Peace and Development Research, Goteborg University, 2005, p. 135.

[④] 朱学斌:《述职评议莫"变味"》,载《人民日报》2002 年 8 月 28 日。

[⑤] 辛玉平:《述职评议谨防"假"》,载《人民日报》2002 年 5 月 22 日。

[⑥] 吴永文:《述职报告——2004 年 5 月 27 日在湖北省第十届人民代表大会常务委员会第九次会议上》,载湖北省人大常委会网站,http://www.hppc.gov.cn/2004/0819/551.html,2004 年 8 月 19 日。

报告必须涉及问题与不足，如河南省规定，述职报告"既要肯定成绩，又要找出存在问题，同时提出积极可行的改进措施"。有的地方明确禁止述职报告评功摆好，如贵州省贵阳市人大常委会规定，述职评议"只摆过，不评好"。尽管如此，还是有评议对象无视要求而踩上"红线"。1998年12月，贵阳市人大常委会对5位官员的述职评议中，有2人的述职报告因有评功摆好之嫌而被驳回。[①] 到2000年时，贵阳市述职评议中述职人员自我标榜的现象已有较大改观。[②]

再次，有时评议对象对述职评议的支持态度，是出于机会主义的策略选择。政治行动者可能会利用政治制度，但仍旧会不接受某个对他们不利的结果。[③] 由于绝大多数述职人员能顺利通过评议，且被评议为优秀可能有助于日后的晋升，在这种考量之下，一些评议对象带着侥幸心理接受述职评议。在各地的评议实践中，那些未通过评议的述职人员的反应充分暴露了这种心理。如湖南省某市人大常委会对所有政府组成部门主要负责人和"两院"领导进行投票测评，其中公安局局长和审计局局长未能通过测评，按规定将被免去职务。但是两位局长拒绝接受测评结果，并向上状告这种投票测评是"土政策"，没有法理依据。[④] 问题是在评议之前两位局长并没有对述职评议的法理依据提出异议，而是在未通过测评之后才指出这一问题。在其他未通过评议的案例中，述职人员也往往很难心悦诚服地接受"差评"。1996年12月，福建省莆田市人大常委会对林业局局长和环保局局长进行述职评议，20名常委中有11人将环保局局长评为"不称职"，环保局局长"对人大常委会的评议结果十分不满，当场表示要辞职"[⑤]。这些案例均说明，在述职评议中，积极接受述职评议并不意味着也愿意承担评议带来的不确定性结果。为了述职评

---

① 吴兢：《有效的监督——记贵阳市人大常委会干部述职评议》，载《人民日报》1999年8月4日。
② 孙海涛：《述职评议摆过不评好》，载《人民日报》2000年11月12日。
③ ［美］亚当·普沃斯基：《民主的危机》，周建勇译，上海人民出版社2022年版，第135页。
④ 田必耀：《述职评议"湖南模式"的观察与考量》，载《人大建设》2005年第5期。
⑤ 郑国锋：《评议的力量》，载《人民政坛》1997年第6期。

议的顺利进行,地方人大往往需要开展大量的说服工作。如吉林省临江市人大常委会在测评之后还需要经过反复细致的工作,才能使评议对象心悦诚服地接受评议意见。① 1998 年,上海市徐汇区环保局局长在评议中被指出很多问题,"刚开始时她感到比较委屈","经过反复的教育和帮助,她逐步提高了认识,在述职报告中检查了自己的这些问题"。②

2. 消极态度

更多的评议对象本能地对述职评议持一种消极的态度,这也正是每次述职评议之前往往需要大张旗鼓地进行评议动员的主要原因。首先,有的述职人员对述职评议的消极态度源于其主观上对人大政治地位和人大监督不重视,而对述职评议敷衍应付、虚与委蛇。如 1993 年 10 月,浙江省衢州市人大常委会决定 39 名政府各局、委、办和法院、检察院负责人在年底报送书面述职报告,结果其中 6 人因出差或出国请求推迟,有 5 人既未能按期上交述职报告,也未给予任何说明。③ 2004 年 2 月,湖南省宜章县人大常委会对述职报告书写质量差、述职不诚恳的人员提出了批评意见,并要求重写。④ 类似的案例还有很多。1999 年 9 月,湖北省人大常委会举行述职评议动员会议,省政府组成部门主要负责人应到 30 人,实到 23 人,其中省经贸委主任(评议对象之一)和省司法厅厅长既未到会也未请假。11 月 24 日,在述职评议会议上,通知到会的省政府组成人员中又有 2 人既未到会也未请假。在这次评议会议上,4 位述职人员中,曾无故缺席的省经贸委主任"好"和"较好"的得票率最低,为70%(省科委主任为 79.6%,省外办主任为 83.3%,省农业厅厅长为

---

① 苑方成:《述职评议须"三实"》,载《吉林人大》2000 年第 7 期。

② 徐汇区人大常委会:《努力增强干部述职评议工作的实效》,载《上海人大月刊》2000 年第 8 期。

③ 程湘清等:《国家权力机关的监督制度和监督工作》,中国民主法制出版社 1999 年版,第 228 页。

④《宜章县人大志》编纂委员会编:《宜章县人大志》,方志出版社 2011 年版,第 381 页。

77.7%)。① 1999年11月,湖南省涟源市法院就评议整改的情况向市人大常委会主任会议进行书面汇报。主任会议认为,法院整改工作措施不力,效果不明显,有应付之嫌,要求对评议整改工作进行"补课"。② 尽管各地的评议条例和办法大多明确要求述职人员积极配合评议活动,但是暗地里消极应付评议的现象仍屡屡发生。2004年,湖南省麻阳县人大常委会对县交通局局长进行述职评议时,该局组织的本单位干部、职工参加民主测评的人数没有达到相关规定,致使调查组难以全面掌握情况,县人大常委会不得不暂缓对交通局局长的述职评议。③

其次,有的述职人员对评议中的风险感到紧张。如2001年6月,江苏省高邮市粮食局局长在汇报了履职以来的情况后,因担心述职报告能否通过初审而忐忑不安。④ 2004年10月,河南省郑州市人大常委会对8名官员进行述职评议,其中作为评议对象的一位市人民检察院副检察长说,他是首次面对面地向人大常委会进行述职,感到压力很大。⑤ 2005年,甘肃省宁县人事劳动保障局局长在评议之后说:"当时确实很紧张,万一投票时通不过怎么办?"⑥2003年,上海市卢湾区在对区人民法院民事审判第一庭庭长进行述职评议时,为使被评议对象意识到述职评议的重要性以及自身的工作差距,常委会多次与其交换意见,甚至常委会副主任(原区人民法院院长)亲自与其促膝谈心,才使评议对象消除顾虑,以积极的姿态主动接受评议。⑦ 有意思的是,有的述职人员忧虑的是相

---

① 周冶陶:《依法监督坦诚评说:省九届人大常委会开展述职评议侧记》,载《楚天主人》2000年第2期。

② 钟智军:《人大评议润民心——湖南省涟源市人大常委会评议工作纪实》,载《人大建设》2002年第11期。

③ 朝晖:《调查未经深入　局长暂缓评议》,载《上海人大月刊》2004年第10期。

④ 顾吉林:《点准了"穴"评出了"汗":高邮市人大常委会改进述职评议工作侧记》,载《民主与法制时报》2002年10月8日。

⑤ 梁建辉、陈秀华:《郑州市:法检两院副职首次接受人大评议》,载新华网,http://www.ha.xinhuanet.com/add/hnnews/2004-10/28/content_3112274.htm,2004年10月28日。

⑥ 张晓峰:《甘肃宁县:两年内九名局长走上了评议台》,载《人民之声报》2005年1月24日。

⑦ 蒋玉龙:《卢湾区人大常委会率先对区法院庭长述职评议》,载《上海人大月刊》2003年第11期。

反的内容。如 2001 年 12 月,吉林省人大常委会开展的述职评议中,3 位评议对象担心评议评价过高会产生负面影响。①

再次,有的评议对象不赞同述职评议的一些具体做法,故而对其持消极态度。如广东省阳春县(今阳春市)的述职评议过程中,有局长抱怨"过去只叫局长述职,县长不述职,是监小不监大"②。重庆市人大常委会任命的"一府两院"工作人员中,有的在届期内被评议了,有的则没有。这种"遗漏"导致对人大常委会产生了"偏心"的误解和不满情绪。③ 另外,述职评议包括大量的前期准备和后期整改工作,需要评议双方投入大量的人力、物力和财力加以保障,这在客观上对述职人员的日常工作造成了压力。如 2002 年,福州市台江区人大常委会对法官和检察官开展了述职评议,其间有检察官反映,"我们办的案子太多",希望述职评议"在时间的安排上还应更短一些,以免影响本身工作"。④

3. 反对态度

戴维·伊斯顿指出,如果系统成员从来不给某种制度规则提供支持,那么支持的缺乏就会导致基本变量脱离其临界范围。⑤ 述职评议在实践中遇到的一个阻力就是部分评议对象对地方人大的监督工作持鲜明的反对态度。1997 年 12 月,江泽民在全国组织工作会议上的讲话中指出,"极少数人,不是用权为民,而是用各种办法以权谋私,逃避监督"⑥。据曾任广东省委书记、人大常委会主任的林若回忆,广东省在制定了监督条例之后,开展了评议等各项监督活动,使得人大的监督工作渐有起色,这时候有部门反映"人大的监督太紧了",希望"监督不要太厉害,影响安定团结"。⑦ 在述职评议中,也存在一些评议对象公开质疑、逃

---

① 张铁峰、赵羽:《述职评议让公仆更称职》,载《吉林人大》2001 年第 12 期。
② 阳春县人大常委会:《组织副县长述职评议的做法》,载《人民之声》1994 年第 2 期。
③ 赵永刚、杨孝敏、王民爱:《创新述职评议 监督权力行使》,载《新重庆》2005 年第 8 期。
④ 郑国锋、林善铭:《台江:法官检察官导入述职评议》,载《人民政坛》2003 年第 5 期。
⑤ [美]戴维·伊斯顿:《政治生活的系统分析》,王浦劬主译,人民出版社 2012 年版,第 177 页。
⑥ 江泽民:《在全国组织工作会议上的讲话》,载《党建研究》1998 年第 4 期。
⑦ 林若:《怎样充分发挥人大的作用》,载《人民之声》1999 年第 12 期。

避甚至直接抗拒评议的案例,部分评议对象不理解、不支持、不配合人大评议,甚至指责述职评议是在"挑刺""找碴""设绊",而不愿接受评议。① 如广东省清远市人大常委会在对市卫生局开展评议时,该局领导认为人大评议卫生局的工作是对他们"有看法"。② 广东省云浮市人大常委会在评议中也发现,有的评议对象认为评议"是挑毛病、找不是的,所以能推则推,能遮掩就遮掩"③。在述职评议对象的选择上,有的地方人大正是选择那些群众反映强烈的热点和难点问题,以及在工作中存在突出问题的部门主要负责人进行评议。如 2000 年,福建省龙海市人大常委会在评议动员会上明确指出,"评议绝不是评功","评议就是要找茬挑毛病"。④ 各地的评议动员会议试图纠正评议对象的这种认知。如浙江省宁海县人大常委会主任在评议动员会议上明确强调,述职评议"对事不对人,绝对不是挑毛病、找岔子。希望每位述职干部消除思想顾虑,端正态度,把它作为提高自身素质,改进工作的重要机会"⑤。

　　一些述职人员思想上的抵触情绪还会演变成行为上的公然抗拒。2001 年 9 月,江西省高安市人大常委会对法官和检察官进行述职评议,其中 1 名被评议的法官在评议前一日,在既未经法院领导同意又没有向市人大常委会主任会议请假的情况下擅自外出。⑥ 2002 年 9 月,湖南省永州市人大常委会对市旅游外事侨务局等 6 个政府部门的主要负责人进行述职评议,评议调查组在调查中向该局 3 名副职个别征求意见,但是,3 人拒不参加述职评议的个别谈话,态度极其恶劣。《湖南省县级以上人民代表大会常务委员会述职评议工作条例》第十条规定,"述职人员

① 文毅:《关于对人大开展述职评议工作的认识》,载陕西人大网,http://www. sxrd. gov. cn/0/1/5/30/20498. htm,2014 年 10 月 27 日。
② 林威:《评议为什么受欢迎》,载《人民之声》1996 年第 1 期。
③ 陈建平:《有为　有位　有威》,载《人民之声》2001 年第 8 期。
④ 曾清元:《这次评议不一般》,载《人民政坛》2001 年第 4 期。
⑤ 《县人大常委会召开述职评议动员大会》,载宁海新闻网,http://nh. cnnb. com. cn/gb/nhnews/news/shizheng/userobject1ai347876. html,2010 年 9 月 17 日。
⑥ 任法:《评议不参加　法官被撤职》,载《人民日报》2001 年 11 月 7 日。

及其所在机关和相关单位应当根据评议调查组的要求,如实介绍情况,提供有关资料;不得阻碍或者干扰述职评议工作"。最后,市旅游外事侨务局的 3 名副职被同时免除职务。① 2005 年 12 月,海南省临高县人大常委会在对县人民法院院长的述职评议中发现,县人民法院 2005 年 9 月直接任命了部分庭长、副庭长,且均已调整到新的岗位开展工作。述职评议调查小组向县人民法院有关领导反馈考察意见时,指出人民法院这种自行任命部分庭长、副庭长的行为不符合法律规定,但是,县人民法院院长没有予以重视,也没有采取措施进行纠正。在述职评议会议上,县人民法院院长的述职报告没有提及违法任命一事,他非但不肯承认错误,反而将不依法任命庭长、副庭长解释为法院"内部正常的人事调整",并将评议调查小组指出的违法问题视为给其个人"戴帽子"。②

需要指出的是,作为评议对象的"一府两院"工作人员在评议中并不是消极的被动方,他们往往对评议制定了具有针对性的因应措施。如 2006 年 4 月,山西省人大常委会对交通厅厅长王晓林③开展评议时,省交通厅成立了由厅党组副书记、副厅长,厅党组成员、副厅长,厅党组成员、总会计师组成的领导小组,制定了迎接评议工作方案,决定"将创造一切条件抓好此项工作"④。2006 年 9 月,安徽省安庆市人大常委会对市发改委主任进行述职评议,市发改委积极配合,甚至迅速成立了专门的"迎评组",对人大常委会的考察工作进行周密安排。⑤

(三) 评议主体

地方人大的行为模式和制度变迁的动力,一方面来自各个主体对地方人大的推动,另一方面也取决于地方人大常委会对自身角色的理解和

---

① 唐学文:《述职评议:副职请不要走开》,载《人民代表报》2003 年 3 月 27 日。
② 柯影:《法院违法任命法官　人大依法撤销任免》,载《海南人大》2006 年第 6 期。
③ 2014 年 7 月,王晓林因在担任山西省交通厅厅长期间工作玩忽职守,给国家造成巨额损失,并利用职务便利收受巨额贿赂,被开除党籍,取消退休待遇,移交司法机关处理。
④ 师国梁、张岐山主编:《山西交通年鉴》,山西人民出版社 2007 年版,第 740 页。
⑤ 《关于市发改委主任王翔履职情况的考察报告》,载《六安人大常委会会报》2006 年第 10 期。

对相关资源的利用。① 制度作为一种秩序,本质上是由人的目的性行动所构建,制度变迁则是由"政治企业家"所主导,他们的作用往往是决定性的。② 述职评议的普遍开展与地方人大自身的积极作为和探索有关。但是同时也应指出,制约地方人大常委会监督实效的因素中,除了外部的结构性因素之外,人大自身的内部因素也不容忽视,这种内部因素往往是人大常委会监督实效不可或缺的保障性条件。③ 李牧等学者认为,将地方人大监督缺位的症结归结于政治体制的掣肘和立法规定的空泛有时难以成立,因为地方人大自身缺乏内在动力和主动监督意识也是人大地位与职能不彰的重要原因。④ 里卡尔多·派利兹(Riccardo Pelizzo)等海外学者的实证研究也发现,拥有众多监督手段本身并不足以充分保证监督活动的有效开展,立法机关和立法者可能不会使用或以不起作用的方式来运用这些监督手段。⑤ 因此,具有使用监督手段的政治意愿而非更多的监督能力,可能是影响立法机关监督效果的决定性因素。⑥ 与各届全国人大及其领导人、地方党委、述职人员对述职评议的态度各异一样,地方人大常委会内部在述职评议上也长期存在纷争。一项对上海市普陀区的调查研究发现,地方人大在述职评议中所暴露出的制度成长瓶颈,主要不是法律条文本身的欠缺或刚性缺失,而是由于县级人大常委会组成人员履职动力不足所致。⑦ 在述职评议上,地方人大内部最重

① 何俊志:《中国地方人大的三重属性与变迁模式》,载《政治学研究》2016 年第 5 期。
② 姚洋:《作为制度创新过程的经济改革》,格致出版社、上海人民出版社 2016 年版,第 62—63 页。
③ 陈扣喜:《监督的悖论——浅析制约地方人大常委会监督实效的内部化因素》,载《人大研究》2010 年第 11 期。
④ 李牧、楚挺征:《地方人大监督不作为及其规制探究》,载《武汉理工大学学报(社会科学版)》2009 年第 6 期。
⑤ Riccardo Pelizzo and Frederick Stapenhurst, *Government Accountability and Legislative Oversight*, New York: Routledge, 2014, p. 83.
⑥ Riccardo Pelizzo and Frederick Stapenhurst, *Parliamentary Oversight Tools: A Comparative Analysis*, New York: Routledge, 2012, p. 12; Riccardo Pelizzo and Frederick Stapenhurst, *Government Accountability and Legislative Oversight*, New York: Routledge, 2014, p. 99.
⑦ 付文广:《县级人大常委会的制度成长模式——以上海市普陀区人大常委会"述职评议"为视角和个案的研究》,复旦大学硕士学位论文,2006 年,第 7 页。

要的影响因素来自人大常委会尤其是主要负责人的态度。

有学者对全国省级人大常委会主任任职模式的研究发现,省人大常委会主任的任前职务为省委书记的比例由 1993 年之前的 12% 上升为之后的 72.5%。① 在 20 世纪 90 年代中期,许多省级人大常委会主任的任前职务是省委或省政府的主要负责人,具有丰富的行政阅历、工作能力和个人威信。省人大常委会主任的支持直接推动了述职评议在全省的发展。1995 年 12 月,新疆维吾尔自治区人大常委会对 5 位厅局长进行述职评议后,自治区人大常委会主任阿木冬·尼牙孜(曾任中共新疆维吾尔自治区党委副书记)指出,"今后,自治区人大常委会将继续组织开展述职评议工作,并不断改进方法,完善程序,增强效果,逐步使之制度化、规范化。希望各州、市、县人大常委会也要积极组织开展好这一工作"②。山东省人大常委会主任赵志浩(曾任山东省省长、省委书记)认为,述职评议是人大常委会"依法行使职权,强化监督职能,保证党的路线方针政策和宪法、法律在本行政区域内贯彻落实的有效途径,对于进一步拓宽地方国家权力机关的监督渠道,推动'一府两院'的工作,完善我国人民代表大会制度具有重要意义"③。1997 年,赵志浩在省人大常委会工作研讨会上指出,省人大常委会的评议工作"进展不快",提出应该"认真学习兄弟省市的经验和基层的经验,采取积极措施,做好这方面的工作"④。在他的推动下,山东省人大常委会在 1997 年对 9 人开展了述职评议(1996 年仅评议了 3 人)。⑤ 湖北省的述职评议工作在全省各级人大的普遍开展也与省人大常委会主任关广富(曾任湖北省委书记)

---

① 何俊志、罗彬:《中国省级人大常委会主任任职模式研究(1979—2017)》,载《中共中央党校(国家行政学院)学报》2019 年第 1 期。
② 刘锦森:《热浪,在寒冬里翻滚——五位厅局长述职评议纪实》,载《新疆人大》1996 年第 1 期。
③《省人大常委会将对省政府五部门负责人进行述职评议》,载《山东人大工作》2000 年第 8 期。
④ 赵志浩:《赵志浩主任在省人大常委会工作研讨会上的讲话(摘登)》,载《山东人大工作》1997 年第 9 期。
⑤ 马仲才:《山东省人民代表大会常务委员会工作报告(摘要)》,载张守富、孙其海主编《山东年鉴》,山东年鉴社 1997 年版,第 632 页;赵志浩:《山东省人民代表大会常务委员会工作报告(摘要)》,载张守富、孙其海主编《山东年鉴》,山东年鉴社 1998 年版,第 633 页。

的明确支持有关。① 1998 年,在河南省人大常委会组织的一次评议会上,省直一些部门的主要领导同志以工作忙、事务多为由,没有到会听取评议。省人大常委会主任任克礼(曾任河南省委常务副书记)指出,近年来省人大常委会的检查和评议,"很注意方法和效果,并不占用大家太多的精力,再忙的单位也能抽出时间参加。省政府、省法院、省检察院的领导每次都做得很好。这样一些重要岗位的领导同志都能够出席会议,为什么我们的厅局领导就做不到呢? 这个问题一定要解决","凡经人大常委会任命的人员,既不向人大报告工作,也不接受人大监督,人大常委会将依据法律有关规定,予以处理"。② 对下级人大的述职评议来说,上级人大的态度十分重要。1989 年,山西省阳泉市人大常委会对 45 名市政府组成人员和"两院"副职开展了述职评议,这一做法得到了山西省人大常委会的高度重视,并在全省进行推广。③ 2004 年 10 月,山东省临沂市罗庄区人大常委会主任在述职评议动员大会上指出,"目前,全省各级人大及其常委会普遍开展了被选举、任命人员的述职评议工作,我市十二个县区中只有我区没有进行这项工作。市人大常委会数次要求我区人大常委会尽快开展这项工作,并注意总结这方面的经验"④。在实践中,地方人大很多工作创新难以为继,往往也与得不到上级人大的支持和肯定有关。⑤

与此同时,述职评议中也暴露出地方人大普遍存在"不愿评""不敢

---

① 田晓杏:《湖北省人大常委会召开全省人大评议工作现场会》,载《楚天主人》1995 年第 7 期;宗荷:《楚天主人评公仆——记湖北省人大常委会首次对省政府部分组成人员进行述职评议》,载《楚天主人》1997 年第 2 期;关广富:《开展述职评议　加强监督工作》,载《楚天主人》1997 年第 3 期;钟禾:《把人大工作全面推向新世纪——全省人大工作经验交流会综述》,载《楚天主人》2000 年第 1 期。
② 郭永清、高莉萍:《坦诚的批评　真挚的希望——河南省人大常委会主任任克礼强调政府要接受人大监督》,载《人大工作通讯》1999 年第 2 期。
③ 《阳泉市人民代表大会志》编纂委员会编:《阳泉市人民代表大会志》,山西人民出版社 2002 年版,第 204 页。
④ 山东省临沂市罗庄区人大常委会编:《罗庄区人大志》,中国文化出版社 2005 年版,第 705 页。
⑤ 2014 年 12 月 2 日,与浙江某县人大工作人员进行的访谈。

评""不会评"等缺陷。① 首先,述职评议区域和层级间的不平衡与地方人大自身的认知态度有关,一些地方人大常委会组成人员主观上并不愿意开展评议工作。如辽宁省各市县人大常委会在评议工作开始时,在是否开展述职评议工作的问题上,地方人大内部存在不同意见。② 1991年2月,广东省阳春县(今阳春市)人大常委会提出要学习和借鉴外地的经验,组织政府的主要负责人进行述职评议,但是内部在该问题上存在分歧。③ 合肥市人大常委会在开展述职评议的最初几年,对于"要不要评议"的问题上也存在"认识障碍",担心"对自己任命的干部说三道四,在社会上会产生负面影响"。④ 上海市静安区在作出评议人大选举产生的干部的决定前,区人大常委会内部也曾有过不同的看法,有人认为把人大任命的委、办、局长评议好已经不错了,没必要把步子迈得这么大。⑤ 2002年,湖南省常德市人大常委会首次对政府领导进行述职评议。常委会组成人员对"要不要评议""能不能评议好",普遍存在认识障碍。"一怕影响大家关系;二怕造成负面影响;三怕掌握不好监督的法律程序;四怕麻烦,认为人大就是船到码头车到站,多一事不如少一事;五怕达不到实效,心存疑虑。"⑥甚至部分地方人大常委会的领导成员也不赞成开展述职评议。甘肃省人大常委会1990年开始探索述职评议,然而由于"领导层对'述职评议'的认识不一致",1991年的"述职报告"被改为"工作汇报","评议"改为"工作评论",后来又改为"履行职责的汇报"与"评论",直到1993年换届之后,才重新改称为"述职评议"。1995年9月,甘肃省八届人大常委会召开"述职评议"专题研讨会,总结实践经验,似乎统一

① 辛玉平:《述职评议谨防"假"》,载《人民日报》2002年5月22日。
② 于希岭、刘观义:《关于人大代表评议"一府两院"工作的几个问题》,载《人大工作通讯》1994年第4期。
③ 阳春县人大常委会:《组织副县长述职评议的做法》,载《人民之声》1994年第2期。
④ 肥西县人大常委会:《关于开展述职评议工作的几点思考》,载《合肥人大》2005年第4期。
⑤ 林保强:《关于"一府两院"领导述职评议的做法与思考》,载《上海人大月刊》2004年第12期。
⑥ 刘经平:《民主法治笔谈》,湘潭大学出版社2015年版,第139页。

了思想认识,但是甘肃省八届人大常委会届内仅对 4 人进行了述职评议。[①]

其次,述职评议的过程中暴露出地方人大不敢监督的问题。述职评议与其他监督形式不同,它的监督对象是地方人大及其常委会选举和任命的"一府两院"工作人员。在传统的"官本位"逻辑思维的支配下,地方人大在开展述职评议时显得顾虑重重。如在评议对象的选择上,地方人大常委会往往避重就轻,害怕"难以收场"[②],主动回避问题突出的部门,选取政绩优异或鲜有问津的部门主要负责人进行评议。如吉林省扶余县(今扶余市)人大常委会在确定述职人选时,有常委会组成人员表示了顾虑,担心评议不好会影响评议对象的情绪,不利于今后开展工作。[③] 在以何种方式开展评议的问题上,地方人大也颇费周章、大伤脑筋。如前文所述,有的地方人大在实践中授权委托"两院"自行开展述职评议,同时更为普遍地运用仪式感和对抗性色彩较弱的书面述职评议。在评议过程中,很多地方人大对暴露的问题往往隔靴搔痒而不敢深究,甚至担心遭到打击报复。[④] 即使在评议中确实发现问题,也多是向述职人员提出意见或建议,避免使用票决、质询、特定问题调查、撤职和罢免等刚性的监督方式。在各地开展述职评议的过程中,"不敢监督"是经常提及的问题。1999 年,黑龙江省委书记、省人大常委会主任鼓励人大工作的同志要"消除顾虑","敢于理直气壮地行使监督职权"。[⑤] 海外学者阿尔门在调研中也发现,某地人大的一名工作人员参加了对某位政府部门主要负责人的评议调查小组,在调查中发现该负责人在处理不同账目时存在明显的违法行为,但是,这名工作人员唯一能做的事情就是委婉地指出

---

① 甘肃省地方史志编纂委员会编纂:《甘肃省志》第四卷《政权志·人大》,甘肃人民出版社 2005 年版,第 814 页。

② 蔡浩然:《浅析述职评议工作中的几个问题》,载《人大建设》2003 年第 6 期。

③ 高峰:《五位副县长走上评议台:扶余县人大常委会对五位副县长进行述职评议纪实》,载《吉林人大》2005 年第 10 期。

④ 张元坤:《地方人大工作概论》,中国民主法制出版社 1997 年版,第 53 页。

⑤ 徐有芳:《进一步开创人大工作的新局面》,载《中国人大》2000 年第 1 期。

该问题,并要求予以改正。在理论上,地方人大确实可以根据法律作出免职处理;但是在实践中,却鲜有地方人大会这样做。①

对由党委常委兼任"一府两院"领导职务的评议对象进行评议的案例,在实践中较为罕见。在这些为数不多的评议案例中,地方人大更为谨慎。如贵州省贵阳市人大常委会在对市委常委、常务副市长开展述职评议时"不无顾虑",直到该副市长主动表态积极接受人大常委会的监督之后,才解决后顾之忧,吃下"定心丸"。② 2004 年 6 月,山西省人大常委会对省委常委、常务副省长范堆相的评议会议上,当主持人宣布评议开始后,发生了"20 多分钟内没人发言"的尴尬一幕。③ 在这次评议会议上,一位常委会组成人员在评议发言中,过多地讲述范对其所在单位的支持,并恳请其在今后工作中进一步支持。④ 这种情况的发生可能与党管干部的重要原则有关,如上述两个案例中的副市长和副省长分别是省管干部和中管干部,地方人大的"谨慎"并不是没有道理。

此外,即使地方人大常委会具有主观意愿且有勇气和魄力来推行述职评议,也并不必然意味着述职评议一定能够取得实际效果。江泽民曾指出,"人大既要敢于监督,又要善于监督。只有把两者很好地结合起来,才能达到监督的目的"⑤。地方人大不善于监督的一个重要因素就是,地方人大常委会的组成人员多数是从党委或"一府两院"的领导职位转岗而来,与监督对象有着千丝万缕的联系,他们倾向于将人大视为退身之所而主观上讳避监督,同时也不具备履行监督的客观条件,如缺少相应的素质能力和专业化的知识结构等,他们在实践中很难熟练运用宪

---

① Oscar Almén, "Authoritarianism Constrained: The Role of Local People's Congresses in China," Ph. D Dissertation, Department of Peace and Development Research, Goteborg University, 2005, p. 132.

② 周之江:《贵阳市常务副市长将向市人大常委会述职》,载新华网,http://news. xinhuanet. com/newscenter/2005 – 08/04/content_3310531. htm,2005 年 8 月 4 日。

③《各地人大述职评议政府干部》,载《中国青年报》2004 年 6 月 8 日。

④ 朱述古:《人大代表不是"省长管辖下的官员"》,载《浙江人大》2004 年第 7 期。

⑤ 中共中央文献研究室编:《十三大以来重要文献选编》(中),人民出版社 1991 年版,第 945 页。

法和法律规定的监督方式，更遑论作为制度创新而长期没有明确法律规范的述职评议了。如在述职评议中，一些地方人大常委会组成人员或人大代表在投票测评时，往往根据自己平时的感觉来判断，主观随意性很大；[1]也有地方人大常委会在给出"差评"之后，无所适从，不知道后续如何处理。[2]

三、本章小结

中央层面和地方层面关于述职评议的认知差异是影响其能否顺利开展的重要因素。一方面，在中央层面，党中央和全国人大对地方人大监督工作的高度重视和支持为述职评议创造了有利的环境。周雪光指出，中国国家治理中的基本形态是"一统体制"，其核心是广义上的政府对广袤国土具有统辖权，体现在中央政府自上而下推行其政策意图，在资源和人事安排上统辖各地的最高权力。[3] 中央的态度对地方治理施加了巨大的影响。如前文分析所述，当党中央出台的文件明确支持述职评议时，当中组部对地方人大探索述职评议表示肯定时，述职评议得以在全国省级人大层面逐渐扩展开来；而当中组部认为述职评议与党管干部原则存在冲突时，地方人大进行述职评议的积极性则明显发生了回落。当全国人大常委会在历年的工作报告中以及全国人大常委会领导人对述职评议给予积极支持和正面评价时，述职评议发展成为地方人大广泛开展和普遍运用的经常性工作；而当全国人大常委会及其领导人"根据中央的精神"明确不支持甚至否定述职评议时，地方人大的述职评议则急剧萎缩，逐渐偃旗息鼓，在绝大多数地方最终被叫停、搁置甚至废止。

另一方面，在地方层面，首先，述职评议是在地方党委的领导下开展

---

[1] 汝虎：《述职评议的"走调"现象不容忽视》，载《山东人大工作》2002 年第 2 期。

[2] Oscar Almén, "Authoritarianism Constrained: The Role of Local People's Congresses in China," Ph. D Dissertation, Department of Peace and Development Research, Goteborg University, 2005, p. 132.

[3] 周雪光：《中国国家治理的制度逻辑》，生活·读书·新知三联书店 2017 年版，第 19 页。

的,那些最初对述职评议进行探索的地方人大,往往是得到了同级党委的有力支持。地方党委通过出台加强人大工作的意见和召开人大工作会议等,支持地方人大积极履行监督职权,开展评议工作。但是层级越高,地方党委对述职评议的态度就愈加审慎,如省级人大的述职评议工作普遍开展较晚,制度化程度也明显较低。在某种程度上可以说,地方党委对述职评议的支持更多的是非自主选择的结果,往往是受到了上级党委和人大的双重压力。与此同时,地方党委出现的塌方式腐败也暴露出地方党委对述职评议的真诚性问题。党的十八大以来落马的很多省部级干部在担任地方党委书记职务时,往往对述职评议产生了消极的影响。

其次,评议对象对述职评议的态度同样十分复杂。评议对象积极接受评议往往是希望借助地方人大常委会的评议来解决工作中存在的实际困难。在这种情况下,评议对象甚至会主动要求地方人大对其开展述职评议。部分评议对象将评议作为其向外界展示和呈现个人政绩的舞台,甚至进行天花乱坠式的自我标榜。部分评议对象出于机会主义的策略选择而接受评议,因为绝大多数述职人员能顺利通过评议,而一旦被评为优秀,则可能有助于日后的晋升。更多的评议对象本能地对述职评议持有消极心理,或是源于主观上对人大监督的不重视而敷衍应付,或是担心评议中可能出现的风险,或是不赞成述职评议的某些具体做法。在各地的述职评议实践中,出现了一些公然抗拒和否定述职评议的案例,指责述职评议是"挑刺""找碴",而直接拒绝地方人大对其进行的评议监督。

再次,地方人大拥有敢于推动监督工作的主要负责人对述职评议具有直接的影响。在 20 世纪 90 年代中期,许多省级人大常委会主任的任前职务是省委或省人民政府的主要负责人,具有丰富的行政阅历、工作能力和个人威信,他们对述职评议的支持直接推动了述职评议在全省的发展。但是长期以来,开展述职评议工作的一个强大阻力源自地方人大自身,很多地方人大常委会内部对是否开展述职评议分歧很大、顾虑重重,主观上不愿意也不敢真正行使监督权力。

第七章 新变化：党的十八大以来的述职评议

用好宪法赋予人大的监督权，实行正确监督、有效监督、依法监督。人民代表大会制度的重要原则和制度设计的基本要求，就是任何国家机关及其工作人员的权力都要受到监督和制约。[1]

——习近平

2006 年 8 月，十届全国人大常委会二十三次会议通过了《监督法》，并于 2007 年 1 月 1 日开始施行。《监督法》从酝酿到出台历经 20 年，从法律名称到主要条文，数易其稿，前后四次审议。《监督法》的颁布实施进一步规范了地方各级人大常委会的监督工作，但是与地方人大的立法预期还存在一定的差距，尤其是没有将述职评议规范为地方人大常委会法定的监督方式。据程湘清回忆，《监督法》出台后，"社会上有一些意见，特别是地方人大，对'两评'没有写进监督法意见很大"，"有一些地方人大的同志参加了会议，提出很多不同意见，甚至还有贬低这部法的发言"。[2] 席文启指出，"2006 年出台了监督法，其效果大家都清楚了。这

---

[1] 习近平：《在中央人大工作会议上的讲话》，载《求是》2022 年第 5 期。
[2] 《人大监督规范化的重要里程碑：程湘清回顾我国首部监督法出台历程》，载《法制日报》2014 年 9 月 15 日。

个法一出来,许多地方创造的监督形式实际上都被叫停了,包括工作评议、述职评议、个案监督等等。这种后果一直延续到现在,尚未改观"①。在《监督法》实施后,全国人大要求各地按照《监督法》的规定进行调整和规范,多数地方人大停止了述职评议,同时对有关述职评议的地方性法规进行了清理。但是,仍有地方人大对述职评议这种监督形式"情有独钟"。2014年10月,有研究者对安徽省地市、区县人大机关进行问卷调查,在问及"哪些举措对强化人大监督具有重要意义"时,最多的受访者(42.5%)选择了"应科学设计'述职评议'制度,重点规范评议程序,将评议结论作为评议对象任前考察基本材料"。②《监督法》实施以来,重新启动述职评议的呼吁不断出现。如2012年3月,全国人大代表、湛江市人大常委会党组书记、常务副主任郑日强在讨论全国人大常委会工作报告时提出,评议工作是过去地方人大最有效的监督手段,尤其是述职评议,效果显著。《监督法》实施之后,工作评议取代了述职评议,造成评议事与评议人相分离,"评议工作流于形式,评议不到位"。因此,他建议全国人大应对地方人大开展述职评议进行授权,使对"一府两院"工作人员的评议监督既对事又对人,以推动人大监督工作的发展。③ 2016年,福建省人大代表陈津等向省十二届人大四次会议提交关于制订《福建省人民代表大会常务委员会关于进一步加强和改进人大监督工作的决定》的议案。在阐述议案的依据时指出,"《监督法》没有实施细则,缺乏监督准绳,经过九年的实践,存在着一些问题亟待进一步完善。同时,人大监督又具有很强的实践性。在实践中,为了进一步改进和加强人大监督工作,不断增强人大监督实效,必须进行积极的探索和创新,以适应不断变化、革新的时代要求"。同时,从福建各级人大监督工作的现状看,"距宪法和法律的规定、距人民群众的要求,还有一定的差距,需要不断地加强、改进和完善"。因此陈津在议案中建议省人大常委会制订出台《决

---

① 席文启:《关于人大监督问题的一些思考》,载《人大研究》2014年第8期。
② 石旭斋:《地方人大监督机制改革路径分析》,载《人大研究》2015年第2期。
③ 路玉萍、郭丹:《监督是人大义不容辞的职责》,载《湛江日报》2012年3月11日。

定》,从法律上进一步明确监督重点,改进监督方式,以进一步增强监督实效;同时明确提出,"探索建立任期述职等制度,监督国家机关工作人员履职情况"[1]。福建省人大常委会对该议案的审议结果是"建议待条件成熟后再考虑进行省一级专项立法"[2]。

党的十八大以来,述职评议进入了制度调适阶段,处于不断的恢复和发展之中。目前各地的述职评议沿袭了许多《监督法》出台之前的做法,如评议的过程一般仍分为准备、调查、评议和整改四个阶段。述职评议中出现了少数刚性问责的案例。浙江省平湖市人大常委会自2013年以来,每年坚持开展述职测评,其中有7人因测评排名靠后而被调离了原来的工作岗位。[3] 2020年,重庆市大足区人大常委会对25名任命人员进行年度履职情况测评,其中1人测评结果为"不满意",区委在采纳人大报告意见后,该同志被调离领导岗位。[4] 在绝大多数情况下,述职人员可以顺利通过评议。2015年11月,《中共临沧市委关于加强和改进人大工作的意见》明确提出,"建立任期述职制度,市、县人民政府组成部门主要负责人、人民法院副院长、人民检察院副检察长每年向同级人大常委会书面报告一次依法履职情况"。根据临沧市委的要求,临沧市人大常委会制定了《临沧市人民代表大会常务委员会听取和审议国家机关工作人员履职情况报告办法》,规定市人大常委会任命的国家机关工作人员向市人大常委会进行履职情况报告,由市人大常委会组成人员(按照实际出席会议人数)进行无记名投票测评,满意票70%(含70%)以上的为满意;满意票50%—70%(含50%,不含70%)的为基本满意;满意票

---

[1] 《省十二届人大四次会议　陈津等代表关于制定〈福建省人民代表大会常务委员会关于进一步加强和改进人大监督工作的决定〉的议案(第0017号)》,载福建人大网,http://www.fjrd.gov.cn/ct/1166-118790,2016年9月20日。

[2] 《福建省人民代表大会常务委员会关于省十二届人大四次会议主席团交付审议的代表议案审议结果的综合报告》,载福建人大网,http://www.fjrd.gov.cn/ct/19-120028,2016年12月5日。

[3] 胡水良:《述职测评彰显任后监督刚性》,载《浙江人大》2018年第8期。

[4] 滕修福:《为"履职测评不满意被调岗"点赞》,载《江淮法治》2020年第18期。

50％(不含 50％)以下的为不满意。在 2015—2020 年期间,临沧市人大常委会组织的履职测评结果均为"满意"(见表 7-1)。2019 年和 2020年,陕西省山阳县人大常委会对"一府两院"副职组织了两次集中述职评议,经过满意度测评,12 名评议对象全部为"优秀"。①

表 7-1　云南省临沧市人大常委会对其任命人员开展履职测评情况(2015—2020)

时间	测评对象	测评结果
2015 年 10 月	市科学技术局局长	常委会组成人员 32 名,出席会议 28 名。满意 28 票,基本满意 0 票,不满意 0 票,满意率为 100％。市人大常委会对市科学技术局局长履职情况报告的测评结果为满意。
2015 年 11 月	市民族宗教事务局局长	常委会组成人员 32 名,出席会议 28 名。满意 28 票,基本满意 0 票,不满意 0 票,满意率为 100％。市人大常委会对市民族宗教事务局局长履职情况报告的测评结果为满意。
2016 年 6 月	市外事办公室主任	常委会组成人员 31 名,出席会议 27 名。满意 27 票,基本满意 0 票,不满意 0 票,满意率为 100％。市人大常委会对市人民政府外事办公室主任履职情况报告的测评结果为满意。
2017 年 8 月	市水务局局长	常委会组成人员 31 名,出席会议 31 名。满意 28 票,基本满意 3 票,不满意 0 票,满意率为 90.3％。市人大常委会对市水务局局长履职情况报告的测评结果为满意。
2018 年 4 月	市农业局局长	常委会组成人员 35 名,出席会议 32 名。满意 25 票,基本满意 7 票,不满意 0 票,满意率为 78.1％。市人大常委会对市农业局局长履职情况报告的测评结果为满意。

① 夏龙银:《山阳县人大:"一府两院"副职述职评议达到"全覆盖"》,载陕西省人大常委会网站,http://www.sxrd.gov.cn/#/details? unid=19b130c1cb3e44ed974815767cd7657b,2020 年12 月 14 日。

续表

时间	测评对象	测评结果
2019 年 6 月	市民政局局长	常委会组成人员 33 名,出席会议 30 名。满意 24 票,基本满意 6 票,不满意 0 票,满意率为 80%。市人大常委会对市民政局局长履职情况报告的测评结果为满意。
2020 年 6 月	市人力资源和社会保障局局长	常委会组成人员 35 名,出席会议 31 名。满意 31 票,基本满意 0 票,不满意 0 票,满意率为 100%。市人大常委会对市人力资源和社会保障局局长履职情况报告的测评结果为满意。

注:数据系笔者根据云南省临沧市人大常委会网站资料整理而得。

一项对江苏省的市县两级人大常委会履职评议的调查发现,相较于《监督法》出台之前,各地述职评议的刚性大打折扣,敢于亮剑"撤职权"的少。① 事实上,从全国范围来看,目前各地的述职评议很大程度上借鉴了《监督法》出台之前的做法。即使是在《监督法》出台之前,述职评议中出现刚性监督的案例也不常见,各地人大更多的是秉持"寓支持于监督之中"的原则,希望通过差异性的评价来推动述职人员改进工作。2018年 4 月,江苏省盱眙县人大常委会组织的述职评议中,排名首位的述职评议对象得到 30 张满意票(共 32 人),排名末位的只是勉强过关。② 总体来看,目前各地的述职评议呈现出一些显著的特征。

第一,述职评议在程序上更为规范和成熟。各地一般是在党委支持下制定了相关的地方性法规,然后形成具体的工作方案报送党委批准后实施,旗帜鲜明讲政治的原则更加突出。2019 年 5 月,《淮南市人大常委会述职评议暂行办法》经市委常委会研究同意后实施,把述职评议工作

① 任梦琪、付静:《加强干部任后监督的有效途径——江苏省人大常委会开展履职评议的实证分析》,载《人大研究》2020 年第 3 期。

② 《述职评议评出了精气神》,载《新华日报》2018 年 4 月 28 日。

置于市委的直接领导下,由市人大常委会主任会议负责组织实施。① 述职评议的准备、调查、评议和整改各个阶段的衔接更为紧密。在述职人员的选择上加强沟通和协商,然后由人大常委会确定。2019 年,重庆市人大常委会在确定年度履职情况报告人员时,由市人大常委会函请市"一府两院"差额推荐 10 名建议人选,市人大常委会主任会议在充分征求市委组织部和市人大有关专门委员会意见后,确定了 6 名报告人员。评议会议上往往增加问询环节,测评结果一般及时对外公开甚至当场宣布,对测评等次的判定更加明确,对整改工作的重视程度也明显提高。评议结果一般报送党委、组织部门、纪检部门,作为考核、晋升和评优的主要依据。

第二,评议对象的范围明显发生收缩。除少数地方外,目前述职人员一般限定为地方人大常委会任命的"一府一委两院"工作人员,而地方人大选举的"一府一委两院"工作人员以及垂直管理部门主要负责人往往被排除在外。如安徽、青海、江苏等省级人大常委会出台了办法或规定,明确规定对省人大常委会任命人员进行评议。与《监督法》实施之前的情况相似,目前各地针对法官和检察官的履职评议十分普遍,如浙江省大部分市县人大常委会均开展了"两官"履职评议。自 2015 年开始,温州市已连续七年开展"两官"履职评议,共有 36 名法官、19 名检察官接受了评议。② 在"两官"履职评议的基础上,自 2020 年起,温州市人大常委会进一步扩大述职人员范围,开始探索审议市政府组成部门主要负责人的履职情况报告。此外,山东、湖南、江苏、河北等省多数市县人大也开展了"两官"履职评议活动。需要指出的是,对地方人大常委会任命的监察委员会的工作人员开展述职评议的案例尚不多见。

第三,述职评议的差异性仍然十分显著。党的十八大以来,述职评

---

① 朱庆磊、黄新:《市人大常委会开展述职评议提升干部任后监督质效》,载《淮南日报》2019 年 7 月 18 日。

② 温州市人大:《市人大常委会动员"两官"履职评议工作 共推法治温州建设再上新台阶》,载 温州人大网,http://www.wzrd.gov.cn/index.html,2022 年 9 月 2 日。

议再次作为一种"制度创新"而得到关注。在纵向层级上,目前全国省级人大中开展述职评议的尚属少数,相对而言,市县人大则较为积极和活跃。在横向比较上,各地关于述职评议的规范性文件的制定主体,有的是人大常委会,有的是人大常委会主任会议;述职人员的选择,有的是由人大常委会主任会议确定,有的是由人大常委会票决或随机选择;述职评议开展的频率,有的要求评议对象每年进行一次年度述职,有的要求任期内述职一次,少数地方如福建省福安市要求"一届两考";各地在每年评议的数量上也存在明显差异,从数人到数十人不等。评议的形式主要有口头述职和书面述职两种,多以书面述职为主。2022年5月,安徽省人大常委会审议"一府两院"工作人员述职报告,其中92人为书面述职,6人为口头述职。述职测评"不满意""不称职"的标准,以及对未能通过测评的处理等方面表现出显著差异(见表7-2)。需要指出的是,地方人大在评议测评上具有很强的灵活性。如安徽省六安市人大常委会对市政府组成部门主要负责人和"两院"有关人员的年度述职报告进行评议,但是仅对其中部分人员的履职情况进行满意度测评。从目前各地的实践来看,即使是没有通过评议也不会直接触发问责程序,多数情况是要求进行整改,并对整改报告再次进行评议。

表7-2　部分地方人大常委会述职评议规范性文件对不称职/不满意的判定及处理

文件	不称职/不满意的判定	处理
《南通市人民代表大会常务委员会关于市人大常委会任命的"一府两院"工作人员报告履职情况的暂行办法》(2015年7月)	市人大常委会组成人员和部分市人大代表按照"满意""基本满意""不满意"进行测评,满意和基本满意票低于60%为不满意。	对履职测评不满意的人员,市人大常委会建议市委或有关单位对其诫勉谈话,并要再行向人大常委会报告履职情况;对发现有严重问题的,建议市有关部门调查处理。
《海州区人民代表大会常务委员会履职评议工作暂行办法》(2016年3月)	按照"满意""基本满意""不满意"进行测评,不满意票数达到或超过参评人数50%的为不满意。	对履职评议结果为不满意的有关人员,区人大常委会可以进行质询或建议区委对其谈话诫勉,对发现有严重问题的,也可以建议区有关部门调查处理。

文件	不称职/不满意的判定	处理
《黄南州人大常委会任命的国家机关工作人员履职情况评议暂行办法》(2016年9月)	按照"满意""基本满意""不满意"进行测评,满意票低于60%为不满意。	对测评结果为不满意的履职人员,州人大常委会责成履职人员向主任会议说明情况,汇报整改措施,限期整改。对整改不到位的,依法提出询问、质询或组织特定问题调查委员会进行调查,并视情况作出相应的决定。
《靖边县关于选举和任命的"一府两院"国家机关工作人员向县人大常委会报告履职情况的实施意见》(2017年3月)	按照"满意""基本满意""不满意"进行测评,满意票和基本满意票之和达到或超过实到组成人员的三分之一,测评结果为不满意。	履职报告未通过者,报告人员应根据常委会提出的审议意见认真进行整改,并将整改情况在下次或指定的常委会会议上作报告。如果第二次报告仍未通过,报告人员应向常委会主任会议作出检查,由主任会议根据检查情况对报告人员提出处理意见;可以责成其限期整改并再次向常委会报告整改结果;可以将评议及测评情况汇报县委,通过组织程序提出辞职、免职或撤销职务的建议,提请常委会会议审议决定。
《延川县人民代表大会常务委员会任命的国家机关工作人员述职评议暂行办法》(2017年10月)	按照"优秀""称职""基本称职""不称职"进行测评。优秀、称职、基本称职票60%以下为不称职。	对测评格次为不称职的述职人员,报请县委给予组织处理。个人引咎辞职的,依法予以免职。
《南涧彝族自治县人民代表大会常务委员会述职评议办法》(2018年4月)	按照"满意""基本满意""不满意"进行测评,不满意票超过县人大常委会组成人员半数(含半数)时,测评结果为不满意。	对被评定为不满意档次的,县人大常委会责成述职人员向主任会议说明情况,汇报整改措施,限期进行整改,并再次向县人大全体会议述职,整改情况经县人大评议,测评结果仍为不满意的,报请县委给予组织处理。
《高邮市人民代表大会常务委员会履职评议暂行办法》(2018年5月)	按"满意""基本满意""不满意"进行测评,满意票和基本满意票未达三分之二的为不满意。	不满意等次的被评议人,将建议市委组织部门加强研判,视情予以谈话提醒或诫勉,在三个月内向人大常委会提交整改情况汇报。

续表

文件	不称职/不满意的判定	处理
《滦县人大常委会关于对县政府工作部门主要负责人开展履职评议的暂行办法》(2018年5月)	按照"满意""基本满意""不满意"进行测评,不满意票数达到或超过参评人数40%的为不满意。	被评议人员获得不满意票达到参评人数30%以上的,建议县政府主要领导与其约谈,要求限期整改,并适时再次向县人大常委会报告履职情况;被评议人员获得不满意票达到或超过参评人数40%的,建议年终考核不评定为优秀等次。
《广德县人大常委会述职评议办法》(2018年9月)	按照"优秀""称职""基本称职""不称职"进行表决,不称职票数超过常委会组成人员半数以上为"不称职"。	对不称职者,由县人大常委会按照党管干部和人大依法任免干部相结合的原则,作出相应的决定。
《紫阳县人大常委会任命的国家机关工作人员述职评议暂行办法》(2019年4月)	按照"满意""基本满意""不满意"进行测评,不满意票达参评人员40%以上为"不满意"。	测评不满意人员的整改情况经县人大常委会主任会议审查,决定是否进一步整改。
《淮南市人大常委会述职评议暂行办法》(2019年5月)	按照"满意""较满意""一般""不满意"进行测评,"一般""不满意"票达到或超过实到人数30%为不满意。	责成述职人员在下次常委会会议上再次进行口头报告,相关工委室跟踪监督其整改情况。市人大常委会将根据整改情况,或开展询问、质询,或列入下一年度重点监督对象。
《江油市人民代表大会常务委员会任命的国家机关工作人员述职评议暂行办法》(2019年6月)	按照优秀(5分)、称职(3分)、基本称职(2分)、不称职(扣5分)四个等次进行测评打分,优秀、称职、基本称职票在70%以下的为不称职。	对测评排名后3位或测评等次为基本称职及以下的述职人员,市人大常委会重点跟踪督查其进行全面整改,必要时将选取1至2个单位进行专项工作评议。对连续两年测评排名后3位或连续两次测评等次为不称职的述职人员,报请市委同意后,市人大常委会将依法启动撤职程序。

地方人大述职评议的迅速恢复与发展,与党的十八大以来的一系列积极变化有直接的关系。地方人大自身组织建设的不断完善,横向与纵向非正式联系的日益紧密,加强了开展述职评议的组织基础。同时,党与人大以及人大与监督对象之间的关系格局的新变化,塑造了地方人大行使监督权力的制度空间。更为重要的是,中央和地方层面对述职评议的态度发生

了积极转变。在中央层面,党中央高度重视人大制度,要求人大工作与时俱进、创新发展。全国人大也开始以积极和开放的姿态支持地方人大加强监督权力的制度创新;在地方层面,地方党委为贯彻落实中央的文件和会议精神,及时召开人大工作会议,出台了一系列指导性文件,其中往往明确提出人大常委会应加强任后监督等,进而为地方人大履行职权创造了良好氛围。与党的十八大之前相比,评议对象接受监督的自觉意识也有所提高,鲜有公开抵制和拒绝评议的案例发生。地方人大在来自中央和地方的双重鼓励与支持下,在新时代积极努力谋求新作为,不断进行制度创新和探索,拓展了人大监督权力得以运转的制度空间。

一、组织基础

(一) 正式组织

1. 地方人大常委会

2013 年,地方各级人大常委会换届之后发生了变化,地方人大常委会组成人员在结构上更趋于优化,但是仍有改善的空间。一方面,就个人素质而言,地方人大常委会主要负责人(包括主任和副主任)与同级政府主要负责人(包括政府正职和副职)相比仍存在差距。如 2015 年 1 月,上海市人大常委会主要负责人平均年龄为 59.4 岁,市政府主要负责人为 54.2 岁,两者相差 5.2 岁;在学历上,前者研究生以上学历达到 87.5%,2 人拥有博士学位,后者为 88.9%,1 人拥有博士学位。① 2023 年 1 月,上海市十六届人大一次会议之后,市人大常委会和市政府主要负责人的平均年龄之差扩大至 5.5 岁。由于年龄偏大,市人大常委会主要负责人面临整体换届的问题。在受教育程度上,市人大常委会主要负责人中有 4 人拥有博士学位,市政府主要负责人中有 2 人拥有博士学位。从上海的样本来看,在主要负责人方面,地方人大与同级政府之间,

① 数据系笔者根据上海市人大常委会和上海市政府网站资料整理而得。

年龄上的差距短期内已难有突破,学历上的差距则已经基本解决。

另一方面,在专职委员的比例方面,地方人大常委会与上届相比有所提升。2022 年,重庆市各级人大完成换届选举之后,全市区县人大常委会组成人员专职比例达到 61.34%。复以江苏省为例。2015 年,江苏省 13 个省辖市中只有 5 个市人大常委会的专职委员比例达到 50%,县级人大常委会专职委员的比例更低,但是与上届相比,市县两级人大常委会专职委员比例已经提高了。2016 年下半年,江苏省市县乡三级人大换届选举工作陆续启动,换届之后,新一届县级人大常委会组成人员专职比例达到 61.9%。2022 年 5 月,江苏省市县乡三级人大换届选举圆满完成,其中,市县两级人大常委会组成人员专职比例分别占 62.04% 和 59.39%。① 与此同时,十三届江苏省人大常委会的专职委员比例也超过了 60%,人员规模由 65 人增至 81 人。从最近几次换届选举来看,各地往往明确要求进一步优化人大及其常委会组成人员的结构。需要指出的是,目前地方人大常委会换届整体"换血"的状况仍未得到根本改变,而换届被"换血"的往往是那些驻会的专职委员。2021 年 5 月,湖南省常德市县两级人大常委会专职委员比例达到 62%,但是 50 岁以上的占 66%,即将退休的人员较多,"可能造成许多委员齐上齐下"。②

2. 专门委员会

党的十九大报告强调,要"完善人大专门委员会设置",优化专门委员会组成人员结构。专门委员会的不断健全,奠定了地方人大履职的基础,但是,地方人大专门委员会的发展仍存在一些普遍问题。

首先,专门委员会与地方人大常委会一样面临着人员结构不合理的问题。在年龄方面,平均年龄偏高,不仅制约了专门委员会正常工作的开展,也间接影响到委员的连任可能性,限制了专门委员会整体工作的

① 陈月飞:《选民参选率更高,人大代表结构更优》,载《新华日报》2022 年 5 月 31 日。
② 谭芳:《市县级人大常委会组成人员结构优化问题探讨——以常德市县两级人大常委会为例》,载常德市人大常委会网站,http://www.cdsrd.gov.cn/llyj/zdyj/content_437052,2021 年 5 月 10 日。

稳定性与连续性。以大连市人大为例,至 2014 年底,专门委员会中年龄超过 55 岁的占 1/3 左右。在学历方面,监督对象尤其是同级政府更具有优势。如 2013 年,山东省新一届省人大常委会任命的包括省政府秘书长、各有关组成部门主要负责人在内的 27 名省政府组成人员,平均年龄为 53 岁,23 人拥有研究生以上学历,9 人拥有博士学位;①而省人大 7 个专门委员会主任委员,平均年龄为 61 岁,全部由党政领导职务转岗而来(见表 7 - 3),仅有 1 人拥有博士学位。在专职方面,党的十八大报告首次明确提出推进专门委员会的专职化。目前各地人大专门委员会中专职委员的比例还存在较大的改善空间。一般而言,各专门委员会的主任委员和副主任委员基本上是由本级人大常委会委员兼任。如海南省六届人大设立了法制委员会和财政经济委员会,委员总人数为 26 人,其中 23 人是本级人大常委会的组成人员。② 湖北省宜昌市人大常委会课题组对湖北宜昌、黄石、孝感、鄂州、荆州、黄冈等地级市的调查发现,六市人大专门委员会的委员总人数为 210 人,其中 50 岁以下的 79 人,仅占 37.6%,绝大多数委员只能任满一届,部分人员甚至不能任满一届;届中进出 70 人,占 33.3%,组成人员频繁变动,不利于保持工作的稳定性和连续性;具有相应专业背景的 143 人,占 68.1%;专职 71 人,占 33.8%,各专门委员会一般只有正、副主任委员两人为专职,委员全部为兼职。③

表 7 - 3　山东省十二届人大各专门委员会主任委员先前担任职务

现任职务	任前职务
法制委员会主任委员	省委办公厅主任
内务司法委员会主任委员	省民政厅厅长

① 《27 名山东省政府组成人员平均年龄 53 岁》,载齐鲁热线网,http://news. sdinfo. net/sdyw/ 1902289. shtml,2013 年 3 月 30 日。
② 黄小钫:《地方人大专门委员会制度的三维结构》,载《人大研究》2018 年第 9 期。
③ 湖北省宜昌市人大常委会课题组:《地方人大专门委员会工作机制研究》,载《人大研究》2014 年第 1 期;余跃进、黄书祥:《地方人大专门委员会工作机制研究》,载《楚天主人》2014 年第 8 期。

现任职务	任前职务
财政经济委员会主任委员	省统计局局长
教育科学文化卫生委员会主任委员	省国土资源厅厅长
城乡建设与环境资源保护委员会主任委员	省住房和城乡建设厅厅长
农业与农村委员会主任委员	省农业厅厅长
民族侨务外事委员会主任委员	省商务厅厅长

其次,与党的十八大之前相比,地方人大专门委员会在组织规模上有所增加。如辽宁省抚顺市十四届人大有专门委员会 8 个,与上届相比增加了 1 个;组成人员 73 人,与上届相比增加了 13 人。但是地方人大区域和层级间发展不平衡的现象亦十分突出。从横向比较来看,全国省级人大专门委员会在机构设置数量上存在明显差异,如海南省人大仅设置了法制委员会和财经委员会,而四川、吉林和贵州省人大专门委员会的数量达到了 10 个(见表 7 - 4)。单从人员数量来看,与北京市十二届人大(2003—2008)相比,北京市十四届人大(2013—2018)各专门委员会增加了 4 人左右(见表 7 - 5);宁夏回族自治区十二届人大专门委员会与上届相比也普遍增加了 1—2 人。但是宁夏回族自治区人大设立了 4 个专门委员会,而北京市人大的专门委员会则多达 8 个。在人员数量上,北京市人大各专门委员会的人员为 19 人,宁夏回族自治区则为 6—9 人。从各地专门委员会人员的总体规模来看,福建省人大各专门委员会的委员总人数是 16 人,而北京市多达 133 人。① 这种显著的区域差异并不能完全以经济发展水平高低来解释。如 2019 年,江苏省人大下设 4 个专门委员会,各专门委员会一般为 7 人左右;吉林省人大设有 10 个专门委员会,各专门委员会一般为 12 人左右。

---

① 黄小钫:《地方人大专门委员会制度的三维结构》,载《人大研究》2018 年第 9 期。

表7-4　全国省级人大专门委员会数量

专门委员会数量(个)	省(区、市)
2	海南
4	江苏、天津、内蒙古、陕西、山西、宁夏
5	西藏
7	江西、河北
8	北京、广东、浙江、安徽、山东、河南、青海、重庆、湖南、湖北
9	广西、上海、黑龙江、辽宁、云南
10	四川、吉林、贵州

注:福建、新疆信息不详,不含港澳台地区(截至2019年9月)。

表7-5　北京市人大专门委员会机构规模

单位:人

专门委员会	十二届 (2003—2008)	十三届 (2008—2013)	十四届 (2013—2018)	十五届 (2018—2023)
法制委员会	16	16	19	19
内务司法委员会	13	14	18	19
财经委员会	15	15	19	19
教科文卫体委员会	15	16	19	19
城建环卫委员会	15	15	19	19
农村委员会	15	15	19	19
民宗侨委员会	15	15	19	19

从纵向比较来看,层级越低,地方人大专门委员会的力量越薄弱。2020年9月,全国人大常委会办公厅研究室调研组赴广西调研县乡人大工作和建设情况,发现县级人大"一人一委"甚至"一人多委"的现象仍然存在。部分县级人大常委会组成人员、人大机关干部的整体年龄偏大、知识结构单一。[1] 安徽省人大常委会研究室的调查也发现,专门委员会在实际工作中自上而下逐渐弱化,缺少专门的编制和具体的工作人员,

---

[1] 宋锐等:《关于赴广西调研县乡人大工作和建设情况的报告》,载《人大工作研究》2020年第48期。

与各专委会对口联系的政府工作部门行政编制对比,在组织力量方面上明显处于"失衡"状态。如财政经济委员会主要对口联系发展、财政、经信、统计、审计等十多个政府工作部门,"联系的点多、面广,工作任务重,专委会工作力度明显不足"。安徽省人大常委会研究室最后得出结论,"随着地方公共事务日益庞杂多样,地方人大在立法、监督等方面的工作难度也大大提升,而目前人大专委会的组织机构和工作班子的设置,已不能满足新形势下其承担职责任务"。[①] 2015 年 8 月,修订后的《地方组织法》规定,"县、自治县、不设区的市、市辖区的人民代表大会根据需要,可以设法制委员会、财政经济委员会等专门委员会"。但是安徽省市县级人大专门委员会仍未能普遍设立,而是设立常委会工作委员会等工作机构。地方人大专门委员会在组织规模和人员数量上的相对薄弱,意味着地方人大的监督工作更多还是依托常委会的工作机构来进行。

再次,地方人大专门委员会还存在制度规范缺失的问题,需要进一步完善人大机构设置,明确各专门委员会的机构名称、职责、编制等。从全国来看,各地人大专门委员会机构设置的数量和名称均存在显著差异。如地方人大负责联系政府农业系统的专门委员会名称有农业与农村委员会、农村经济委员会、农村委员会等。《地方组织法》对专门委员会的地位职权范围、工作方法、议事规则等重要方面均未进行规定,使得专门委员会的工作开展缺少法理规范。部分省级人大如吉林、黑龙江、江苏等地已经制定了专门委员会工作条例,但是总体而言,专门委员会的具体工作缺乏明确而具有操作性的程序性规定,不可避免地影响其正常工作的稳定和预期。[②]

3. 工作委员会

由于市县级人大普遍没有设立专门委员会,因而地方人大往往需要

---

① 安徽省人大常委会研究室:《完善地方人大专门委员会组织制度和工作机制》,载《行政管理改革》2017 年第 9 期。

② 秦前红:《地方人大专门委员会的问题及完善方案》,载财新网,http://opinion.caixin.com/2014‐10‐21/100740903_all.html#page2,2014 年 10 月 21 日。

借助常委会各工作委员会来开展监督工作。有研究者统计,截至 2013 年 8 月,全国有半数市级人大没有设立专门委员会,而是在人大常委会下设立工作委员会。① 各地工作委员会与专门委员会面临的问题基本相似。从全国范围来看,黑龙江、吉林和青海省人大常委会设置了 2 个工作委员会,而安徽省人大常委会则设置了 9 个工作委员会(见表 7 - 6)。与省级人大层面相比,市级人大常委会工作委员会的力量明显薄弱。如安徽省马鞍山市、六安市和池州市人大常委会的财政经济工作委员会同时挂牌预算工作委员会,芜湖市和马鞍山市人大常委会监察和司法工作委员会同时挂牌民族宗教侨务外事工作委员会。从安徽省 16 个地级市的人大常委会工作委员会的设置情况来看,这种情况十分普遍。县级人大常委会工作委员会的设置情况更不容乐观。2014 年,湖南省县级人大机关共有行政编制 2757 个,平均每个县级人大为 22.6 个,其中 50 个存在"一人委"现象。许多地方只能通过借调、临时聘用等途径来保证基本的工作力量。② 2014 年 9 月,安徽省县级人大中,"一人委"达 76%,15 个县区存在"半人委"的现象,一个人都没有的"空壳委"占 3.9%。③ 安徽省凤阳县人大常委会财政经济工作委员会同时加挂预算工作委员会和预算审查办公室牌子,教育科学文化卫生工作委员会同时加挂民族宗教侨务外事工作委员会牌子。2017 年 4 月,广东省人大常委会在调研中发现,全省 121 个区县人大中,行政编制数在 15 人以下的有 45 个,部分内设机构存在"一人委""一人科室"现象,77 个县级人大常委会专职组成人员比例未达到中央文件要求的 60% 以上。④

---

① 许素洋:《充分发挥市级人大常委会工作委员会及专职委员作用的研究》,载人民网,http://npc.people.com.cn/n/2013/0815/c14576 - 22579052.html,2013 年 8 月 15 日。

② 刘永学、戴志华:《加强县级人大建设的调查与思考》,载《人大研究》2014 年第 6 期。

③《臧世凯同志在全省县级人大工作交流研讨会上的讲话》,载安徽人大网,http://www.ahrd.gov.cn/npcweb/web/info_view.jsp? strId=1412731720660825,2014 年 10 月 8 日。

④ 李亮明:《两份"重磅"文件盘活广东县乡人大"大棋局"》,载《人民之声》2018 年第 6 期。

表 7-6 全国省级人大常委会工作委员会设置情况

工作委员会数量(个)	省(区、市)
2	黑龙江、吉林、青海
3	辽宁、西藏、湖南、湖北、云南、贵州
4	四川、广东、广西、江西、上海、山东、天津、重庆
6	陕西
7	山西、北京
8	浙江、江苏、河南、河北、内蒙古、海南、新疆
9	安徽

注:福建省信息不详,不含港澳台地区(截至 2019 年 9 月)。

2015 年 6 月,中共中央下发了《中共全国人大常委会党组关于加强县乡人大工作和建设的若干意见》(中发〔2015〕18 号文件)的通知,把全面加强县乡人大工作和建设作为新形势下人大工作的重要任务。自此之后,县级人大的组织建设明显得到了加强。2017 年 6 月,十二届全国人大召开了推进县乡人大工作和建设经验交流会。从会上进行交流的省市来看(吉林、上海、福建、山东、湖北、重庆、云南、山西),县级人大工作和建设得到了显著提升。首先,县级人大常委会组成人员的数量明显增加。如吉林省县级人大常委会组成人员的数量比换届前增加了 33%,山东省县级人大常委会组成人员普遍增加了 8—10 人。其次,专职常委的比例得到提高。如重庆市、山东省的区县级人大常委会组成人员中专职比例达到 60% 以上;重庆市各区县人大常委会的专职比例比换届前提高了 5%;上海市区县人大各专门委员会主任委员(主任)实行专职配备,至少配备 1 名专职副主任委员(副主任)或者专职委员,并配备 1 名专职工作人员。再次,机构设置逐渐完善,县级人大普遍设置了法制委员会和财经委员会。如湖北全省县级人大设置了 2 个以上专门委员会和 3个以上工作委员会,配备的专职委员占全体委员的 61%;福建省县级人大常委会按照"一办七委"或"一办六委"设置工作机构;云南省 50% 以上的县级人大首次设立了法制、财政经济委员会,大多数县级人大常委会增设了预算审查和备案审查工作机构;陕西全省县级人大中,86个设"一室五委",占80.4%,21个设"二室五委",占19.6%。①

但是,各级人大的组织建设仍存在许多薄弱环节。从全国人大来看,2018年3月,全国人大常委会在工作报告中总结不足时指出,"全国人大及其常委会、专门委员会组织制度和工作制度需要进一步完善"。2019年3月,全国人大常委会的工作报告中再次强调,"自身建设需要进一步加强"。从省级人大来看,2018年即将换届的各省人大常委会在工作报告中总结五年来的工作时,多数指出人大常委会自身建设需要继续加强。如山西省人大常委会提出"自身建设仍存在薄弱环节,人大机关作风建设还有待进一步加强";陕西省"人大及其常委会、专门委员会组织制度和工作制度还需要进一步完善";吉林省人大"常委会、专委会自身建设仍需进一步加强";江苏省人大常委会"自身建设有待进一步加强,依法履职的能力和水平还需不断提升";河北省人大常委会"干部队伍能力素质和工作质量还不够高,自身建设需要进一步加强等";宁夏回族自治区人大"常委会和机关建设存在一些薄弱环节等"。在市级人大层面,从全国部分市级人大常委会2019年工作报告来看,许多市级人大常委会在讨论问题与不足时,纷纷强调"自身建设仍有待加强"。如南京市人大常委会工作报告中指出,市人大机构编制设置、人员队伍结构还不能很好地适应新形势新要求。②

由于目前述职评议工作主要集中在市县级人大,因而中发〔2015〕18号文件对述职评议有着重要而直接的影响。人大常委会和专门委员会专职委员的比例显著提升,专门委员会和工作委员会的机构设置实现了由无到有的重大转变,人员编制明显增加,"一人委""半人委""空壳委"的现象基本得到解决。地方人大常委会的自身成长为述职评议奠定了

---

① 《全国推进县乡人大工作和建设经验交流会发言摘录》,载《辽宁省人大常委会信息参阅》2017年第13期。

② 龙翔:《南京市人民代表大会常务委员会工作报告》,载《南京日报》2019年1月16日。

组织基础,这也正是目前评议工作普遍采用"述职评议"而非"代表评议"的一个重要原因。但是,地方人大现有的机构力量与做好新形势下人大工作的要求还相差甚远。各地述职评议办法一般规定述职以口头形式或书面形式进行,少数地方如陕西省延川县人大常委会要求述职人员到会进行口头述职,多数情形仍与《监督法》出台前基本相似,"委托评议"和书面评议仍然普遍存在。如江苏省仪征市十六届人大常委会委托"两院"对非领导职务的审判人员和检察人员开展述职评议,仪征市人大常委会还制定了述职评议办法,对委托述职评议进行规范。

相较于"委托评议",书面形式的述职评议在实践中更为普遍。2015年7月,安徽省人大常委会对95人开展述职评议,其中仅有5名政府组成人员采用口头形式进行述职。① 2016年10月27日至28日,安徽省池州市人大常委会对42名"一府两院"工作人员进行了述职评议,其中只有市交通运输局等5个政府组成部门的主要负责人采用口头述职。2017年10月25日至27日,池州市人大常委会对38名"一府两院"工作人员进行了述职评议,其中,市发改委等5个政府组成部门的主要负责人作了口头述职。② 江苏省镇江市七届人大常委会届期内,仅对常委会任命的10名局长、3名法院副院长和3名检察院副检察长进行了述职评议。③ 2019年初,有人对江苏省调研发现,县级人大的机构设置和人员配置还存在不足,县级人大专门委员会基本没有单独编制,由于缺少具体办事机构,专门委员会只能依托于常委会相应的工作委员会开展工作,客观上形成了"两块牌子、一套班子"。④ 江苏省宜兴市人大常委会自2017年换届至2018年7月,先后组织对73名干部开展了述职评议,到

---

① 《安徽人大:实施任后监督 约束权力运行》,载江西人大网,https://jxrd.jxnews.com.cn/system/2015/09/16/014274626.shtml,2015年9月16日。
② 黄颐:《关于"一府两院"工作人员2016年度以来述职工作有关情况的说明》,载《池州市三届人大常委会会报》第38期。
③ 张庆生:《镇江市人民代表大会常务委员会工作报告》,载镇江人大网,http://www.zjrdw.gov.cn/2018ztj/RDHZT/bjychy/wenjian/201702/t20170216_9222.html,2017年2月16日。
④ 花志荣:《县级人大专门委员会建设亟待加强》,载《人民与权力》2019年第4期。

十七届市人大结束时将有近 200 名干部向人大常委会述职。宜兴市人大常委会的"高效率"与其采用口头述职和书面述职相结合的方式有关。① 西安市人大常委会调研发现,区县人大的机构设置和人员编制需要进一步完善。区县人大常委会机关人员编制虽较之前有所增加,但与新时代所担负的职责、任务相比,编制仍不足。②

(二) 非正式联系

党的十八大以来,地方人大非正式的横向联系如规模较大的跨区域人大常委会主任联席会议已不多见,更为频繁和密切的是双边层次的交流;同时在纵向层面,上级人大对下级人大的指导和联系明显加强。

横向层面,较有影响力的横向联系包括长三角地区人大常委会主任座谈会、华东五省县乡人大工作座谈会等。长三角地区人大常委会主任座谈会建立了工作协作机制,其中包括强化监督工作联动、共享人大工作经验等。③ 就横向双边交流而言,如 2014 年,南京市人大与各地人大的"友好往来"超过 60 次。以履职评议为例,2014 年 1 月,中共南京市委制定了《中共南京市委关于增强人大监督刚性和监督实效的意见》,要求加强人大常委会对任命、决定任命的地方国家机关工作人员履职情况的监督,市人大常委会每年可以选择部分重点部门,结合听取和审议专项工作报告,由人大常委会组成人员对该部门负责同志的履职情况进行评议。④ 在全国副省级市中,西安市于 2014 年率先重新启动了述职评议工作,南京市人大常委会副主任率队前往西安考察学习,并要求参加考察

---

① 陈啸:《宜兴:"三全"谋真招,述职有成效》,载《人民与权力》2018 年第 7 期。
② 西安市人大常委会代联委:《关于我市区县、开发区、镇街人大工作和建设情况的调研报告》,载《西安人大》2018 年第 6 期。
③ 《长三角地区人大常委会举行主任座谈会　签署工作协作机制 1+1 协议》,载江苏人大网,http://www.jsrd.gov.cn/tszs/csjxz/201807/t20180706_500681.shtml,2018 年 7 月 6 日。
④ 《中共南京市委关于增强人大监督刚性和监督实效的意见》,载《南京日报》2014 年 1 月 13 日。

学习的同志将西安市人大工作的"好做法好经验带回去"①。在履职评议上,南京市人大常委会扮演的并不完全是一个消极被动的"学生"角色。2014年底,部分前往南京调研考察的地方人大对南京市人大即将开展的"履职评议"给予了关注。如2014年12月8日,镇江市人大常委会副主任率团到南京调研人大有关工作机构设置等工作情况,南京市人大常委会向考察组介绍了相关情况后,还就南京市人大增强监督刚性等工作作了详细说明,同时双方还就明年工作筹划等进行了交流座谈。② 2014年12月4日,浙江省嘉兴市人大常委会到南京市调研人大明年工作计划,南京市人大常委会秘书长介绍了南京市人大2015年工作的总体思路。③需要指出的是,在2015年,镇江市计划开展述职评议工作,嘉兴市也安排了"年度履职报告"。与《监督法》实施前相似,地方人大对述职评议的经验交流和相互学习,对评议工作的传播与发展起到了积极的推动作用。

纵向层面,党的十八大以来,人大层级间的联系变得愈加紧密,原本较为松散的非正式联系渐有制度化的趋势。这种变化首先发轫于全国人大与地方人大之间,十二届全国人大加强了对地方人大工作的指导和支持力度。十二届全国人大在五年届期里,共举办22期人大代表学习班,5520人次参加学习,实现基层全国人大代表任期内至少参加一次履职学习的目标。④ 张德江在对十二届全国人大常委会五年的工作总结中指出,"我们先后召开县乡人大工作和建设座谈会、经验交流会,集中培训全国2850多个县(区、市)的人大常委会负责同志,并从2017年开始新一轮培训。经过各方面共同努力,县乡人大工作和建设呈现出新气象

①《陈礼勤副主任率队考察学习人事代表工作》,载南京人大网,http://www.njrd.gov.cn/26038/26050/201404/t20140415_2605548.html,2014年4月15日。
②《镇江市人大常委会副主任凌苏行来我市考察》,载南京人大网,http://www.njrd.gov.cn/yhwl/201412/t20141208_3083254.html,2014年12月8日。
③《嘉兴市人大来宁调研我市人大明年工作计划》,载南京人大网,http://www.njrd.gov.cn/yhwl/201412/t20141204_3079287.html,2014年12月4日。
④ 张德江:《全国人民代表大会常务委员会工作报告》,载《人民日报》2018年3月25日。

新风貌"①。十二届全国人大还频繁前往地方人大开展各种调研活动，并在调研中召开地方人大工作座谈会。全国人大还多次明确提出要"加强与地方人大的工作联系，密切工作协同，开展工作交流，增强人大工作整体实效"。2014 年 1 月，全国人大成立了中国人民代表大会制度理论研究会，作为加强人大制度理论研究的活动载体与交流平台，同时也是全国人大常委会加强与地方人大联系的新渠道。②

十三届全国人大也积极加强与地方人大的联系。在履职第一年，十三届全国人大常委会组织开展了各种专题学习研讨，召开 31 个省级人大和有关方面参加的学习交流会，分别举办省市县三级人大常委会负责同志学习班，实现了全覆盖。2019 年 7 月，全国人大常委会召开省级人大常委会秘书长交流座谈会，栗战书在会上指出，"全国人大同地方人大可以加强在工作上的沟通、协调、交流、联动和干部学习培训，共同推进人大的立法、监督、代表等工作"③。2020 年 10 月，全国人大常委会办公厅研究室调研组赴山东省滨州市，就县乡人大工作和建设情况开展调研，肯定了邹平市（滨州市代管县级市）等地的述职评议工作。④

与此同时，地方人大为了更好地履行职权，也积极主动地寻求全国人大的指导与支持。如江苏省十二届人大常委会在总结五年来的工作时指出，"我们积极主动争取全国人大指导，在加强县乡人大工作和建设、健全人大讨论决定重大事项制度等方面走在全国前列，多次得到张德江委员长的充分肯定"⑤。四川省十二届人大常委会在工作总结中提到"自觉接受全国人大常委会的工作指导和监督"⑥。四川省十三届人大

---

① 张德江：《全国人民代表大会常务委员会工作报告》，载《人民日报》2018 年 3 月 25 日。
② 张德江：《全国人民代表大会常务委员会工作报告》，载《人民日报》2014 年 3 月 17 日。
③《栗战书同全国省级人大常委会秘书长交流座谈》，载中国人大网，http://www.npc.gov.cn/npc/c30834/201907/e28cdafcacaf4a3e9b59c04cccb8de69.shtml，2019 年 7 月 4 日。
④ 陈勇、魏腾飞：《关于赴山东省滨州市调研县乡人大工作和建设情况的报告》，载《人大工作研究》2020 年第 55 期。
⑤《江苏省人民代表大会常务委员会工作报告》，载《新华日报》2018 年 2 月 7 日。
⑥ 陈光志：《四川省人民代表大会常务委员会工作报告》，载《四川日报》2018 年 2 月 9 日。

常委会也"注重加强向全国人大常委会的工作汇报,主动接受指导、积极争取支持"。湖南省十三届人大常委会届期内向全国人大常委会党组报告重要工作 30 次,自觉接受全国人大及其常委会的指导。

党的十八大以来,地方人大层级间的联系和交流活动也日益频繁,上级人大通过加强工作交流,总结推广下级人大的工作经验和创新成果,强化上下联动,协同监督,以提升人大工作的整体实效。以江苏省为例,2014 年,江苏省人大常委会"进一步加强与市县区人大的联系,开展多层次的人大干部培训,及时总结推广市县区人大工作的好经验好做法,支持鼓励基层探索和创新";2015 年计划"改进执法检查联动方式","完善省、市、县人大联动协调机制,形成监督合力","加强对基层人大工作的指导。密切与市县区人大的联系,总结推广基层创新经验,推动解决实际问题"。① 江苏省十二届人大常委会在五年工作总结中指出,"省人大常委会注重对市县乡人大联系指导,加强工作协调联动,努力形成人大工作的整体合力","尽可能与市县人大上下联动、同频共振","及时总结推广典型经验,积极营造推进人大工作创新的浓厚氛围"。2015 年9 月,江苏省人大常委会召开县乡人大工作和建设座谈会,会议组织观看了镇江市人大等 3 个单位典型经验的视频介绍,镇江市人大常委会介绍了述职评议的经验。② 其他省级人大常委会也有相似的举措。如 2015年,湖南省人大召开内务司法工作会议,重点推介外省开展"两官"履职评议的工作经验,之后"两官"履职评议逐渐在湖南各市推广开来。2022年 7 月,湖南省人大常委会召开全省市州"两官"履职评议工作推进会,以增强各市州人大常委会开展"两官"履职评议的思想自觉和行动自觉。浙江省人大常委会也"强化对市县人大工作的联系与指导,健全各级人大常委会主任读书会、对口部门负责人座谈会、上下联动开展工作等联

---

① 《江苏省人民代表大会常务委员会工作报告》,载《新华日报》2015 年 2 月 10 日。
② 《继承　完善　提高——镇江市基层人大工作和建设掠影》,载江苏人大网,http://www.jsrd.gov.cn/zt/gfh/jujiao/201605/t20160516_426122.shtml,2016 年 5 月 16 日。

系指导机制,总结推广各地创新做法和经验,提高全省人大工作水平"①。

从江苏省所辖各市来看,2014 年,南京市人大常委会"注重市区人大工作联动","加强工作指导,在开展执法检查、组织代表活动、建设人大网站集群等方面形成了合力";镇江市建立了市县乡三级人大工作联动机制,在工作中"上下联动""紧密协作"。在 2015 年的工作安排中,南京市人大常委会"加强信息资源整合,推进机关内网建设,着力打造全市各级人大工作者学习、工作、资源共享的信息化平台";苏州市人大常委会计划"加强对基层人大工作的指导,召开市(区)人大和乡镇、街道人大工作经验交流会,总结推广基层人大工作经验";常州市人大常委会提出"推进地方人大工作制度化、规范化、程序化。要重视人大基层基础建设,及时总结推广基层在改革实践中创造的成功经验","完善市、辖市区人大工作联动协调机制,形成监督合力"②;连云港市人大常委会计划"继续加强对基层人大工作的指导,努力形成推动工作的合力"。此外,地方人大层级间的密切关系还体现在,上级人大所使用的监督方式会迅速得到下级人大的响应。如南京市人大常委会 2014 年对 5 个政府组成部门的主要负责人履职情况进行了评议,而南京市各区人大在 2014 年也普遍开展了履职评议活动。总之,党的十八大以来,地方人大的层级联系与交流更趋于活跃。这些不定期举行的活动激发和鼓励了地方人大对行使监督权力进行大胆的探索和尝试。如 2018 年 10 月,江苏省"纪念改革开放 40 周年推动人民代表大会制度与时俱进"研讨会上,省人大常委会常务副主任要求,"根据人大工作进入新时代地方人大工作的新任务新要求,总结提炼全省地方人大在改革创新实践中的好经验好做法,并适时上升到理论层面进行概括,在制度层面完善规范"③。

---

① 王辉忠:《浙江省人民代表大会常务委员会工作报告》,载《浙江日报》2018 年 2 月 6 日。
②《常州市人民代表大会常务委员会工作报告》,载《常州日报》2015 年 1 月 19 日。
③ 任梦琪:《回眸四十年 改革在前进——"纪念改革开放 40 周年推动人民代表大会制度与时俱进"研讨会侧记》,载《人民与权力》2018 年第 11 期。

二、权力关系

(一) 党与人大的关系

如前文所述,地方党委对同级人大进行领导的结构性安排主要有:人大代表中党员比例高,通过人大常委会的党组加强对地方人大的领导,以及党委书记兼任人大常委会主任等。党的十八大以来,某些结构性安排已经发生了显著变化。

首先,党的十八大以来,地方各级人大代表和常委会组成人员中的党员比例总体上有所下降。绝大多数省级人大能够按照中央精神的要求,将人大代表中的党员比例控制在65%左右,但是部分地区如湖北和山东等十二届省人大代表中党员比例超出了该比例,分别达到84.8%和77.7%。四川和山东十三届省人大代表中党员的比例也达到70%左右。[①]　与省级人大的情况相似,经过换届选举之后,市县人大代表中党员比例整体也略有下降。如2016年12月浙江省县级人大完成换届选举工作,其中对人大代表结构比例提出了明确要求,即工人、农民占45%左右,专业技术人员占25%左右,中共党员占65%左右,妇女代表占24%以上。从杭州市来看,换届后选举产生的县级人大代表中,党员的比例达到67.77%,[②]与浙江省十三届人大代表中党员比例(67.8%)基本一致。[③]　再如2017年,福建省新一届市县乡换届选举工作结束后,市级人大代表中的党员比例为64.1%,县级为62.3%,乡镇为56.9%。[④]不过,仍有部分地方人大代表中党员比例超过65%。如2022年5月,江苏省

---

①《887名四川省第十三届人大代表构成有何变化?》,载四川省人民政府网站,http://www.sc.gov.cn/10462/12771/2018/1/23/10443339.shtml,2018年1月23日。

②《杭州市县乡两级人大代表换届选举的回顾与思考》,载杭州人大网,http://www.hzrd.gov.cn/rdgz/dcyj/201709/t20170913_702331.html,2017年9月13日。

③施宇翔:《省十三届人大代表诞生记》,载《浙江日报》2017年12月28日。

④《我省新一届市县乡三级人大代表结构进一步优化》,载《福建日报》2017年2月23日。

完成市县乡三级人大代表换届选举工作,其中党员比例分别为 71.14%、71.92%和 69.64%。①

目前,在人大会议上开展述职评议的做法仍不多见,这与《监督法》出台之前的情况基本一致。从 2013 年 1 月开始,江苏省泗阳县连续六年在人大会议期间举办"向人民汇报,请代表评议"电视直播活动,通过这种让人民来"监考"、代表来"阅卷"的方式检验"一府两院"负责同志的履职情况。现场的人大代表采用无记名投票方式进行满意度测评,测评结果现场公布。② 自 2015 年开始,陕西省紫阳县每年的县人民代表大会闭幕会上,全体人大代表对县人民政府全体工作部门主要负责人和县人民法院、县人民检察院副职的工作进行满意度测评,对测评结果后三名或不满意率超过 40%的,由县人大常委会主任进行约谈。③

党的十八大以来,述职评议呈现出的一个新变化是评议对象的范围与《监督法》出台之前相比明显缩小,一般是评议人大常委会任命的"一府两院"工作人员,地方人大选举的"一府一委两院"工作人员和垂直管理部门主要负责人往往被排除在外。2014 年 5 月,安徽省人大常委会通过了《安徽省人民代表大会常务委员会关于省人民政府、省高级人民法院、省人民检察院工作人员任前审查和任后监督的规定》,其中明确规定,"省人大常委会任命的省人民政府秘书长以及组成部门主要负责人,省高级人民法院副院长、审判委员会委员,省人民检察院副检察长、检察委员会委员,每年应当向省人大常委会书面述职;经主任会议研究,也可以在省人大常委会会议上口头述职。省人大常委会任命的其他法官、检察官每五年至少应当向省人大常委会书面述职一次"④。

其次,地方党委通过请示报告制度加强了对人大工作的全面领导。

---

① 陈月飞:《选民参选率更高,人大代表结构更优》,载《新华日报》2022 年 5 月 31 日。
② 夏溪:《泗阳:满意不满意,代表来评议》,载《人民与权力》2018 年第 9 期。
③ 周清华:《紫阳人大:以监督"激活"干部履职动力》,载《中国人大》2017 年第 11 期。
④ 《安徽省人民代表大会常务委员会关于省人民政府、省高级人民法院、省人民检察院工作人员任前审查和任后监督的规定》,载安徽人大网,http://www.ahrd.gov.cn/npcweb/web/info_view.jsp? strId=1401067926640249,2014 年 5 月 26 日。

党的十八大以来,地方人大常委会自觉在党委领导下依法履职,其中人大常委会的党组认真履行把方向、管大局、保落实的政治责任,就立法、监督、任免、换届选举、机构改革等重要事项向同级党委请示报告并形成了制度。如云南省十二届人大常委会主动向省委请示报告重要事项和工作中的重大问题,从 2015 年起坚持每年向省委常委会全面报告年度工作,认真贯彻省委指示,及时报告落实情况。同级党委书记往往会对地方人大常委会党组的请示报告作出批示,确保人大各项工作在党委的直接领导下进行。如 2017 年 4 月至 2018 年 1 月,黑龙江省委书记先后就省人大常委会的请示报告作出批示达 125 件次。① 2021 年 10 月至 2023 年 1 月,黑龙江省委书记就立法、监督、代表等工作作出批示 355 件。② 新疆维吾尔自治区十三届人大常委会严格落实请示报告制度,定期向自治区党委报告工作,主动请示重大问题和重要事项,五年累计向自治区党委报送请示报告 405 件。"过去五年,是自治区党委对人大工作批示指示最多、听取汇报最多、出台文件最多的五年,有力推动了人大工作发展进步"③。党的十八大以来,请示报告制度不断完善,如云南、辽宁等地制定了省人大常委会党组向省委请示报告制度的事项清单和程序要求,提高了请示报告工作的制度化、规范化水平。与此同时,地方人大常委会请示报告的数量显著增加。如浙江省十二届人大常委会累计就数十项重大问题和重要事项向省委请示,而浙江省十三届人大常委会五年间共向省委请示报告 128 次。④ 不过,从省级人大来看,地方人大常委会请示报告的数量存在显著的区域性差异。如海南省六届人大常委会届内向省委请示报告 132 次;⑤北京市十五届人大常委会每半年向市

---

① 符凤春:《黑龙江省人民代表大会常务委员会工作报告》,载《黑龙江日报》2018 年 2 月 1 日。

② 王永康:《黑龙江省人民代表大会常务委员会工作报告》,载《黑龙江日报》2023 年 2 月 4 日。

③ 肖开提·依明:《自治区人民代表大会常务委员会工作报告》,载《新疆日报》2023 年 1 月 24 日。

④ 梁黎明:《浙江省人民代表大会常务委员会工作报告》,载《浙江日报》2023 年 1 月 19 日。

⑤ 李军:《海南省人民代表大会常务委员会工作报告》,载《海南日报》2023 年 1 月 20 日。

委报告一次全面工作,五年间共请示报告 410 件次;①黑龙江省十三届人大常委会仅在 2021 年就向省委请示报告了 221 件,届内共向省委请示报告工作 684 件。② 从 2022 年各省级人大常委会的工作报告来看,除了安徽省、陕西省人大常委会没有明确述及外,几乎所有的省级人大常委会都高度重视并严格执行向同级党委请示报告的制度,将坚持党的全面领导贯穿人大的各项工作之中(见表 7-7)。

表 7-7　2021 年全国省级人大常委会执行请示报告制度情况

省(区、市)	主要内容
北京市	重要会议、重要立法、重要工作、重大事项以及工作计划调整及时向市委请示报告,共汇报全面工作 2 次、请示报告 82 次。
上海市	坚持人大重要会议、重要立法、重点工作、重大事项及时向市委请示报告。
天津市	认真执行请示报告制度,重要会议、重要立法、重要工作、重大事项等及时向市委请示报告。
重庆市	严格执行重大事项请示报告制度,人大重大事项、重要工作、重要立法、重要会议等,都及时向市委请示报告。一年来,向市委请示报告 97 次。
河北省	全年向省委请示报告重要会议、重要立法、重要活动 82 次。
山西省	制定党组工作规则,修订常委会工作规程、机关工作守则,加强请示报告、设立分党组等。
内蒙古自治区	就重大事项向自治区党委请示报告 59 次。
辽宁省	严格执行请示报告制度,凡是重要会议、重要立法、重要工作、重大事项等,都按规定及时向省委请示报告。
吉林省	就重要会议、重要立法、重要工作、重大事项等向省委请示报告 41 次。
黑龙江省	向省委请示报告重要会议、重要立法、重要工作、重大事项 221 件,省委领导作出批示 154 件。
江苏省	全年共向省委常委会会议专题汇报 5 次,向省委请示报告 26 次。

① 李伟:《北京市人民代表大会常务委员会工作报告》,载《北京日报》2023 年 1 月 29 日。
② 王永康:《黑龙江省人民代表大会常务委员会工作报告》,载《黑龙江日报》2023 年 2 月 4 日。

续表

省(区、市)	主要内容
安徽省	没有明确提及。
浙江省	向省委请示报告重大问题和重要事项31件,向省委常委会专题汇报17次。
福建省	严格执行向省委请示报告制度,重大问题、重要事项、重点工作都按规定及时向省委请示报告。
江西省	常委会党组严格执行请示报告制度,全年向省委常委会专题汇报5次,向省委请示报告70余次。
山东省	坚持党对人大工作的全面领导,严格执行请示报告制度。
河南省	完善党领导人大工作制度机制,制定向省委请示、报告、报备事项3个清单,编印《每周汇报》及时报告工作动态,围绕重大问题、重要事项、重点工作向省委请示报告71次。
湖北省	严格执行请示报告制度,共向省委请示报告65件次。
湖南省	坚持请示报告制度,人大重要会议、重大问题、重大事项、重点工作等及时向省委请示报告。
广东省	从立法计划的制定到立法中的重大问题、重要环节都及时向省委请示报告,按照严格、及时、全面的要求向省委请示报告81件次。
广西壮族自治区	一年来,向自治区党委请示报告重要事项42次,始终把党的领导贯穿于人大工作各方面全过程。
海南省	先后就社会信用、优化营商环境、企业破产程序、市场主体注销等重大立法问题,以及监督、任免、市县乡人大换届选举等重要事项,向省委请示报告24次。
四川省	制定加强向省委请示报告工作措施,完善讨论和决定重大事项清单,自觉做到重大事项一事一报、重要情况急事急报、重点问题特事特报,全年向省委请示报告46件次。
贵州省	严格执行重大事项请示报告制度,向省委请示报告重大问题、重要事项、重要工作59件次,自觉接受省委领导。
云南省	坚持向省委汇报年度工作、常委会年度工作要点和立法、监督、代表工作计划,向省委请示报告重大问题、重要事项153次。

续表

省(区、市)	主要内容
西藏自治区	全年就重要会议、重要立法、重要工作、重大事项等向自治区党委请示报告 72 次。
陕西省	没有明确提及。
甘肃省	召开重要会议、开展重要活动、制定工作要点和立法监督代表工作计划、制定修改重要法规等履职中的重大事项,都按规定及时向省委请示报告,全年共请示报告 86 件次。
青海省	严格执行重大事项请示报告制度,向省委请示报告 68 件次,把党的领导贯穿到人大工作全过程各方面。
宁夏回族自治区	按规定及时向自治区党委请示报告人大重要会议、重要立法、重要工作、重大事项等。
新疆维吾尔自治区	重要会议、重要立法、重要工作、重大事项及时向自治区党委请示报告,坚定坚决地把党的领导落细、落实、落具体,体现到人大工作的每一个环节、每一个方面、每一个领域。

注:数据系笔者根据 2022 年各省级人大常委会工作报告整理而得(不含港澳台地区)。

需要指出的是,党的十八大以来,不仅仅是人大常委会党组的作用愈加凸显,整个人大常委会的政治建设都得到了显著加强。如吉林省人大常委会设置了常委会专职委员党支部,确保党的意图和决策在人大贯彻落实。[1] 湖北省人大常委会加强对机关党组、专门(工作)委员会分党组的领导,充分发挥党员委员、代表作用,保证人大各项工作遵循党的主张、依法顺利推进。[2] 云南省十二届人大常委会"认真履行党组政治领导责任,坚持党组研究提出人大常委会重大工作,再由人大常委会依法审议决定;修订常委会党组工作规则,完善工作机制;建立健全党组织,2017 年在委员会和研究室设立分党组,加强党的建设,确保人大工作始

---

① 马俊清:《吉林省人民代表大会常务委员会工作报告》,载《吉林人大》2018 年第 1 期。

② 傅德辉:《湖北省第十二届人民代表大会常务委员会工作报告》,载《湖北日报》2018 年 2 月 7 日。

终在党的领导下不断向前推进"①。

再次,全国市县级人大常委会主任开始逐步实现专职配备,即不再由同级党委书记兼任。在市级人大层面,绝大多数市级人大常委会主任均为专任模式。截至2020年4月,从全国来看,市级人大中同级党委书记不兼任人大常委会主任的比例达到75%左右。② 2015年初,湖南省14个地级市中有12个为专任。③ 基于消除衡阳破坏选举案的负面影响,2016年6月,湖南省委决定,"进一步加强人大领导班子和干部队伍建设,实行地级市(长沙市、湘西自治州除外)人大常委会主任由同级党委书记兼任,在今年市州人大换届选举时调整到位,确保党对人大工作的坚强领导"④。但是这种兼任局面并没有维持多长时间。2021年7月,湖南省委召开人大工作会议,会前出台了《湖南省委关于加强和改进新时代人大工作的意见》,其中明确要求"市县两级人大常委会主任专职配备"。此后,湖南省市级人大常委会主任实现了专职配备。

在县级人大层面,目前县级人大常委会主任已经基本实现专职配备。早在中央明确作出要求之前,部分省份即已对兼任模式进行了改革,如陕西省(2007年)、四川省(2009年)、湖北省(2009年)、浙江省(2009年)等。2014年12月,江苏省委《关于坚持完善人民代表大会制度推动人大工作与时俱进的意见》明确要求,"适应新时期人大工作的需要,根据本地实际情况,市、县(市、区)人大常委会主任可以专职设立"。2015年6月,中共中央转发《中共全国人大常委会党组关于加强县乡人大工作和建设的若干意见》的通知,明确要求"县级人大常委会主任实行专职配备,列席党委常委会会议"。2015年9月,张德江在加强县乡人大工作和建设座谈会上指出,从全国的调研来看,县级人大常委会主任中

---

① 张百如:《云南省人民代表大会常务委员会工作报告》,载《云南日报》2018年2月3日。
② 秦蓁:《地方人大及其常委会的组织建设情况》,载《人大工作研究》2020年第19期。
③ 数据系笔者根据地方党政领导人物库整理而得,详见中国经济网,http://district. ce. cn/zt/rwk/index. shtml。
④ 《中共湖南省委关于巡视"回头看"整改情况的通报》,载中国共产党新闻网,http://fanfu. people. com. cn/n1/2016/0826/c64371-28668333. html,2016年8月26日。

专职主任约占 88％，"目前由书记兼主任的，可以在下次换届时再调整到位"，"县级人大常委会主任实行专职配备，能够把主要精力放在做好人大工作上，有利于加强县级人大工作和建设，有利于健全基层治理结构"。① 2016 年，全国县级人大换届选举工作陆续完成，其中党委书记和人大常委会主任"一肩挑"的局面得到根本性改变。2018 年初，湖北全省103 个县级人大常委会主任已专职配备到位。② 2018 年 4 月，河北全省168 个县级人大常委会中 167 个落实了专职配备的要求。③ 2019 年，浙江省市县两级人大常委会主任全部实现了专职配备。④ 2022 年 5 月，江苏省市县乡三级人大完成换届选举之后，县级人大常委会主任全部实现专职配备。⑤

在副省级市中，绝大多数采用的是分设模式，但是，省级人大层面仍延续了以往兼任的做法。对安徽、江西、贵州等部分采取兼任模式的省级人大的统计发现，自 2013 年初至 2023 年初，省委书记的人事变动导致省人大常委会主任也频繁发生调整，省人大常委会主任的平均任职时间仅为 2.5 年左右，这种情形不可避免地削弱了人大制度的权威性，同时也对人大工作产生了负面影响。目前，各地在贯彻落实《中共中央关于新时代坚持和完善人民代表大会制度　加强和改进人大工作的意见》时，往往明确提出人大及其常委会选举和任命的国家工作人员在法定任期内应保持相对稳定，这一规定对兼任模式的影响有待后续观察。

（二）人大与"一府一委两院"的关系

人大与监督对象之间的结构性关系，近年来并没有发生显著变化，

---

① 《张德江在加强县乡人大工作和建设座谈会上的讲话》，载江苏人大网，http://www.jsrd. gov.cn/zt/zrpxb/xxzl/201703/t20170330_457560.shtml，2017 年 3 月 30 日。

② 《县乡人大建设砥砺前行》，载湖北省人大常委会网站，http://www.hppc.gov.cn/2018/0202/25370.html，2018 年 2 月 2 日。

③ 戴绍志：《坚持党的领导　忠实履行职权　奋力开创新时代全省人大工作新局面》，载《河北日报》2018 年 4 月 12 日。

④ 《我省人大自身建设不断加强》，载《浙江人大》2019 年第 7 期。

⑤ 陈月飞：《选民参选率更高，人大代表结构更优》，载《新华日报》2022 年 5 月 31 日。

但是一些地方为降低党政领导干部代表比例、加强人大预算监督权力等的渐进改革仍不失其进步意义,同时深化党和国家机构改革也对人大监督提出了新要求。

1. 人大代表结构的变化

党的十八大报告指出,人大代表结构要提高基层代表的比例,降低党政领导干部代表的比例。按照中央精神,各级人大在换届选举时对人大代表结构进行了调整,要求基层代表特别是一线工人、农民和专业技术人员代表的比例要比上届有所上升,农民工代表人数要比上届有较大幅度增加,党政领导干部代表的比例要比上届有所降低。从全国人大来看,十二届全国人大代表构成中,党政领导干部代表比例比上届降低了近 7 个百分点。① 十三届全国人大代表中,党政领导干部代表占33.93％,比上届降低了 0.95 个百分点。党的十八大以来,省级人大代表中党政领导干部的比例总体上也呈现下降趋势。以江苏省为例,2013年,江苏省十二届人大代表中的党政领导干部比例与上届相比下降了5.5 个百分点。2018 年,江苏省十三届人大代表中党政领导干部比例与上届相比继续下降,达到 37.6％。2023 年,江苏省十四届人大代表中,该比例进一步降至 36.3％。② 不过,省级人大代表中党政领导干部的比例存在显著的区域性差异。如广东省十四届人大代表中党政领导干部的比例为 20.3％,而云南省十四届人大代表中这一比例达到 53.16％,并且与上届相比,已经减少了 7 个百分点。③ 2013 年,全国县级人大换届选举工作完成后,新当选的县级人大代表中,党政领导干部比例与上届相比降低了 4.4％。④ 其中,换届后的甘肃、黑龙江、江西等省的县级人大代表中党政领导干部的比例与上届相比,分别下降了 4.6％、7.6％

---

① 铁永功:《人大代表结构优化体现民主进步》,载《光明日报》2013 年 3 月 1 日。

②《省人大常委会介绍新一届人大代表构成情况》,载《江苏法治报》2023 年 1 月 13 日。

③ 郎晶晶:《省十四届人大一次会议各项准备工作就绪》,载《云南日报》2023 年 1 月 11 日。

④ 毛磊:《全国县乡两级人大换届完成》,载《人民日报》2013 年 1 月 23 日。

和 3.0％。① 尽管这里的"党政领导干部"并不全部来自"一府两院",但是,仍有相当比例的人大代表同时兼有"运动员"和"裁判员"的双重角色,这种监督对象与监督主体身份重合的现象长期存在,成为地方人大开展监督的结构性软肋。

事实上,多数地方人大已经意识到党政领导干部代表过多的消极影响。如山东省自 1993 年以来总结历次各级人大换届选举工作时,均提及各级人大代表中党政领导干部比例偏高的问题;但是从选举结果来看,该问题一直存在。2003 年,山东省十届人大代表中按干部界别当选的占代表总数的37.6％;②2013 年,山东省十二届人大代表中来自"公务员"界别的达到 38.2％;③2018 年,山东省十三届人大代表中,公务员代表比例略有降低,但仍达到了 37.14％。在近几次地方人大换届中,各地均宣称代表结构得到了优化与改善,尤其是党政领导干部代表的比例一再降低,基层的工农代表比例有所提升。然而,真实情况可能更为复杂,基于部分代表多重身份而出现身份选择不合理甚至"失真"现象,掩盖了代表结构失衡问题。④ 2015 年 3 月,时任中组部副部长王尔乘指出,"一些地方人大代表的结构严重失衡,真正来自基层的农民和工人的代表少。有的企业负责人占了一半以上的数量",同时"一些企业主以工人、农民或者是科学技术人员的身份获得了代表的提名,使得那些真正来自基层的,符合条件的人选无法提名"。⑤ 何俊志对某市四届人大代表构成的分析显示,纯粹意义的农民代表已经完全消失。⑥

---

① 曹众:《优化代表结构 推动话语权的平衡》,载《人民代表报》2012 年 4 月 28 日。
② 朱春湖:《地方人大代表结构中干部比例过高问题亟待解决》,载《山东人大工作》2004 年第 3 期。
③ 张晓博:《山东省十二届人大代表今天报到 906 人七成新面孔》,载齐鲁网,http://news. iqilu. com/shandong/yuanchuang/2013/0123/1432935. shtml,2013 年 1 月 23 日。
④ 徐理响、黄鹏:《人大代表结构与代表身份选择合理性问题探析》,载《中南大学学报(社会科学版)》2016 年第 1 期。
⑤《一些企业主冒充工人农民获代表提名》,载《新京报》2015 年 3 月 11 日。
⑥ 何俊志:《中国地方人大代表构成的变化趋势》,载《南京社会科学》2015 年第 2 期。

2. 人大预算监督权力的变化

党的十八大以来，党中央多次明确提出加强人大的预算监督权力。党的十八大提出"加强对政府全口径预算决算的审查和监督"。十八届三中全会提出"加强人大预算决算审查监督、国有资产监督职能"，拓宽了预算监督的范围。十九届三中全会再次提出"加强人大对预算决算、国有资产管理等的监督职能"。2018 年 3 月，中共中央办公厅印发文件明确要求，人大要对支出预算和政策开展全口径审查和全过程监管。在这种背景下，全国人大常委会于 2014 年和 2018 年两次对《中华人民共和国预算法》进行了修正，各级人大的预算监督权力普遍得到加强。但是实质性的预算权力在人大与政府间的配置仍处于失衡状态。[①] 由于预算监督理念的行政主导色彩严重，预算信息公开程度低，监督来源不透明，以及预算监督权力和预算监督能力相互混淆等原因，地方人大仍未能实现预算监督权力的实质化。[②] 这种情形在述职评议中也有体现。2014 年 2 月，陕西省紫阳县人大常委会制定了对县人大常委会任命的国家机关工作人员进行述职评议的暂行办法。2019 年 4 月，紫阳县人大常委会对述职评议暂行办法进行了重大修改，其中删除了评议述职人员"三公经费管理及执行情况"，增加了"贯彻落实县委、县政府确定的重点工作情况"等内容。[③]

现实中，一些地方人大依然经常性地遭遇经费不足的困境。如 2014 年，云南省昭通市人大常委会对该市县乡人大工作进行调查，结果发现一些县（区）人大常委会办公用房紧张，甚至租用民房办公，人均办公面积过低且办公楼年久失修、设施陈旧。此外经费投入不足、代表履职经

[①] 魏陆：《人大预算监督效力评价和改革路径选择》，载《上海交通大学学报（哲学社会科学版）》2015 年第 1 期。

[②] 许聪：《省级人大预算监督权力考察》，载《财政研究》2018 年第 10 期。

[③] 《关于修改〈紫阳县人大常委会任命的国家机关工作人员述职评议暂行办法〉的决定》，载紫阳人大网，http://www.zyrd.gov.cn/news_info.asp? ID=4930.html，2019 年 4 月 22 日。

费标准过低的现象也十分普遍。① 湖南省人大常委会研究室对湖南省
122 个县级人大进行调查,发现部分县人大代表每人每年活动经费仅有
200 元,常委会组织视察、调研、旁听会议时只能尽量削减人数,这种状况
不可避免地影响到地方人大的履职质量。② 2015 年 6 月,中共中央转发
《中共全国人大常委会党组关于加强县乡人大工作和建设的若干意见》
的通知,明确要求"依法保障人大代表活动经费","代表活动必需经费,
应当列入本级财政预算并予以保证"。各地为积极贯彻中央文件精神纷
纷出台了实施意见。如江西省委出台了《关于加强市县乡人大建设的若
干实施意见》,从八个方面提出具体措施,其中包括强化代表履职保障,
代表活动经费增长 70%左右,并列入同级财政预算。③ 广西壮族自治区
将县级人大代表活动经费从每人每年 800—1000 元提高到不低于 2000
元,乡级人大代表从每人每年 300—500 元提高到不低于 1000 元。湖北
省委下发〔2017〕40 号文件,将代表活动经费列入同级财政预算,专款专
用,但是各地之间仍存在较大差异性,如宜昌市 13 个县(市、区)人大常
委会人大代表活动经费的标准为 1500—2000 元,④而鄂州市 2019 年度
全市人大代表活动经费的标准仅有 800 元/人。⑤ 西安市人大常委会在
调研中发现,各区县人大代表活动经费虽已列入本级财政预算,并核定
了经费标准,但是经费标准仍需要提高,部分区县标准偏低。⑥ 一些人
大代表提高活动经费的建议遭到了拒绝。2016 年 10 月,云南省马关
县人大代表提出,因履职任务越来越繁重,希望将县人大代表和乡镇
人大代表的履职活动补助经费由原先的每人每年 1000 元和 400 元分

---

① 许定华、王剑:《县乡人大工作现状及思考》,载昭通市人大常委会网,http://www.ztrd.gov.
cn/article/201408/t20140825_1372_2.shtml,2014 年 8 月 25 日。
② 刘永学、戴志华:《加强县级人大建设的调查与思考》,载《人大研究》2014 年第 6 期。
③ 鹿心社:《在全省县乡人大工作和建设经验交流会上的讲话》,载《时代主人》2017 年第 10 期。
④ 《县乡人大建设砥砺前行》,载湖北人大网,http://www.hppc.gov.cn/2018/0202/25370.
html,2018 年 2 月 2 日。
⑤ 《关于下达市级人大代表活动经费的通知》,鄂州市财政局文件(鄂州财行发〔2019〕196 号)。
⑥ 西安市人大常委会代联委:《关于我市区县、开发区、镇街人大工作和建设情况的调研报告》,
载《西安人大》2018 年第 6 期。

别调整为 2000 元和 1000 元。县财政局答复:"2016 年举全县之力打响精准扶贫攻坚战,同时面对可预期的工资增资、民生工程配套、养老金并轨、公车改革、政府性债务还本付息、重点基础设施建设等各项重点急需领域支出较大,财政资金调度压力更甚往年,收支压力巨大且矛盾尖锐,已无力再提高乡镇人大代表活动经费标准,敬请谅解。"①

3. 同级党委中的关系变化

党的十八大之后,地方人大与其监督对象在地方党委中的地位发生了一些变化。一方面,就人大与政府之间的关系而言,在地方层面,除了党委书记兼任人大常委会主任的情形之外,地方政府主要领导的党内地位都高于同级人大常委会主任。目前全国市县级人大常委会主任专任模式已经成为主流,一般情况下,专职的人大常委会主任不是同级党委常委,只能列席党委常委会会议,而作为监督对象的政府"一把手"往往是党委副书记,还有两位政府组成人员也进入同级常委班子。② 党的十八大以来,政府副职兼任公安厅(局)长的制度安排可能会对地方人大的监督工作产生影响。2003 年 11 月,《中共中央关于进一步加强和改进公安工作的决定》规定,"各级党委可根据实际情况和干部任职条件,在领导班子职数范围内,有条件的地方逐步实行由同级党委常委或政府副职兼任省、市、县三级公安机关主要领导"。此后,地方各级公安厅(局)长一般是同级党委常委或政府副职、政法委书记担任。如在 2006 年,宁夏回族自治区 22 个县、区中有 20 个公安局局长为同级党委常委。2010 年 4 月,中组部下发文件,要求省级政法委书记不兼任公安厅(局)长。此后,全国公安厅(局)长兼任同级党委常委的比例开始下降。如在省级层面,2011 年 5 月,全国省级公安厅厅长中有 11 人进入同级党委(10 人为政法委书记);到 2015 年 1 月底,省级公安厅厅长中仅有 4 个是同级党委常委(北京市公安局局长兼任公安部副部长、北京市委常委;浙江省公安

①《第 233 号　关于调整县、乡两级人大代表履职活动经费标准的建议》,载马关县人民政府网站,http://www.ynmg.gov.cn/info/1288/5739.htm,2016 年 10 月 11 日。

② 刘永学、戴志华:《加强县级人大建设的调查与思考》,载《人大研究》2014 年第 6 期。

厅厅长兼任省委常委;湖南省公安厅厅长兼任省政法委书记、省委常委;宁夏回族自治区公安厅厅长兼任区政法委书记、区党委常委),25人由政府副职(22人)或省长助理(3人)兼任。公安厅(局)长在党内地位的削弱为地方人大常委会对其开展监督工作创造了有利条件,不过随之产生的另一个问题是,政府副职兼任公安厅(局)长的高配做法,可能同样不利于地方人大开展监督工作。政府副职一般由地方人大选举产生,目前述职评议实践中往往回避了地方人大选举的政府副职。在选定评议对象时,地方人大选举的政府副职身份可能不在评议范围之内,而作为地方人大常委会任命的公安厅(局)长却是法定的评议对象。

另一方面,就党委中人大与"两院"之间的地位而言,目前仍是前者高于后者。部分省市人大组织的履职主要针对法官和检察官,而未包括行政官员就是一个很好的例证。但是从2014年开始的司法体制改革可能会改变现有格局。党的十八届三中全会审议通过的《中共中央关于全面深化改革若干重大问题的决定》,对司法体制改革进行了总体部署,要求"确保依法独立公正行使审判权检察权。改革司法管理体制,推动省以下地方法院、检察院人财物统一管理,探索建立与行政区划适当分离的司法管辖制度,保证国家法律统一正确实施"①。2014年6月,中央全面深化改革领导小组第三次会议审议通过的《关于司法体制改革试点若干问题的框架意见》确定了司法体制改革的重点内容,其中由省直接统一管理地方法官检察官的规定受到广泛关注。具体而言,"对人的统一管理,主要是建立法官、检察官统一由省提名、管理并按法定程序任免的机制。对财物的统一管理,主要是建立省以下地方法院、检察院经费由省级政府财政部门统一管理机制"。司法体制的这种变革趋势,将扭转以往"两院"的司法地方化倾向,而使之具有类似脱离地方组织人事关系的垂直管理部门的性质。就人大监督工作一般性过程来看,地方人大常委会的监督计划往往经过同级党委批准同意而后实施,一旦地方党委对

---

① 《中共中央关于全面深化改革若干重大问题的决定》,载《求是》2013年第22期。

"两院"失去关键性影响力,依靠地方党委推动监督的既有模式可能会影响人大监督权力的行使。

4. 监察委员会

2018年3月,十三届全国人大一次会议通过《中华人民共和国宪法修正案》和《中华人民共和国监察法》(下文简称《监察法》),提出设置监察委员会作为行使监察职能的专责机关,同时规定县级以上地方人大常委会"监督本级人民政府、监察委员会、人民法院和人民检察院的工作",因而形成了地方各级人大及其常委会监督本级"一府一委两院"的新格局。《监察法》规定,"地方各级监察委员会由主任、副主任若干人、委员若干人组成,主任由本级人民代表大会选举,副主任、委员由监察委员会主任提请本级人民代表大会常务委员会任免","地方各级监察委员会对本级人民代表大会及其常务委员会和上一级监察委员会负责,并接受其监督","国家监察委员会领导地方各级监察委员会的工作,上级监察委员会领导下级监察委员会的工作"。《监察法》同时规定,监察委员会的职责包括:对公职人员开展廉政教育,对其依法履职、秉公用权、廉洁从政从业以及道德操守情况进行监督检查;对涉嫌贪污贿赂、滥用职权、玩忽职守、权力寻租、利益输送、徇私舞弊以及浪费国家资财等职务违法和职务犯罪进行调查;对违法的公职人员依法作出政务处分决定;对履行职责不力、失职失责的领导人员进行问责;对涉嫌职务犯罪的,将调查结果移送人民检察院依法审查、提起公诉;向监察对象所在单位提出监察建议。监察机关的监察范围包括"中国共产党机关、人民代表大会及其常务委员会机关、人民政府、监察委员会、人民法院、人民检察院、中国人民政治协商会议各级委员会机关、民主党派机关和工商联合会机关的公务员,以及参照《中华人民共和国公务员法》管理的人员"。由中纪委和国家监察委员会法规室编写的《中华人民共和国监察法释义》指出,人大及其常委会机关的公务员包括:(1) 县级以上各级人民代表大会常务委员会领导人员,乡、镇人民代表大会主席、副主席;(2) 县级以上各级人民代表大会常务委员会工作机构和办事机构的工作人员;(3) 各级人民代表大会专门委员会办事机构的工作人员。① 2018 年 4 月,中纪委和国家监察委员会印发的《公职人员政务处分暂行规定》第十条规定,对公职人员给予政务处分,由监察机关按照管理权限依法作出决定。"对经各级人民代表大会及其常务委员会选举或者决定任命的公职人员给予撤职、开除处分的,应当先由人民代表大会及其常务委员会依法罢免、撤销或者免去其职务,再由监察机关依法作出处分决定"。监察委员会与"一府两院"同样是各级权力机关的派生机关,但是与行政机关对同级人大的逆向制约不同,监察委员会依法明确享有对权力机关公职人员进行监督的权力。

目前理论界和实务界对监察权力的监督范围存在争议。有学者认为,监察委员会可以对人大代表进行监察,但是存在着监察职责、监察措施、监察程序三方面的限度。② 有学者认为,监察机关对人大代表进行监察的前提是人大代表是兼职的且为"行使公权力的公职人员"。③ 也有学者提出,监察机关只能监察人大机关工作人员,不能对人大及其常委会组成人员进行监督。④ 还有观点认为,监察委员会兼具国家机关和政治机关双重属性,国家机关属性要求监察委员会须接受人大监督,政治机关属性则决定了其接受人大监督的方式与行政机关、司法机关有所区别,其接受人大监督的内容不宜是全面的。需要指出的是,党的地方各级纪律检查委员会与地方各级监察委员会合署办公,实行一套工作机构、两个机关名称,监察委员会主任一般为同级党委常委、纪委书记。从目前述职评议的实践来看,监察委员会副主任、监察委员一般很少被地方人大常委会纳入评议范围。2022 年 11 月,安徽省六安市人大常委会制定了《六安市人民代表大会常务委员会关于地方国家机关工作人员任

① 中共中央纪律检查委员会、中华人民共和国国家监察委员会法规室:《中华人民共和国监察法释义》,中国方正出版社 2018 年版,第 109 页。
② 郭文涛:《监察委员会监察人大代表的理解与论证》,载《西南政法大学学报》2018 年第 4 期。
③ 刘玉彪:《监察机关监察人大代表的理论逻辑与实践逻辑》,载《人大研究》2019 年第 6 期。
④ 秦前红:《国家监察法实施中的一个重大难点:人大代表能否成为监察对象》,载《武汉大学学报(哲学社会科学版)》2018 年第 6 期。

后监督的办法》,其中明确任后监督对象为市人大常委会任命的"一府一委两院"工作人员,但是同时指出"对市监察委员会副主任、委员的任后监督,待《中华人民共和国各级人民代表大会常务委员会监督法》修订和省人大常委会有关规定出台后执行"。① 总之,地方人大如何通过述职评议对监察委员会相关人员开展监督,如何将人大监督与监察监督贯通协调,有待进一步探索。

5. 归口党委职能部门领导或管理的政府部门

2018 年 3 月,中共中央印发《深化党和国家机构改革方案》,要求各地区各部门结合实际认真贯彻执行,所有地方机构改革任务在 2019 年 3 月底前基本完成。这次党和国家机构改革的一个重要着眼点是推进党和国家机构职能优化协同高效,优化职能配置,提高效率效能。除了前文提及的组建监察委员会之外,另一个重大改革是对机构编制、公务员管理、新闻出版、电影、民族、宗教、侨务等工作实行党委组织部、宣传部、统战部等集中统一领导,这类部门属于归口党委职能部门领导或管理的政府部门。各地省委一般明确表示支持人大对归口党委职能部门领导或管理的政府部门开展监督。如 2019 年 8 月,《中共浙江省委关于高水平推进新时代人大工作和建设的意见》明确提出,重视和支持人大对归口党委职能部门领导或管理的政府部门开展监督,强化对行政权力的制约和监督;同时强调,这类部门要主动向人大报告工作,切实增强接受人大监督的意识。理论上说,地方人大及其常委会选举和任命的国家机关工作人员,应该向前者报告履职情况并接受评议,但是从实践来看,地方人大对归口党委职能部门领导或管理的政府部门主要负责人的监督尚未真正展开。2021 年 9 月,江苏省南通市海门区人大常委会首次对归口党委职能部门领导或管理的政府部门依法履职情况开展调研监督(而非述职评议)。从类似零星的案

---

① 六安市人大常委会:《市人大常委会出台任后监督办法》,载六安市人大网,http://www.lasrd.gov.cn/xwzx/rdyw/8809790.html,2022 年 11 月 25 日。

例来看,对这类部门主要负责人的监督是否采用述职评议这种形式,目前尚无定论。

三、政治态度

(一)中央层面

1. 中共中央

党的十八大以来,党中央在一些重要会议和重要文件里屡次提出进一步加强人大的监督工作,使得述职评议的发展出现了新的契机。自2015 年起至 2021 年,中央政治局常委会会议连续 7 年听取全国人大常委会党组工作汇报,多次研究决定人大工作中的重大问题和重要事项,先后出台有关人大工作的指导性文件近 30 件。①

党的十八大报告提出,要"提高基层人大代表特别是一线工人、农民、知识分子代表比例,降低党政领导干部代表比例。在人大设立代表联络机构,完善代表联系群众制度。健全国家权力机关组织制度,优化常委会、专委会组成人员知识和年龄结构,提高专职委员比例,增强依法履职能力"。2013 年 11 月,十八届三中全会通过的《中共中央关于全面深化改革若干重大问题的决定》指出,"发展社会主义民主政治,必须以保证人民当家作主为根本,坚持和完善人民代表大会制度","推动人民代表大会制度与时俱进。坚持人民主体地位,推进人民代表大会制度理论和实践创新,发挥人民代表大会制度的根本政治制度作用","健全'一府两院'由人大产生、对人大负责、受人大监督制度"。② 2014 年 10 月,十八届四中全会通过的《中共中央关于全面推进依法治国若干重大问题的决定》明确规定,"必须以规范和约束公权力为重点,加大监督力度,做

---

① 王博勋:《奋力开创新时代人大工作新局面——全国人大常委会党组开展专题调研侧记》,载《中国人大》2021 年第 18 期。
②《中共中央关于全面深化改革若干重大问题的决定》,载《人民日报》2013 年 11 月 16 日。

到有权必有责、用权受监督、违法必追究，坚决纠正有法不依、执法不严、违法不究行为"，"强化对行政权力的制约和监督。加强党内监督、人大监督、民主监督、行政监督、司法监督、审计监督、社会监督、舆论监督制度建设，努力形成科学有效的权力运行制约和监督体系，增强监督合力和实效"。① 2015 年 6 月，中共中央转发《中共全国人大常委会党组关于加强县乡人大工作和建设的若干意见》（中发〔2015〕18 号文件）的通知，要求各地"按照总结、继承、完善、提高的原则，保证县乡人大依法行使职权，健全县乡人大组织制度和工作机制，提高县乡人大工作水平，推动人民代表大会制度和人大工作与时俱进、完善发展"。同时还明确提出坚持党管干部原则与人大依法行使选举权任免权相统一、加强对人大选举和任命人员的监督，为地方人大开展述职评议提供了重要依据。② 2017年 10 月，党的十九大报告提出了"两个机关"命题，要"支持和保证人大依法行使立法权、监督权、决定权、任免权，更好发挥人大代表作用，使各级人大及其常委会成为全面担负起宪法法律赋予的各项职责的工作机关，成为同人民群众保持密切联系的代表机关"③。2019 年 10 月，党的十九届四中全会通过的《中共中央关于坚持和完善中国特色社会主义制度推进国家治理体系和治理能力现代化若干重大问题的决定》指出，要"健全人大组织制度、选举制度和议事规则，完善论证、评估、评议、听证制度"。2021 年 11 月，党中央印发《关于新时代坚持和完善人民代表大会制度、加强和改进人大工作的意见》，再次强调"支持地方人大常委会加强对人大选举和任命人员的监督"。

2014 年 9 月，习近平在庆祝全国人民代表大会成立 60 周年大会上的讲话中指出，"各级人大及其常委会要担负起宪法法律赋予的监督职责，维护国家法制统一、尊严、权威，加强对'一府两院'执法、司法工作的

①《中共中央关于全面推进依法治国若干重大问题的决定》，载《人民日报》2014 年 10 月 29 日。
② 庄泽林：《关于地方人大开展述职评议的回顾和思考》，载《人大工作研究》2020 年第 11 期。
③ 习近平：《决胜全面建成小康社会　夺取新时代中国特色社会主义伟大胜利——在中国共产党第十九次全国代表大会上的报告》，载《人民日报》2017 年 10 月 28 日。

监督,确保法律法规得到有效实施,确保行政权、审判权、检察权得到正确行使"①。2014 年 1 月,习近平在十八届中央纪委三次全会上的讲话强调,"要强化监督,着力改进对领导干部特别是一把手行使权力的监督","要强化公开,依法公开权力运行流程,让广大干部群众在公开中监督,保证权力正确行使"。② 2015 年 2 月,习近平在省部级主要领导干部学习贯彻十八届四中全会精神全面推进依法治国专题研讨班开班式上强调,"各级领导干部在推进依法治国方面肩负着重要责任,全面依法治国必须抓住领导干部这个'关键少数'"③。习近平提出的这些要求,与述职评议主要以地方人大及其常委会选举和任命的国家机关工作人员为监督对象的思路不谋而合。更重要的是,习近平旗帜鲜明地鼓励人大进行制度创新。2014 年 2 月,习近平在省部级主要领导干部学习贯彻十八届三中全会精神全面深化改革专题研讨班开班式上强调,"我们说坚定制度自信,不是要固步自封,而是要不断革除体制机制弊端,让我们的制度成熟而持久"④。习近平强调,要"在坚持根本政治制度、基本政治制度的基础上,不断推进制度体系完善和发展"⑤。2019 年 7 月,习近平对地方人大及其常委会工作作出重要指示,"新形势新任务对人大工作提出新的更高要求。地方人大及其常委会要按照党中央关于人大工作的要求,围绕地方党委贯彻落实党中央大政方针的决策部署,结合地方实际,创造性地做好立法、监督等工作"⑥。2021 年 10 月,习近平在中央人大

---

① 习近平:《在庆祝全国人民代表大会成立 60 周年大会上的讲话》,载《人民日报》2014 年 9 月 6 日。

② 习近平:强化反腐败体制机制创新和制度保障 深入推进党风廉政建设和反腐败斗争》,载《人民日报》2014 年 1 月 15 日。

③ 习近平:领导干部要做尊法学法守法用法的模范 带动全党全国共同全面推进依法治国》,载《人民日报》2015 年 2 月 3 日。

④ 习近平:完善和发展中国特色社会主义制度 推进国家治理体系和治理能力现代化》,载《人民日报》2014 年 2 月 18 日。

⑤ 习近平:《在庆祝全国人民代表大会成立 60 周年大会上的讲话》,载《人民日报》2014 年 9 月 6 日。

⑥《习近平对地方人大及其常委会工作作出重要指示》,载《人民日报》2019 年 7 月 19 日。

工作会议上指出,"要用好宪法赋予人大的监督权,实行正确监督、有效监督、依法监督",要求各级人大及其常委会"成为自觉坚持中国共产党领导的政治机关、保证人民当家作主的国家权力机关、全面担负宪法法律赋予的各项职责的工作机关、始终同人民群众保持密切联系的代表机关"。①

需要强调的是,习近平在地方担任领导职务时对述职评议给予了积极评价。早在 1992 年,时任福州市委书记、市人大常委会主任的习近平肯定了福州市开展的评议工作,他认为,"开展评议活动是代表表达政见、进行政治参与的一种好形式,也开拓了人大监督工作的新途径"。② 2002 年,习近平在浙江省暨杭州市纪念现行宪法颁布实施二十周年大会上指出,"各级人大及其常委会要强化执法监督,加强对宪法实施和法律法规执行情况的监督检查,完善各种行之有效的监督形式和手段,提高监督实效,不断增强依法履行职责的能力,充分发挥地方国家权力机关的重要作用"③。浙江省人大常委会开展的各种"行之有效的监督形式和手段"即包括述职评议。2003 年 3 月,时任浙江省委书记的习近平在出席十届全国人大一次会议审议人大常委会工作报告时指出,述职评议工作"增强了任命干部的法制意识、公仆意识和创业意识,促进了依法行政工作"④。2004 年 2 月,习近平在浙江省人大常委会党组民主生活会上指出,要建立全面述职与重点评议相结合的工作制度,进一步改进和完善执法评议和述职评议工作。⑤ 2004 年 5 月,浙江省委召开了全省人大工作会议,这是自 1989 年浙江省委召开人大工作会议之后,时隔 15 年

---

① 《习近平在中央人大工作会议上发表重要讲话强调　坚持和完善人民代表大会制度　不断发展全过程人民民主》,载《人民日报》2021 年 10 月 15 日。
② 庄中秋:《南通人大:评议监督走实行稳》,载《中国人大》2017 年第 20 期。
③ 习近平:《全面贯彻实施宪法　促进社会主义政治文明建设》,载《浙江人大》2002 年第 12 期。
④ 慎海雄、潘海平:《浙江省委书记习近平:在监督中推进工作》,载新华网,http://www.zj.xinhuanet.com/2003 - 03/13/content_295912.htm,2003 年 3 月 13 日。
⑤ 习近平:《干在实处　走在前列——推进浙江新发展的思考与实践》,中共中央党校出版社 2006 年版,第 385 页。

再次由省委召开的全省人大工作会议。① 习近平在大会的报告中指出，"要认真总结执法检查、评议、个案监督等监督工作的做法和经验，进一步完善程序，使之不断规范提高。从全省情况来看，执法检查、评议是各级人大开展法律监督的有效手段，社会影响比较大，效果也比较好。但，随着实践的发展，需要不断改进和创新。要建立述职与评议相结合的工作机制，按照省委有关文件规定，始终坚持党管干部原则，有重点地做好对人大及其常委会选举、任命干部的述职与评议工作。目前，实行垂直管理的部门越来越多，其执法任务也越来越重，这些部门也要自觉接受同级人大常委会的执法评议和执法检查"②。浙江省委在全省人大工作会议结束不久即出台了《中共浙江省委关于进一步加强人大工作的意见》，明确要求"有重点地开展对人大及其常委会选举、任命干部的述职评议"③。2005 年 2 月，习近平在接受采访时提出，要在进一步加强法律监督上下功夫，继续做好执法检查、司法评议和述职评议等工作；同时，努力探索人大监督的新途径，不断完善监督机制、提高监督实效。④ 需要指出的是，习近平在浙江工作期间形成了一项重要制度，即每届省委召开一次人大工作会议，出台一个文件，专题研究部署人大工作和建设。

2. 全国人大

(1) 十二届全国人大

2013 年 3 月，张德江当选十二届全国人大常委会委员长。与上届相比，十二届全国人大听取和审议"一府两院"报告、组织执法检查和开展专题询问的次数，以及制定和修改法律的数量均有大幅增加。与此同时，十二届全国人大在支持和推动地方人大履行监督职能方面也显得更为积极。2013 年，新一届全国人大成立的首个年份里，全国人大常委会

---

① 胡国强：《甲申年：见证浙江民主足迹》，载《浙江人大》2005 年第 1 期。

② 习近平：《坚持和完善人民代表大会制度　进一步加强和改进党对人大工作的领导》，载《浙江人大（公报版）》2004 年第 4 期。

③《中共浙江省委关于进一步加强人大工作的意见》，载《浙江人大（公报版）》2004 年第 4 期。

④《以民为本不负重托——访新当选省人大常委会主任习近平》，载浙江在线新闻网，http://zjnews. zjol. com. cn/05zjnews/system/2005/02/24/006062588. shtml，2005 年 2 月 24 日。

委员长会议组成人员即深入基层，对地方人大代表履职情况及其在闭会期间开展活动的情况进行实地考察。十二届全国人大多次召开县级人大工作座谈会，深入探讨人大工作面临的新情况新问题，还书面征求31个省级人大常委会意见，全面了解县级人大工作和自身建设方面的基本情况、主要经验、突出问题和意见建议等。① 在此基础上，提出加强县乡人大工作和建设的若干意见，报请党中央批准转发，并且同步修改了地方组织法、选举法、代表法，是多年来推动地方人大建设力度最大的一次，解决了长期制约基层人大工作发展的一些突出难题。② 十二届全国人大常委会还提出了"实行正确监督、有效监督"的命题。2017年全国人大常委会工作报告提出，"全国人大及其常委会监督'一府两院'的工作和宪法法律的实施，是人民代表大会制度的内在要求和制度安排"，"实行正确监督，关键是始终坚持党的领导，坚持全国一盘棋，严格按照法定职权和法定程序进行监督，既敢于监督又善于监督，正确处理监督与支持的关系，促进'一府两院'依法行政、公正司法，形成加强和改进工作的合力。实行有效监督，关键是紧紧围绕党和国家工作大局，坚持问题导向，找准加强监督工作的着力点，完善监督工作方式方法，跟踪问效、一抓到底，推动解决人大代表、人民群众普遍关心的热点难点问题，让人民群众有更多获得感"。③

十二届全国人大还积极鼓励地方人大进行制度创新。"实践永无止境，发展创新也永无止境"，人大制度"需要在新的实践基础上不断完善和发展"。④ 在全国人大组织的各种学习班、培训班和座谈会上，地方人大一些旨在增强监督实效的制度创新往往得到了积极评价。2017年6月，张德江在推进县乡人大工作和建设经验交流会上要求，"必须坚持依

---

① 张德江：《全国人民代表大会常务委员会工作报告》，载《人民日报》2014年3月17日。
② 张德江：《全国人民代表大会常务委员会工作报告》，载《人民日报》2018年3月25日。
③ 张德江：《全国人民代表大会常务委员会工作报告》，载《人民日报》2017年3月19日。
④ 张德江：《加强人大制度理论研究　推动人大制度与时俱进——张德江委员长在中国人民代表大会制度理论研究会成立大会上的讲话》，载《中国人大》2014年第2期。

法探索创新,及时将可复制、可推广的经验制度化法律化,以实践创新推动制度创新"①。在第一期地方人大常委会负责同志学习班上,全国人大常委会副委员长兼秘书长王晨也肯定了"地方人大及其常委会在履职过程中,积极探索,勇于创新,形成了不少好的做法和经验,为推动人大工作创新发挥了积极作用"②。全国人大在监督制度创新上的支持与鼓励态度,提高了地方人大探索加强监督权力的积极性。这与八届全国人大和九届全国人大对述职评议所持的立场颇为相似。一些人大工作者切身感受到,换届以来,党中央、全国人大积极鼓励支持地方人大进行理论创新和制度创新,鼓励支持地方人大在监督方式上进行大胆探索。③ 如当前地方人大探索的述职评议、履职评议、满意度测评等《监督法》没有规定的监督形式之所以能够逐渐扩散开来,就是与全国人大对地方人大监督制度创新的鼓励态度有关。十二届全国人大对地方人大述职评议的态度,从全国人大常委会办公厅主办的《中国人大》中也有所体现。从2015年开始,《中国人大》陆续发表了一系列介绍地方人大开展述职评议经验的文章,先后对湖南省麻阳苗族自治县"满意度测评"、湖南省资兴市"履职报告"、陕西省商洛市"履职评议"、陕西省洛南县"履职承诺评议"、湖南省常德市"法官和检察官履职评议"、陕西省紫阳县"述职评议"、河南省洛阳市栾川县"述职评议"等进行了重点介绍,而此前"述职评议"在《中国人大》中已经消失了十年之久。

就全国人大常委会领导人而言,张德江在地方任职时即十分重视人大工作。他在2002—2007年担任广东省委书记时曾指出,"人大及其常委会要理直气壮地把监督抓起来,以依法促进'一府两院'及其工作人员

---

① 《张德江出席推进县乡人大工作和建设经验交流会并讲话》,载江苏省人大常委会网站,http://www.jsrd.gov.cn/zt/gfh/jianghua/201706/t20170620_464342.shtml,2017年6月20日。

② 王晨:《不断提高依法履职能力 努力做好新形势下人大工作——在2013年第一期地方人大常委会负责同志学习班上的讲话》,载《中国人大》2013年第8期。

③ 佘素华、陆凯:《学习十八届三中全会精神,推动人大工作理论创新》,载宿迁市人大常委会网站,http://www.sqrdw.gov.cn/Info.aspx?id=1662&item=001007,2013年12月16日。

依法行政、公正司法作为根本出发点和工作重点,切实加强和改进监督工作"①。2003 年 8 月,在张德江的支持下,广东省人大常委会对述职评议作出重大改革,对被述职人员的依法履职情况按满意、基本满意、不满意进行无记名投票,对经投票过半数不满意者,责成限期进行整改,经整改仍不满意的,要求重新报告整改情况。② 在担任全国人大常委会委员长之后,张德江在各地的考察和讲话中也屡次对地方人大加强监督工作给予支持和鼓励。2013 年 10 月,张德江在全国人大常委会立法工作会议上的讲话中指出,各级人大常委会要"担负起宪法法律赋予的监督职责","加强对'一府两院'的监督,确保依法行政、公正司法,确保法律法规得到有效实施"。③ 2013 年 11 月,张德江在云南省调研县级人大工作时强调,要按照"总结、继承、完善、提高"的总原则,着力加强县级人大工作和人大自身建设,扎实推进县级人大工作完善发展。④ 2014 年 9 月,张德江在庆祝全国人民代表大会成立 60 周年理论研讨会上的讲话中强调,人大制度"必将在党和人民的创新实践中不断实现自我完善和发展","推动人大制度和人大工作完善发展,关键是要立足国情、立足实践,坚持理论与实践相统一"。⑤ 2015 年 9 月,张德江在全国人大召开的加强县乡人大工作和建设座谈会上指出,在监督工作的方式方法上,"多年来,县乡人大认真履行法定职责,积极做好选举、监督、决定、任免、代表等工作,为推动地方经济社会发展和基层民主法治建设作出了积极贡献"。他鼓励地方人大"积极探索、勇于实践,使基层人大监督工作充满

---

① 《"绝不可把权力游离于人民的监督和制约之外"——记十二届全国人大常委会委员长张德江》,载《中国人大》2013 年第 6 期。

② 《广东人大改革述职评议 投票决定是否称职》,载新浪新闻网,http://news.sina.com.cn/c/2003 - 08 - 05/1446509666s.shtml,2003 年 8 月 5 日。

③ 《张德江委员长在全国人大常委会立法工作会议上的讲话》,载全国人大网,http://www.npc.gov.cn/npc/xinwen/syxw/2013 - 11/05/content_1812644.htm,2013 年 11 月 5 日。

④ 崔清新:《扎实推进县级人大工作完善发展——记张德江委员长云南调研》,载《中国人大》2013 年第 23 期。

⑤ 张德江:《充分发挥人民代表大会制度的根本政治制度作用——在庆祝全国人民代表大会成立 60 周年理论研讨会上的讲话》,载《中国人大》2014 年第 18 期。

活力、更具实效","提高人大工作整体水平,推动人大制度和人大工作与时俱进、完善发展"。① 2017年6月,张德江在推进县乡人大工作和建设经验交流会上的讲话中,积极评价了县级人大的监督工作创新,并肯定了山西、陕西、河北等地对人大选举和任命人员的监督创新。②

此外,十二届全国人大期间,还成立了中国人民代表大会制度理论研究会,作为加强人大制度理论研究的活动载体和交流平台,同时也是全国人大与地方人大之间密切工作联系、工作协同和工作交流的重要渠道。

（2）十三届全国人大

2018年3月,栗战书当选十三届全国人大常委会委员长。十三届全国人大继承了十二届全国人大实行正确监督、有效监督的工作思路。2019年,全国人大常委会工作报告中提出,"通过实行正确监督、有效监督保证宪法法律实施,发挥宪法在治国理政中的重要作用"。与此同时,十三届全国人大更加强调各级人大在新时代要有新作为,不断与时俱进。2018年3月,栗战书在十三届全国人大第一次会议上指出,"党和国家事业蓬勃发展,给人大工作提出了新的更高要求。十三届全国人大及其常委会要认清使命、奋发有为,切实肩负起新时代长期坚持、不断完善人民代表大会制度的崇高使命"③。2018年4月,栗战书在十三届全国人大常委会第二次会议上强调,要"本着对党、对人民高度负责的态度,发扬不畏难、不避险的担当精神和肯吃苦、肯攀登的工作作风","忠实履行宪法法律赋予的各项职责"。④ 十三届全国人大积极鼓励各级人大开

---

① 《加强县乡人大工作和建设座谈会在京举行　张德江出席并讲话》,载人民网,http://cpc. people. com. cn/n/2015/0917/c64094 - 27596100. html,2015年9月17日;《张德江在加强县乡人大工作和建设座谈会上的讲话》,载江苏人大网,http://www. jsrd. gov. cn/zt/zrpxb/xxzl/201703/t20170330_457560. shtml,2017年3月30日。
② 张德江:《在新的历史条件下,推动人大制度和人大工作与时俱进、完善发展——在推进县乡人大工作和建设经验交流会上的讲话》,载《中国人大》2017年第12期。
③ 栗战书:《在第十三届全国人民代表大会第一次会议上的讲话》,载《人民日报》2018年3月21日。
④ 栗战书:《在第十三届全国人大常委会第二次会议上的讲话》,载《中国人大》2018年第9期。

展监督工作。2018 年 7 月，栗战书在十三届全国人大常委会第四次会议上系统地指出了人大监督工作需要重点把握的几个方面，他强调，"在我们的政治体制中，人大就是要对'一府一委两院'起监督作用。这是国家制度设计上对人大的明确要求。人大监督如果不严格、没有力度，那就是缺位和失职。要切实担负起法定监督职责，坚决纠正人大监督工作中的'粗、宽、松、软'等情况，敢于动真碰硬，抓住突出问题，督促有关国家机关改进工作、完善制度、有效实施法律"①。2018 年 7 月，栗战书在福建调研时指出，"人大及其常委会作为国家权力机关，处在民主法治建设的第一线，在全面依法治国中负有重大职责，承担着重要任务"，"要用好宪法法律赋予的监督职权，敢于动真碰硬，扭住突出问题一抓到底，确保宪法法律有效实施，确保各项工作在法治轨道上运行"。② 2019 年 6 月，栗战书在水污染防治法执法检查座谈会上指出，"人大不能立完法就不管了，要把宪法法律赋予的监督责任担起来，紧扣法律规定，坚持问题导向，敢于动真碰硬，在增强监督实效上下功夫，把法律制度的刚性约束作用发挥出来"③。

十三届全国人大对各级人大监督工作的制度创新也给予了明确的支持。2018 年 10 月，全国人大常委会听取审议最高人民法院和最高人民检察院专项工作报告，并进行专题询问，这在全国人大常委会监督工作中是首次，是加强人大对司法工作监督的积极探索。④ 2018 年 12 月，栗战书在十三届全国人大常委会第七次会议闭幕会上讲话，强调要自觉担负起新时代改革开放赋予人大的历史使命，"服从服务于改革开放伟大实践，履职尽责、开拓进取，推动人大制度和人大工作与时俱进、完善

---

① 栗战书：《在第十三届全国人大常委会第四次会议上的讲话》，载《中国人大》2018 年第 14 期。
② 栗战书：发挥人大在全面依法治国中的重要作用　为改革开放和高质量发展提供法治保障》，载《人民政坛》2018 年第 8 期。
③ 栗战书：《在水污染防治法执法检查座谈会上的讲话》，载《中国人大》2019 年第 11 期。
④《栗战书主持十三届全国人大常委会第六次会议闭幕会并发表讲话》，载中国人大网，http://www. npc. gov. cn/zgrdw/npc/xinwen/2018 - 10/26/content_2064306. htm，2018 年 10 月 26 日。

发展"①。栗战书指出,做好人大监督工作"首先是要用好用足监督法规定的监督形式",同时"还要不断总结有效做法和成功经验,进一步完善具体组织方式和工作方法","地方各级人大及其常委会在监督工作方面也探索积累了许多好经验、好做法,全国人大常委会要注重总结、交流、推广。总之,要通过不断创新完善工作方式方法,使人大监督更有力度、更具权威"。②

从2018年起,全国人大每年召开深入学习贯彻习近平关于坚持和完善人民代表大会制度的重要思想交流会。2018年9月,栗战书在交流会上指出,党的十八大以来,全国人大和地方各级人大"进行了新的探索和实践,积累了许多好的经验和做法。加强这方面的理论和实践成果交流,有利于推动各级人大统一思想认识,积极主动作为,不断提升人大工作水平",他再次指出要"加强对被任命人员的任后监督,切实增强被任命人员的法治观念和公仆意识"。③ 2021年12月,栗战书在交流会上强调,要切实提升人大工作质量和水平,推动人民代表大会制度优势更好转化为国家治理效能。2022年12月,栗战书在交流会上强调,要在总结人大制度建设和人大工作成就经验的基础上,推动新时代人大制度和人大工作完善发展。

2021年10月,中央人大工作会议在北京召开。党中央决定召开中央人大工作会议的同时,要求出台相关指导性文件,并把研究起草《中共中央关于新时代坚持和完善人民代表大会制度 加强和改进人大工作的意见》(以下简称《意见》)初稿的任务交给全国人大常委会。全国人大常委会党组高度重视,多次召开会议对文件起草工作进行研究部署。2021年4月至6月,栗战书等全国人大常委会领导同志分别带队赴地方开展调研,组织召

---

① 《栗战书主持十三届全国人大常委会第七次会议闭幕会并作讲话》,载中国人大网,http://www.npc.gov.cn/zgrdw/npc/xinwen/syxw/2018-12/29/content_2069858.htm,2018年12月29日。

② 栗战书:《在第十三届全国人大常委会第四次会议上的讲话》,载《中国人大》2018年第14期。

③ 《坚持制度自信 强化责任担当》,载《南京人大》2018年第5期。

开多个座谈会,听取31个省(区、市)和部分副省级城市人大常委会负责同志、五级人大代表、全国人大机关老同志和专家学者的意见建议,各专门委员会、工作委员会和办公厅负责同志结合各自的工作领域开展调研,形成大量调研成果。在此基础上,经过广泛征求意见和反复修改完善,形成《意见》稿报送党中央。经党中央同意,《意见》稿印发中央人大工作会议进一步征求意见并进行修改。11月2日,中共中央正式印发《意见》,成为推动新时代人大制度建设和人大工作高质量发展、加强社会主义民主政治建设的重要举措。① 总之,《意见》作为新时代全面指导人大工作的重要文件,十三届全国人大在其形成过程中发挥了积极作用。

此外,需要指出的是,十三届全国人大常委会已经将修改《监督法》列入本届人大常委会的立法规划项目中。在2020年全国两会期间,部分人大代表明确建议全国人大常委会加快修改《监督法》。如陈震宁、龙翔等31名代表建议,加快《监督法》修改步伐,为各级人大更好适应形势发展依法开展好监督工作提供有力制度保障,其中明确提及将对"人大任命人员的履职评议纳入监督方式"。② 上海代表团也明确提出"尽快修改监督法,对完善人大监督职权,依法保障各级人大探索创新,具有现实性和必要性"。2022年4月,中共中央宣传部举行"中国这十年"系列主题新闻发布会,全国人大常委会法制工作委员会国家法室主任童卫东在会上表示,全国人大将对《监督法》进行修改。《监督法》的修改能否将述职评议或履职评议明确为地方人大常委会法定的监督方式值得期待。

(二) 地方层面

1. 地方党委

党的十八大以来,地方党委高度重视人大工作和制度建设,支持和

---

① 《坚持和完善人民代表大会制度 加强和改进新时代人大工作》,载《新华每日电讯》2021年12月27日。
② 陈月飞:《江苏代表团提出议案22件和建议465件》,载《新华日报》2020年5月27日。

保证人大依法行使职权、充分发挥作用。2016 年下半年至 2018 年 1 月,山西省委 13 次研究人大工作,激发了地方人大履职尽责的积极性、主动性和创造性。① 2017 年 4 月至 2018 年 1 月,黑龙江省委书记先后就省人大常委会重大问题、相关会议,以及立法、监督、调研报告和重大事项请示报告作出批示达 125 件次。② 十二届陕西省人大常委会履职的五年中,陕西省委常委会专题研究人大工作中的重大问题和重要事项 30 多次,省委就人大工作先后出台 14 个指导性文件,为历届省人大中最多。③ 具体而言,地方党委贯彻落实中央关于全面推进依法治国决定的实施意见,推动人大工作与时俱进的意见,以及新时代进一步加强和改进人大工作的意见等,都对地方人大积极履行职权起到了促进作用。

第一,2014 年 10 月,十八届四中全会通过了《中共中央关于全面推进依法治国若干重大问题的决定》,提出加快建设社会主义法治国家。地方党委受到来自中央全面推进依法治国战略部署的推动,纷纷制定了贯彻落实的意见。通过表 7-8 可以发现,全国绝大多数省级党委在十八届四中全会结束三个月内即出台了相关的意见、决定或实施方案。地方党委表现出来的新一轮对依法治国的高度热忱,与 20 世纪 90 年代肇始的依法治省(区、市)有着明显的不同,其中最为显著的差异是,后者最初是在地方层面自主进行探索而后再得到中央层面的确认,也就是说"依法治省""依法治市""依法治县"等先于"依法治国"。如北京市委在 1992 年即已提出在全市全面推行依法治市,④深圳市也于 1993 年开始了依法治市的试点工作,相比之下,中共中央正式确立依法治国则是在 1997 年党的十五大报告中。目前地方党委对党中央依法治国的回应极

① 《山西省人民代表大会常务委员会工作报告》,载山西人大网,http://www.sxpc.gov.cn/276/rmdbdh/dychy/dhwj/201802/t20180206_5361.html,2018 年 2 月 6 日。
② 符凤春:《黑龙江省人民代表大会常务委员会工作报告》,载《黑龙江日报》2018 年 2 月 1 日。
③ 胡悦:《陕西省人民代表大会常务委员会工作报告》,载《陕西日报》2018 年 2 月 3 日。
④ 《北京市委提出全面推行依法治市》,载《上海人大月刊》1992 年第 2 期。

其迅速。在 20 世纪 90 年代开启的法治浪潮中,地方党委对"依法治国"的响应速度快慢有别,如海南省委晚至 2000 年 1 月才制定《中共海南省委关于全面推进依法治省的决议》,而河南省 1996 年即已开展了依法治省工作,但是依法治省领导小组副组长仍认为"起步较晚"。[①] 2014 年 12 月,江苏省委召开全省人大工作会议并下发了《关于坚持完善人民代表大会制度、推动人大工作与时俱进的意见》,要求全省各级人大及其常委会认真履行宪法法律赋予的职责,担当重任,主动作为,做到敢于监督与善于监督的统一,切实增强监督效果,在新的起点上奋力开创全省人大工作新局面。会上,镇江市人大常委会就其开展的述职评议作了交流发言。[②] 在各地省(区、市)委贯彻落实《中共中央关于全面推进依法治国若干重大问题的决定》的意见中,普遍提及支持人大及其常委会依法行使职权。如山东省委在贯彻落实意见中指出,"健全人大监督'一府两院'的制度体系,加强人大工作机制建设"。同时部分省(区、市)的贯彻落实意见中还明确提出建立述职制度。如海南省提出"完善法治建设专题述职与民主评议制度";贵州省提出"探索建立领导干部依法行政述职制度";江西省提出强化人大监督,"进行询问、质询、评议和满意度测评,凡满意度过低的,责成有关方面整改"。尽管各地没有明确使用"述职评议"字样,但是在某种程度上包含了述职评议的重要元素。

表7-8　各省(区、市)委贯彻《中共中央关于全面推进依法治国若干重大问题的决定》情况

时间	各省(区、市)贯彻《中共中央关于全面推进依法治国若干重大问题的决定》的意见
2014 年 11 月 3 日	中共贵州省委关于贯彻落实《中共中央关于全面推进依法治国若干重大问题的决定》的意见
2014 年 11 月 6 日	中共重庆市委关于全面推进依法治市的意见

---

① 郑增茂:《河南省依法治省的主要做法》,载《人大工作通讯》1997 年第 15 期。
②《省委召开全省人大工作会议》,载江苏省人民政府网站,http://www.jiangsu.gov.cn/art/2014/12/5/art_33689_2494568.html,2014 年 12 月 5 日。

续表

时间	各省(区、市)贯彻《中共中央关于全面推进依法治国若干重大问题的决定》的意见
2014 年 11 月 7 日	中共江苏省委贯彻落实《中共中央关于全面推进依法治国若干重大问题的决定》的意见
2014 年 11 月 12 日	中共山东省委关于贯彻落实党的十八届四中全会精神全面推进依法治省的意见
2014 年 11 月 13 日	中共广西壮族自治区委员会关于贯彻落实党的十八届四中全会精神全面推进广西法治建设的意见
2014 年 11 月 20 日	中共四川省委全面深入推进依法治省的决定
2014 年 11 月 21 日	中共内蒙古自治区党委贯彻落实《中共中央关于全面推进依法治国若干重大问题的决定》的意见
2014 年 11 月 21 日	中共宁夏回族自治区委员会关于贯彻党的十八届四中全会精神全面推进依法治区的实施意见
2014 年 11 月 25 日	中共安徽省委关于贯彻落实党的十八届四中全会精神全面推进依法治省的意见
2014 年 11 月 26 日	中共黑龙江省委关于贯彻落实《中共中央关于全面推进依法治国若干重大问题的决定》的实施意见
2014 年 11 月 30 日	中共吉林省委关于贯彻落实党的十八届四中全会精神全面推进依法治省的实施意见
2014 年 12 月 3 日	中共江西省委关于全面推进法治江西建设的意见
2014 年 12 月 3 日	中共青海省委关于全面推进依法治省的实施意见
2014 年 12 月 4 日	中共云南省委关于贯彻落实《中共中央关于全面推进依法治国若干重大问题的决定》的意见
2014 年 12 月 4 日	中共天津市委关于贯彻落实《中共中央关于全面推进依法治国若干重大问题的决定》的意见
2014 年 12 月 4 日	中共海南省委贯彻落实《中共中央关于全面推进依法治国若干重大问题的决定》的意见
2014 年 12 月 5 日	中共辽宁省委贯彻落实《中共中央关于全面推进依法治国若干重大问题的决定》的意见
2014 年 12 月 7 日	中共山西省委关于贯彻落实党的十八届四中全会精神加快推进法治山西建设的实施意见
2014 年 12 月 15 日	中共浙江省委关于全面深化法治浙江建设的决定

时间	各省(区、市)贯彻《中共中央关于全面推进依法治国若干重大问题的决定》的意见
2014 年 12 月 17 日	中共河北省委关于贯彻落实党的十八届四中全会精神、全面推进法治河北建设的实施意见
2014 年 12 月 24 日	中共北京市委关于贯彻落实党的十八届四中全会精神全面推进法治建设的意见
2014 年 12 月 28 日	中共甘肃省委贯彻落实《中共中央关于全面推进依法治国若干重大问题的决定》的意见
2014 年 12 月 29 日	中共湖北省委关于贯彻落实党的十八届四中全会精神全面推进法治湖北建设的意见
2014 年 12 月 29 日	中共福建省委关于贯彻党的十八届四中全会精神全面推进依法治省的实施意见
2014 年 12 月 30 日	中共西藏自治区委员会关于党的十八届四中全会精神的贯彻落实意见
2014 年 12 月 30 日	湖南省贯彻落实《中共中央关于全面推进依法治国若干重大问题的决定》的实施方案
2015 年 1 月 26 日	中共广东省委贯彻落实《中共中央关于全面推进依法治国若干重大问题的决定》的意见
2015 年 3 月 24 日	中共河南省委关于贯彻党的十八届四中全会精神全面推进依法治省的实施意见
2015 年 4 月 28 日	上海市贯彻落实党的十八届四中全会《决定》、建设法治上海重要举措实施方案

第二,2014 年 9 月,习近平在庆祝全国人民代表大会成立 60 周年大会上的讲话中指出,要"加强和改进监督工作","人民代表大会制度的重要原则和制度设计的基本要求,就是任何国家机关及其工作人员的权力都要受到制约和监督",并且将权力运用能否得到有效制约和监督作为评价一个国家政治制度是不是民主的和有效的重要衡量标准。习近平强调,"新形势下,我们要毫不动摇坚持人民代表大会制度,也要与时俱进完善人民代表大会制度"。① 此后,如何推进人大工作与时俱进和创新

---

① 习近平:《在庆祝全国人民代表大会成立 60 周年大会上的讲话》,载《人民日报》2014 年 9 月 6 日。

发展,成为地方党委重要的政治任务,各地省(区、市)委先后召开人大工作会议,重点讨论的话题都是围绕如何推动人大工作与时俱进。如 2014 年 9 月,《中共河北省委关于进一步改进和加强人大工作的决定》要求,"各级党委要重视和支持人大及其常委会强化对'一府两院'的法律监督、工作监督和国家工作人员的监督,依法行使各项监督职权。要重视和支持人大及其常委会综合运用视察、执法检查、听取和审议专项报告、开展专题询问、工作评议和满意度测评等多种形式,依法运用质询、特定问题调查、罢免、撤职、规范性文件备案审查等多种监督手段,切实加强重点监督、跟踪监督和公开监督,不断加大监督力度,提高监督实效"。各级法院、检察院要"自觉接受人大及其常委会对审判、检察人员履职情况的监督"①。2014 年 11 月,《中共陕西省委关于进一步加强和改进人大工作的决定》明确指出,"支持人大及其常委会对其选举或任命人员开展监督,各级政府组成人员、法院副院长、检察院副检察长每届任期内至少向同级人大常委会报告一次履职情况"②。2015 年 1 月,《中共四川省人大常委会党组关于进一步加强和改进人大监督工作的意见》也要求,"拓展人大监督空间、创新人大监督载体、增强人大监督实效",并明确提出"探索建立任期述职等制度,监督国家机关工作人员履职情况"。③

2014 年 12 月,《中共江苏省委关于坚持完善人民代表大会制度推动人大工作与时俱进的意见》正式印发,《意见》的亮点之一便是强化人大监督工作的实效,"近年来各地普遍开展专题询问、对'一府两院'执法司法工作进行评议,实践证明对于提高监督实效、促进'一府两院'改进工作具有积极作用,省委《意见》将其上升为制度规范"④。江苏省委人大工

---

① 《河北省委作出决定:进一步改进和加强人大工作》,载人民网,http://he.people.com.cn/n/2014/0919/c192235-22364278.html,2014 年 9 月 19 日。
② 耿薇:《以改革精神和法治思维推进人大工作与时俱进》,载《陕西日报》2014 年 11 月 25 日。
③ 《关于进一步加强和改进人大监督工作的意见》(全文),载四川新闻网,http://scnews.newssc.org/system/20150206/000536137.htm,2015 年 2 月 6 日。
④ 王晓映:《十大亮点,江苏人大工作新突破——〈关于坚持完善人民代表大会制度推动人大工作与时俱进的意见〉解读》,载《新华日报》2014 年 12 月 7 日。

作会议结束不久,泰州市委即作出了《关于推动人大工作与时俱进的意见》,提出"凡是由人大常委会任命的政府组成人员和'两院'工作人员,每届任期内都要就依法行政、公正司法情况向人大常委会报告,并接受监督"①。2015 年 1 月,南京市委出台的《关于坚持和完善人民代表大会制度推动人大工作与时俱进的意见》明确要求,"政府工作部门主要负责人在每届任期内,至少向人大常委会报告一次履职情况。人大常委会组成人员审议履职报告后进行无记名满意度测评"②。2018 年 11 月,江苏省委书记指出,"全省各级人大要把深入学习贯彻习近平总书记关于坚持和完善人民代表大会制度的重要思想,作为当前和今后一段时期的重要政治任务",推动江苏省各级人大工作实现新发展、开创新局面。③2019 年 12 月,江苏省委出台了《关于加强新时代人大工作和建设的意见》,其中明确提出,"支持人大常委会加强对任命干部的任后监督,建立健全相应的履职报告和评议制度"。④ 江苏省委的这些表态鼓舞了市县级人大开展述职评议的热情。

第三,2015 年 6 月,中共中央转发了《中共全国人大常委会党组关于加强县乡人大工作和建设的若干意见》的通知。地方党委为贯彻落实中央精神而出台的指导性文件,对地方人大的发展起到了积极的推动作用。2015 年 8 月,江苏省委率先出台关于加强全省县乡人大工作和建设的实施意见,全省基层人大工作得到全新发展,各地人大积极探索实践,涌现了许多新鲜做法和成熟经验,其中包括对部门的工作评议和对被人大任命干部的履职评议。⑤ 2015 年 9 月,湖北省委出台《关于进一步加

---

① 《中共泰州市委关于推动人大工作与时俱进的意见》,载《泰州人大》2014 年增刊。
② 《中共南京市委关于坚持和完善人民代表大会制度推动人大工作与时俱进的意见》,载南京人大网,http://www.njrd.gov.cn/zxxx_51208/201501/t20150121_3173626.html,2015 年 1 月 21 日。
③ 娄勤俭:《在省十三届人大常委会第六次会议上的讲话》,载《人民与权力》2018 年第 12 期。
④ 严实云:《奋力开创新时代江苏人大工作新局面——〈中共江苏省委关于加强新时代人大工作和建设的意见〉解读》,载《人民与权力》2020 年第 1 期。
⑤ 赵晓明:《历史的跨越:为人民用好权、管好权(下)——改革开放以来江苏省人大常委会监督工作纪实》,载《人民与权力》2018 年第 11 期。

强人大工作和建设的决定》，要求"支持和保证人大及其常委会依法行使监督权。各级党委要高度重视发挥人大监督在地方治理、监督体系和从严治党中的重要作用，支持人大及其常委会依法行使监督权"，"支持人大常委会依法开展工作评议、满意度测评和第三方评估，评议意见和测评结果报送同级党委，向'一府两院'和党委组织部门、有关主管部门通报"。① 2015 年 10 月，辽宁省委出台《关于进一步加强和改进人大工作的决定》，要求"充分发挥人大对行政、司法权力运行的监督和制约作用。各级党委要充分发挥人大及其常委会的监督制约作用，不断强化'一府两院'工作人员自觉接受监督的意识。各级人大常委会要积极探索增强监督实效的方式方法，不断完善监督制度，综合运用人大各项职能和各种监督形式，连续跟踪，一抓到底"。2015 年 12 月，广东省委召开全省人大工作会议（这是时隔 10 年之后，广东省委再次召开全省人大工作会议），并出台了《中共广东省委关于加强新形势下人大工作的决定》，省委书记鼓励各级人大要敢于善于行使监督权，敢于善于"挑毛病"。② 截至 2017 年 6 月，31 个省（区、市）都出台了贯彻实施意见，16 个省（区、市）党委召开了人大工作会议或者县乡人大工作专题会议，结合地方实际将中央文件精神落到实处，部署推进县乡人大工作和建设。③

第四，2021 年 10 月 13 日至 14 日，中央人大工作会议在北京召开，习近平在讲话中明确提出了新时代加强和改进人大工作的指导思想、重大原则和主要工作。中共中央召开的中央人大工作会议，在党和人大制度历史上都是首次，对于推进人大制度建设和人大工作发展具有里程碑意义。11 月 2 日，中共中央印发了《关于新时代坚持和完善人民代表大

---

① 《湖北省委出台进一步加强人大工作和建设的决定》（摘录），载湖北省人民政府网站，http://www.hubei.gov.cn/zwgk/hbyw/hbywqb/201509/t20150927_723506.shtml，2015 年 9 月 27 日。

② 《适应新形势　把握新要求　推动人大工作再上新台阶——省人大常委会党组学习贯彻全省人大工作会议精神》，载《人民之声》2016 年第 1 期。

③ 张德江：《在新的历史条件下，推动人大制度和人大工作与时俱进、完善发展——在推进县乡人大工作和建设经验交流会上的讲话》，载《中国人大》2017 年第 12 期。

会制度、加强和改进人大工作的意见》,其中明确要求"一府一委两院"要增强对人大负责、受人大监督的意识,严格执行人大及其常委会制定的法律法规和作出的决议决定,依法报告工作。《意见》同时将党委领导人大工作、"一府一委两院"接受人大监督、有关部门支持和配合人大工作情况纳入地方领导班子和领导干部考核内容。《意见》还明确强调,"坚持党管干部原则","支持地方人大常委会加强对人大选举和任命人员的监督"。①

　　此后,各地为学习贯彻落实中央人大工作会议精神,先后召开了各级人大工作会议,并出台了具体的实施意见、办法或方案(表7-9),其中包括加强党对人大工作的全面领导、推动人大工作高质量发展、充分发挥人大代表主体作用以及加强人大及其常委会自身建设等方面。2022年2月,北京市委印发了《关于贯彻落实中央人大工作会议精神　以首善标准做好新时代人大工作的意见》,明确提出增强人大监督刚性和实效,支持人大常委会加强对人大选举任命人员的监督,同时要求加强人大机关的制度建设,将市区人大常委会专职组成人员比例提高到60%以上,适当增加人大机关编制等。② 2022年7月,江苏省人大常委会修改了《江苏省各级人民代表大会常务委员会人事任免工作条例》,新增了第三十八条:"人大常委会任命的国家机关工作人员,根据年度监督工作计划的安排,向人大常委会报告履行职责的情况。"此后,根据中央关于"支持地方人大常委会加强对人大选举和任命人员的监督"的明确要求,江苏省人大常委会制定了省人大常委会任命的有关人员向省人大常委会报告履职情况的办法。2022年3月25日,安徽省委人大工作会议在合肥召开,尽管会上没有出台新的实施意见,但是早在2020年12月,安徽省委即印发了《关于加强新时代人大工作和建设的意见》,其中明确提出

① 《坚持和完善人民代表大会制度　加强和改进新时代人大工作》,载《新华每日电讯》2021年12月27日。
② 《深入学习贯彻中央人大工作会议精神　以首善标准做好新时代人大工作》,载《北京人大》2022年第2期。

"加强对选举和任命人员的监督,增强其责任意识和公仆意识"①。与安徽省相似,湖南省委在中央人大工作会议之前也制定了《中共湖南省委关于加强和改进新时代人大工作的意见》,其中明确规定,"不断创新监督方式,在市县两级人大常委会推进法官和检察官履职评议","探索对由人大及其常委会选举、任命的国家机关工作人员履职情况开展监督"。②

表7-9　各省(区、市)党委学习贯彻中央人大工作会议精神情况

省(区、市)	主要措施
上海市	2021年10月15日,上海市委召开常委会传达学习中央人大工作会议精神。2022年,制定了《中共上海市委关于坚持和完善人民代表大会制度　加强和改进新时代人大工作的意见》。
浙江省	2021年10月18日,浙江省委召开常委会传达学习贯彻中央人大工作会议精神。(2019年8月,浙江省委召开人大工作会议,出台了《中共浙江省委关于高水平推进新时代人大工作和建设的意见》。)
广东省	2021年11月24日,广东省委人大工作会议在广州召开。(2019年5月,广东省委出台了《中共广东省委关于加强新时代人大工作的意见》。)
吉林省	2021年11月26日,吉林省委人大工作会议在长春召开,制定了《中共吉林省委关于新时代坚持和完善人民代表大会制度、加强和改进人大工作的实施意见》。
北京市	2021年11月29日,北京市委召开人大工作会议。2022年1月26日,制定了《中共北京市委关于贯彻落实中央人大工作会议精神以首善标准做好新时代人大工作的意见》。
河北省	2021年12月3日,河北省委人大工作会议在石家庄召开,制定了《中共河北省委关于新时代坚持和完善人民代表大会制度　加强和改进人大工作的实施意见》。

---

① 《中共安徽省委关于加强新时代人大工作和建设的意见》,载安徽省霍邱县人民政府网站, https://www.huoqiu.gov.cn/public/6601661/33273941.html,2021年3月24日。
② 《中共湖南省委关于加强和改进新时代人大工作的意见》,载湖南省攸县人大常委会网站, http://www.hnyx.gov.cn/c5924/20220928/i1935917.html,2022年9月28日。

续表

省(区、市)	主要措施
湖北省	2021年12月9日,印发了《中共湖北省委关于新时代坚持和完善人民代表大会制度加强和改进人大工作的实施意见》。2021年12月14日,湖北省委人大工作会议在武汉举行。
黑龙江省	2021年12月15日,黑龙江省委人大工作会议在哈尔滨召开,制定了《中共黑龙江省委贯彻落实〈中共中央关于新时代坚持和完善人民代表大会制度 加强和改进人大工作的意见〉的实施意见》。
广西壮族自治区	2021年12月15日,广西壮族自治区党委人大工作会议在南宁召开。2022年,制定了《中共广西壮族自治区委员会关于新时代坚持和完善人民代表大会制度 加强和改进人大工作的实施意见》。
天津市	2021年12月20日,天津市委召开人大工作会议。(2020年6月,制定了《中共天津市委关于新时代加强和改进人大工作的意见》。)
四川省	2021年12月22日,四川省委人大工作会议在成都召开。(2020年12月,制定了《中共四川省委关于加强新时代人大工作和建设的意见》。)
新疆维吾尔自治区	2021年12月22日,新疆维吾尔自治区党委人大工作会议召开。(2019年12月,制定了《中共新疆维吾尔自治区党委关于新时代加强人大工作的意见》。)
山东省	2021年12月23日,山东省委人大工作会议在济南召开。2021年12月31日,山东省委审议了《贯彻落实〈中共中央关于新时代坚持和完善人民代表大会制度 加强和改进人大工作的意见〉的若干措施》。
甘肃省	2021年12月27日,甘肃省委召开深入学习贯彻党的十九届六中全会和中央人大工作会议精神,持续深入学习贯彻习近平法治思想、习近平总书记关于坚持和完善人民代表大会制度的重要思想交流会。2022年9月16日,甘肃省委人大工作会议在兰州召开。
福建省	2021年12月28日,福建省委人大工作会议在福州召开。2022年4月,印发了《中共福建省委关于进一步加强和改进新时代人大工作的若干措施》。
湖南省	2022年1月26日,湖南省委贯彻落实中央人大工作会议精神推进会在长沙召开。(2021年7月26日,湖南省委人大工作会议在长沙召开,制定了《中共湖南省委关于加强和改进新时代人大工作的意见》。)

续表

省（区、市）	主要措施
重庆市	2022年2月11日，重庆市委第六次人大工作会议召开，印发了《中共重庆市委关于进一步加强和改进新时代人大工作的实施意见》。
贵州省	2022年2月17日，贵州省委人大工作会议在贵阳召开，专门下发了《中共贵州省委关于坚持和完善人民代表大会制度　加强和改进新时代人大工作推动制度优势转化为治理效能的实施意见》。
内蒙古自治区	2022年3月24日，内蒙古自治区党委人大工作会议在呼和浩特召开。2022年4月22日，自治区党委正式印发《贯彻落实中央人大工作会议精神重点任务及分工方案》。
安徽省	2022年3月25日，安徽省委人大工作会议在合肥召开。（2020年12月4日，制定了《中共安徽省委关于加强新时代人大工作和建设的意见》。）
江苏省	2022年4月9日，印发了《中共江苏省委关于新时代坚持和完善人民代表大会制度、加强和改进人大工作的实施意见》。2022年5月23日，江苏省委人大工作会议在南京召开。
山西省	2022年4月11日，制定了《中共山西省委关于新时代坚持和完善人民代表大会制度、加强和改进人大工作的实施意见》。2022年4月29日，山西省委人大工作会议在太原召开。
河南省	2022年4月22日，河南省委人大工作会议在郑州召开，会议印发了《中共河南省委关于新时代坚持和完善人民代表大会制度、加强和改进人大工作的实施意见》。
云南省	2022年4月25日，云南省委人大工作会议在昆明召开。2022年6月14日，云南省委常委会审议并原则同意《中共云南省委关于新时代坚持和完善人民代表大会制度、加强和改进人大工作的实施意见》。
青海省	2022年5月12日，青海省委常委会审议了《中共青海省委关于〈贯彻落实中央人大工作会议重点任务分工方案〉的实施方案》。2022年8月8日，青海省委人大工作会议召开。
江西省	2022年5月17日，江西省委召开贯彻落实中央人大工作会议精神推进会。（2019年11月27日，制定了《中共江西省委关于加强新时代地方人大工作的意见》。）
辽宁省	2022年5月20日，辽宁省委人大工作会议在沈阳召开，印发了《中共辽宁省委关于新时代坚持和完善人民代表大会制度　加强和改进人大工作的实施意见》。

省(区、市)	主要措施
陕西省	2022年6月9日,陕西省委人大工作会议在西安召开,制定了《中共陕西省委关于新时代坚持和完善人民代表大会制度 加强和改进人大工作的实施意见》。
西藏自治区	2022年7月6日,西藏自治区党委人大工作会议在拉萨召开。(2020年12月,制定了《中共西藏自治区委员会关于贯彻落实新时代党的治藏方略 加强新时代人大工作和建设的意见》。)
海南省	2022年9月22日,海南省委人大工作会议在海口召开,印发了《中共海南省委关于新时代坚持和完善人民代表大会制度 加强和改进人大工作的实施意见》。
宁夏回族自治区	2022年12月10日,宁夏回族自治区党委人大工作会议在银川召开。

注:不含港澳台地区。

2022年4月,江苏省委制定了《关于新时代坚持和完善人民代表大会制度、加强和改进人大工作的实施意见》,对深入学习贯彻习近平总书记重要讲话、中央人大工作会议和有关文件精神进行了系统部署。5月23日,江苏省委人大工作会议在南京召开,这是迄今为止江苏省委召开的规格最高、规模最大的人大工作会议。江苏省委书记在会上强调,不断发展和完善全过程人民民主,在新起点上奋力开创江苏省人大工作新局面。在省委人大工作会议召开之后,江苏各级党委人大工作会议先后召开。如7月8日,淮安市委人大工作会议召开,会上印发了《中共淮安市委关于加强和改进新时代人大工作的实施意见》,要求认真落实中央及省委人大工作会议精神,切实推动人大工作质效提升,奋力书写淮安人大工作新篇章。淮安市人大常委会制定了《淮安市人大常委会重点工作五年计划(2022—2026年)》,并将探索市"一府两院"有关负责人和工作人员向市人大常委会报告履职情况,作为贯彻中央及省、市委人大工作会议精神的具体举措。淮安市7个县区也先后召开了人大工作会议,传达中央及省、市委人大工作会议精神,对加强和改进新时代人大工作提出具体举措。在各级党委和上级人大的支持下,淮安市各县区均开展了履职评议。总之,在中央人大工作会议之后,各级党委在新时代加强和改进人大工作的过程中,往往明确提出加强对人大选举任命干部的任后监督。与此同时,随着领导人大工作被纳入考核内容,地方各级党委推动人大工作的积极性也被自上而下地调动了起来。

2. 评议对象

与《监督法》出台之前抵制和对抗人大评议的情形频现不同,党的十八大以来尚未出现类似的典型案例。从公开的报道来看,评议对象一般都能够接受述职评议工作。2019 年 2 月,四川省泸州市人大常委会对 7 名任命的"一府两院"工作人员进行述职测评。其中,被评议的泸州市人民检察院副检察长在述职后表示,"对市人大常委会任命的国家工作人员开展述职测评,是本届市人大常委会一项创新的监督方式和举措,是市人大常委会将任免权与监督权有机结合的尝试,对促进司法机关和司法机关工作人员认真履职有着很大的促进作用,对于这次测评过程中发现的不足之处,将在今后的工作中认真改进"[①]。部分述职人员甚至会积极主动接受人大监督。2017 年 10 月,安徽省安庆市人大常委会对 30 名"一府两院"工作人员进行述职测评。在述职测评工作布置会上,与会述职人员表示,要将述职测评作为近年来工作集中展示的机会,配合好、支持好述职测评工作,主动接受人大监督。在述职报告起草过程中,相关部门主要负责同志高度重视,亲自撰写报告,并多次与市人大办公室、人选工委联系沟通,按时上报材料。[②] 2014 年 6 月,江苏省镇江市人大常委会对市安监局局长等 3 人开展述职评议并进行了测评,3 人均获得"优秀"等级。市安监局局长在评议结束后表示"颇感欣慰","作为人大任命的干部,接受人大监督,是我的法定义务和责任"。他认为评议的监督形

---

① 《泸州市人大常委会首次对任命人员开展述职评议》,载泸州新闻网,http://news. lzep. cn/ 2019/0301/304223. shtml,2019 年 3 月 1 日。

② 《紧抓任后监督 提高责任意识——安庆市 30 名"一府两院"工作人员首次向市人大常委会述职》,载安庆人大网,http://www. aqrd. gov. cn/plus/view. php? aid=7387,2017 年 10 月 31 日。

式"比较好","是一个契机,不仅对我个人工作成效进行了检验,也对安监工作做了一次很好的宣传"。①

从部分案例来看,多数评议对象对述职评议"倍感压力"。湖南省资兴市的述职评议中,述职人员是"工作没有做好才被选中",所以"一改以往在本单位报告工作时那种底气十足、声音洪亮的形象,第一次带着紧张忐忑的心情向市人大常委会报告自己的履职情况"。② 资兴市人大常委会自 2013 年开始探索加强干部任后监督的有效途径,并于 2014 年出台了《资兴市人大常委会听取和审议国家机关工作人员履职情况报告的暂行办法》。在 2014 年和 2015 年的履职报告中,先后有 3 名述职人员因未能通过满意度测评而被市委调整了工作岗位。③ 云南省昭通市人大常委会在评议工作中试图将对人监督和对事监督结合起来,这种做法让有的述职人员感到"压力不小"。④ 2015 年 5 月,湖南省新田县人大常委会对 23 名政府工作部门主要负责人和 9 名"两院"副职进行述职测评,虽然都通过了测评,"但是不少同志红了脸、出了汗,真实地感受到了人大监督前所未有的硬度和强度"。⑤ 2018 年 3 月,四川省雅安市人大常委会的评议会议随机确定评议对象口头述职并进行测评,市水务局局长被抽中后"比较紧张,过了几分钟才平复下来"。⑥

目前各地的述职评议正式开始之前仍会召开动员大会或者准备会议,以统一思想认识,减少评议阻力。2018 年 3 月,四川省广安市广安区六届人大常委会第十三次会议对政府工作部门主要负责人的履职情况进行述职评议,会议强调,"述职评议是人大及其常委会对选举任命人员任后监督的一种方式,是今后监督工作的一种常态,以后每年都会开展

---

① 王晓映:《镇江人大任命干部述职评议 传递监督强信号》,载《新华日报》2014 年 6 月 28 日。
② 徐佩滢:《创新干部任后监督的"资兴模式"》,载《人民之友》2017 年第 1 期。
③《资兴市人大:任后监督激励干部"想作为、善作为"》,载《中国人大》2018 年第 24 期。
④ 瞿姝宁:《创新工作方式 增强履职实效》,载《云南日报》2015 年 2 月 2 日。
⑤ 郑程、郑鹏:《新田县:干部任后监督新常态》,载《人民之友》2015 年第 8 期。
⑥《直击雅安市人大常委会随机确定"一把手"口头述职并测评》,载哈尔滨人大网,http://www.hrbsrd.gov.cn/content/2018-03/12/content_2213530.htm,2018 年 3 月 12 日。

述职评议工作。各部门负责人要正确看待述职评议"①。此外，从少数案例仍可以管窥出监督对象接受人大监督的自觉性和主动性仍有待提升。在湖南省常德市人大常委会开展的"两官"评议中，一名被评议的法官说："虽然我是人大常委会任命的，但我对人大监督缺乏'概念'。参加履职评议后，我才体会到一种权力来源意识，感受到人大监督就在身边。"常德市开展履职评议前，"两官"中持这种认识的不在少数。② 河南省人大常委会2018年的工作报告中也指出，政府重大决策出台前向人大报告的程序不够健全，实际工作不够规范。③ 安徽省铜陵市郊区人大常委会发现，述职评议过程中，部门的配合不够，实效性不够强。④ 述职评议的顺利开展并不必然意味着所有述职人员都真诚地接受评议，这在《监督法》之前即有体现。评议对象的配合和支持还与地方人大自身策略的转变有关。党的十八大以来，各地的述职评议实践中，评议对象未通过评议的案例极其罕见。各级人大在处理评议测评的问题上更是格外谨慎，在制定办法或条例时往往有意识地进行"克制"，甚至与监督对象共同起草述职评议工作方案，对未通过评议不作规定或仅强调进行反复整改。

习近平指出，"一些领导干部怕监督、不愿意被监督，觉得老是有人监督不自在、干事不方便"⑤。领导干部对待监督的这种消极态度可以从其述职报告中体现出来。《监督法》实施之前，评议对象的述职报告往往肯定成绩洋洋洒洒、谈论不足讳疾忌医。这种做法在党的十八大之后某种程度上依然存在。为了避免将述职会变成"述功会"，很多地方人大常委会出台的述职评议办法或实施方案中都明确限定报告篇幅，控制述职

---

① 《开展述职评议 加强任后监督》，载广安人大网，http://www. gard. gov. cn/xxrd/1928. html，2018年4月23日。

② 谭芳：《常德市：开展法官、检察官履职评议，加强任后监督》，载《人民之友》2016年第6期。

③ 刘春良：《河南省人民代表大会常务委员会工作报告》，载《河南日报》2018年2月5日。

④ 《郊区人大全面推进被任命人员述职评议工作》，载铜陵人大网，http://www. tlsrd. gov. cn/content/article/4694486，2018年11月30日。

⑤ 中共中央文献研究室编：《习近平关于全面从严治党论述摘编》，中央文献出版社2016年版，第204页。

时间,并且要求述职必须涉及存在的问题和整改措施。江苏省宜兴市近年来的述职评议中,"述职评议工作组对每一篇述职报告更是严格把关,对不符合要求的及时提出修改意见。为了起草好述职报告,几乎所有述职人员都几易其稿"①。2014 年,西安市人大常委会对 8 名市人大常委会任命的"一府两院"工作人员进行了评议。评议对象的述职报告篇幅一般为三四千字,谈论不足的内容最多的占报告篇幅的 6.6%,最少的仅有 1.4%(见表 7-10)。这与 2004 年时的述职评议情况颇为相似,都缺少对问题和不足的深刻分析(见表 3-5)。云南省临沧市人大常委会近年来对部分任命人员的年度履职情况进行书面审查,结果发现述职人员"对人大法律监督和工作监督重要性和必要性认识还有差距","少数同志存在被动监督的情况","部分同志存在为报告而报告的情况,过多写总结、谈成绩"。② 2016 年 9 月,安徽省人大常委会对 5 名政府职能部门主要负责人进行述职评议,每名述职人员口头述职的平均时长为 20 分钟左右,但是自我剖析问题都不足 2 分钟,同时述职报告内容空泛,存在"应付之嫌"。③

表 7-10　2014 年西安市评议对象述职报告篇幅及涉及不足的内容情况

评议对象	述职报告篇幅(字)	涉及不足的内容(字)	涉及不足的内容占比
市商务局局长	3486	173	5.0%
市人民检察院副检察长	3766	123	3.3%
市规划局局长	3980	194	4.9%
市政公用局局长	3550	50	1.4%

---

① 陈啸:《宜兴:"三全"谋真招,述职有成效》,载《人民与权力》2018 年第 7 期。

② 《临沧市人大常委会主任会议关于临沧市人大常委会部分任命人员 2020 年度履职情况综合审查意见的报告》,载云南省临沧市人大常委会网站,http://www.lcsrd.gov.cn/cwhhy/778388349447368178,2021 年 4 月 30 日。

③ 范天娇、张楠:《安徽官员述职被批应付:大谈成绩　缺点不到 300 字》,载中国新闻网,https://www.chinanews.com.cn/gn/2016/09-18/8006840.shtml,2016 年 9 月 18 日。

评议对象	述职报告篇幅（字）	涉及不足的内容（字）	涉及不足的内容占比
市水务局局长	3830	210	5.5%
市中级人民法院副院长	3905	258	6.6%
市科技局局长	4023	227	5.6%
市审计局局长	4189	162	3.9%

3. 评议主体

党的十八大是地方人大发展的一个重要分水岭，这鲜明地体现在述职评议上。以省级人大为例，自 2013 年以来，省级人大对述职评议明显持更加积极的态度。一方面，部分省级人大自身开展了述职评议或与之性质相似的旨在加强任后监督的活动。2014 年 9 月，安徽省县级人大工作交流研讨会上，安徽省人大常委会副主任指出，"听取被任命干部的述职报告，并进行履职点评或满意度测评，对评价不高的进行约谈，将评价结果提供给党委作为任用干部的重要依据，有力强化了任前审查和任后监督"[①]，这是自《监督法》出台后首个省级人大对述职评议给予积极评价。安徽省人大常委会还制定了对"一府两院"工作人员任前审查和任后监督的规定。此后，述职评议成为一项固定的制度。2022 年，安徽省人大常委会组织了 96 名"一府两院"工作人员进行述职，引导常委会任命人员依法履职、勤政为民。与此同时，安徽省人大常委会明确指出，市县级人大对"一府两院"工作人员的监督可以参照省人大常委会制定的规定执行。2015 年，陕西省人大常委会制定了《关于"一府两院"有关负责人向省人大常委会报告履职情况的实施意见》，对述职评议进行了规范。陕西省十三届人大常委会届期内共审议了 5 名副省长、12 名厅长和省"两院"9 名副职的履职报告。[②] 2020 年，浙江省人大常委会围绕法治

[①] 《臧世凯同志在全省县级人大工作交流研讨会上的讲话》，载安徽人大网，http://www.ahrd.gov.cn/npcweb/web/info_view.jsp? strId=1412731720660825，2014 年 10 月 8 日。

[②] 庄长兴：《陕西省人民代表大会常务委员会工作报告》，载《陕西日报》2023 年 1 月 20 日。

政府建设,探索审议省政府组成部门主要负责人的履职情况报告。2019年10月,重庆市人大常委会审议通过了《重庆市人大常委会任命的有关人员向市人大常委会报告履职情况试行办法》,并从2019年开始听取任命干部报告履职情况。重庆市五届人大常委会实现了应报告人员届内向常委会报告履职情况全覆盖。此外,山西、江苏、青海等省级人大常委会也先后制定了对其选举或任命的国家机关工作人员的任后监督办法。

另一方面,那些没有开展述职评议的省级人大往往也对述职评议给予了积极评价。如湖南省人大常委会在全国省级人大层面率先出台"两官"履职评议工作指导意见,推动实现评议工作在全省市州层面全覆盖,提出将其打造成为具有湖南辨识度的人大监督品牌。2014年12月,在江苏全省人大工作会议上,镇江市人大常委会的述职评议作为典型进行了经验交流。① 同日,江苏省召开了市人大常委会主任座谈会,提出"要加强对基层人大工作的指导,及时总结推广基层实践创新的鲜活经验,努力形成有利于人大工作创新发展的良好氛围"②。2015年9月,江苏省人大常委会常务副主任在全省县乡人大工作和建设座谈会上明确指出,"工作评议和述职评议在各地实践中被大量运用,这次省委文件总结我省基层实践,作了明确规定,为我们开展这方面工作提供了依据。希望县乡人大进一步总结经验,选准角度、把握好力度,推动评议工作健康有序发展"③。在2023年的工作要点中,江苏省人大常委会计划听取部分省人大常委会任命人员履职情况报告并开展测评,同时还将出台关于市县乡人大加强对人大选举和任命人员监督的指导意见。2022年4月,浙江省衢州市人大常委会主任在总结七届市人大常委会五年的主要工作时指出,衢州市人大常委会创新对法官和检察官的履职评议工作得到

---

① 《镇江市人大常委会:开拓创新　不辱使命　让与时俱进成为人大事业的主旋律》,载江苏人大网,http://www.jsrd.gov.cn/zt/2014rdgzhy/2014zt_rdgzhy_jl/,2014年12月5日。
② 《省市人大常委会主任座谈会在宁召开》,载江苏人大网,http://www.jsrd.gov.cn/zt/2014rdgzhy/2014zt_rdgzhy_ls/201412/t20141208_152398.html,2014年12月8日。
③ 《蒋定之同志在全省县乡人大工作和建设座谈会上的讲话》,载江苏人大网,http://www.jsrd.gov.cn/sy/xw_ldjh/201511/t20151116_268077.shtml,2015年11月16日。

了省人大常委会领导的批示肯定。① 自 2013 年以来,浙江省平湖市人大常委会每年连续开展对人大任命干部的任后监督工作,其中一个重要因素是"得到了省人大、嘉兴市人大的充分肯定"②。

当前省级人大对述职评议的积极态度与其对自身监督工作总体状况的认识有直接的关系。如 2018 年,多数即将换届的省级人大常委会在总结五年来工作中的差距和不足时指出,常委会的工作与中央和省(区、市)委对人大工作的新要求以及人民群众的期望相比还存在差距,其中往往重点强调监督工作的针对性和实效性有待进一步加强(见表 7-11)。党的十八大以来,由于得到了来自中央和地方党委的高度重视和积极推动,地方人大的工作变得活跃起来,部分地方人大常委会党组甚至主动提出加强和改进人大监督工作和建设的意见,并得到了同级党委的支持和批转。如陕西省人大常委会党组针对县乡人大工作中普遍存在的薄弱环节,结合贯彻中发〔2015〕18 号文件精神,研究出台了加强县乡人大工作和建设的实施意见,得到了陕西省委的批转(陕发〔2015〕17 号)。2022 年 3 月,安徽省委召开人大工作会议并出台相关文件之后,省人大常委会制定了贯彻省委人大工作会议精神任务清单,细化 66 项工作任务。2022 年,宁夏回族自治区人大常委会对标中央关于新时代加强和改进人大工作的意见,提请党委出台实施意见,协助召开自治区党委人大工作会议,并对照梳理主要任务,列出清单台账,制定分工方案。

表 7-11 2018 年全国省级人大常委会工作报告中对监督工作中差距和不足的表述

省(区、市)	对监督工作的表述
安徽省	实行正确监督、有效监督的机制举措还需进一步完善。
北京市	人大监督的刚性约束不够,实效性还需增强。
重庆市	监督工作的针对性、实效性有待加强,敢于监督、善于监督还存在差距。

---

① 吴国升:《衢州市人民代表大会常务委员会工作报告》,载《衢州日报》2022 年 5 月 6 日。
②《人大任命干部任后监督工作座谈会召开》,载《嘉兴日报》2020 年 10 月 29 日。

续表

省（区、市）	对监督工作的表述
福建省	监督工作的针对性和实效性还需要进一步提高。
甘肃省	开展有效监督还不够,在紧贴中心、精选议题、深入调研、提高审议质量、强化监督落实等方面还需要做大量工作。
广东省	监督实效有待进一步增强。
广西壮族自治区	把握新时代社会主要矛盾变化,统筹谋划推进监督工作还需要加强。
贵州省	监督议题需要进一步精准,跟踪问效需要形成常态化。
海南省	对一些领域开展监督的针对性、实效性还不够强。
河北省	监督工作的权威性、实效性还不够明显,跟踪监督的效果需要进一步提升。
河南省	个别监督议题审议质量和实效有待提升,对审议意见的跟踪问效不够有力。
黑龙江省	监督工作的实效性有待进一步增强。
湖北省	监督的实效性有待进一步提升。
湖南省	刚性监督手段运用不够,监督工作实效需要进一步增强。
吉林省	监督的实效性有待进一步加强。
江苏省	监督工作的方式方法有待进一步完善,监督实效还需切实增强。
江西省	监督的实效性有待进一步提高。
辽宁省	实施有效监督有待深入。
内蒙古自治区	法定监督方式运用得不充分,监督实效还有待提升。
宁夏回族自治区	监督机制有待继续完善,监督实效有待进一步增强。
青海省	人大全面履行职责与人民美好生活需要之间还存在一些不平衡不适应不协调的问题。
山东省	监督工作的实效性还不够强,监督工作机制有待完善。
山西省	监督工作针对性、实效性还不够强,督促整改的力度还不够大。
陕西省	监督实效还需要进一步增强。

续表

省(区、市)	对监督工作的表述
上海市	监督工作的着力点需要更加精准,跟踪问效的机制还需健全。
四川省	还存在一些需要加强和改进的地方,特别是对照党的十九大"加强人民当家作主制度保障"的新要求,对照省委治蜀兴川总体工作的新格局,对照全省各族人民对美好生活的新期盼,还有一定的差距。
天津市	监督刚性有待进一步强化,"法治钢印"作用不够到位,支持多、监督少的情况还不同程度存在。
西藏自治区	监督机制有待继续完善,监督实效有待增强。
新疆维吾尔自治区	监督工作跟踪问效、督促落实还不够。
云南省	常委会工作还存在明显不足,监督实效还有待增强。
浙江省	人大监督方式、方法、手段需不断创新,监督的刚性、针对性、实效性还需增强。

注:不含港澳台地区。

推动人大工作不断与时俱进和创新发展,成为党的十八大以来加强人大制度建设的主旋律。从省级人大来看,浙江省十三届人大常委会在总结过去五年工作体会时指出,"着力推进人大工作理论创新、实践创新、制度创新","在守正中创新,在创新中发展,不断拓展履职的广度和深度"。① 自 2013 年以来,江苏省人大常委会每年的工作报告中都强调对人大工作尤其是监督工作进行创新(见表7-12)。江苏省人大常委会在回顾十二届人大常委会五年工作时指出,"近年来,为加强对任命干部的监督,市县一级人大探索开展了对'一府两院'主要负责同志履职评议工作,并进行满意度测评,把评议结果作为考核和任用干部的重要依据,取得很好的效果"②。

---

① 梁黎明:《浙江省人民代表大会常务委员会工作报告》,载台州在线网,http://www.576tv. com/cluster/pdetail? id=240437&wd=&eqid=d083a1e40000093600000004643cb3be,2023 年 1 月 19 日。

②《省十二届人大常委会五年工作回顾之三》,载江苏省人大常委会网站,http://www.jsrd. gov.cn/bmzy/bm_yjs_jh/201804/t20180426_495157.shtml,2018 年 4 月 26 日。

表 7-12　江苏省人大常委会工作报告中对监督创新的相关表述（2013—2022）

时间	对监督创新的相关表述
2013 年	在监督工作中,根据监督法规定努力创新监督形式。
2014 年	在监督工作中,将着力创新监督方式方法,不断提高监督实效。
2015 年	围绕强化监督职能、提高监督实效,进一步创新监督工作。
2016 年	推动基层创新,发挥示范带动作用。
2017 年	着力完善地方人大工作机制,推动人大工作与时俱进。
2018 年	始终坚持改革创新,切实推动人大制度和人大工作与时俱进。
2019 年	坚持与时俱进,务实推进地方人大工作创新发展。
2020 年	密切上下协同联动,支持基层创新实践,着力强化全系统工作的整体效应。
2021 年	探索监督工作新途径。
2022 年	加强工作指导,密切与市县乡人大的联系,鼓励支持基层创新实践。

由于得到了省人大常委会的支持,目前江苏省各市级人大均开展了述职评议或履职评议。如南京市十五届人大常委会任期内全面开展了履职评议,将对"事"监督与对"人"监督结合起来,共对人大常委会任命的 38 名市政府部门主要负责人和 2 名"两院"副职的履职情况进行了满意度测评。无锡市人大常委会 2019 年的工作要点包括"加强对任命人员的任后监督,探索建立对任命的法官、检察官进行履职评议制度,深化对部分政府组成部门的工作评议和询问,促进任命干部履职尽责、担当作为"。2022 年,无锡人大常委会对 15 名法官开展了履职评议。徐州市人大常委会自 2017 年换届以来,积极探索开展对人大及其常委会选举和任命人员履职情况的监督,并于 2018 年出台了《关于法官、检察官报告履职情况的规定》,拓展了人大监督的新路径。苏州市人大常委会制定了常委会任命人员报告履职情况的办法,要求常委会任命人员每年向常委会提交年度履职情况报告,每届任期内向常委会口头报告履职情况一次。南通市十四届人大常委会制定了《关于市人大常委会任命的"一府两院"工作人员报告履职情况暂行办法》,安排检察官和法官在常委会

会议上报告履职情况,并进行评议测评,把人事任免与任后监督、工作监督与法律监督有机结合起来。连云港市人大常委会出台了《关于依法做好市人大常委会任命的法官检察官监督工作的意见》,要求市人大常委会任命的法官和检察官,在本届市人大常委会任期内,一般安排一次履职评议。淮安市人大常委会制定了政府工作部门主要负责人和法官、检察官履职评议的规范性文件,将履职评议确定为市人大常委会的常态监督方式。扬州市人大常委会在 2019 年工作报告中提出,对法官和检察官开展履职评议,同时决定拓展履职评议,将市政府工作部门主要负责人纳入评议范围。2022 年,扬州市人大常委会对 13 名"一府两院"工作人员开展了履职评议。镇江市八届人大常委会继续开展述职评议工作,2017 年和 2018 年分别对 4 名和 3 名市人大常委会任命的"一府两院"工作人员进行了述职评议。泰州市人大常委会加强任后监督的一个重要举措是建立了履职情况报告制度。2022 年,泰州市人大常委会制定了常委会任命人员报告履职情况办法,听取了政府组成部门主要负责人的履职情况报告。宿迁市人大常委会修订完善了《宿迁市人民代表大会常务委员会人事任免实施办法》,将届中述职等具有宿迁特色的品牌工作以制度化的形式固定下来。宿迁市人大常委会 2019 年的工作报告中指出,"加强对任命人员的任后监督,组织开展政府组成部门、法院、检察院负责同志届中述职,增强人事监督效果"。常州市人大常委会对法官和检察官开展了履职评议,并制定了法官、检察官报告履职情况的暂行办法。2022 年,常州市人大常委会对 15 名法官和检察官开展了履职评议,同时进一步深化"两官"报告履职情况制度,形成任前审查、依法任命、任后监督的全链条监督机制。2022 年 12 月,盐城市人大常委会主任会议通过了《盐城市人大常委会任命的有关人员向市人大常委会报告履职情况办法》,并将"加强对常委会任命干部的任后监督"作为 2023 年的主要任务之一。

市级人大的态度直接影响到区县人大的述职评议工作。以淮安市为例,在激活"休眠"的监督权力上,淮安市人大常委会鼓励各县区先行先试。淮安市盱眙县人大常委会根据江苏省委关于加强县乡人大工作与建设的实施意见(苏发〔2015〕26号)文件精神,组织国家机关工作人员开展述职评议,作为县人大常委会依法履职的创新实践。① 盱眙县的述职评议作为创新工作试点得到了淮安市人大常委会的肯定。2017年9月,淮安市人大常委会常务副主任葛平、副主任刘华出席盱眙县人大常委会开展的"一府两院"副职述职评议活动,并给予了积极评价,"希望各县区人大常委会学习借鉴盱眙做法,使述职评议在全市全面推开"②。目前,淮安市各县区人大的述职评议工作已经全面展开。2017年,淮安市金湖县人大在江苏全省范围内首次开展了对常务副县长的述职评议工作。2018年,金湖县人大还推动述职评议工作向乡镇延伸,实现了县镇全覆盖。③ 2019年初,淮安市涟水县人大常委会对14名法官和检察官进行履职评价,其中1名述职人员因履职业绩不佳,测评中基本满意和不满意票较多,而被给予"差评",对照《涟水县人大常委会监督两院暂行办法》的规定,由常委会委托内司委和法院分管领导对该同志进行了履职谈话。④ 2019年5月,淮安市洪泽区人大常委会听取和审议了区政府、法院和检察院各1名副职以及科技局主要负责人履职情况的报告,并进行满意度表决,当场公布表决结果。总之,党的十八大以来,地方人大强化监督权力的积极性不断被激发和调动起来,述职评议作为地方人大常委会加强对其任命人员任后监督的一种制度创新再次得到了普遍关注。

---

① 《盱眙人大:紧扣"二强化三开展" 特色工作显成效》,载淮安市人大常委会网站,http://rd. huaian. gov. cn/xxrd/content/5e38cfba646f00db01647c96756a0052. html,2018年7月9日。
② 《市人大常委会领导出席盱眙县举行的国家机关工作人员述职评议活动》,载淮安市人大常委会网站,http://rd. huaian. gov. cn/xwzx/content/5e38cfb95e85424f015e9e64ed3028cb. html,2017年9月20日。
③ 《金湖县人大:"四个精准"提升履职评议成效》,载淮安市人大常委会网站,http://rd. huaian. gov. cn/xxrd/content/16304256/1631150967508q5rUwHgn. html,2021年9月9日。
④ 《数据会说话　画像更精准——涟水县人大常委员额制法官、检察官履职评价纪实》,载江苏人大网,http://www. jsrd. gov. cn/sszc/201906/t20190618_514564. shtml,2019年6月18日。

激发监督的内生动力,发挥监督的积极性和主动性,是加强和改进人大监督工作的重要方面。① 需要指出的是,部分地方人大自身对述职评议仍存在怀疑态度,代表性观点认为,地方人大常委会通过述职评议直接对干部进行任后考察的做法没有法律依据,并与党管干部原则相冲突。② 2018 年 9 月,无锡市梁溪区人大常委会对任命的"一府两院"负责人开展履职评议,区人大常委会副主任指出,"评议虽然搞起来了,但要真正强化对任命人员监督,不仅监督对象有一个提高认识的过程,我们人大内部也有认识不够、信心不足和能力不强的问题亟待解决"③。在实践中,"寓支持于监督之中"的理念往往变成片面突出"支持"而弱化"监督"。吉林省通化市人大常委会发现,在开展监督工作时过分强调"监督就是支持","尽量不影响'一府一委两院'的工作",有时甚至是"一次汇报发现问题,一纸报告解决问题",这就导致部分监督对象对人大不够"重视"。④ 福建省福安市人大常委会主任指出,尽管在进行满意度测评前已经作了反复动员,但是仍有部分人员存在"下不了手","只说好不说坏,只谈支持不谈问题"的现象。⑤ 2022 年 5 月,江苏省人大常委会常务副主任在省委人大工作会议结束时的讲话中对人大监督的错误认识提出了批评,强调人大是"一线",不是"二线"。他指出,一些地方人大工作做得不够好的一个重要原因,就是有些党政干部转岗到人大以后,认为是"最后一站"了,已经退居"二线"了,应付应付就行了,不需要像以前那样认真了,于是该做的事不尽心尽力去做,该解决的问题不想方设法去解决,工作流于一般化,甚至出现下滑的情况。⑥

① 许安标:《坚持正确监督、有效监督——新时代加强改进人大监督工作的实践与探索》,载《中国法律评论》2021 年第 5 期。
② 颜克约:《人大常委会直接对干部进行任后考察不宜推行》,载《人民代表报》2014 年 5 月 6 日。
③ 《无锡市梁溪区人大常委会对任命的"一府两院"负责人开展履职评议纪实》,载江苏人大网,http://www.jsrd.gov.cn/sszc/201809/t20180907_505958.shtml,2018 年 9 月 7 日。
④ 《关于加强和改进新时代地方人大监督工作的几点思考》,载《吉林人大》2020 年第 8 期。
⑤ 《凸显测评之力》,载《人民政坛》2014 年第 3 期。
⑥ 李小敏:《做好新时代地方人大工作的几点认识》,载《人民与权力》2022 年第 6 期。

　　为了提高地方人大履职的积极性,不少地方实行人大常委会组成人员向人大常委会、常委会主任会议或人大常委会党组述职,人大代表向原选举单位、选区选民或人大常委会述职等制度。不过,从人大代表述职评议的实践来看,鲜有"不满意""不合格"的案例出现。人大代表资格被终止更多的是因为代表触犯刑律被依法判刑并被剥夺政治权利,而非被原选区或者原选举单位主动罢免。由此引发的思考是,仅仅从"输出端"进行述职并不能完全保证常委会组成人员和人大代表履职尽责,同时还应该从"输入端"进一步完善选举制度,提高选举的民主性和竞争性,扩大直接选举范围,增加差额选举比例等。如在直接选举的范围问题上,自 1979 年 7 月五届全国人大第二次会议通过《选举法》以来,县级以上一直实行间接选举。有学者认为,间接选举的效率比较高、成本比较低、情势比较稳定,然而容易弱化人大代表与人民群众之间的联系。[1]1987 年 4 月,邓小平在会见香港特别行政区基本法起草委员会委员时曾指出:"大陆在下个世纪,经过半个世纪以后可以实行普选。"[2]按照邓小平的设想,当中国基本实现社会主义现代化时,将具备进一步扩大政治民主、扩大直接选举的客观条件。而其他社会主义国家的政治实践也提供了重要的参考,如越南国会代表和古巴全国人民政权代表大会代表均由直接选举产生。扩大直接选举的范围应采取逐步发展、稳步前进的方针,可在市级、省级层面先行进行试点。这一改革可以将人大代表直接置于选民的督促和监督之下,有力强化人大代表对人民的责任感和使命感,从而更好地发挥人大代表的作用和提高国家权力机关的政治权威。

四、本章小结

　　近年来,地方人大的述职评议逐步得到恢复和发展,在市县层级尤

---

[1] 何家弘:《论我国人大代表选举制度的完善》,载《政治与法律》2020 年第 9 期。
[2]《邓小平文选》第三卷,人民出版社 1993 年版,第 220 页。

为活跃。这一发展趋势与党的十八大以来的一系列积极变化有直接的关系。就组织基础而言,党的十八大以来,地方人大常委会和专门委员会专职委员的比例显著提升,专门委员会和工作委员会的机构设置逐步健全,人员编制数量增加,组织建设的发展提高了地方人大的履职效能,为开展述职评议奠定了基础。由于地方人大常委会任免的"一府一委两院"工作人员数量较多,现有的机构力量不足以对所有法定评议对象进行口头形式的评议,这种困境与《监督法》实施之前十分相似。地方人大非正式的横向联系与层级间的纵向联系在党的十八大之后更为密切。从横向联系来看,地方人大之间就述职评议所展开的相互学习和交流活动,对述职评议的扩散起到了积极的作用。从纵向的层级关系来看,各级人大间原本较为松散的非正式联系逐渐有制度化的趋势,强调纵向的交流和指导,深化上下协同联动以形成整体的监督合力。

就权力关系而言,由于目前的述职评议绝大多数是在人大常委会而非人大会议上进行,因而地方党委加强对人大常委会的领导尤为关键。各地人大常委会充分发挥常委会党组的领导核心作用,定期召开党组会议,严格执行向党委请示报告制度。与此同时,市县级人大常委会主任的专职配备成为主流,有利于加强市县级人大的工作和建设。党的十八大以来,地方人大和其监督对象的关系可能对述职评议的开展具有制约作用。人大代表中党政领导干部的比例虽有所下降,但是相当比例的人大代表兼具"运动员"和"裁判员"的现象依然存在,地方人大的履职保障尤其是经费支持也有待加强。地方人大与其监督对象在同级党委中的关系发生了新的变化。在省级层面,由于实行的是省委书记兼任人大常委会主任的模式,省委书记频繁的人事变动,导致省级人大常委会主任的任期难以保持稳定。在市县层级,专职配备的人大常委会主任往往不是地方党委常委,只能列席党委常委会会议。新设立的机构监察委员会的主任往往由同级党委常委、纪委书记担任,再加上法律赋予了监察委员会对同级人大机关工作人员进行监察的权力,在这种背景下,地方人大一般很少将监察委员会的主要负责人列为评议对象。与此同时,地方人大对归口党委职能部门领导或管理的政府部门主要负责人的履职监督也尚待破题。

就政治态度而言,中央和地方层面对述职评议的态度发生了积极转变。在中央层面,自党的十八大以来,以习近平同志为核心的党中央高度重视人大制度,要求人大工作不断与时俱进、创新发展。党中央在一系列报告、决议和通知中对如何健全人大制度提出了明确要求,尤其是习近平坚持和完善人大制度的思想蕴含着关于加强人大监督的重要内容,成为新时代做好人大工作的根本遵循。中央人大工作会议的召开进一步吹响了加强和改进新时代人大工作的号角。同时全国人大也开始以积极的态度支持地方人大的制度创新,认为地方人大"积累了许多好的经验和做法",明确提出要"加强对被任命人员的任后监督"。在地方层面,地方党委为贯彻落实中央的文件和会议精神,及时召开人大工作会议,出台了一系列指导性文件加强和改进人大工作,推动人大工作与时俱进,为地方人大履行职权创造了良好的环境。与党的十八大之前相比,评议对象接受监督的自觉意识也有所提高,鲜有公开抵制和拒绝评议的案例发生。地方人大则在中央和地方的鼓励和支持下积极努力谋求新作为,不断进行制度创新和探索。在这个背景下,述职评议(履职评议)再次成为地方人大加强监督权力的一种"制度创新"而引起广泛关注。当然,党的十八大以来的一系列新变化并不意味着某地的述职评议必然会出现飞跃式的单向发展。如 2015 年 1 月,山西省人大常委会通过了《关于加强和改进人大监督工作的决定》,提出要强化对人大及其常委会选举任命人员的监督,进一步完善"一府两院"被选举任命人员任期履职报告制度,建立健全被选举任命人员履职档案制度。但是,此后并没有开展相关的活动。

结语：地方人大、述职评议与制度空间

> 一切有权力的人都容易滥用权力，这是万古不易的一条经验。有权力的人们使用权力一直到遇有界限的地方才休止。①

——孟德斯鸠

本书的研究主旨并不是单纯研判述职评议是否会全面复兴，而是希望通过考察 20 世纪 80 年代中后期以来述职评议的产生与变迁来剖析影响地方人大行使监督权力及其制度空间成长的各种制约性因素。本书发现，述职评议的制度创新、制度化、制度衰退和制度调适，是政治过程中的操作性因素、内部与外部双重环境的结构性因素，以及维系制度运作的认知性因素共同作用的结果，但是各种因素在影响程度上存在着显著的差异。

自 20 世纪 80 年代以来，述职评议的发展历程中存在明显的"波浪"与"回潮"现象。"第一波"从 20 世纪 80 年代中后期至 2006 年。这一时期，述职评议作为一种制度创新在全国范围内逐渐扩展开来。1995 年前后，地方人大普遍开展了评议工作，在市县层级尤其活跃。但是，述职评议的发展势头在 2004 年后开始明显放缓。第一波"回潮"为 2006—2012

---

① [法]孟德斯鸠：《论法的精神》（上），张雁深译，商务印书馆 1961 年版，第 154 页。

年。从 2004 年开始,述职评议开始"降温",《监督法》的出台是一个分水岭。《监督法》实施之后,多数地方人大以其未对述职评议作出规定为由,对相关法规进行了修改、清理或废止。此后,述职评议明显进入衰退阶段,仅有零星的市县级人大继续开展。"第二波"则从 2013 年开始,党的十八大是述职评议发展过程中又一次重要的转折点。2013 年以来,述职评议迎来新的契机,陆续得到了恢复和发展。在省级人大层面,部分省级人大重新开展了述职评议或履职评议等。在副省级市中,绝大多数开展了述职评议或类似的监督活动。在市县层面,述职评议或类似的监督活动在党的十八大之后明显趋多。如在江苏、安徽等地,述职评议或履职评议已经成为市县级人大加强监督权力的普遍性举措。这些积极变化昭示着述职评议在未来的发展趋势。

一、政治认知:制约述职评议的决定性因素

一方面,从述职评议的发展历程来看,认知性因素的影响最为关键,尤其是中央的态度对述职评议能否在全国范围内普遍开展具有决定性的影响。历史制度主义认为,最初的政策与制度选择一旦作出,由此形成的模式将不断延续下去,除非有足够的力量克服最初形成的惯性。[1]从述职评议来看,打破这种"路径依赖"的力量主要是中央的态度。博士卓在其著作《中国政治改革的逻辑与局限》中强调了领导人物在中国政治改革中的关键性角色,他发现,自 20 世纪 90 年代开始的许多旨在约束权力滥用的政治改革,无一例外地都受到领导人物的强力推动,而领导离任导致外部环境发生改变时,这些改革就会逐渐萎缩或悄然而止。中国所有的政治改革都遵循着相似的模式,即"政治领导的变更或政治环境的改变使业已取得的进展受挫甚至被取消"。[2] 从述职评议来看,其

---

[1] [美]B. 盖伊·彼得斯:《政治科学中的制度理论:新制度主义》,王向民、段红伟译,上海人民出版社 2016 年版,第 73 页。

[2] Joseph Fewsmith, *The Logic and Limits of Political Reform in China*, New York: Cambridge University Press, 2013, p. 175.

发展过程中的三次重要的转折均与中央的态度转变有关。

首先,20 世纪 80 年代,党中央对"民主"和"社会主义法制"的强调,以及以党政分开、权力下放和精简机构为主要内容的政治体制改革,迫切地需要健全人大制度,要求各级人大能够积极履行立法权和监督权,同时也为包括述职评议在内的各种监督制度创新创造了条件。1995 年,中共中央组织部考察了山西省人大常委会的述职评议工作,并给予了充分肯定。全国人大常委会的领导人也开始旗帜鲜明地支持述职评议,最具代表性的是 1995—2002 年间,历年全国人大常委会的工作报告中都对地方人大开展的述职评议给予了积极评价。在党中央和全国人大的大力支持下,从 1995 年开始,述职评议逐渐成为地方人大尤其是市县级人大广泛开展的一种经常性的监督工作。

其次,党中央和全国人大对述职评议的态度在 2001 年之后相继发生了明显转变。2001 年 7 月,中共中央组织部负责人明确提出了述职评议是否与党管干部原则相冲突的疑问。2003 年全国人大换届之后,十届全国人大也担心述职评议可能冲击现行的干部管理体制,因而对述职评议的态度逐渐由肯定变为否定。由于"在上层有些争议"①,述职评议最终被排除在《监督法》之外。《监督法》实施后,绝大多数地方人大一方面高度评价述职评议的作用,但同时根据"中央的精神"和全国人大的明确要求,纷纷叫停和搁置了述职评议,并立即着手清理和废止相关的规范性文件,导致述职评议在全国范围内发生了显著衰退。

再次,党的十八大是述职评议发展过程中的另一个重要分水岭。党的十八大以来,以习近平同志为核心的党中央高度重视人大的制度建设,党中央在一些重要会议和重要文件中明确提出要进一步加强人大的监督工作。与此同时,习近平在一系列重要讲话中也屡次强调加强人大监督,指出地方人大及其常委会要按照党中央关于人大工作的要求,围绕地方党委贯彻落实党中央大政方针的决策部署,结合地方实际,创

---

① 张春生、席文启:《关于述职评议的几个问题》,载《新视野》2017 年第 2 期。

造性地做好立法和监督等工作。党的十八大以来，全国人大对地方人大制度创新的积极鼓励，也成为地方人大勇于进行各种探索的直接动因。如与十届、十一届全国人大相比，十二届、十三届全国人大在支持和推动地方人大履行监督职能方面显得十分积极。在广泛调研的基础上，十二届全国人大常委会形成了《中共全国人大常委会党组关于加强县乡人大工作和建设的若干意见》，十三届全国人大常委会起草了《关于新时代坚持和完善人民代表大会制度、加强和改进人大工作的意见》，这些重要文件得到了中共中央的同意，并正式印发。十二届全国人大积极鼓励地方人大进行制度创新，主张人大制度需要在新的实践基础上不断完善和发展，同时积极评价了地方人大开展的包括述职评议在内的一些旨在增强权力监督的制度创新。十三届全国人大对各级人大监督工作的制度创新也持明确的支持态度。栗战书提出，做好人大监督工作，首先是要用好用足《监督法》规定的监督形式，同时还要不断总结有效做法和成功经验，进一步完善具体组织方式和工作方法。他肯定了地方各级人大及其常委会在监督工作方面探索积累了许多好经验、好做法，提出要通过不断创新完善工作方式方法，使人大监督更有力度、更具权威。栗战书还明确提出要"加强对被任命人员的任后监督"。总之，来自中央层面的支持、默许或反对态度，对地方人大能否进行监督创新以及创新能否延续下去至关重要，这在述职评议的发展历程中有淋漓尽致的体现。

另一方面，在中国国家治理"一统体制"的基本形态下，地方享有某种程度的自主空间。《监督法》实施之后，述职评议在全国范围内基本上被"叫停"，但是仍有部分市县级人大在继续探索。这意味着在地方层面，各方对述职评议的认知态度也需要加以考量。首先，就地方党委而言，无论是《监督法》出台之前还是在党的十八大之后，述职评议都是在地方党委的领导下开展的，那些最初对述职评议进行积极探索的地方人大，往往是得到了同级党委的有力支持。地方党委通过制定加强人大工作的意见、召开人大工作会议等方式，支持地方人大积极履行监督职权，其中包括开展评议工作。但是,层级越高,地方党委对述职评议的态度就愈加审慎。如《监督法》出台之前,与市县级人大相比,省级人大的述职评议工作普遍开展得较晚,制度化程度也明显较低。党的十八大以后,省级人大开展述职评议或性质类似的监督活动仍尚属少数。与此同时,地方党委出现的"塌方式腐败""系统性腐败"也充分暴露出部分地方党委对开展述职评议等监督工作的真诚性问题。如党的十八大以来,许多曾担任地方党委书记的落马官员在任期间无一例外地表态支持人大开展监督工作,但是地方人大述职评议或性质类似的监督活动并没有得到有效开展,反而受到了极大的削弱,如暂时搁置述职评议或采用书面形式的评议等。需要指出的是,地方党委尤其是市县级党委对述职评议的支持态度,往往是出于中央、省委或省级人大的明确要求。党的十八大以来,党的政治建设空前加强,地方党委贯彻落实《中共中央关于全面推进依法治国若干重大问题的决定》的实施意见,推动人大工作与时俱进的意见,以及贯彻落实中央人大工作会议精神,进一步加强和改进人大工作的意见等,都对地方人大积极履行职权尤其是加强监督起到了积极的促进作用。

其次,就地方人大而言,地方人大拥有敢于推动监督工作、锐意进取的主要负责人对述职评议具有直接的影响。20 世纪 90 年代中期,许多地方人大常委会主任的任前职务是同级党委或政府的主要领导,具有丰富的行政阅历、工作能力和个人威信,他们的支持直接推动了述职评议的发展。但是,有研究表明,地方人大(如省级人大)常委会主任的任职模式已经从"终止型模式"过渡为"跳板型模式",[1]这意味着以往地方人大的制度发展依靠强势人大常委会主任个人推动的模式将发生改变。历史制度主义认为,"断裂均衡"很大程度上依赖于外部力量,而渐进的

---

① 何俊志、罗彬:《中国省级人大常委会主任任职模式研究(1979—2017)》,载《中共中央党校(国家行政学院)学报》2019 年第 1 期。

变化需要内在的行动者。① 这清晰地体现在《监督法》出台至党的十八大之前,述职评议在部分地方人大的推动下演变为"履职评议"或被吸收进其他形式的监督工作中。20 世纪 80 年代中后期,作为制度创新的述职评议受到地方人大内部因素的驱动,在得到中央的肯定后,经历了一个自下而上的发展过程。党的十八大以来,各地的述职评议更多地带有自上而下的特征,即在中央明确要求下或在中央的鼓励支持下谨慎而有序地进行。在地方层面,省级人大的作用也十分关键。一些省级人大常委会自身开展了述职评议,同时也积极支持甚至主动要求市县级人大通过述职评议加强监督工作。总之,党的十八大以来,地方人大强化监督权力的积极性逐渐被激发和调动起来,述职评议作为地方人大常委会加强对其任命人员任后监督的一种制度创新再次得到了普遍关注,这预示着地方人大的制度空间可能又会因监督权力的强化而得到新的扩张。不过,长期以来,开展述职评议工作的一个强大阻力即源自地方人大自身。很多地方人大常委会内部对是否开展述职评议存在分歧和顾虑,如当前大多数省级人大尚未开展述职评议就是很好的例证。

再次,就评议对象而言,在《监督法》出台之前,评议对象对述职评议的态度十分复杂。评议对象能够积极接受评议往往是因为希望借助地方人大常委会的评议来解决工作中存在的实际困难。在这种情况下,评议对象甚至会主动要求地方人大对其开展述职评议。部分评议对象将评议作为其向外界展示和呈现个人政绩的舞台,部分则出于机会主义的策略选择而接受评议,因为一般情况下述职人员都能够通过评议,而且一旦被评为优秀则有可能会有助于以后的职务晋升。在《监督法》出台之前,许多评议对象本能地对述职评议持有消极心理,或是源于主观上的不重视而敷衍应付,或是担心评议中可能出现的风险,或是不认同述职评议的某些具体做法。在各地的述职评议实践中,出现了一些评议对

---

① 〔美〕B. 盖伊·彼得斯:《政治科学中的制度理论:新制度主义》,王向民、段红伟译,上海人民出版社 2016 年版,第 83 页。

象公然抗拒和否定述职评议的案例,他们认为述职评议是"挑刺""找碴",直接拒绝地方人大对其进行的评议监督。党的十八大以来,公开报道中尚未出现评议对象拒绝接受评议的典型案例,这一积极变化与《监督法》实施之前形成了鲜明对比。但是也有零星的证据表明,评议对象对述职评议的态度与《监督法》实施之前相比,并没有实质性的不同,其行为逻辑依然建立在自身利益的"算计"和良性的结果预期之上。党的十八大以来,地方人大在述职人员的选择等方面明显加大了与监督对象的沟通与协商。不过,评议对象在述职的过程中"感到压力""紧张",存在"心理包袱"的情况依然存在,述职报告中回避问题与不足的现象也较为普遍,以至于地方人大只能严格限定述职报告的篇幅和时间,同时要求述职报告必须涉及问题与整改等内容。

二、政治结构:影响述职评议的基础动因

政治结构是政治系统中相关政治角色或人群之间固定化关系的形式,具有相对稳定性,一旦被确立,就意味着某种结构性约束的长期存在,从而在很大程度上限制了行为主体的选择机会和范围。[①] 就述职评议而言,结构性因素对其发挥了基础性的影响,不过这种影响很大程度上受制于认知性因素,在发挥作用时受到后者的牵制。

一方面,从内部结构来看,地方人大结构与功能不相匹配的矛盾一直存在,履行监督权力的组织基础仍较为薄弱。自 20 世纪 80 年代以来,地方人大自身组织的逐步充实和健全,以及横向与纵向非正式联系的不断加强,为述职评议的开展奠定了初步的基础。地方人大常委会的设立,实现了人大闭会期间人大工作的正常运行和国家权力行使的常态化,极大地增强了地方人大的各项工作尤其是监督工作。但是,地方人大常委会的组织构成还不能完全体现出其作为常设权力机关的性质,在

---

① 赖静萍:《当代中国领导小组制度的变迁与现代国家成长》,江苏人民出版社 2015 年版,第 280 页。

年龄结构、知识结构、专兼职比例结构等方面依然存在突出问题。在很长一段时间里，地方人大被作为照顾安排老干部的场所，实行"一线工作、二线领导"的模式，加上兼职委员居多，致使常委会组成人员在履职时间、精力以及动力等方面均明显不足。专门委员会、工作委员会在机构规模、人员配备以及工作制度上的发展，使其开始承担起述职评议过程中各种繁重的具体工作。但是，与机构规模庞大的监督对象相比，地方人大的自身结构尚需进一步完善。在《监督法》出台之前，尽管述职评议在全国范围内得到了普遍开展，不过，从地方人大的内部结构来看，述职评议明显是一种"早熟"或"超前"的制度创新。地方人大常委会、专门委员会及其工作机构力量的薄弱和欠缺，是各地述职评议普遍吸纳众多人大代表参与评议工作的现实客观原因。地方人大常委会主任会议由于负责人大常委会闭会期间的日常组织和协调工作，因而对地方人大常委会的各项工作拥有较大的发言权，但是从述职评议来看，由于不具备行使监督权的法理地位，地方人大常委会主任会议在评议中的"扩权"现象也引起了诸多质疑。

党的十八大以来，地方人大的述职评议逐步得到了恢复和发展，在市县层级表现得尤为活跃。这一发展趋势与党的十八大以来的一系列积极变化有直接的关系。就组织基础而言，党的十八大以来，地方人大常委会和专门委员会专职委员的比例显著提升，专门委员会和工作委员会的机构设置逐步健全，人员编制数量增加，组织建设的发展为地方人大的述职评议奠定了基础。由于目前述职评议工作主要集中在市县级人大，因而中发〔2015〕18 号文件对述职评议有着重要而直接的积极影响。地方人大常委会和专门委员会专职委员的比例显著提升，专门委员会和工作委员会的机构设置实现了由无到有的重大转变，人员编制也明显增加，"一人委""半人委""空壳委"的现象基本得到解决。地方人大的自身成长为述职评议奠定了组织基础，这也正是目前评议工作普遍采用"述职评议"而非"代表评议"的一个重要原因。但是，地方人大现有的机构力量与做好新形势下人大工作的要求还相差甚远。由于地方人大及其常委会选举和任命的国家机关工作人员数量较多,地方人大现有的机构力量不足以对所有法定评议对象进行口头形式的评议,书面的评议形式依然是主流,这种情况与《监督法》实施之前的困境十分相似。委托评议和书面评议在当前的实践中普遍存在,充分暴露出地方人大组织建设的不足与薄弱。

此外,述职评议的发展过程还存在明显的"示范效应",即不仅受到本地区自身相关"禀赋"的影响,同时也存在显著的空间相关性。在实践中,一地述职评议的成功开展尤其是那些能够引起高层关注并得到正面肯定的评议具有强烈的示范效应,往往会成为其他地方人大积极模仿和学习的对象。在横向层面,各地人大之间通过人大常委会主任座谈会、工作联席会议等非正式联系来达到相互学习借鉴、共同推进工作的目的。在这些非正式联系中,述职评议往往得到了广泛而深入的讨论、沟通和交流。在纵向层面,上级人大通过不定期地组织人大常委会主任座谈会、研讨班、学习培训、调研交流等形式来加强与下级人大之间的联系。来自横向与纵向的鼓励和支持,对地方人大述职评议的发展和扩散起到了重要的推动作用。地方人大非正式的横向联系与层级间的纵向联系在党的十八大之后更为密切。与《监督法》出台前一样,从横向联系来看,地方人大之间就述职评议所展开的相互学习和交流活动,对述职评议的扩散起到了积极的作用。从纵向的层级关系来看,各级人大间原本较为松散的非正式联系逐渐有制度化和常态化的发展趋势,强调纵向的交流和指导,深化上下的协同联动以形成整体的监督合力。如党的十八大以来,许多省级人大常委会及时总结推广下级人大工作的好经验、好做法,支持和鼓励基层大力进行探索和创新,其中就包括述职评议,这有效地推动了述职评议在一省范围内的有序展开。

另一方面,就党和人大的关系而言,地方党委对同级人大进行领导的结构性安排主要有:人大代表中党员比例高,通过人大常委会的党组加强对地方人大的领导,以及党委书记兼任人大常委会主任等。党的十八大以来,某些结构性安排已经发生了显著变化。首先,党的十八大以来,地方各级人大代表和常委会组成人员中的党员比例总体上有所下降。绝大多数省级人大能够按照中央精神的要求,将人大代表中的党员比例控制在 65% 左右。其次,地方人大常委会党组向同级党委请示报告制度不断健全。坚持党的领导,旗帜鲜明讲政治,把人大工作自觉置于党的全面领导之下,成为做好新时代地方人大工作的重要经验和基本原则。党的十八大以来,地方人大常委会党组严格执行请示报告制度,报告数量显著增加,从制度上确保人大各项工作始终在党的领导下进行。再次,在省级人大层面,兼任模式下省委书记的频繁调动,导致省人大常委会主任很难保持任期稳定。在市县级人大层面,常委会主任开始逐步实现专任,即不再由同级党委书记兼任。如前文的分析,述职评议中出现"刚性"监督的案例绝大多数是发生于党委书记不兼任人大常委会主任以及党委书记发生变动前后的背景下,这意味着就述职评议而言,人大常委会主任的专任模式似乎更有利于地方人大行使监督权力。

就人大和"一府一委两院"的关系而言,首先,地方人大代表中党政领导干部的比例略有下降。党的十八大报告明确要求优化人大代表的结构,提高基层代表的比例,降低党政领导干部代表的比例。按照中央的精神,各级人大在换届选举时对人大代表结构进行了调整,要求党政领导干部代表的比例要比上届有所降低。但是,人大代表中党政领导干部比例过高的局面没有发生根本性变化,"循环问责链"的基本格局也未被触动,目前仍有相当比例的人大代表同时兼有"运动员"和"裁判员"的双重角色。此外,预算监督的行政主导局面也在延续,实质性预算权力在人大与政府间的配置依然处于一种失衡状态,一些地方人大经常遭遇经费掣肘的困扰。2015 年 6 月,中发〔2015〕18 号文件明确要求"依法保障人大代表活动经费","代表活动必需经费,应当列入本级财政预算并予以保证"。此后,各省纷纷出台了实施意见,积极贯彻中央文件精神。不过,不少地方人大在调研中发现,人大代表活动经费虽然已列入本级财政预算,并核定了经费标准,但是代表活动经费仍需要提高。其次,地方人大与其监督对象在同级党委中的关系也发生了明显变化。一方面,就人大与政府之间的关系而言,在地方层面,党委书记兼任人大常委会主任的除外,地方政府主要领导的党内地位普遍高于人大常委会主任。目前全国市县级人大常委会主任专任模式已经成为主流。一般情况下,专职的人大常委会主任不是同级党委常委,只能列席党委常委会会议;而作为监督对象的政府"一把手"往往是党委副书记,还有两名政府组成人员也进入同级常委班子。党的十八大以来,政府副职兼任公安厅(局)长的制度安排也可能会对地方人大的监督工作产生影响。政府副职一般由地方人大选举产生,目前述职评议实践中往往回避了地方人大选举的政府副职。在选定评议对象时,地方人大选举的政府副职身份可能不在评议范围之内,而作为地方人大常委会任命的公安厅(局)长却是法定的评议对象。另一方面,就党委中人大与"两院"之间的地位而言,目前仍是前者高于后者。部分省市人大组织的履职评议对象仅针对法官和检察官,而未包括行政官员就是一个很好的例证。但是党的十八大以来的司法体制改革改变了以往"两院"的司法地方化倾向,而使之具有类似脱离地方组织人事关系的垂直管理部门的性质。就人大监督工作的一般性过程来看,地方人大常委会的监督计划往往经过同级党委批准同意而后实施,一旦地方党委对"两院"失去关键性的影响力,依靠地方党委推动监督的既有模式可能会影响监督权力的行使。这也意味着地方人大亟须建立起自身政治权威而不是借助外部权威来开展监督工作。再次,党的十八大以来,党和国家机构发生了重大改革,对地方人大行使监督权力产生了重要影响。各级监察委员会设立之后,形成了地方各级人大及其常委会监督本级"一府一委两院"的新格局。《宪法》和《监察法》规定,地方各级监察委员会对本级人民代表大会及其常务委员会和上一级监察委员会负责,并接受其监督。监察委员会与"一府两院"同样作为各级权力机关的派生机关,但是监察委员会依法明确享有对权力机关公职人员进行监督的权力。从目前述职评议的实践来看,监察委员会副主任、监察委员很少被地方人大常委会纳入评议范围。此外,对归口党委职能部门领导或管理的政府部门主要负责人的监督尚在探索之中。

三、政治过程:述职评议何以低效?

在党的十八大之前,不论是理论界还是实务界,对述职评议均存在强烈的质疑,认为述职评议是一种"低效"甚至"失效"的监督形式,尤其是评议过程中具有明显的评功摆好与歌功颂德倾向,因而招致了很多批评。如前文的分析,之所以会出现这种情形,与各地人大述职评议实施过程中普遍存在的一些缺陷有关,如:授权同级人大常委会主任会议、专门委员会甚至是评议对象所在部门进行"委托评议";评议对象的选择上"避重就轻""避府就院",有意回避地方人大选举的行政机关工作人员;为追求评议对象的全覆盖而过度使用书面的评议形式;"寓支持于监督之中"的原则中片面强调"支持"而弱化了"监督";评议调查的劳师动众、旷日持久与调查结果失真失实的鲜明反差;会议评议环节的"仪式化""程序化"与形式主义;评议处理结果上的难以落实;等等。这些不足与问题相互叠加,很大程度上抵消了述职评议在规范意义上所能发挥的重要作用。从政治过程来看,述职评议中的缺陷主要体现在规则缺失、激励低效和信息匮乏三方面,这些问题在党的十八大以来的述职评议实践中依然存在。

首先,在实践中,述职评议在制度化和程序化方面均存在一些欠缺,突出表现为区域和层级之间具有显著的差异性。如在《监督法》出台之前,有三分之一的省级人大没有制定有关述职评议的办法或条例。在多数情况下,述职评议只是一种地方性法规认可的"制度创新",而不是得到国家层面法律规范的"制度化"实践。由于述职评议缺少明确统一的法理支持,加上各地因强调域情差异而在规范和实践上的随意,导致了各方对述职评议的合法性提出质疑。党的十八大以来,述职评议在程序上更为规范和成熟,各地一般是在党委支持下制定述职评议办法或条例,然后形成具体的工作方案报送同级党委批准后实施。这种做法意在表明述职评议并非于法无据的"土政策",而是得到了地方党委支持的

"依法监督"行为,但是《监督法》将述职评议排除在外的状况依旧未发生改变,各地述职评议之间存在的显著差异也并未消弭。尽管地方人大对述职评议作出了有益探索,积累了成熟经验,"但因现行法律并未明确规定这种监督方式,这对人大工作开展仍然是个困境"①。

其次,在述职评议中,地方人大宣称将评议结果纳入评议对象的个人档案,并作为今后考核、奖惩和使用的重要依据。其中,对评议优秀的往往会授予荣誉或给予物质奖励甚至是予以晋升。但是,在很多案例中,荣誉或物质奖励往往微不足道,而评议结果的优劣与述职人员的仕途之间也没有清晰的因果链条可循。同时,地方人大很难在述职评议中真正做到"惩劣"。对于那些未通过评议的述职人员,只有在得到同级党委、组织部门的同意之后,地方人大才能启动相应的问责程序。从理论上说,述职人员在首次评议中未获通过,即已表明人大常委会对其履职情况给予了否定评价。如果问责对象存在失责行为等,则应接受问责主体的惩罚或制裁,②但是绝大多数地方人大实行的是"两次评议"或反复评议,并不会涉及严肃的问责。在对未通过评议的处理上,一般仅作出原则性的规定。党的十八大以来,述职评议的一个重要变化是,述职评议的测评结果一般及时对外公开甚至当场宣布,以更好地激励述职人员,同时对测评等次的判定也更加明确。但是,总体而言,述职评议中激励不足的状况仍未改变。

再次,从述职评议来看,在多数情况下,地方人大很难获取评议对象的全面信息。相对于地方人大及其常委会而言,地方政府在信息上占据优势。旷日持久的评议调查看似为深入全面地了解评议对象提供了渠道,但也暴露出地方人大缺少了解监督对象相关信息的日常途径。评议调查获取的信息多是由评议对象或其所在部门及下属干部群体提供的,其准确性和客观性值得商榷。这在某种程度上意味着,述职评议是一种

---

① 吕振霖:《奋进的步伐》,南京师范大学出版社 2019 年版,第 214—215 页。
② 张贤明、杨楠:《政治问责及相关概念辨析》,载《理论探讨》2019 年第 4 期。

"超前"或"早熟"的问责形式。因为在《监督法》实施之前的时间段里，地方政府在重要的政务信息上一直"隐晦"或"秘而不宣"。这种状况从党的十八大之后才开始发生重大改变。首先是各级政府开始公开"三公"经费，其后地方政府公开了所有的部门预算。不过，《2018 中国财政透明度报告省级财政信息公开状况评估》显示，全国 31 个省份财政透明度的平均得分为 53.49 分（满分 100 分），其中江西省得分最低，仅为26.98 分。地方政府预算信息公开程度低，意味着地方人大只能被动接受政府提供的信息，无法准确掌握政府的财政活动，较难对其开展有效监督。①

四、渐进性与周期性：地方人大制度空间的成长逻辑

从述职评议的发展历程来看，地方人大制度空间的成长同时呈现出"渐进性"与"周期性"这对看似矛盾的特征。一方面，自 20 世纪 80 年代以来，地方人大内部的组织结构和外部的权力关系朝着积极的方向不断优化，推动了地方人大工作的持续改进，因而在一定的时期内表现出"渐进性"的特征。如浙江省人大常委会于 1994 年开展了述职评议工作；1997 年，浙江省人大常委会主任会议通过了《浙江省人民代表大会常务委员会评议工作办法》，对述职评议工作作出了具体规定，标志着在浙江省述职评议工作成为有章可循、于法有据的监督行为。但是，另一方面，各个权力主体尤其是中央在述职评议的态度上明显缺少连续性和一致性，导致述职评议的整个发展过程经历了"肯定—否定—肯定"的周期性变化。《监督法》出台之前半数以上的省级人大都对述职评议进行了明确规定，但是各地述职评议的时断时续和发展历程的跌宕起伏，明显偏离了制度规范所预设的轨道，其中最重要的是受到各方尤其是中央对述职评议认知态度的影响。在某些领导人的推动下，述职评议可能会在其既有的结构基础上形成波浪式的发展；但是如果新的领导

① 许聪：《省级人大预算监督权力考察——以 30 个地方预算监督条例（决定）为基础》，载《财政研究》2018 年第 10 期。

人对述职评议的态度发生变化,就陡然增加了述职评议发生回潮和衰退的风险。从地方层面来看,如果新一届地方党委或人大常委会主要负责人对述职评议持消极或反对态度,那么可能会导致述职评议的暂时搁置或弱化为一种"形式化"的监督。而监督对象的反对和抵制无疑也增加了开展述职评议的难度。总之,比较而言,"渐进性"是缓慢发生的,具有局部性和阶段性的特征;而"周期性"则是偶然发生的,具有整体性和全局性的特征。

新制度主义认为,制度应该在一段时间内保持稳定性,同时制度成员应该有某种共享的价值和意义。[①] 亨廷顿也认为,制度化是组织和程序获取价值观和稳定性的一种进程。[②] 如果将述职评议视为一种"组织"或"程序",将"价值认同"和"稳定性"视为其制度化的两个维度("价值认同"指各权力主体对述职评议的认同,"稳定性"指的是述职评议能够得到稳定开展),那么按照"价值认同"和"稳定性"程度高低的纵横交错,可以划分出四个象限(见图1)。通过这种划分,我们可以对述职评议的状况有简约但直观的了解。其中,"价值认同"高、"稳定性"高所构成的区域是述职评议的理想模式,但是,在述职评议的实践中,该模式事实上并没有出现。从全国整体来看,述职评议多数是处于"价值认同"低、"稳定性"低的"现实区域"中。有意思的是,述职评议在《监督法》出台之前的实践中逐渐朝着"价值认同"低、"稳定性"高的方向演进,即述职评议能够经常性地开展,但是,各方对述职评议的态度分歧及前后变化,表明政治主体对述职评议的认同程度并不高,尤其是在党的十八大之前暴露出很多述职人员公然抵制和拒绝述职评议的案例。如果内在价值认同的缺失长期不能得到改变,那么述职评议最终将不可避免地沦为一种形式化的监督,正如《监督法》出台前理论界和实务界对其所提出的批评一

---

① [美]B. 盖伊·彼得斯:《政治科学中的制度理论:新制度主义》,王向民、段红伟译,上海人民出版社 2016 年版,第 31 页。

② [美]塞缪尔·亨廷顿:《变化社会中的政治秩序》,王冠华、刘为等译,上海人民出版社 2008 年版,第 10 页。

样。这表明,缺少内在价值认同的制度,尽管可以在外部压力下继续运转,但是最终将不可避免地成为一种徒具仪式感的低效制度。这一点也凸显出了认知性因素对述职评议的重要影响。

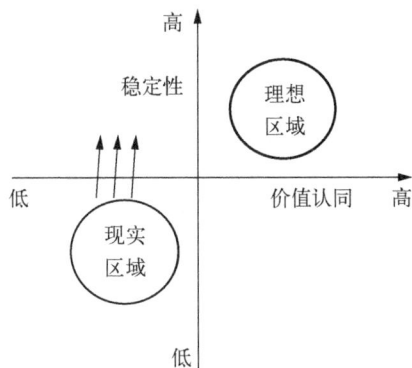

图 8-1 述职评议中的"价值认同"与"稳定性"

杜鲁门指出,想要维持一种可行的制度,政治体系的重大任务是在政治生活中维持一种广泛理解和认同得以存在的条件。① 党的十八大以来,以习近平同志为核心的党中央高度重视人大的制度建设。认知性因素的变化成为地方人大制度空间成长的新引擎,并引发了结构性因素的积极变化,彰显出政治领导人对国家政治生活的巨大影响。党中央和全国人大明确提出推动人大制度不断完善发展、与时俱进,鼓励地方人大创造性地做好立法和监督等工作。在这一宏观政治背景下,地方人大呈现出了一系列积极变化,突出表现为强化监督权力的"第二波"正在发酵成型。一方面,这股自党的十八大以来肇启的"第二波"与"第一波"相比,拥有许多颇为相似的驱动因素:"依法治国"的再次兴起,全面深化体制改革的逐渐铺开,来自纵向与横向的双重推动,地方人大履职能力的不断提高,以及对人大监督制度创新的支持和鼓励,等等。尽管对过去的解释不能等同于对未来的预测,同时"高度的不确定性乃是政治生活

---

① [美]D. B. 杜鲁门:《政治过程:政治利益与公共舆论》,陈尧译,天津人民出版社 2005 年版,第 568 页。

无法回避的一个特征"①,但是这些变化趋势昭示着述职评议积极的发展前景。另一方面,地方人大开展述职评议的各种制约性因素依然存在,尤其是自上而下的支持态度能否保持稳定十分关键。在这种背景下,述职评议能否摆脱《监督法》出台之后陷入低谷的命运仍充满悬念。当务之急是在国家层面出台法律为其正名,修改《监督法》,对述职评议作出明确规范,这样既可以为地方人大开展述职评议提供直接的法理依据,也可以很好地解决各地的差异性问题,彰显人大监督的权威。当述职评议在某地开展而相邻的地方却无动于衷,当述职未通过在某地要被免职问责而在其他地方却可以安全过关,当述职评议可以因各种因素而被随意搁置或叫停,等等,很难说述职评议已经制度化了。从述职评议的发展历程来看,制度具有弹性可以使其适应环境的变化存续下去,而要使制度发挥实效,则需要制度具有刚性,不受环境变化的干扰,能够真正起到约束权力的作用。

与此同时,腐败现象在规模与层级上的不断升级和持续恶化,又加剧了强化人大监督权力的现实紧迫感。著名的中国研究专家兰普顿指出,在中国,腐败已经成为政权肉身里的定时炸弹。② 党的十八大以来至二十大的十年间,被立案审查调查的中管干部多达553人。一些地方甚至形成了"塌方式腐败""系统性腐败"的局面。在这样的政治生态中,各级人大也很难独善其身,如部分省人大常委会副主任落马案例频现,其负面影响丝毫不亚于"橡皮图章"的污名和矮化作用。2015年2月,广西壮族自治区交通运输厅原厅长黄华宽因严重违纪违法被开除党籍,这则看似普通的新闻又一次为地方人大的监督工作敲响了警钟,因为2005年9月,时任广西壮族自治区交通运输厅厅长的黄华宽顺利通过了自治区人大常委会对其的述职评议。这个案例再度暴露出述职评议的固有缺陷。

---

① [美]罗伯特·A.达尔、布鲁斯·斯泰恩布里克纳:《现代政治分析》,吴勇译,中国人民大学出版社2012年版,第84页。
② David M. Lampton, *Following the Leader: Ruling China, From Deng Xiaoping to Xi Jinping*, Berkeley: University of California Press, 2014, p. 227.

　　总之,从述职评议来看,地方人大监督权力的行使,既涉及实施过程层面的操作性因素,又涉及内部与外部双重环境的结构性因素,也涉及维系人大制度发展与巩固的认知性因素,其中中央的政治态度最为关键。未来强化人大的监督权力,需要从这些方面不断进行完善,逐步激活、释放和拓展人大的制度空间,使人民赋予的权力能够更好地运转起来。

附录一：《监督法》实施前部分述职评议未通过案例

时间	事件
1994 年	浙江省磐安县人大常委会在述职评议中指出粮食局长违反政策和严重失职，随后的投票测评该局长得零票，被撤销职务。①
1994 年 8 月	新疆维吾尔自治区阿瓦提县人大常委会发现某位述职人员"述职不认真"，会后重新上交述职报告。经过一段时间的考察，因"工作依然不负责任"被县人大常委会免去职务。②
1994 年 9 月	广东省汕头市技术监督局局长被评议为组织领导能力弱、缺乏行政管理经验；决策能力不强，缺乏民主作风，造成决策失误；以权谋房等，被降职为副局长。③
1995 年 6 月	江苏省江阴市人大常委会对一名局长进行述职评议，市人大常委会会议测评 21 人参加，称职以上仅 5 票。会后，市政府根据市人大常委会评议意见，报请市委常委会讨论同意，提请市人大常委会依法免去职务。④

---

① 毕任友：《票决：评议之重槌》，载《浙江人大》2005 年第 9 期。
② 王祥贤：《改进评议方法　增强监督效果——阿瓦提县人大常委会开展干部述职评议的做法与体会》，载《新疆人大》1995 年第 1 期。
③ 宗一：《强化监督权免去不称职局长》，载《人民之声》1995 年第 1 期。
④《江阴市人民代表大会志》编纂委员会编：《江阴市人民代表大会志（1949—2007）》，方志出版社 2007 年版，第 258 页。

时间	事件
1996 年	福建省屏南县人大常委会对 52 名政府组成人员和"两院"正副职领导进行评议,结果"不信任"1 人。①
1996 年 10 月	福建省福安市人大常委会对其任命的 44 名政府组成人员进行评议,其中 6 名评议对象所得的信任票数未过半数。市人大常委会向市委汇报了评议结果,并提出对干部任免工作的几点建议,市委市政府采纳了人大常委会的意见。市长向市人大常委会提请免去了 3 名不称职干部的职务,另外 3 位信任票未过半数的评议对象也被调整了职务。②
1996 年 12 月	福建省莆田市人大常委会在对市环保局、林业局进行述职评议并进行投票表决,环保局局长被评为"不称职"。③
1997 年 4 月	福建省华安县人大常委会对其任命的 39 名正科级干部进行述职评议。通过评议,被评为好的 29 人,较好的 8 人;较差的 2 人被免职。④
1997 年 11 月	福建省南平市人大常委会对市农业局、卫生局、工商局、规划局和台办进行评议,市农业局和市台办负责人被评为基本称职。经市人大常委会党组向市委请示,并按法律程序免去了他们的职务。⑤
1998 年	浙江省天台县人大常委会在述职评议中认为旅游局长工作不力,作风简单粗暴且有以权谋私行为,在信任投票中未过半数,经向县委汇报后,人大常委会免去了其局长职务。⑥
1999 年 6 月	重庆市开县人大常委会评议法院工作,对违反纪律、影响不良的 5 名法官免去了庭长、副庭长职务。⑦

---

① 周思英:《屏南县对选任干部进行信任投票》,载《人民政坛》1996 年第 5 期。
② 小草:《工作不称职　不能再做官》,载《人民政坛》1997 年第 5 期。
③ 郑国锋:《评议的力量》,载《人民政坛》1997 年第 6 期。
④ 杨坤明、邹树枝:《权威在依法监督中树立——华安县人大常委会监督工作纪事》,载《人民论坛》2000 年第 3 期。
⑤ 洪荣华、胡志世:《述职评议在南平》,载《人民政坛》1999 年第 6 期。
⑥ 程湘清等:《国家权力机关的监督制度和监督工作》,中国民主法制出版社 1999 年版,第 231 页。
⑦《人大工作坚持和依靠党的领导》,载开县人大信息网,http://www.cqkxrd.com/mzfz/ShowArticle.asp? ArticleID=212,2007 年 5 月 16 日。

续表

时间	事件
1999 年 8 月	四川省营山县人大常委会对县林业局 4 名负责人进行了述职评议,该局局长和 1 名副局长被评定为不称职,人大常委会于 10 月份依照法律程序免去了该局局长职务。①
2000 年	湖南省新晃侗族自治县人大常委会对县交通局局长进行票决评议,该局长因"不称职票超过三分之一和德能勤绩廉平均达不到 67 分"被免职。②
2000 年 8 月	重庆市丰都县交通委员会主任因在任职期间家长制作风严重,大权独揽搞"一言堂",深入基层调研少,政务不公开,有违纪谋私行为,而在县人大常委会组织的评议中被评为"不称职",同年 10 月举行的丰都县第十四届人大常委会第二十一次会议撤销了其交通委员会主任职务。③
2000 年 8 月	海南省临高县人大常委会对县监察局局长进行评议,认为该局长自任职以来疏于职守、工作不负责任、群众公论差,依照法律程序免去了其监察局局长职务。④
2000 年 8 月	湖南省麻阳苗族自治县人大常委会对 10 名局长、主任进行评议测评,县林业局局长、水电局局长被评为"不称职"。2000 年 10 月,人大常委会第十七次会议依法免去了 2 名局长的职务。⑤
2000 年 8 月	海南省琼海市建设局局长被市人大常委会评议为"不称职",在政治上不够成熟,行政管理能力和协调能力较差,社会公论差,对建设市场监管不力,造成工作上严重失误。市人大常委会建议市委对该局长的工作进行调整。2001 年 5 月,经市委讨论、市政府提名,市人大常委会第二十四次会议免去其局长职务并将其调离建设局。⑥

---

① 英子:《林业局长下了"岗"》,载《人民日报》1999 年 1 月 6 日。
② 田必耀:《湖南:票决问责　刚性评议》,载《人民代表报》2005 年 4 月 12 日。
③ 秦飞:《丰都　让评议不称职干部"下课"　撤销交通委员会主任职务》,载《人民日报》2000 年 12 月 6 日。
④《海南临高:不称职局长被免职》,载正义网,http://review. jcrb. com. cn/ournews/asp/readNews. asp? id=42189。
⑤ 田必耀:《第二次投票》,载《浙江人大》2005 年第 1 期。
⑥ 王岗:《人大评议　局长调离》,载海南人大网,http://2012. hainanpc. net/yuekan_read. asp? id=946。

续表

时间	事件
2000 年 8 月	安徽省凤阳县人大常委会对任命的 6 名"一府两院"工作人员进行述职评议,其中司法局局长因"开拓精神不强,求稳怕乱,领导协调能力不足,工作透明度不够,班子缺乏凝聚力,队伍管理乏力,影响了各项工作的顺利开展",而被评为"不称职"。县人大常委会向县政府通报了评议结果,并建议县政府向人大常委会提出书面报告,以便按法定程序免去其职务。9 月 30 日,县人大常委会免去了司法局局长职务。①
2001 年	辽宁省抚顺市顺城区人大常委会对区检察院、法院部分人员进行了述职测评,经过测评,有 2 名工作人员不称职,依据常委会人事任免办法和本次述职测评实施方案的规定,人大免去 2 人职务。②
2001 年	河南省鲁山县人大常委会对 2 名政府工作部门负责人和 3 名垂直管理单位负责人进行述职评议,经过评议,1 名垂直管理单位负责人(农行行长)被评为"不受欢迎的人",鲁山县人大常委会"建议调离"。③
2001 年 3 月	湖北省神农架林区 2 名法官,由于办案不公,社会反响强烈,被评为不合格。林区人大常委会要求这 2 名法官重点进行整改,并在下一次人大常委会会议上报告整改情况。但 2 名法官对人大常委会的意见无动于衷,人大常委会对他们整改情况的报告仍不满意,2 名法官再一次被评为不合格,最后被免去职务。④
2001 年 7 月	福建省福安市人大常委会以无记名投票方式对 5 名市政府组成人员进行评议,卫生局局长和民委主任被评为不称职。人大常委会责令 2 名不称职的局长在两个月内作出整改,并将整改情况向人大常委会报告。⑤
2001 年	新疆维吾尔自治区奇台县对 12 名政府组成人员进行述职评议,1 人被评为不称职。6 个月整改期满后,2002 年 5 月,第二次评议时,结果为称职。⑥

---

① 李玮:《评议"评"掉司法局长》,载《人大建设》2001 年第 5 期。

② 抚顺市顺城区地方志办公室编:《顺城区志(1988—2005)》,辽宁民族出版社 2010 年版,第 195 页。

③ 王海圣:《鲁山:三位副县长电视述职》,载《经济视点报》2005 年 10 月 27 日。

④ 韩靖桥:《忽如一夜春风来——湖北省各级人大常委会开展评议工作综述》,载《楚天主人》2001 年第 12 期。

⑤ 郑国锋、叶勇鹏:《评议,在路上》,载《人民政坛》2002 年第 6 期。

⑥ 袁益斌:《奇台县人大监督工作有力度》,载《新疆人大》2002 年第 12 期。

续表

时间	事件
2001 年 9 月	江西省高安市一名法官在评议前一日,在既未经法院领导同意,又没有向市人大常委会主任会议请假的情况下擅自外出,市人大常委会一致表决通过撤销了其职务。①
2002 年 9 月	湖南省永州市人大常委会在对市旅游局局长进行评议调查时,3 名副局长拒不参加述职评议个别谈话。市人大常委会党组给市委及其组织部门发了专函,指出了问题,提出了建议。市委组成调查组进行了调查核实,证明情况属实,决定免去 3 名副局长职务。②
2003 年 6 月	湖南省宜章县人大常委会对县教育局局长黄某进行述职评议,认为黄某在人事安排、教师调动和基建工程中存在暗箱操作的问题。信任投票时,黄某获不称职票超过半数。10 月,该县人大常委会撤销了黄某县教育局局长职务。③
2003 年 9 月	河南省郑州市二七区人大常委会对"两院"127 名工作人员集中进行述职评议,3 名法官和 1 名检察官所得称职票未过半数而被撤职,1 名法官和 1 名检察官所得称职票未达到三分之二,被给予"黄牌警告"。④
2003 年 10 月	湖北省丹江口市人大常委会对 9 名政府组成人员进行评议,结果在媒体公布,"不胜任"干部被免职。⑤
2003 年 12 月	辽宁省普兰店市(今大连市普兰店区)人大常委会会议对 6 名法官进行民主测评。依据测评结果,对 1 名审判员予以通报表扬;对 2 名审判员进行"诫警",并限期半年内搞好整改;对 1 名审判员依法免去其审判员职务。⑥

① 任法:《评议不参加　法官被撤职》,载《人民日报》2001 年 11 月 7 日。

② 唐学文:《述职评议:副职请不要走开》,载《人民代表报》2003 年 3 月 27 日。

③ 曾伟鸿、欧斌:《评议不称职局长被撤》,载《人民代表报》2003 年 11 月 13 日。

④ 百川:《刚性监督触动"两院"》,载《吉林人大》2004 年第 1 期。

⑤ 赵景亮:《与时俱进的地方人大——地方人大常委会行使人事任免权回眸》,载《中国改革(农村版)》2003 年第 9 期。

⑥ 迟金玉:《普兰店市人大常委会评议法官动真格》,载人民网,http://www.people.com.cn/GB/14576/14528/2228376.html。

续表

时间	事件
2004年4月	辽宁省大连市人大常委会对20名法官开展述职评议工作,其中4名法官的称职票未能超过半数。市人大常委会要求市法院抓紧对这4名法官相关问题进行调查核实并跟踪听取整改报告,最终因为4名法官积极整改而未提请撤职。①
2004年8月	湖南省衡南县建设局局长周某因工作不力,在述职评议中获不称职票达16张(县人大常委会组成人员共29名),2004年10月被县人大常委会免去局长职务。②
2004年9月	湖南省桂东县人大常委会对县检察院1名副检察长进行述职评议,了解到该述职人员接受人大监督的自觉性不强,分管部门案件办理质量较差,平时对自己要求不严。投票表决时,他的不称职票达到常委会组成人员的66%,随后该县人大常委会免去其副检察长职务。③
2004年8月	云南省沾益县(今曲靖市沾益区)人大常委会第十二次会议对被述职人员进行投票表决,其中1名局长不称职率为66.7%。县人大常委会及时向县委汇报了评议情况,在县委的支持下,县人大常委会第十四次会议通过决定免去了这名局长的职务。④
2004年11月	重庆市巫县人大常委会对全县79名法院审判员、检察院检察员进行集中述职评议,1名审判员未通过评议,被责令检讨和重新述职。⑤
2004年11月	甘肃省景泰县人大常委会组成人员以无记名投票的方式对县交通局局长进行了测评表决,县人大常委会组成人员应到会17人,实到15人。该局长得优秀票4张,称职票2张,不称职票2张,弃权7票,称职票未过半数。在县委的支持下,县人大常委会在下一次常委会会议上免去了其县交通局局长的职务。⑥

---

① 阎永纬:《两名法官被撤职的背后:大连市人大常委会锲而不舍加强监督》,载法制网,http://www.legaldaily.com.cn/misc/2006-09/28/content_600475.htm,2006年9月28日。

② 李光伟:《不称职就要"下课":湖南省衡南县首例评议免职案始末》,载《人大建设》2005年第2期。

③ 田必耀:《湖南:票决问责 刚性评议》,载《人民代表报》2005年4月12日。

④ 任研:《曲靖市沾益县、麒麟区人大常委会依法监督纪事》,载《云南日报》2005年6月1日。

⑤ 廖灿勇:《述职评议显刚性》,载《公民导刊》2006年第1期。

⑥ 高勇:《交通局长败走"评议场"》,载《江淮法治》2005年第7期。

续表

时间	事件
2005年3月	四川省高县十三届人大常委会第十五次会议对县人大常委会任命的73名"一府两院"国家机关工作人员进行年度任职评定,其中4人被评为"不称职",责令整改。①
2005年9月	湖北省郧县林业局局长工作存在较多问题,在县人大常委会的述职评议中得"称职"7票、"基本称职"5票、"不称职"9票、弃权1票,被评定为"不称职"并被调整职务。②
2006年	山东省定陶县人大常委会对23个垂直管理部门进行了评议,其中2个部门被评为"不满意单位",人大常委会及时向其上级主管部门通报了评议结果,建议将其主要负责人予以调离。③
2006年6月	辽宁省大连市人大常委会对市中级人民法院的部分审判员进行述职评议,1名审判员因不称职票数超过常委会组成人员的半数,被人大常委会依法定程序撤销审判员职务。④
2006年7月	辽宁省大连市中级人民法院审判员马某存在违规办案问题,同时对述职评议有抵触情绪,称病拒绝到人大常委会会议上述职,因此未得到多数常委信任,被市人大常委会依法撤销审判员职务。⑤

---

① 王融远、杨兴平:《73名县官的"年检"》,载《人民日报》2005年4月27日。
② 姜文静:《透过结果看评议——郧县人大常委会评出"不称职"局长始末》,载《楚天主人》2006年第1期。
③ 田同修:《关于增强人大监督工作实效的调查与思考》,载《菏泽日报》2009年2月22日。
④ 王金海:《述职评议未获人大多数信任 大连两名法官被免职》,载《人民日报》2006年7月27日。
⑤ 王金海:《述职评议未获人大多数信任 大连两名法官被免职》,载《人民日报》2006年7月27日。

附录二：《监督法》实施前《人民日报》发表的涉及"述职评议"的文章

时间	标题
1998.05.21	依法监督　责无旁贷
1998.07.07	如何发挥监督职能
1998.10.06	监督也是支持
1998.11.24	不敢监督就是失职
1998.11.30	建设有中国特色的社会主义民主政治
1999.01.06	林业局长下了"岗"
1999.01.13	上海人大常委会评议政府人员
1999.01.20	海口市人大常委会规范述职评议
1999.03.17	考"官"记
1999.06.04	眼睛盯着一把手　监督管理不松手
1999.07.28	"透明评议"好
1999.07.28	强化监督　促进公正
1999.08.04	好在不"摆好"
1999.08.04	有效的监督
1999.09.15	让人大代表担纲"主角"
1999.09.22	依法治国的具体实践
1999.09.22	向人民汇报——上海市人大常委会述职评议活动侧记

时间	标题
1999.10.13	公开司法活动　强化人大监督
1999.10.13	对人民负责
1999.10.20	为了实现法治
1999.11.24	既要说长　更要道短
1999.11.24	衡阳述职评议向纵深发展
1999.12.01	既是学习楷模　也是监督对象
2000.01.19	失言与失人
2000.01.19	依法监督　坦诚评说
2000.02.02	射阳县述职评议实行公推制
2000.03.01	腾冲实行人大评议与党委考察相结合
2000.03.01	就是要评出汗来
2000.03.29	根据需要制定法规　结合实际加强监督
2000.03.29	述职评议不能变为"评功会"
2000.03.29	"三盲院长"引起的思考
2000.04.12	高密述职评议制度化
2000.04.12	重庆万盛区人大听取干部述职
2000.05.10	维护法律尊严　促进司法公正
2000.05.10	述职评议莫"走调"
2000.08.02	稷山人大任后监督有实招
2000.09.06	人大"居权"要"思为"
2000.09.27	监督水平与监督实效
2000.11.12	述职评议摆过不评好
2000.11.29	东营人大常委会坚持述职评议
2000.11.29	不一般的声音
2000.12.06	丰都让评议不称职干部"下课"
2001.02.01	河南出台政府接受人大监督措施
2001.05.23	建始人大评议政府官员不走过场
2001.05.23	完善监督机制　促进勤政廉政

续表

时间	标题
2001.06.27	人大评议副市长
2001.08.08	人大监督重实效
2001.08.15	评议不能少测评
2001.08.20	北京人大监督从政府延伸到法院
2001.08.29	人大监督制度及其创新
2001.09.05	文化局长述职之后
2001.09.26	麻阳任命干部把好"四关"
2001.10.10	人大监督:过程与结果同等重要
2001.10.17	"一把手"考试
2001.10.31	代表 担起你的责任来
2001.11.21	评议聚焦"执行难"
2001.11.21	加强人大监督 促进司法公正
2001.11.21	为了让公仆更加称职
2001.12.19	切实把反腐列入监督重点
2002.01.16	湖南实施述职评议工作条例
2002.04.10	人大工作"一招鲜"
2002.05.22	述职评议谨防"假"
2002.05.29	决策为何连连失误
2002.08.21	务实求变看中原
2002.08.28	述职评议莫"变味"
2002.08.28	为了司法公正
2002.10.23	为公正而直言
2002.11.20	郏县评议"两院"动真格
2002.11.20	玉环集中评议任命干部
2002.12.25	"找岔子"是为了纠正错误
2003.02.19	监督日显刚性
2003.04.02	重实效才会有生命力
2003.06.11	做好人大工作 促进依法治县

续表

时间	标题
2003.07.23	评议要讲实话
2003.09.03	人大工作的"度"
2003.09.03	人大监督也要"望闻问切"
2003.09.24	清苑任命干部监督出新招
2003.10.08	青海积极推进人大监督
2003.10.05	漳浦 政府官员向人大述职
2003.12.10	民意如山民心是秤
2004.01.14	寓信访于监督之中(上)
2004.02.18	依法履职为民忙
2004.03.07	中国人大制度演进:细节之变
2004.03.31	敞开大门听民声
2004.05.12	枣庄市人大开展述职评议
2004.05.26	修宪之后
2004.07.21	山西:人大评议促耕地保护
2004.07.28	围绕科学发展观行使职能
2004.09.21	部分城区人大工作研讨会举行
2004.11.03	监督切勿前紧后松
2005.03.12	监督司法
2005.04.06	述职,不能只述"功"
2005.04.11	人大评议副省长首次征求公众意见
2005.04.27	73名县官的"年检"
2005.09.09	依法治官、依法治权与依法治国
2006.07.27	述职评议未获人大多数信任 大连两名法官被免职

主要参考文献

一、党史文献、文件汇编、人物回忆

《马克思恩格斯选集》第三卷,人民出版社,2012年。

《列宁选集》第三卷,人民出版社,2012年。

《毛泽东年谱(1893—1949)》中卷,中央文献出版社,2013年。

《邓小平文选》第二卷,人民出版社,1994年。

《邓小平文选》第三卷,人民出版社,1993年。

《江泽民文选》第一卷,人民出版社,2006年。

《胡锦涛文选》第三卷,人民出版社,2016年。

《习近平谈治国理政》第一卷,外文出版社,2018年。

彭真:《论新时期的社会主义民主与法制建设》,中央文献出版社,1989年。

乔石:《乔石谈民主与法制》(下),人民出版社,2012年。

李鹏:《立法与监督:李鹏人大日记》,新华出版社,2006年。

吴邦国:《吴邦国论人大工作》(上),人民出版社,2017年。

《岁月留痕:吴邦国工作纪事》编写组编著:《岁月留痕:吴邦国工作纪事》,人民出版社,2017年。

田纪云:《改革开放的伟大实践——纪念改革开放三十周年》,新华出版社,2009年。

田纪云:《田纪云文集·民主法制卷》,中国民主法制出版社,2016年。

中共中央纪律检查委员会、中华人民共和国国家监察委员会法规室编:《中华人民共和国监察法释义》,中国方正出版社,2018年。

中共中央文献研究室编:《十三大以来重要文献选编》(中),人民出版社,

1991 年。

中共中央文献研究室编：《十四大以来重要文献选编》（上），人民出版社，1996 年。

中共中央文献研究室编：《十五大以来重要文献选编》（上），人民出版社，2000 年。

中共中央文献研究室编：《习近平关于全面从严治党论述摘编》，中央文献出版社，2016 年。

二、报纸、公报、公告等

《安徽日报》《安康市人大常委会公报》《北京晨报》《北京青年报》《北京日报》《长春日报》《长沙晚报》《常州日报》《成都日报》《东方早报》《法制日报》《福建日报》《甘肃日报》《光明日报》《工人日报》《广州日报》《贵阳日报》《河北日报》《河南省人大常委会公报》《菏泽日报》《黑龙江日报》《湖北日报》《湖南省第九届人民代表大会常务委员会公告》《华西都市报》《淮安日报》《环球时报》《吉林日报》《检察日报》《江苏工人报》《江西日报》《荆州市人大常委会公报》《连云港日报》《辽源日报》《六安人大常委会会报》《梅州日报》《民生报》《民主与法制时报》《南方都市报》《南方周末》《南京日报》《齐齐哈尔日报》《全国人大常委会公报》《人民代表报》《人民日报》《三湘都市报》《山西日报》《陕西日报》《上海市人大常委会公报》《上饶日报》《绍兴日报》《深圳商报》《深圳晚报》《沈阳日报》《四川日报》《苏州日报》《团结报》《皖西日报》《温州日报》《无锡日报》《武汉市第十一届人大常委会公报》《西安市人大常委会公报》《西藏日报》《现代快报》《新华日报》《新京报》《盐阜大众报》《扬州日报》《云南日报》《湛江日报》《浙江日报》《镇江日报》《郑州晚报》《中国改革报》《中国经济时报》《中国青年报》《中国社会科学报》《中华人民共和国最高人民检察院公报》等

三、各级人大主办刊物

《楚天主人》《公民导刊》《海南人大》《合肥人大》《吉林人大》《江淮法治》《辽宁人大》《内蒙古人大》《人大工作通讯》《人大建设》《人大研究》《人民与权力》《人民政坛》《人民之声》《山东人大工作》《上海人大月刊》《时代主人》《西安人大》《新疆人大》《余杭人大工作通讯》《云南人大》《浙江人大》《中国人大》等

四、史志、年鉴

《安顺市西秀区人民代表大会志》编纂委员会编：《安顺市西秀区人民代表大会志》，贵州人民出版社，2009 年。

《大丰市人民代表大会志》编纂委员会编：《大丰市人民代表大会志》，方志出版社,2016年。

《崇明县人大志》编纂委员会编：《崇明县人大志》,方志出版社,2016年。

《抚顺市人民代表大会志》编委会编：《抚顺市人民代表大会志(1993—2003)》,辽宁人民出版社,2005年。

《海宁市人民代表大会志》编纂委员会编：《海宁市人民代表大会志(1949.10—2007.2)》,上海社会科学院出版社,2008年。

《嘉兴市人民代表大会志》编纂委员会编：《嘉兴市人民代表大会志(1949—2003)》,上海社会科学院出版社,2006年。

《建德市志》编纂委员会编：《建德市志(1978—2005)》(中),浙江人民出版社,2010年。

《江阴市人民代表大会志》编纂委员会编：《江阴市人民代表大会志(1949—2007)》,方志出版社,2007年。

《喀什市人民代表大会志》编纂工作领导小组编：《喀什市人民代表大会志》,新疆人民出版社,2010年。

《丽水市人民代表大会志》编纂委员会编：《丽水市人民代表大会志》,方志出版社,2012年。

《连云港市人民代表大会志》编纂委员会编：《连云港市人民代表大会志》,方志出版社,2014年。

《临安市人民代表大会志》编纂委员会编：《临安市人民代表大会志》,方志出版社,2012年。

《六合人大志》编纂委员会编：《六合人大志》,方志出版社,2013年。

《罗江县人大志》编纂委员会编：《罗江县人大志(1949—2016)》,方志出版社,2016年。

《南安市人民代表大会志》编委会编：《南安市人民代表大会志》,中国民主法制出版社,2003年。

《南通市人大志》编纂委员会编：《南通市人大志》,方志出版社,2012年。

《磐安县人民代表大会志》编纂委员会编：《磐安县人民代表大会志》,浙江摄影出版社,2005年。

《沁源县人民代表大会志》编纂委员会编：《沁源县人民代表大会志(1950.4—2012.6)》,中州古籍出版社,2013年。

《山西年鉴》编纂委员会编：《山西年鉴(2006)》,方志出版社,2007年。

《上海人民代表大会志》编纂委员会编：《上海人民代表大会志》,上海社会科学院出版社,1998年。

《松阳县人民代表大会志》编纂委员会编：《松阳县人民代表大会志》,方志出版社,2007年。

《泰安人大二十年》编纂委员会编：《泰安人大二十年(1985—2005)》,齐鲁书社,

2005 年。

《桐乡市人民代表大会志》编纂委员会编:《桐乡市人民代表大会志》,上海书店出版社,2014 年。

《威海市人民代表大会志》编纂委员会编:《威海市人民代表大会志》,中国民主法制出版社,2007 年。

《温州市人民代表大会志》编纂委员会编:《温州市人民代表大会志》,中华书局,2004 年。

《吴起县人民代表大会志》编纂委员会编:《吴起县人民代表大会志(1934—2011)》,陕西人民出版社,2012 年。

《徐州市人民代表大会志》编纂委员会编:《徐州市人民代表大会志(1949—2008)》,方志出版社,2009 年。

《张家口人民代表大会志》编纂委员会编:《张家口人民代表大会志》,中国民主法制出版社,2004 年。

《浙江省人民代表大会志》编纂委员会编:《浙江省人民代表大会志》,中华书局,2005 年。

安徽省地方志编纂委员会办公室编:《安徽省志·人民代表大会志》,方志出版社,2014 年。

安阳县地方史志办公室编:《安阳县年鉴(2011)》,中州古籍出版社,2012 年。

白满主编:《大庆市人民代表大会志(1980—2010)》,2011 年。

白银市地方志编纂委员会编:《白银市志(1991—2005)》,中华书局,2010 年。

包益勤主编:《朝阳年鉴》,辽宁大学出版社,1987 年。

北京市地方志编纂委员会编:《北京志·人民代表大会志》,北京出版社,2003 年。

常德市地方志编纂委员会、常德市人民代表大会常务委员会编:《常德市人民代表大会志》,方志出版社,2016 年。

车志敏、李坚主编:《云南年鉴》,云南年鉴社,2006 年。

车志敏等主编:《云南年鉴》,云南年鉴社,2003 年。

成都市地方志编纂委员会编:《成都市志·人民代表大会志》,四川辞书出版社,2001 年。

承德市人民代表大会常务委员会编:《承德市人民代表大会志》,中国民主法制出版社,2017 年。

慈溪市人民代表大会志编纂委员会编:《慈溪市人民代表大会志》,方志出版社,2003 年。

丁文权主编:《新昌县人民代表大会志》,方志出版社,2010 年。

奉化市人民代表大会志编纂委员会编:《奉化人民代表大会志》,中华书局,2003 年。

福建省地方志编纂委员会编:《福建省志·人民代表大会志(1998—2008)》,社会科学文献出版社,2013年。

高安市志编纂委员会编:《高安市志(1986—2006)》,方志出版社,2009年。

高淳县地方志编纂委员会编:《高淳县志(1986—2005)》,方志出版社,2010年。

广东省人民代表大会制度研究会编:《法治的脚步——纪念广东省人大常委会暨各市、县、区人大常委会设立三十周年》,广东人民出版社,2011年。

贵阳市地方志编纂委员会编:《贵阳市志·人大　政府　政协志》,贵州人民出版社,2004年。

贵阳市人大常委会编:《二十春秋人大路》,贵州教育出版社,2002年。

贵州省地方志编纂委员会编:《贵州省志·人民代表大会志》,方志出版社,2011年。

贵州省普安县人民代表大会常务委员会编:《普安县人大志(1945—2013)》,贵州人民出版社,2015年。

海南年鉴编辑委员会编:《海南年鉴(1998)》卷二《海南政治与社会事业年鉴》,海南年鉴社,1998年。

河北省地方志编纂委员会编:《河北省志·人民代表大会志》,河北人民出版社,1993年。

河南省地方史志编纂委员会编:《河南年鉴(1988)》,河南年鉴社,1988年。

河南省地方史志编纂委员会编纂:《河南省志·人民代表大会志、人民政治协商会议志》,河南人民出版社,1992年。

鹤壁市人民代表大会志编纂委员会编:《鹤壁市人民代表大会志》,河南人民出版社,2006年。

吉林市地方志编纂委员会编:《吉林市志·人民代表大会志》,吉林人民出版社,2007年。

建湖县地方志编纂委员会编:《建湖县志(1986—2008)》,方志出版社,2009年。

江苏省地方志编纂委员会编:《江苏省志·人民代表大会志》,江苏人民出版社,1999年。

江西省人民代表大会志编纂委员会编:《江西省人民代表大会志》,方志出版社,2002年。

晋城市城区人大志编纂委员会编:《晋城市城区人大志》,山西人民出版社,2011年。

晋江市人大常委《晋江市人大志》编委会编:《晋江市人大志》,方志出版社,2002年。

临沧人大志编纂委员会编:《临沧人大志(1981.11—2014.03)》,云南人民出版社,2017年。

六盘水市地方志编纂委员会编:《六盘水市志·人民代表大会志》,贵州人民出版社,2000 年。

卢廷荣主编:《绛县人民代表大会志》(上),山西人民出版社,2007 年。

麻江县地方志编纂委员会编:《麻江县志(1991—2005)》,中州古籍出版社,2009 年。

梅河口市地方志编纂办公室编:《梅河口年鉴(1988—1989)》,吉林文史出版社,1989 年。

蒙自市地方志编纂委员会编:《蒙自县志(1978—2009)》,云南人民出版社,2014 年。

孟连傣族拉祜族佤族自治县人民政府办公室主编:《孟连年鉴(2009—2010)》,云南人民出版社,2012 年。

南京市地方志编纂委员会编:《南京年鉴(1989)》,南京出版社,1989 年。

南京市地方志编纂委员会编:《南京人民代表大会志》,方志出版社,2003 年。

南京市鼓楼区地方志编纂委员会编:《鼓楼区志》,中华书局,2006 年。

南京市建邺区地方志编纂委员会编:《建邺区志》,方志出版社,2003 年。

南京市溧水区人大常委会编:《溧水县人大志》,中国文史出版社,2016 年。

南京市秦淮区编纂委员会编:《秦淮区志》,方志出版社,2003 年。

南京市玄武区地方志编纂委员会编:《玄武区志》,方志出版社,2005 年。

宁波市人民代表大会志编纂委员会编:《宁波市人民代表大会志》,中华书局,2003 年。

钱明业主编:《鞍山市人民代表大会志》,辽宁人民出版社,1991 年。

瑞昌市人大志编纂委员会编:《瑞昌市人大志(1990—2011)》,方志出版社,2014 年。

陕西省地方志编纂委员会主编:《陕西省志·人民代表大会志》,陕西人民出版社,1994 年。

陕西省地方志编纂委员会编:《陕西省志·人民代表大会志(1991—2008 年)》,陕西人民出版社,2011 年。

商丘市睢阳区人大常委会编纂:《商丘县人大志》,中州古籍出版社,2003 年。

上海市杨浦区地方志编纂委员会办公室编:《杨浦年鉴(2001)》,汉语大词典出版社,2001 年。

深圳市地方志编纂委员会编:《深圳市志·政党政权卷》,方志出版社,2009 年。

深圳市罗湖区地方志编纂委员会编:《深圳市罗湖区志》(下),方志出版社,2013 年。

宋开云主编:《长宁县人民代表大会志》,四川大学出版社,2015 年。

天津市地方志修委员会编著:《天津通志·政权志·人民代表大会卷》,天津社会科学院出版社,1997 年。

王进卯主编:《长治市人民代表大会志》,山西人民出版社,2010 年。

王明恩主编:《丹东年鉴(2007)》,中国文史出版社,2007年。

乌当区人大常委会编:《贵阳市乌当区人民代表大会志》,贵州人民出版社,2015年。

芜湖县地方志编纂委员会编:《芜湖县志(1990—2003)》,方志出版社,2009年。

西藏年鉴编辑委员会编:《西藏年鉴(2005)》,西藏人民出版社,2006年。

西藏自治区地方志编纂委员会总编:《西藏自治区志·人大志》,中国藏学出版社,2011年。

胥亚主编:《湖南年鉴(1998)》,湖南年鉴社,1998年。

延安市人民代表大会志编纂委员会编:《延安市人民代表大会志》,陕西人民出版社,2002年。

扬州市邗江区地方志编纂委员会编:《邗江县志》,方志出版社,2009年。

云南省地方志编纂委员会编:《云南省志·人民代表大会志》,云南人民出版社,2003年。

张守富、孙其海主编:《山东年鉴(1996)》,山东年鉴社,1996年。

张守富、孙其海主编:《山东年鉴(1997)》,山东年鉴社,1997年。

五、译著

[法]孟德斯鸠:《论法的精神》(上册),张雁深译,商务印书馆,1961年。

[法]让-雅克·卢梭:《社会契约论》,徐强译,江西教育出版社,2014年。

[加]贝淡宁:《贤能政治:为什么尚贤制比选举民主更适合中国》,吴万伟译,中信出版社,2016年。

[美]B.盖伊·彼得斯:《政治科学中的制度理论:新制度主义》,王向民、段红伟译,上海人民出版社,2016年。

[美]D.B.杜鲁门:《政治过程:政治利益与公共舆论》,陈尧译,天津人民出版社,2005年。

[美]埃尔斯特、[挪]斯莱格斯塔德主编:《宪政与民主——理性与社会变迁研究》,生活·读书·新知三联书店,1997年。

[美]安东尼·唐斯:《民主的经济理论》,姚洋、邢予青、赖平耀译,上海人民出版社,2005年。

[美]保罗·皮尔逊:《时间中的政治:历史、制度与社会分析》,黎汉基、黄佩璇译,江苏人民出版社,2014年。

[美]戴维·伊斯顿:《政治生活的系统分析》,王浦劬主译,人民出版社,2012年。

[美]道格拉斯·诺思:《经济史中的结构与变迁》,陈郁译,上海人民出版社,1994年。

[美]道格拉斯·诺思:《制度、制度变迁与经济绩效》,刘守英译,生活·读书·新知三联书店,1994年。

［美］费勒尔·海迪：《比较公共行政》，刘俊生译，中国人民大学出版社，2011年。

［美］格伦·廷德：《政治思考：一些永久性的问题》，王宁坤译，世界图书出版公司，2010年。

［美］哈罗德·D.拉斯韦尔：《政治学：谁得到什么？何时和如何得到？》，杨昌裕译，商务印书馆，2009年。

［美］汉密尔顿、杰伊、麦迪逊：《联邦党人文集》，程逢如、在汉、舒逊译，商务印书馆，2009年。

［美］加布里埃尔·A.阿尔蒙德、小G.宾厄姆·鲍威尔：《比较政治学：体系、过程和政策》，曹沛霖等译，东方出版社，2007年。

［美］罗伯特·A.达尔、布鲁斯·斯泰恩布里克纳：《现代政治分析》，吴勇译，中国人民大学出版社，2012年。

［美］罗伯特·古丁、汉斯-迪特尔·克林格曼主编：《政治科学新手册》（上册），钟开斌等译，生活·读书·新知三联书店，2006年。

［美］罗伯特·帕特南：《使民主运转起来》，王列、赖海榕译，江西人民出版社，2001年。

［美］迈克尔·罗斯金等：《政治科学》（第6版），林震等译，华夏出版社，2001年。

［美］尼考劳斯·扎哈里亚迪斯主编：《比较政治学：理论、案例与方法》，宁骚、欧阳景根等译，北京大学出版社，2008年。

［美］塞缪尔·亨廷顿：《变化社会中的政治秩序》，王冠华、刘为等译，上海人民出版社，2008年。

［美］塞缪尔·亨廷顿：《第三波：20世纪后期的民主化浪潮》，欧阳景根译，中国人民大学出版社，2013年。

［美］沈大伟：《中国共产党：收缩与调适》，吕增奎、王新颖译，中央编译出版社，2012年。

［美］伍德罗·威尔逊：《国会政体》，熊希龄、吕德本译，商务印书馆，1986年。

［美］詹姆斯·R.汤森、布兰特利·沃马克：《中国政治》，董方译，江苏人民出版社，2003年。

［意］萨尔沃·马斯泰罗内：《欧洲政治思想史——从十五世纪到二十世纪》，黄华光译，社会科学文献出版社，1992年。

［英］大卫·马什、格里·斯托克：《政治科学的理论与方法》，景跃进、张小劲、欧阳景根译，中国人民大学出版社，2013年。

［英］罗伯特·罗杰斯、罗德里·沃尔特斯：《议会如何工作》，谷意译，广西师范大学出版社，2017年。

［英］罗德·黑格、马丁·哈罗普：《比较政府与政治导论》，张小劲等译，中国人民大学出版社，2007年。

［英］J.S.密尔：《代议制政府》，汪瑄译，商务印书馆，1982年。

六、中文论著

蔡定剑、王晨光主编：《人民代表大会二十年发展与改革》，中国检察出版社，2001年。

蔡定剑：《中国人民代表大会制度》，法律出版社，2003年。

蔡林慧：《我国行政权力监督体系的完善和发展研究》，上海三联书店，2014年。

蔡文成：《民主形态论：中国人大制度的理论与实践》，中国社会科学出版社，2013年。

常黎峰等：《中国共产党执政体制改革问题探索》，人民出版社，2014年。

陈国云编：《地方人大会议操作与实践》，云南人民出版社，2012年。

陈家刚：《现代中国民主制度的建构与运行：第一届全国人大研究》，广东人民出版社，2010年。

陈明明、何俊志主编：《中国民主的制度结构》，上海人民出版社，2008年。

陈毅：《责任政府的建设——理性化建构与民主化善治》，北京大学出版社，2012年。

程湘清等：《国家权力机关的监督制度和监督工作》，中国民主法制出版社，1999年。

程湘清主编：《人大常委会主任工作全书》（上），中国民主法制出版社，2013年。

戴维新、戴芳：《公共权力制约与监督机制研究》，宁夏人民出版社，2007年。

范兴元主编：《湖北省人大常委会理论研究课题集2007年卷》，中国民主法制出版社，2008年。

房正宏：《人民代表大会运行机制研究：从系统论的角度来审视》，安徽人民出版社，2009年。

冯健鹏：《地方人大监督权的行使》，中国民主法制出版社，2016年。

傅达生、曹羲奕：《新疆人大十五年》，新疆人民出版社，1994年。

甘肃省人大常委会研究室编：《地方人大履职实践与探索》，中国民主法制出版社，2017年。

顾肃：《理想国之后》，江苏人民出版社，2006年。

何俊志：《制度等待利益：中国县级人大制度模式研究》，重庆出版社，2005年。

何俊志：《从苏维埃到人民代表大会制：中国共产党关于现代代议制的构想与实践》，复旦大学出版社，2011年。

何俊志：《作为一种政府形式的中国人大制度》，上海人民出版社，2013年。

胡伟：《政府过程》，浙江人民出版社，1998年。

皇甫中主编：《把权力关进制度的笼子里——与领导干部谈权力监督与制约》，红旗出版社，2013年。

姜起民：《实然与应然——人大对法院的监督关系研究》，吉林大学出版社，

2012 年。

金东日、张蕊、李松林、朱光喜:《问责制研究:以中国地方政府为中心》,天津人民出版社,2018 年。

景跃进:《政治空间的转换——制度变迁与技术操作》,中国社会科学出版社,2004 年。

敬延年:《现阶段的地方人大》,中国民主法制出版社,1991 年。

阚珂:《人民代表大会那些事》,法律出版社,2017 年。

赖静萍:《当代中国领导小组制度的变迁与现代国家成长》,江苏人民出版社,2015 年。

李凡主编:《中国基层民主发展报告(2000—2001)》,东方出版社,2002 年。

李凤军:《论人大的监督权》,中国政法大学出版社,2015 年。

李黎明、李燕主编:《地方人大部门预算审查监督研究》,中国财政经济出版社,2016 年。

李慎宽主编:《前进中的市级人大》,中国民主法制出版社,1997 年。

李文德、张杰主编:《中国改革开放优秀理论成果选》,中央文献出版社,2001 年。

李瑜青等:《中国共产党治国理政研究》,上海人民出版社,2011 年。

林伯海:《人民代表大会监督制度的分析与构建》,中国社会科学出版社,2004 年。

林尚立等:《制度创新与国家成长:中国的探索》,天津人民出版社,2005 年。

林尚立:《中国共产党与国家建设》,天津人民出版社,2017 年。

刘杰:《中国政治发展进程(2006)》,时事出版社,2006 年。

刘经平:《民主法治笔谈》,湘潭大学出版社,2015 年。

刘圣中:《历史制度主义:制度变迁的比较历史研究》,上海人民出版社,2010 年。

刘维林、席文启主编:《北京乡镇人大建设》,国家行政学院出版社,2012 年。

刘一纯:《人大监督的实效考察与优效机制研究》,中国社会科学出版社,2014 年。

刘政主编:《人民代表大会工作全书》,中国法制出版社,1999 年。

刘政、程湘清:《民主的实践——全国人民代表大会及其常委会的组织和运作》,人民出版社,1999 年。

刘政、程湘清:《人大监督探索》,中国民主法制出版社,2002 年。

刘政:《人民代表大会制度的历史足迹》,中国民主法制出版社,2008 年。

卢汉桥、郑洁主编:《权力监督论》,社会科学文献出版社,2010 年。

间小波主编:《当代中国政府与政治》,高等教育出版社,2010 年。

孟富林:《地方人大工作探索》,中共中央党校出版社,1999 年。

孟富林:《地方人大工作探索(续集)》,中共中央党校出版社,2003 年。

欧日胜主编:《人大监督与人大工作实务》,中国长安出版社,2006 年。

祁玲玲:《制度设计与民主发展》,中国社会科学出版社,2017年。

秦前红、孙莹、黄明涛:《地方人大监督权》,法律出版社,2013年。

全国人大常委会办公厅研究室编:《人民代表大会制度论丛》(第一辑),中国民主法制出版社,1992年。

全国人大常委会办公厅研究室编:《我国当前法律实施的问题和对策》,中国民主法制出版社,1997年。

全国人大常委会办公厅研究室文化研究室编:《国家权力机关的监督制度和监督工作》,中国民主法制出版社,1999年。

全国人大常委会法制工作委员会编:《法律询问答复(2000—2005)》,中国民主法制出版社,2006年。

人民代表大会制度研究所:《地方人大常委会30年——重大事件回放与点评》,人民日报出版社,2010年。

任剑涛主编:《政治学:基本理论与中国视角》,中国人民大学出版社,2009年。

任喜荣:《地方人大监督权论》,中国人民大学出版社,2013年。

上海市人大常委会研究室编:《地方人大工作理论与实践》,学林出版社,2018年。

申坤:《中国人民代表大会制度变迁研究》,知识产权出版社,2015年。

沈庆彬主编:《加强和完善地方人大监督》,广州出版社,2005年。

史卫民、刘智:《间接选举》(上),中国社会科学出版社,2004年。

司汉武:《制度理性与社会秩序》,知识产权出版社,2011年。

宋惠芳编:《现代社会学导论》,山东人民出版社,2015年。

苏新建:《人大监督程序研究——基于议事程序的视角》,中国法制出版社,2014年。

孙哲:《左右未来:美国国会的制度创新和决策行为》(修订版),上海人民出版社,2012年。

谭希培、高帆:《超越现存:制度创新论》,湖南大学出版社,2002年。

唐世平:《制度变迁的广义理论》,北京大学出版社,2016年。

唐亚林、鲁迎春、陈水生等:《让权力在阳光下运行》,上海人民出版社,2014年。

田成有:《地方立法的理论与实践》,中国法制出版社,2004年。

王柳:《政府绩效问责的制度逻辑》,中国社会科学出版社,2018年。

王浦劬等:《政治学基础》(第三版),北京大学出版社,2014年。

王清秀:《人大制度学》,中国人民公安大学出版社,2003年。

王圣诵:《县级政府管理模式创新探讨》,人民出版社,2006年。

王臻荣:《行政监督概论》,高等教育出版社,2009年。

王宗文:《权力制约与监督研究》,辽宁人民出版社,2005年。

蔚立臻:《现阶段地方人大工作实践与探索》(中),中国民主法制出版社,

2007 年。

魏芙蓉、于新恒、庞雅莉:《执政党与民主政治》,吉林大学出版社,2007 年。

魏陆:《完善我国人大预算监督制度研究——把政府关进公共预算"笼子"里》,经济科学出版社,2014 年。

吴振钧:《权力监督与制衡》,中国人民大学出版社,2008 年。

冼庆彬主编:《加强和完善地方人大监督》,广州出版社,2005 年。

谢计来:《新时期地方人大工作探索与实践》,民主与建设出版社,2014 年。

谢世杰:《与时俱进 建设政治文明》,中共中央党校出版社,2003 年。

徐平主编:《"人大监督工作的实践和创新"专题研讨论文集》,福建人民出版社,2015 年。

徐湘林主编:《中国国情与制度创新》,华夏出版社,2004 年。

徐育苗主编:《中外政治制度比较》,中国社会科学文献出版社,2004 年。

徐振光:《当代中国社会转型与县级人大制度研究——以 L 区人大为例》,上海人民出版社,2010 年。

徐振光:《中国共产党人大制度理论发展史稿》,东方出版中心,2011 年。

许安标、武增主编:《监督法与人大监督工作》,民主与建设出版社,2014 年。

许祖雄、朱言文主编:《民主法制与人大制度》,复旦大学出版社,1999 年。

闫德民:《中国特色权力制约和监督机制构建研究》,人民出版社,2011 年。

严强、张凤阳、温晋锋:《宏观政治学》,南京大学出版社,1998 年。

严强、孔繁斌:《政治学基础》,南京大学出版社,2013 年。

严中卿主编:《人大监督制度研究》,中国民主法制出版社,2017 年。

燕继荣等:《中国治理:东方大国的复兴之道》,中国人民大学出版社,2017 年。

杨光斌:《中国政府与政治导论》,中国人民大学出版社,2003 年。

杨景宇主编:《监督法辅导讲座》,中国民主法制出版社,2006 年。

杨孟才编:《新时代地方人大工作指南》,中国民主法制出版社,2018 年。

杨荣华:《南湖咏——嘉兴人大工作实践录》,方志出版社,2007 年。

姚洋、席天扬主编:《中国新叙事——中国特色政治、经济体制的运行机制分析》,上海人民出版社,2018 年。

姚洋:《作为制度创新过程的经济改革》,格致出版社、上海人民出版社,2016 年。

伊娜:《权力制约监督视角下县委书记权力结构模式创新研究》,光明日报出版社,2014 年。

尹世洪、朱开杨主编:《人民代表大会制度发展史》,江西人民出版社,2002 年。

尹中卿:《中国人大组织构成和工作制度》,中国民主法制出版社,2010 年。

于兴隆:《新时期人大工作实践》,内蒙古人民出版社,2001 年。

俞可平主编:《中国如何治理? 通向国家治理现代化的道路》,外文出版社,2018 年。

袁瑞良:《人民代表大会制度形成发展史》,人民出版社,1994年。

张牢生主编:《人大制度建设论》,中国民主法制出版社,2005年。

张铭、严强主编:《政治学方法论》,苏州大学出版社,2003年。

张树剑:《中国省级人大预算监督制度研究》,复旦大学出版社,2011年。

张炜:《人民代表大会监督职能研究》,中国法制出版社,1996年。

张希坡:《人民代表大会制度创建史》,中共党史出版社,2009年。

张元坤:《地方人大工作概论》,中国民主法制出版社,1997年。

赵宝煦:《政治学与和谐社会》,北京大学出版社,2009年。

赵宝煦主编:《民主政治与地方人大——调查与思考之一》,陕西人民出版社,1990年。

郑永年:《未竟的变革》,浙江人民出版社,2011年。

中国人民代表大会制度理论研究会编:《加强和改进人大监督工作论文集》,中国民主法制出版社,2017年。

周光磊:《当代中国政府过程》(第三版),天津人民出版社,2008年。

周光磊、郭道久主编:《政治学基础》,首都经济贸易大学出版社,2007年。

周雪光:《中国国家治理的制度逻辑》,生活·读书·新知三联书店,2017年。

周叶中:《代议制度比较研究》(修订版),商务印书馆,2014年。

卓越:《地方人大监督机制研究》,人民出版社,2002年。

邹平学:《中国代表制度改革的实证研究》,重庆出版社,2005年。

七、中文论文

薄贵利:《深刻理解权力下放的价值取向》,载《中国行政管理》1998年第5期。

蔡定剑:《论彭真对民主法制建设的十大贡献》,载《法学》2010年第2期。

蔡林慧:《试论中国行政监督机制的困境与对策》,载《政治学研究》2012年第5期。

蔡文成:《代表·回应·责任:人大代表制度的政治逻辑》,载《兰州大学学报(社会科学版)》2017年第4期。

曹海军、霍伟桦:《国家构建与制度建设:转型国家的分析框架》,载《哈尔滨工业大学学报(社会科学版)》2013年第3期。

曹旭东:《香港政党政治的制度空间》,载《法学》2013年第2期。

曾毅:《历史制度主义方法论与政治制度研究的新方向》,载《学海》2012年第4期。

常桂祥:《民主政治建设:当代中国政治发展的主题》,载《齐鲁学刊》2001年第2期。

常桂祥:《强化人大监督:建设社会主义法治国家的内在要求》,载《云南行政学院学报》2002年第6期。

常士闇：《党的领导、人民代表大会制度与中国特色的社会主义政治建设》，载《理论探讨》2008 年第 4 期。

陈国权、周盛：《我国人大决策权的变迁与决策权的制约监督》，载《浙江大学学报（人文社会科学版）》2011 年第 5 期。

陈红太：《从党政关系的历史变迁看中国政治体制变革的阶段特征》，载《浙江学刊》2003 年第 6 期。

陈家刚：《身份代表制的厘定、限度与完善举措》，载《岭南学刊》2016 年第 6 期。

陈坚：《改革开放以来我国政府机构改革历程述略》，载《党的文献》2008 年第 3 期。

陈明明：《比较现代化·市民社会·新制度主义》，载《战略与管理》2001 年第 4 期。

陈明明：《中国政治制度的价值结构：冲突与调适》，载《社会科学研究》2008 年第 2 期。

陈明明：《国家现代治理中的三个结构性主题》，载《中国浦东干部学院学报》2014 年第 5 期。

陈书全：《论我国立法后评估启动的常态化》，载《法学论坛》2012 年第 3 期。

陈选权、魏永德、齐良如：《浅谈述职评议的意义》，载《法学杂志》1996 年第 4 期。

陈尧：《党内民主：政治体制改革的引擎》，载《南京社会科学》2003 年第 9 期。

陈尧：《利益集团与政治过程》，载《读书》2005 年第 11 期。

陈兆德：《权力下放和加强宏观调控》，载《中共中央党校学报》1997 年第 2 期。

程竹汝：《授权与监督：论完善人民代表大会制度的几个问题》，载《学术月刊》2005 年第 6 期。

程竹汝：《完善人大对司法机关的监督关系》，载《上海行政学院学报》2011 年第 2 期。

丁长琴：《我国行政异体问责的现状及制度重构》，载《国家行政学院学报》2012 年第 1 期。

董和平：《论我国执政党与国家权力的关系》，载《法学》2008 年第 2 期。

都淦、郭丹：《人大制度：中国特色政治文明的制度创新》，载《社会科学研究》2005 年第 3 期。

段德敏：《民主的核心要素是政治参与——兼与唐亚林教授商榷》，载《探索与争鸣》2014 年第 12 期。

范志海：《论中国制度创新中的"内卷化"问题》，载《社会》2004 年第 4 期。

费丽芳：《人大监督不到位的主要根源探析》，载《中共浙江省委党校学报》2001 年第 1 期。

傅金鹏、杨继君：《我国地方政府创新的可持续性：影响因素与对策》，载《理论导刊》2010 年第 12 期。

甘道明：《关于在政治体制改革中坚持和完善人民代表大会制度的思考》，载《理论与改革》1999年第4期。

高洪成、刘广明：《构建人大在政府绩效评价中的主体地位》，载《河北学刊》2012年第5期。

高建：《"中国模式"的争论与思考》，载《政治学研究》2011年第3期。

郭道晖：《权威、权力还是权利——对党与人大关系的法理思考》，载《法学研究》1994年第1期。

郭定平：《当代中国政党与国家关系模式的重构：比较的视野》，载《社会科学研究》2009年第1期。

郭林茂：《关于地方人大监督工作的发展问题》，载《政治与法律》2000年第2期。

郭文涛：《监察委员会监察人大代表的理解与论证》，载《西南政法大学学报》2018年第4期。

郭小聪：《中国地方政府制度创新的理论：作用与地位》，载《政治学研究》2000年第1期。

韩大元：《依法治国与完善监督机制的基本思路》，载《法学论坛》2000年第5期。

韩明德：《我国人大监督机构设置的基础与构想》，载《中州学刊》2008年第2期。

韩旭：《国家治理视野中的根本政治制度——改革开放40年来人民代表大会制度的发展逻辑》，载《政治学研究》2018年第6期。

何俊志、刘乐明：《全国人大代表的个体属性与履职状况关系研究》，载《复旦学报（社会科学版）》2013年第2期。

何俊志、罗彬：《中国省级人大常委会主任任职模式研究（1979—2017）》，载《中共中央党校（国家行政学院）学报》2019年第1期。

何俊志、王伊景：《从人大"个案监督"到"代表参与诉讼调解"——地方人大与法院关系的"变"与"常"》，载《国家行政学院学报》2010年第6期。

何俊志：《结构、历史与行为——历史制度主义的分析范式》，载《国外社会科学》2002年第5期。

何俊志：《中国地方人大制度的研究现状与展望》，载《法制与社会发展》2004年第5期。

何俊志：《中国地方人大代表构成的变化趋势》，载《南京社会科学》2015年第2期。

何俊志：《中国地方人大的三重属性与变迁模式》，载《政治学研究》2016年第5期。

何增科：《全球化对国家权力的冲击与回应》，载《马克思主义与现实》2003年第6期。

何增科：《关于推进党的执政方式改革的若干思考》，载《马克思主义与现实》2004年第6期。

侯少文:《中国人大监督制度的特色与走向》,载《新视野》2014 年第 4 期。

侯远长:《地方人民代表大会制度中存在的问题及对策建议》,载《学习论坛》2004 年第 2 期。

胡伟、王世雄:《构建面向现代化的政府权力——中国行政体制改革理论研究》,载《政治学研究》1999 年第 3 期。

胡伟:《党内民主与政治发展:开发中国民主化的体制内资源》,载《复旦学报(社会科学版)》1999 年第 1 期。

胡正扬:《试论社会主义市场经济条件下地方人大的监督作用》,载《开放时代》1996 年第 6 期。

黄冬娅、陈川慜:《县级人大代表履职:谁更积极?》,载《社会学研究》2015 年第 4 期。

黄卫平、邓杰文:《"公推直选"与基层民主的发展》,载《重庆社会科学》2010 年第 9 期。

黄小钫:《我国省级人大常委会会次和会期制度研究》,载《教学与研究》2017 年第 10 期。

季正矩:《总结与展望:人民代表大会三十年》,载《当代世界与社会主义》2008 年第 5 期。

贾英健:《社会哲学视野中的制度创新》,载《山东师范大学学报(人文社会科学版)》2002 年第 2 期。

蒋劲松:《论党委与人大关系之理顺》,载《法学》2013 年第 8 期。

李斌:《政治动员及其历史嬗变:权力技术的视角》,载《南京社会科学》2009 年第 11 期。

李放:《现代国家制度建设:中国国家治理能力现代化的战略选择》,载《新疆师范大学学报(哲学社会科学版)》2014 年第 4 期。

李景治:《当代中国政治发展中的制度创新》,载《社会科学研究》2007 年第 3 期。

李景治:《中国权力结构和运行机制中的人民代表大会》,载《政治学研究》2009 年第 1 期。

李景治:《积极推进人民代表大会制度理论和实践创新》,载《学习与探索》2014 年第 3 期。

李景治:《依法执政是依法治国的关键》,载《社会科学研究》2015 年第 2 期。

李良栋:《执政党应当善于通过国家政权领导国家生活》,载《理论视野》2010 年第 1 期。

李路曲:《结构主义及其分析方法的演进评析》,载《经济社会体制比较》2013 年第 1 期。

李默海:《民主与政治体制改革》,载《当代世界与社会主义》2008 年第 5 期。

李牧、楚挺征:《地方人大监督不作为及其规制探究》,载《武汉理工大学学报(社会科学版)》2009 年第 6 期。

李小红:《"去制度化"问题研究——基于风险社会理论的启发》,载《南京社会科学》2011 年第 11 期。

李兴山、曾业松:《800 名县委书记调查问卷统计分析》(下),载《中国党政干部论坛》2008 年第 5 期。

李永久、王玲:《我国地方政府创新的制度空间与路径选择》,载《党政干部学刊》2008 年第 8 期。

李月军:《中国政治制度变迁中的路径依赖》,载《学海》2009 年第 4 期。

林慕华:《重塑人大的预算权力——基于某省的调研》,载《公共行政评论》2008 年第 4 期。

林尚立:《政党、政党制度与现代国家——对中国政党制度的理论反思》,载《中国延安干部学院学报》2009 年第 5 期。

林尚立:《政党制度与中国民主:基于政治学的考察》,载《武汉大学学报(哲学社会科学版)》2010 年第 3 期。

林尚立:《复合民主:人民民主在中国的实践形态》,载《中共浙江省委党校学报》2011 年第 5 期。

林泰、林伯海:《坚持和完善人民代表大会制度探析》,载《清华大学学报(哲学社会科学版)》2002 年第 5 期。

刘迟:《基层社区组织权威生成的制度空间研究——以上海 WF 社区为例》,载《兰州学刊》2011 年第 9 期。

刘厚金:《我国行政问责制的多维困境及其路径选择》,载《学术论坛》2005 年第 11 期。

刘建军:《人大制度与有序民主:对中国民主化进程的一种思考》,载《毛泽东邓小平理论研究》2009 年第 9 期。

刘建军:《政党:孕育领袖还是遏制领袖?——对中国、日本和新加坡的比较研究》,载《复旦学报(社会科学版)》2013 年第 4 期。

刘松山:《彭真与宪法监督》,载《华东政法大学学报》2011 年第 5 期。

刘小妹:《人大制度下的国家监督体制与监察机制》,载《政法论坛》2018 年第 3 期。

罗显华:《论理顺党政关系》,载《探索》2003 年第 4 期。

罗中枢:《我国县级主要领导人对干部人事制度改革态度的调查》,载《国家行政学院学报》2013 年第 2 期。

闾小波、赖静萍:《从反封建到发扬优秀传统文化》,载《学术研究》2011 年第 9 期。

闾小波:《文本、语境、思想:抗战时期毛泽东有关人民代表大会制度构想之辨析》,载《思想战线》2018 年第 3 期。

马得勇、张志原：《观念、权力与制度变迁：铁道部体制的社会演化论分析》，载《政治学研究》2015 年第 5 期。

马骏：《政治问责研究：新的进展》，载《公共行政评论》2009 年第 4 期。

孟宪民、孔繁军：《人大监督法制化与行政化的反思与启示》，载《东岳论丛》2012 年第 1 期。

孟宪民：《组织、协商与压力：人大监督权的运行逻辑》，载《新视野》2019 年第 3 期。

倪春纳：《强化人大监督权力途径的研究述评》，载《天府新论》2012 年第 3 期。

彭春成：《人大要强化对"一府两院"的监督》，载《中州学刊》2006 年第 4 期。

浦兴祖：《以人大民主为重点继续推进中国民主政治的发展》，载《复旦学报（社会科学版）》2005 年第 5 期。

浦兴祖：《人大"一院双层"结构的有效拓展》，载《探索与争鸣》2009 年第 12 期。

秦前红：《国家监察法实施中的一个重大难点：人大代表能否成为监察对象》，载《武汉大学学报（哲学社会科学版）》2018 年第 6 期。

任高丽：《权力制衡视角下的腐败控制思考——基于"权力下放"后的腐败问题分析》，载《知识经济》2011 年第 5 期。

任剑涛：《重申人民主权：国家权力的结构改革》，载《江苏行政学院学报》2012 年第 2 期。

任剑涛：《宏观避险、中观着力与微观搞活：中国治理体系现代化的转变》，载《政治学研究》2019 年第 1 期。

任进：《依法规范地方人大常委会与垂直管理机构的关系》，载《法学杂志》2010 年第 6 期。

任喜荣：《地方人大预算监督权力成长的制度分析——中国宪政制度发展的一个实例》，载《吉林大学社会科学学报》2010 年第 4 期。

桑玉成、刘春荣：《拓展民主的制度空间：构建一种新的基层民主发展观》，载《复旦学报（社会科学版）》2008 年第 5 期。

上官酒瑞、程竹汝：《中国特色政治制度成长的适应性分析》，载《华东理工大学学报（社会科学版）》2012 年第 1 期。

沈承诚：《地方政府核心行动者的生成逻辑：制度空间与制度规引》，载《社会科学战线》2012 年第 6 期。

沈传亮：《新世纪以来中国政治体制改革研究综述》，载《中共党史研究》2011 年第 3 期。

沈连婕：《构筑人大监督的现实路径——述职评议制度探析》，载《中国党政干部论坛》2005 年第 6 期。

沈士光：《论人大代表比例构成的历史必然和发展逻辑》，载《理论与改革》2007 年第 4 期。

沈宗灵:《依法治国,建设社会主义法治国家》,载《中国法学》1999 年第 1 期。

史建三、吴天昊:《地方立法质量:现状、问题与对策——以上海人大地方立法为例》,载《法学》2009 年第 6 期。

孙彩红:《试论公民参与政府管理是构建和谐社会的基础》,载《南京社会科学》2007 年第 3 期。

谭君久、龚宏龄:《选举视角下人大代表的代表性浅析》,载《湖湘论坛》2010 年第 2 期。

唐皇凤:《价值冲突与权益均衡:县级人大监督制度创新的机理分析》,载《公共管理学报》2011 年第 1 期。

唐丽萍:《地方政府竞争中的制度创新及异化分析》,载《上海行政学院学报》2011 年第 1 期。

田华:《完善地方人大述职评议制度的探讨》,载《河北法学》2006 年第 5 期。

汪松明:《试论江泽民同志关于干部监督的思想》,载《毛泽东思想研究》2006 年第 4 期。

汪玉凯:《中国行政体制改革 20 年的回顾与思考》,载《中国行政管理》1998 年第 12 期。

汪中山:《论我国人民代表大会监督制度创新》,载《中州学刊》2006 年第 2 期。

王彩波、丁建彪:《当代中国政制安排的演进逻辑、完善与优化》,载《社会科学在线》2015 年第 3 期。

王刚锋:《从国家建设的视角反思地方人大代表结构的利与弊——兼论提高人大代表代表性的对策》,载《湖南行政学院学报》2017 年第 3 期。

王建瑞:《党领导人大与人大监督党的机构》,载《法商研究》1999 年第 5 期。

王澜明:《改革开放以来我国六次集中的行政管理体制改革的回顾与思考》,载《中国行政管理》2009 年第 10 期。

王力:《邓小平政治体制改革思想演变的逻辑进程》,载《理论学刊》2015 年第 4 期。

王石山:《地方人大代表结构优化与素质提高之我见》,载《唯实》2003 年第 5 期。

王维国:《改革开放 30 年人民代表大会制度创新回顾》,载《中国社会科学院研究生院学报》2008 年第 6 期。

王维国:《改革开放以来地方人大制度的发展》,载《北京联合大学学报(人文社会科学版)》2009 年第 1 期。

王长江:《推进"党管干部"的科学化》,载《科学社会主义》2006 年第 6 期。

王长江:《关于改革和梳理党政关系的思考》,载《马克思主义与现实》2014 年第 3 期。

韦以明:《地方人大法律监督新理念、新方法及其评说》,载《广西民族大学学报(哲学社会科学版)》2007 年第 2 期。

魏成、陈烈:《制度厚实、制度空间与区域发展》,载《人文地理》2009年第2期。

魏陆:《人大预算监督效力评价和改革路径选择》,载《上海交通大学学报(哲学社会科学版)》2015年第1期。

魏姝:《我国基层人大代表的代表性分析》,载《江苏行政学院学报》2014年第6期。

吴德荣:《当代中国研究的成果与局限》,载《复旦公共行政评论》2012年第2期。

吴金群:《论我国权力制约与监督机制的改革战略》,载《江海学刊》2013年第2期。

吴晓云、吕增奎:《西方学者论改革开放以来中国政治的发展》,载《马克思主义与现实》2008年第6期。

吴运浩:《建设法治国家 呼唤监督立法》,载《中国律师》1999年第3期。

席文启、李正斌:《人大常委会设立专职委员的实践与思考》,载《新视野》2013年第3期。

席文启:《论我国地方人大常委会制度的确立与完善》,载《科学社会主义》2009年第4期。

席文启:《论群众路线与人民代表大会制度的关系》,载《新视野》2015年第2期。

谢鹏程:《论当代中国的法律权威——对新中国法治进程的反思和探索》,载《中国法学》1999年第6期。

谢庆奎:《服务型政府建设的基本途径:政府创新》,载《北京大学学报(哲学社会科学版)》2005年第1期。

谢庆奎:《宪政体制与人民代表大会制度建设研究》,载《新视野》2005年第1期。

谢岳:《试论会议制度的政治沟通功能》,载《学习与探索》2008年第4期。

徐国利:《国家与制度变迁——国家在制度变迁中的主体作用和局限的分析》,载《南京社会科学》2002年第11期。

徐理响、黄鹂:《人大代表结构与代表身份选择合理性问题探析》,载《中南大学学报(社会科学版)》2016年第1期。

徐湘林:《政治改革政策的目标设定和策略选择》,载《吉林大学社会科学学报》2004年第6期。

徐湘林:《社会转型与国家治理——中国政治体制改革取向及其政策选择》,载《政治学研究》2015年第1期。

徐晓林、王亚平:《人民代表大会制度建设20年来的回顾与新世纪的展望》,载《政治学研究》2000年第4期。

许安标:《监督法的特点与创新》,载《国家行政学院学报》2007年第1期。

许崇德:《地方人大常委会的设立及其变迁》,载《政法论坛(中国政法大学学报)》2004年第6期。

许耀桐:《论中国共产党反对官僚主义的斗争》,载《理论探索》2011年第4期。

杨光斌：《制度范式：一种研究中国政治变迁的途径》，载《中国人民大学学报》2003 年第 3 期。

杨光斌：《制度化权利的制度成本》，载《天津社会科学》2005 年第 1 期。

杨海峰：《以权利制约权力：政治体制改革的目标取向》，载《科学社会主义》2012 年第 3 期。

杨海蛟：《30 年来中国特色社会主义民主政治建设回顾》，载《学习与探索》2008 年第 6 期。

杨建党：《启动、定向、设计、完善：领袖与人民代表大会制度成长》，载《兰州学刊》2010 年第 7 期。

杨雪冬：《地方人大监督权的三种研究范式》，载《经济社会体制比较》2005 年第 2 期。

杨雪冬：《简论中国地方政府创新研究的十个问题》，载《公共管理学报》2008 年第 1 期。

叶麒麟：《双重制度逻辑与县级人大常委会的成长———一种新制度主义视角的解析》，载《宁夏党校学报》2008 年第 5 期。

游劝荣：《地方党组织与国家权力机关相互关系运行机制研究》，载《东南学术》2009 年第 1 期。

俞可平：《中国的治理改革（1978—2018）》，载《武汉大学学报（哲学社会科学版）》2018 年第 3 期。

虞崇胜、罗亮：《当代中国政治制度创新的路径选择———基于新制度主义政治学的考察》，载《行政论坛》2011 年第 1 期。

虞崇胜、叶长茂：《改革开放 30 年中国渐进式政治制度创新的基本特点》，载《江汉论坛》2008 年第 7 期。

张爱军、孙贵勇：《代表实质上有权是人大改革的方向》，载《探索与争鸣》2015 年第 1 期。

张宝海：《对权力的制约是依法治国的重要方面》，载《马克思主义与现实》2001 年第 4 期。

张春生、席文启：《关于述职评议的几个问题》，载《新视野》2017 年第 2 期。

张春生：《正确认识人大监督的重要作用》，载《江淮论坛》2002 年第 3 期。

张桂琳：《多重因果路径分析述评》，载《政治学研究》2008 年第 5 期。

张桂琳：《关于中国民主发展模式的思考》，载《中国政法大学学报》2008 年第 6 期。

张建民、徐丹、柴志慧：《规范党委与人大关系中的政府机制建设》，载《湖湘论坛》2009 年第 3 期。

张建民：《完善人民代表大会制度要从改善代表结构做起——关于人大代表结构问题的调查与思考》，载《湖湘论坛》2003 年第 2 期。

张紧跟:《民主建设顺序论辨析》,载《探索与争鸣》2013 年第 1 期。

张紧跟:《科层制还是民主制? ——改革年代全国人大制度化的内在逻辑》,载《复旦学报(社会科学版)》2013 年第 5 期。

张君良:《地方人大发展创新若干问题探讨》,载《科学社会主义》2004 年第 6 期。

张康之:《对政治与行政二分原则的审查》,载《国家行政学院学报》2001 年第 4 期。

张坤读:《地方人大常委会主任会议的法律地位和职能初探》,载《探索》1994 年第 4 期。

张鹏、陈建智:《博弈的均衡:人大和"一府两院"的监督与被监督的关系探析》,载《广州大学学报(社会科学版)》2009 年第 9 期。

张书林:《论党的执政中介:党组》,载《江苏行政学院学报》2006 年第 3 期。

张书林:《论党内民主带动人民民主的运行机制》,载《长白学刊》2009 年第 3 期。

张文军:《"共产党要接受监督"与党的执政方式的转变》,载《当代世界社会主义问题》2006 年第 1 期。

张贤明、杨楠:《政治问责及相关概念辨析》,载《理论探讨》2019 年第 4 期。

张贤明:《当代中国问责制度建设及实践的问题与对策》,载《政治学研究》2012 年第 1 期。

张玉磊:《地方政府制度创新的可持续性难题与化解》,载《岭南学刊》2011 年第 5 期。

张长东:《在商言政:地方人民代表大会中的民营企业家》,载《学海》2014 年第 2 期。

赵晖、梁剑:《"政治与行政二分"及"党政分开"思想的政治智慧与实践》,载《理论探讨》2014 年第 5 期。

赵晖:《我国地方政府绩效考核指标要素分析》,载《南京师大学报(社会科学版)》2010 年第 6 期。

赵晓力:《论全国人大代表的构成》,载《中外法学》2012 年第 5 期。

郑广永:《从权力行使看人大的公信力》,载《中州学刊》2014 年第 5 期。

郑永年、王旭:《论中央地方关系中的集权和民主问题》,载《战略与管理》2001 年第 3 期。

周光辉、彭斌:《构建现代国家——以组织化、制度化与民主化为分析视角》,载《社会科学战线》2009 年第 6 期。

周光辉、赵学兵:《政党会期制度化:推进国家治理体系现代化的有效路径》,载《政治学研究》2019 年第 2 期。

周联合:《论加强地方人大常委会的组织建设》,载《广东社会科学》2008 年第 6 期。

周长鲜、王维国:《论人大在民意表达与疏导中的制度优势及其发挥》,载《新视野》2014 年第 2 期。

　　周叶中、刘一莹:《论我国人大质询制度的完善——基于制度建构视角的分析》,载《湖南大学学报(社会科学版)》2017 年第 5 期。

　　朱德米:《新制度主义政治学的兴起》,载《复旦学报(社会科学版)》2001 年第 3 期。

　　朱光磊、张志红:《"职责同构"批判》,载《北京大学学报(哲学社会科学版)》2005 年第 1 期。

　　朱光磊、周振超:《"党政关系规范化"与党的执政能力建设》,载《中国党政干部论坛》2005 年第 1 期。

　　朱光磊、周振超:《党政关系规范化研究》,载《政治学研究》2004 年第 3 期。

　　庄文嘉、岳经纶:《政治嵌入,还是嵌入社会——2006—2009 年地方人大经费支出的影响因素分析》,载《学术研究》2014 年第 1 期。

八、英文文献

Alan Rosenthal, State Legislative Development: Observations from Three Perspectives, Legislative Studies Quarterly, Vol. 21, No. 2, 1996.

Alemayehu N. Ayana et al., Historical development of forest policy in Ethiopia: Trends of institutionalization and deinstitutionalization, Land Use Policy, Vol. 32, 2013.

An Chen, Restructuring Political Power in China: Alliances and Opposition, 1978-1998, Boulder: Lynne Rienner Publishers, 1999.

Andreas Schedler, Conceptualizing Accountability, in The Self-Restraining State: Power and Accountability in New Democracies, edited by Andreas Schedler, Larry Diamond, Marc F. Plattner. London: Lynne Rienner Publishers, 1999.

Andrw Stark, Charting a Democratic Future in China, Dissent, Summer 2012.

Anne Marie Goetz and Rob Jenkins, Reinventing Accountability: Making Democracy Work for Human Development, Houndmills: Palgrave Macmillan, 2005.

Arend Lijphart, Foreword: Cameral Change and Institutional Conservatism, in Two Into One: The Politics and Processes of National Legislative Cameral Change, edited by Lawrence D. Longley and David M. Olson, Boulder: Westview Press, 1991.

Arthur. P. J. Mol, Environmental Deinstitutionalization in Russia, Journal of Environmental Policy and Planning, Vol. 11, No. 3, 2009.

B. G. Peters, Institutional Theory in Political Science, London: Pinter, 1999.

Bo Zhiyue, China's Elite Politics: Governnance and Democratization, Singapore: World Scientific, 2010.

Brian C. Smith, Good Governance and Development, Basingstoke: Palgrave Macmillan, 2007.

Bruce Gilley, Could China Be the Next Wave, Current History, November 2011.

Bruce Gilley, Democratic Enclaves in Authoritarian Regimes, Democratization, Vol. 17, No. 3, 2010.

Bruce Gilley, The Limits of Authoritarian Resilience, Journal of Democracy, Vol. 14, No. 1, 2003.

Bruce J. Dickson, No "Jasmine" for China, Current History, September 2011.

Bruce J. Dickson, Updating the China Model, The Washington Quarterly, Vol. 34, No. 4, 2011.

Catalina Smulovitz and Enrique Peruzzotti, Societal Accountability in Latin America, Journal of Democracy, Vol. 11, No. 4, 2000.

Charles D. Kenney, Reflections on Horizontal Accountability: Democratic Legitimacy, Majority Parties and Democratic Stability in Latin America, Prepared for the conference on Institutions, Accountability, and Democratic Governance in Latin America, Kellogg Institute for International Studies, University of Notre Dame, May 8 - 9, 2000.

Charles Stewart III, Analyzing Congress, New York and London: WW Norton & Company, 2001.

Christine Oliver, The Antecedents of Deinstitutionalization, Organization Studies, Vol. 13, No. 4, 1993.

Claus Offe, Political Institutions and Social Power: Conceptual Explorations, in Rethinking Political Institutions: The Art of State, edited by Ian Shapiro, Stephen, and Daniel Galvin, New York and London: New York University Press, 2006.

Colin Hay, Political Analysis, New York: Palgrave Macmillan, 2002.

Craig T. Borowiak, Accountability and Democracy: The Pitfalls and Promise of Popular Control, Oxford: Oxford University Press, 2011.

Dali L. Yang, Remaking the Chinese Leviathan: Market Transition and the Politics of Governance in China, Stanford, Calif.: Stanford University Press, 2004.

David Beethan, Do Parliaments have Future? in The Future of Representative Democracy, edited by Sonia Alonso, John Keane and Wolfgang Merkel, Cambridge: Cambridge University Press, 2013.

David Judge, Legislative Institutionalization: A Bent Analytical Arrow? Government and Opposition, Vol. 38, No. 4, 2003.

David M. Lampton, Following the Leader: Ruling China, From Deng Xiaoping to Xi Jingping, Berkeley: University of California Press, 2014.

David M. Olson, Democratic Legislative Institutions: A Comparative View, Armonk: M. E. Sharpe, 1994.

David S. G. Goodman, Conclusion: News from the Front, in The Chinese State in Transition: Processes and Contests in Local China, edited by Linda Chelan Li, London and New York: Routledge, 2009.

Deborah G. Johnson and Kent A. Wayland, Surveillance and Transparency as Sociotechnical System of Accountability, in Surveillance and Democracy, edited by Kevin D. Haggerty and Minas Samatas, New York: Routledge, 2010.

Douglas C. Chaffey, The Institutionalization of State Legislatures: A Comparative Study, The Western Political Quarterly, Vol. 23, No. 1, 1970.

Edward Friedmen, The Politics of Democratization: Generalizing East Asian Experiences, Boulder/San Francisco/Oxford: Westview Press, 1994.

Elizabeth J. Perry, Studying Chinese Politics: Farewell to Revolution? The China Journal, No. 57, 2007.

Francisco González, Dual Transitions from Authoritarian Rule: Institutionalized Regimes in Chile and Mexico, 1970 – 2000, Baltimore: The Johns Hopkins University Press, 2008.

Frank L. Wilson, The Study of Political Institutions, in New Directions in Comparative Politics, edited by Howard J. Wiarda, Boulder: Westview Press, 2002.

Frederick Stapenhurst, Legislative Oversight and Curbing Corruption: Presidentialism and Parliamentarianism revisited, Ph. D. Thesis, Canberra: Australian National University, 2011.

G. Shabbir Cheema, Buiding Democratic Institutions: Governance Reform in Developing Countries, Bloomfield: Kumarian Press, 2005.

Gerhard Loewenberg and Samuel C. Patterson, Comparing Legislatures, Boston: Little, Brown, 1979.

Gretchen Helmke and Steven Levitsky, Introduction, in Informal Institutions and Democracy Lessons from Latin America, edited by Gretchen Helmke and Steven Levitsky, Baltimore: The Johns Hopkins University Press, 2006.

Guillermo O'Donnell, Horizontal Accountability in New Democracies, Journal of Democracy, Vol. 9, No. 3, 1998.

Guo Sujian, Chinese Politics and Government: Power, Ideology and Organization, London and New York: Routledge, 2012.

Jack R. Van Der Slik, The Early Institutionalization of Congress, Congress & the Presidency, Vol. 16, No. 1, 1989.

James Derleth and Daniel R. Koldyk, The District People's Congresses and

Political Reform in China, Problems of Post-Communism, Vol. 49, No. 2, 2002.

Jan-Erik Lane, Constitutions and Political Theory, Menchester and New York: Menchester University Press, 2011.

Jean Blondel, Comparative Legislatures, Englewood Cliffs, NJ: Prentice-Hall, 1973.

Jing Huang, Institutionalization of Political Succession in China: Progress and Implications, in China's Changing Political Landscape: Prospects for Democracy, edited by Cheng Li, Washington, D. C. : Brookings Institution Press, 2008.

Johan Olson, Change and Continuity: An Institutional Approach to Institutions of Democratic Government, in Comparative Administrative Change and Reform: Lessons Learned, edited by Jon Pierre and Patricia Ingraham, Ithaca: McGill-Queen's University Press, 2010.

John Ferejohn, Accountability and Authority: Toward a Theory of Political Accountability, in Democracy, Accountability, and Representation, edited by Adam Przeworski, Susan Stokes and Bernard Manin, Cambridge: Cambridge University Press, 1999.

John Ishiyama, Conclusion: Toward a Theory of Legislative Decline, PS: Political Science & Politics, No. 52, No. 2, 2019, pp. 277 - 280.

John P. Burns, China's Governance: Political Reform in a Turbulent Environment, The China Quarterly, Vol. 119, 1989.

Jose Maria Maravall and Adam Przeworski, Introduction, in Democracy and The Rule of Law, edited by Jose Maria Maravall and Adam Przeworski, Cambridge: Cambridge University Press, 2003.

Joseph Fewsmith, China Since Tiananmen: The Politics of Transition, New York: Cambridge University Press, 2004.

Joseph Fewsmith, The Logic and Limits of Political Reform in China, New York: Cambridge University Press, 2013.

June Teufel Dreyer, China's Political System: Modernization and Tradition, New York: Longman, 2005.

Kamran Ali Afzal and Mark Considine, Democratic Accountability and International Human Development: Regimes, Institutions and Resources, London and New York: Routledge, 2015.

Kenneth Lieberthal, Governing China: from Revolution through Reform, New York: W. W. Norton, 1995.

Kevin J. O'Brien, The National People's Congress: Continuity and Change in Chinese Legislative Politics, Ph. D. Dissertation, Yale University, 1987.

Kevin J. O'Brien, China's National People's Congress: Reform and Its Limits, Legislative Studies Quarterly, Vol. 13, No. 3, 1988.

Kevin J. O'Brien, Legislative Development and Chinese Political Change, Studies in Comparative Communism, Vol. 22, No. 1, 1989.

Kevin J. O'Brien, Is China's National People's Congress a "Conservative" Legislature? Asian Survey, Vol. 30, No. 8, 1990.

Kevin J. O'Brien, Reform without Liberalization: China's National People's Congress and the Politics of Institutional Change, Cambridge: Cambridge University Press, 1990.

Kevin J. O'Brien, Chinese People's Congresses and Legislative Embeddedness: Understanding Early Organizational Development, Comparative Political Studies, Vol. 27, No. 1, 1994.

Kevin J. O'Brien and Laura M. Luehrmann, Institutionalizing Chinese Legislatures: Trade-Offs between Autonomy and Capacity, Legislative Studies Quarterly, Vol. 23, No. 1, 1998.

Kevin J. O'Brien, Local People's Congresses and Governing China, The China Journal, No. 61, 2009.

Kevin J. O'Brien, How Authoritarian Rule Works, Modern China, Vol. 36, No. 1, 2010.

Larry Diamond and Leonardo Morlino, The Quality of Democracy: An Overview, Journal of Democracy, Vol. 15, No. 4, 2004.

Larry Diamond and Leonardo Morlino, Introdution, in Assessing the Quality of Democracy, edited by Larry Diamond and Leonardo Morlino, Baltimore: The Johns Hopkins University Press, 2005.

Larry Diamond, The Rule of Law as Transition to Democracy in China, Journal of Contemporary China, Vol. 12, No. 35, 2003.

Larry Diamond, The Rule of Law as Transition to Democracy in China, in Debating Political Reform in China: Rule of Law vs. Democratization, edited by Suisheng Zhao, Armonk, N. Y. : M. E. Sharpe, 2006.

Larry Diamond, The Spirit of Democracy: The Struggle to Build Free Societies throughout the World, New York: Times Books/Henry Holt and Co. , 2008.

Larry Diamond, The Coming Wave, Journal of Democracy, Vol. 23, No. 1, 2012.

Laszlo Ladany, Law and Legality in China: The Testament of a China-Watcher, Honolulu: University of Hawaii Press, 1992.

Li Jianyong, The Role of People's Congress System in China's Politics, in Parliaments in Asia: Institution Building and Political Development, edited by Zheng

Yongnian, Lye Liang Fook and Wilhelm Hofmeister, London and New York: Routledge, 2014.

Lina Eriksson, Rational Choice Theory: Potential and Limits, Basingstoke, UK: Palgrave Macmillan, 2011.

Lucian Pye, Factions and the Politics of Guanxi: Paradoxes in Chinese Administrative and Political Behaviour, The China Journal, No. 34, July 1995.

Marcus Green, The National People's Congress, The China Quarterly, Vol. 17, 1964.

Mark Bovens, Analysing and Assessing Accountability: A Conceptual Framework, European Law Journal, Vol. 13, No. 4, 2007.

Mark Bovens, Thomas Schillemans and Paul't Hart, Does Public Accountability Work? An Assessment Tool, Public Administration, Vol. 86, No. 1, 2008.

Mark Bovens, Thomas Schillemans and Robert Goodin, Public Accountability, in The Oxford Handbook of Public Accountability, edited by Mark Bovens, Thomas Schillemans and Robert Goodin, Oxford University Press, 2014.

Melanie Manion, When Communist Party Candidates Can Lose, Who Wins? Assessing the Role of Local People's Congresses in the Selection of Leasers in China, The China Quarterly, Vol. 195, 2008.

Michael Laver and Kenneth A. Shepsle, Government Accountability in Parliamentary Democracy, in Democracy, Accountability, and Representation, edited by Adam Przeworski, Susan Stokes and Bernard Manin, Cambridge: Cambridge University Press, 1999.

Michael W. Dowdle, The Constitutional Development and Operations of the National People's Congress, Columbia Journal of Asian Law, Vol. 11, No. 1, 1997.

Murray Scot Tanner, The Erosion of Communist Party Control over Lawmaking in China, The China Quarterly, No. 91, 1994.

Murray Scot Tanner, The National People's Congress, in The Paradox of China's Post-Mao Reforms, edited by Merle Goldman and Roderick MacFarquhar, Cambridge: Harvard University Press, 1999.

Murray Scot Tanner, The Politics of Lawmaking in Post-Mao China: Institutions, Processes, and Democratic Prospects, Oxford: Clarendon Press, 1999.

Nelson W. Polsby, The Institutionalization of the US House of Representatives, American Political Science Review, Vol. 62, No. 1, 1968.

Oscar Almén, Authoritarianism Constrained: The Role of Local People's Congresses in China, Ph. D Dissertation, Department of Peace and Development Research, Goteborg University, 2005.

Oscar Almén, Only the Party Manages Cadres: Limits of Local People's Congress supervision and reform in China, Journal of Contemporary China, Vol. 22, No. 80, 2013.

Patrick Ziegenhain, The Indonesian Parliament and Democratization, Singapore: Institute of Southeast Asian Studies, 2008.

Paul Pierson, The Limits of Design: Explaining Institutional Origins and Change, Governance: An International Journal of Policy and Administration, Vol. 13, No. 4, 2000.

Pei Minxin, Is China Democratizing? Foreign Affairs, Vol. 77, No. 1, 1998.

Pei Minxin, China's Trapped Transition: The Limits of Developmental Autocracy, Cambridge: Harvard University Press, 2006.

Pei Minxin, How Will China Democratize? Journal of Democracy, Vol. 18, No. 3, 2007.

Philip Norton, Parliaments and Governments in Western Europe, London: Frank Cass, 1998.

Pierre F. Landry, Decentralized authoritarianism in China: the Communist Party's control of local elites in the post-Mao era, New York: Cambridge University Press, 2008.

Pippa Norris, Making Democratic Governance Work: How Regimes Shape Prosperity, Welfare, and Peace, New York: Cambridge University Press, 2012.

Riccardo Pelizzo and Frederick Stapenhurst, Parliamentary Oversight Tools: A Comparative analysis, New York: Routledge, 2012.

Riccardo Pelizzo and Frederick Stapenhurst, Government Accountability and Legislative Oversight, New York: Routledge, 2014.

Richard Mulgan, Holding Power to Account: Accountability in Modern Democracies, New York: Palgrave Macmillan, 2003.

Richard Sisson, Comparative Institutionalization: A Theoretical Explanation, in Legislatures in Comparative Perspective, edited by A. Kornberg, New York: David McKay Company, 1973.

Robert A. Scalapino, Legitimacy and Institutionalization in Asian Socialist Societies, in Asian Political Institutionalization, edited by Robert A. Scalapino, Seizaburo Sato and Jusuf Wanandi, Berkeley: Institute of East Studies, 1986.

Robert Leonardi, Raffaella Nanetti and Gianfranco Pasquino, Institutionalization of Parliament and Parliamentarization of Parties in Italy, Legislative Studies Quarterly, Vol. 3, No. 1, 1978.

Robinson, W and F. Miko, Political Development Assistance in Central Europe and the former Soviet Union: Some Lessons form Experience, in Working Papers on Comparative Legislative Studies, edited by Lawrence D. Longley, Appleton: Research Committee of Legislative Specialists of IPSA, Lawrence University, 1994.

Rod Wye, China's Leadership Transition, in Charting China's Future: Domestic and International Challenges, edited by David Shambaugh, London and New York: Routledge, 2011.

Roderick MacFarquhar, Provincial People's Congresses, The China Quarterly, Vol. 155, 1998.

Samuel Berlinski, Torun Dewan and Keith Dowding, Accounting for Ministers: Scandal and Survival in British Government 1945 - 2007, Cambridge: Cambridge University Press, 2012.

Schmitter, P. The Limits of Horizontal Accountability, in The Self-restraining State: Power and Accountability in New Democracies, edited by A. Schedler, L. Diamond and M. F. Plattner, Boulder: Lynne Rienner Publishers, 1999.

Sebastián L. Mazzuca, Reconceptualizing Democratization: Access to Power Versus Exercise of Power, in Regimes and Democracy in Latin America: Theories and Methods, edited by Gerardo Munck, New York: Oxford University Press, 2007.

Stephen Frantzich, Computerized Information Technology in the U. S. House of Representatives, Legislative Studies Quarterly, Vol. 4, No. 2, 1979.

Stephen White, John Gardner and George Schöpflin, Communist Political Systems: An Introduction, London: Palgrave Macmillan, 1987.

Sun Ying, What Drives Reforms in Local People's Congresses? The Dynamics of Local Congressional Developments in PRC: 1979 - 2011, Ph. D Dissertation, University of Hong Kong, 2011.

Susan Shirk, The Political Logic of Economic Reform in China, University of California Press, 1993.

Suzanne Ogden, Inklings of Democracy in China, Cambridge: Harvard University Press, 2002.

Thomas Schillemans, Accountability in the Shadow of Hierarchy: The Horizontal Accountability of Agencies, Public Organization Review, Vol. 8, No. 2, 2008.

Tianjian Shi, China: Democratic Values Supporting an Authoritarian System, in How East Asians View Democracy, edited by Yun-han Chu, et al. , New York: Columbia University Press, 2008.

Vivien Lowndes, Institutionalism, in Theory and Methods in Political Science, second edition, edited by David Marsh and Gerry Stoker, Palgrave Macmillan, 2002.

W. A. C. Adie, Political Aspects of the National People's Congress, The China

Quarterly, Vol. 11, 1962.

Xia Ming, Informational Efficiency, Organizational Development and the Institutional Linkages of the Provincial People's Congresses in China, Journal of Legislative Studies, Vol. 3, No. 3, 1997.

Xia Ming, Political Contestation and the Emergence of the Provincial People's Congresses as Power Players in Chinese Politics: A network explanation, Journal of Contemporary China, Vol. 9, No. 24, 2000.

Xia Ming, The People's Congresses and Governance in China: Toward a Network Mode of Governance, London: Routledge, 2008.

Xiaowei Zang and Chien-wen Kou, Introduction, in Elites and Governance in China, edited by Xiaowei Zang and Chien-wen Kou, London and New York: Routledge, 2013.

Yang Yao, A Chinese Way of Democratisation? China: An International Journal, Vol. 8, No. 2, 2010.

Yang Zhong, Local Government and Politics in China, Challenges from Below, Hoboken: Taylor and Francis, 2015.

Young Nam Cho, From "Rubber Stamps" to "Iron Stamps": The Emergence of Chinese Local People's Congresses as Supervisory Powerhouses, The China Quarterly, Vol. 171, 2002.

Young Nam Cho, Symbiotic Neighbour or Extra-Court Judge? The Supervision over Courts by Chinese Local People's Congresses, The China Quarterly, Vol. 176, 2003.

Young Nam Cho, Local People's Congresses in China: Development and Transition, New York: Cambridge University Press, 2008.

Young Nam Cho, Democracy with Chinese Characteristics? A Critical Review from a Developmental State Perspective, Issues & Studies, Vol. 45, No. 4, 2009.

Zheng Yongnian and Cuifen Weng, Why Does China's Reform start in the Provinces? De facto Federalism and Its Limits, in Democratization in China, Korea, and Southeast Asia, edited by Kate Xiao Zhou, Shelley Rigger, and Lynn T. White III, London and New York: Routledge, 2014.

Zheng Yongnian, The Chinese Communist Party as Organizational Emperor: Culture, Reproduction and Transformation, London and New York: Routledge, 2010.

Zheng Yongnian, Institutionalization of the Communist Party and Party System in China, in Party System Institutionalization in Asia Democracies, Autocracies, and the Shadows of the Past, edited by Allen Hicken and Erik Martinez Kuhonta, New York: Cambridge University Press, 2015.

后　记

从博士学位论文的写作到今天的整理出版已十年有余。自 2015 年博士毕业以来，中国政治发生了显著变化，本书内容也先后进行了多次修改，尤其是更新了党的十八大以来的数据，但是分析框架和主要观点仍基本保持不变。回首本书的写作历程，首先感谢导师间小波教授。研究选题的确定、分析视角的择取、思路结构的布局、研究资料的查找，甚至是措辞的斟酌，间老师均倾注了大量的时间与精力。间老师严谨的治学理念与宁静致远的豁达心态，让我在困惑、忙乱与浮躁中，时刻回首学术研究的初心，不断驻足自省自砺，在求真问道的过程中，尽量心怀热情而又保持冷静和坚守理性。

个人的学术成长得益于南京大学浓厚的研究氛围。感谢张凤阳教授、王明生教授、孙江教授、王云骏教授、李里峰教授、肖唐镖教授、杜骏飞教授等诸位老师在我求学道路上的启迪，他们智慧的火花点亮了我学术生涯的灯塔。感谢江苏省社会科学院胡传胜研究员、南京师范大学赵晖教授在答辩过程中提出了很多中肯的意见。感谢王建华教授、熊秋良教授长期以来的无私关照，使我得以迅速适应紧张的教学科研环境。还有众多无法详加列举的师友、同事和同门的支持与帮助，在此一并表示由衷的谢意。当然，书稿虽屡经修订，但是由于个人研究能力的局限与疏漏,书中的偏颇之处亦恐在所难免。

拙著的顺利出版得到了江苏人民出版社的鼎力支持,责任编辑也为之付出了艰辛的劳动。最后,本书的出版得到了江苏省重点学科(政治学理论)的资助,特此致谢。

倪春纳

2022 年 10 月于南京大学

"现代国家成长研究丛书"已出书目